OMNIBUS

Dan Brown

LA VERITÀ DEL GHIACCIO

Traduzione di Paola Frezza Pavese e Leonardo Pavese

MONDADORI

Questo libro è un'opera di fantasia. Personaggi e luoghi citati sono inven-
zioni dell'autore e hanno lo scopo di conferire veridicità alla narrazione.
Qualsiasi analogia con fatti, luoghi e persone, vive o scomparse, è assolutamente casuale.

www.danbrown.com

www.librimondadori.it

ISBN 88-04-54855-X

COPYRIGHT © 2001 BY DAN BROWN
© 2005 ARNOLDO MONDADORI EDITORE S.P.A., MILANO
TITOLO DELL'OPERA ORIGINALE
DECEPTION POINT
I EDIZIONE OTTOBRE 2005
V EDIZIONE NOVEMBRE 2005

LA VERITÀ DEL GHIACCIO

Se confermata, questa scoperta costituirebbe uno dei più sensazionali passi avanti compiuti dalla scienza sulla strada della conoscenza del nostro universo, con conseguenze di enorme portata. Mentre promette di rispondere ad alcuni dei più antichi interrogativi, ne solleva altri fondamentali per il nostro futuro.

Conferenza stampa del presidente Bill Clinton in seguito alla scoperta nota come ALH84001, 7 agosto 1996

Nota dell'autore
La Delta Force, il National Reconnaissance Office e la Space Frontier Foundation esistono nella realtà, così come tutte le tecnologie descritte in questo romanzo.

La morte, in quel luogo remoto, poteva arrivare sotto innumerevoli forme. Il geologo Charles Brophy conviveva da anni con il fascino selvaggio di quel territorio, eppure nulla lo aveva preparato al destino barbaro e innaturale che stava per abbattersi su di lui.

I quattro husky che trainavano nella tundra la slitta carica di strumenti per le rilevazioni geologiche all'improvviso rallentarono, con il muso rivolto al cielo.

«Cosa c'è, ragazze?» chiese Brophy, scendendo dalla slitta.

Tra le nubi in rapido addensamento, un elicottero birotore da trasporto si abbassava in ampi cerchi costeggiando i picchi di ghiaccio con militaresca perizia.

"Strano" pensò. "Mai visti elicotteri tanto a nord." Il mezzo atterrò a una trentina di metri da lui, sollevando spruzzi pungenti di neve granulosa. I cani presero a guaire, irrequieti.

Si aprì il portello e dall'elicottero scesero due uomini in tuta termica bianca, armati di fucile, che puntarono decisi verso di lui.

«Il dottor Brophy?» chiese uno.

Il geologo rimase interdetto. «Come fate a conoscere il mio nome? Chi siete?»

«Tiri fuori la radio, per favore.»

«Prego?»

«Faccia come le dico.»

Sconcertato, Brophy estrasse la radio dal parka.

«Deve trasmettere per conto nostro una comunicazione di emergenza. Diminuisca la frequenza a cento chilohertz.»

"Cento chilohertz?" Brophy non capiva. "Impossibile ricevere a una frequenza così bassa." «C'è stato un incidente?»

Il secondo uomo sollevò il fucile per puntarglielo alla testa. «Non c'è tempo per le spiegazioni. Si limiti a fare come le viene detto.»

Con mani tremanti, Brophy regolò la frequenza.

Il primo uomo gli porse un foglietto su cui erano scritte poche righe. «Trasmetta questo messaggio. Subito.»

Brophy lo lesse. «Non capisco. Questa informazione è sbagliata. Io non ho...»

L'uomo gli premette la canna del fucile contro la tempia.

In preda all'agitazione, Brophy trasmise lo strano messaggio.

«Bene» disse il primo. «Ora salga in elicottero con i cani.»

Con l'arma puntata contro, il geologo spinse gli husky riluttanti e la slitta su per la rampa che conduceva al vano di carico. Non appena si furono sistemati, l'elicottero si alzò in volo per dirigersi verso ovest.

«Chi diavolo siete?» chiese Brophy, cominciando a sudare. «E cosa significava quel messaggio?»

Nessuna risposta.

Mentre l'elicottero guadagnava quota, il vento penetrava con forza dal portello aperto. I quattro husky, ancora legati alla slitta carica, presero a uggiolare.

«Almeno chiudete il portello» disse Brophy. «Non vedete che i cani sono spaventati?»

Nessuna risposta.

Raggiunti i milleduecento metri, il velivolo si inclinò bruscamente su una serie di crepacci di ghiaccio. All'improvviso, gli uomini si alzarono. Senza una parola, agguantarono la pesante slitta e la scaraventarono fuori dal portello. Brophy guardò inorridito i cani che tentavano invano di resistere all'enorme peso che li trascinava fuori. Un istante dopo, gli animali scomparvero ululando nel vuoto.

Brophy scattò in piedi gridando. Gli uomini lo afferrarono e lo trascinarono verso il portello. Annebbiato dal terrore mulinò i pugni, cercando di allontanare le forti mani che lo spingevano fuori.

Non servì a nulla. Qualche istante più tardi, Charles Brophy precipitava nel baratro sottostante.

Il ristorante Toulos, vicino a Capitol Hill, vanta un menu politicamente scorretto di vitello da latte e carpaccio di cavallo, che ironicamente lo rende un posto di grande richiamo per la quintessenza del potere di Washington. Quel mattino era molto affollato: una cacofonia di acciottolio di posate, sbuffi della macchina per l'espresso e conversazioni al cellulare.

Il maître stava bevendo furtivamente un sorso del consueto Bloody Mary del mattino quando entrò la donna. Si voltò con un sorriso per il quale si era esercitato degli anni. «Buongiorno, posso esserle utile?»

La donna era attraente, sui trentacinque anni, pantaloni grigi di flanella dalla piega perfetta, mocassini classici, camicetta avorio di Laura Ashley, postura eretta – mento lievemente sollevato –, non arrogante ma semplicemente determinata. Capelli castano chiaro acconciati nello stile più in voga di Washington – quello della "anchorwoman", un morbido caschetto a sfiorare le spalle – abbastanza lunghi da essere sexy, ma sufficientemente corti da lasciare intendere che forse aveva più cervello di te.

«Sono un po' in ritardo» disse con semplicità. «Ho appuntamento per colazione con il senatore Sexton.»

Il maître avvertì un imprevisto fremito di nervosismo. Il senatore Sedgewick Sexton. Un cliente abituale e, al momento, uno degli uomini più famosi del paese. Uscito trionfatore la settimana precedente nelle primarie repubblicane nel Super Martedì, aveva ormai praticamente in tasca la nomination del partito per la presidenza degli Stati Uniti. Erano in molti a ritenere che avesse ottime probabilità di sottrarre la Casa Bianca nelle elezioni d'autunno al bersagliato presidente in carica. Negli ultimi giorni, il volto di Sexton era comparso su tutte le riviste e il suo slogan elettorale tappezzava l'America: "Stop alla spesa. Cominciamo la ripresa".

«Il senatore è al suo tavolo» annunciò il maître. «Lei è...?»

«Rachel Sexton, sua figlia.»

"Che cretino" si disse. La somiglianza era evidente. Gli stessi occhi penetranti e il portamento elegante del senatore. La stessa aria aristocratica consolidata. Nel loro caso, il bell'aspetto non aveva saltato una generazione, e anzi Rachel Sexton sembrava portare le sue doti con una grazia e una modestia da cui il padre avrebbe potuto imparare.

«È un piacere averla qui, signora.»

Guidò la figlia del senatore nella sala da pranzo, imbarazzato dal fuoco incrociato di sguardi maschili che la seguivano... alcuni discreti, altri meno. Poche donne pranzavano al Toulos e nessuna era attraente come Rachel Sexton.

«Bel corpo» sussurrò un cliente. «Sexton si è già trovato un'altra moglie?»

«È sua figlia, idiota» replicò un altro.

L'uomo si mise a ridere. «Conoscendolo, Sexton non esiterebbe a scoparsi pure lei.»

Quando Rachel arrivò al tavolo, il padre commentava al cellulare uno dei suoi recenti successi. Alzò lo sguardo per un attimo, poi batté sul suo Cartier per farle presente che era in ritardo.

"Anche tu mi sei mancato" pensò Rachel.

Il primo nome del senatore era Thomas, ma Sexton da molto tempo aveva adottato il secondo nome. Rachel sospettava che fosse perché gli piaceva l'allitterazione. Senatore Sedgewick Sexton. Era un uomo brizzolato, dalla parlantina sciolta, un animale politico provvisto della bella presenza di un medico di soap opera, assolutamente appropriata considerato il suo talento come attore.

«Rachel!» Il senatore spense il cellulare e si alzò per baciare la figlia sulla guancia.

«Ciao, papà.» Non gli restituì il bacio.

«Hai l'aria esausta.»

"Adesso comincia" pensò lei. «Ho ricevuto il tuo messaggio. Che c'è?»

«Non posso invitare mia figlia a colazione?»

Rachel sapeva da tempo che il padre richiedeva la sua compagnia soltanto per qualche motivo non certo disinteressato.

Sexton bevve un sorso di caffè. «Allora, dimmi, come ti vanno le cose?»

«Sempre di corsa. La tua campagna procede bene, vedo.»

«Oh, non parliamo di lavoro.» Sexton si sporse verso di lei abbassando la voce. «Come va con quel tizio del dipartimento di Stato con cui ti ho messo in contatto?»

Rachel sospirò, reprimendo il desiderio di guardare l'orologio. «Papà, non ho proprio avuto il tempo di chiamarlo. E vorrei che la smettessi di...»

«Devi trovare il tempo per le cose importanti, Rachel. Senza amore, niente ha più senso.»

Le vennero in mente parecchie risposte pungenti, ma scelse il silenzio. In presenza del padre, non era difficile comportarsi come l'adulta dei due. «Papà, volevi vedermi? Hai detto che si trattava di una questione importante.»

«Infatti.» Il senatore la studiò con attenzione.

Rachel sentì parte delle sue difese sciogliersi sotto quello sguardo, e maledisse il potere di quegli occhi, un dono straordinario che forse l'avrebbe portato alla Casa Bianca. A comando, potevano riempirsi di lacrime e, un istante dopo, rischiararsi, lasciando intravedere un'anima appassionata che stabiliva un patto di fiducia con chiunque. "Tutta una questione di fiducia" ripeteva sempre lui. Il senatore aveva perso da anni quella di Rachel, ma stava rapidamente conquistando quella della nazione.

«Ho una proposta da farti» le disse.

«Lasciami indovinare.» Rachel cercò di rafforzare la sua posizione. «Un divorziato molto in vista sta cercando una moglie giovane?»

«Non ti illudere, tesoro. Non sei più tanto giovane.»

Rachel avvertì il ben noto desiderio di fuga che spesso caratterizzava gli incontri con il padre.

«Voglio lanciarti una zattera di salvataggio» disse lui.

11

«Non mi ero accorta di essere sul punto di affogare.»

«Non sei tu ad affogare, ma il presidente. Dovresti abbandonare la nave prima che sia troppo tardi.»

«Ne abbiamo già discusso ampiamente.»

«Pensa al tuo futuro, Rachel. Potresti venire a lavorare per me.»

«Spero che tu non mi abbia invitato a colazione per questo.»

Una lieve crepa apparve nella maschera impassibile del senatore. «Rachel, non ti rendi conto che il fatto che lavori per lui si riflette negativamente su di me e sulla mia campagna?»

Rachel sbuffò. Un argomento affrontato più volte. «Papà, io non lavoro per il presidente. Non l'ho neppure mai incontrato. Lavoro a Fairfax, santo cielo!»

«La politica è percezione, Rachel. E quello che davvero si percepisce è che lavori per il presidente.»

Rachel espirò, cercando di non perdere la calma. «Mi sono impegnata a fondo per ottenere questo posto, papà, e non ho alcuna intenzione di mollarlo.»

Il senatore strinse gli occhi. «Sai, a volte questo tuo comportamento egoista proprio...»

«Senatore Sexton?» Un cronista si materializzò vicino al tavolo.

L'atteggiamento del senatore si ammorbidì all'istante. Con un sospiro, Rachel prese un croissant dal cestino

«Ralph Sneeden» si presentò il cronista «del "Washington Post". Posso farle qualche domanda?»

Con un sorriso, il senatore si passò il tovagliolo sulla bocca. «Con piacere, Ralph. Solo, faccia in fretta. Non voglio che mi si freddi il caffè.»

Il cronista rise come se quella fosse stata una battuta. «Certo, signore.» Tirò fuori un minuscolo registratore e lo accese. «Senatore, nei suoi spot televisivi lei promette una legislazione che assicuri parità di trattamento economico al lavoro femminile... come pure benefici fiscali per le nuove famiglie. Mi può dire le sue motivazioni di fondo?»

«Senz'altro. Sono un acceso sostenitore delle donne forti e delle famiglie solide.»

A Rachel andò di traverso il croissant.

«A proposito di famiglia, lei parla spesso di istruzione. Propone tagli di bilancio molto controversi per destinare maggiori risorse alla scuola.»

«Credo che i giovani siano il nostro futuro.»

Rachel stentava a credere che suo padre si fosse abbassato al punto di citare le canzoni pop.

«Un'ultima cosa, senatore. Nelle scorse settimane lei ha fatto un enorme balzo in avanti nei sondaggi. Il presidente ha di che preoccuparsi. Qualche riflessione sui suoi recenti successi?»

«Ritengo che sia una questione di fiducia. Gli americani cominciano a dubitare che il presidente sia in grado di prendere le difficili decisioni che interessano la nazione. La spesa pubblica incontrollata accresce ogni giorno il debito, e gli americani si rendono conto che è tempo di dire: "Stop alla spesa, cominciamo la ripresa".»

Ad arrestare la retorica del padre, il pager ronzò nella borsa di Rachel. Di solito quel fastidioso *bip* elettronico risultava un'interruzione assai sgradita, ma al momento lei lo percepì come un suono quasi melodioso.

Il senatore non fece nulla per mascherare la propria irritazione.

Rachel pescò il pager nella borsa e premette una sequenza preordinata di cinque tasti, confermando di essere effettivamente la legittima proprietaria del dispositivo. Il *bip* terminò e il display a cristalli liquidi cominciò a lampeggiare. Nel giro di quindici secondi avrebbe ricevuto un messaggio dal testo non intercettabile.

Sneeden sorrise al senatore. «Sua figlia è evidentemente una donna molto occupata. È un piacere constatare che, malgrado i vostri molteplici impegni, troviate il tempo di fare colazione insieme.»

«Come ho detto più volte, la famiglia deve sempre avere la precedenza.»

Sneeden annuì, poi la sua espressione si fece più seria. «Posso chiederle, signore, come riuscite a gestire il vostro conflitto di interessi?»

«Quale conflitto?» Il senatore Sexton inclinò la testa con aria di innocente stupore. «A che cosa si riferisce?»

Rachel alzò gli occhi con una smorfia. Sapeva esattamente

13

dove avrebbe portato tutta quella manfrina. "Maledetti giornalisti" pensò. Metà di loro era sul libro paga di qualche politico. La domanda era quella che i cronisti definivano un'"imbeccata", cioè appariva come un'aggressiva richiesta di informazioni, mentre in realtà era stata concordata in precedenza, un lento pallonetto che suo padre poteva schiacciare con forza per chiarire alcune cose che gli stavano a cuore.

«Senatore...» Sneeden tossì, fingendosi imbarazzato. «Il conflitto sta nel fatto che sua figlia lavora per l'avversario.»

Sexton liquidò il problema con una risata. «Ralph, per prima cosa, il presidente e io non siamo *avversari*, ma soltanto due patrioti con idee diverse su come governare il paese che amiamo.»

Il cronista parve raggiante. Sexton aveva abboccato. «E la seconda?»

«Mia figlia non lavora per il presidente ma per l'intelligence. Redige rapporti e li invia alla Casa Bianca. È una posizione di basso profilo.» Fece una pausa per guardare Rachel. «In effetti, cara, mi pare che tu non abbia mai incontrato il presidente, vero?»

Rachel lo fulminò con un'occhiataccia.

Il cicalino ronzò, attirando il suo sguardo sul messaggio in arrivo sul display.

CNTTR DIRNRO STAT

Lo decifrò all'istante e aggrottò la fronte. Era un messaggio inaspettato, e sicuramente significava cattive notizie, ma almeno le forniva una via d'uscita. «Signori» disse «mi dispiace, ma devo proprio andare. Sono già in ritardo.»

Il cronista non perse tempo. «Prima che ci lasci, vorrei che commentasse le voci secondo cui lei ha chiesto questo incontro a suo padre per parlargli della possibilità di licenziarsi per collaborare alla sua campagna elettorale.»

Rachel ebbe la sensazione che qualcuno le avesse lanciato in faccia un caffè bollente. La domanda la colse alla sprovvista, ma guardando il padre percepì dal suo sorriso compiaciuto che era stata accuratamente preparata.

Rachel fissò il giornalista negli occhi. «Ralph, o come diavolo si chiama, si ficchi bene in mente una cosa: non ho alcuna intenzione di lasciare il mio posto per lavorare per il senatore Sexton e, se scrive qualcosa di diverso, avrà bisogno di un calzascarpe per sfilarsi dal culo quel suo registratore di merda.»

Il reporter spalancò gli occhi. Spense l'apparecchio reprimendo un sorriso. «Grazie a tutti e due.» E scomparve.

Rachel si pentì immediatamente di quello scoppio d'ira. Aveva ereditato dal padre l'irruenza, e lo odiava per quello. "Calma, Rachel. Sta' calma."

Il padre la fissava con disapprovazione. «Faresti bene a imparare a controllarti.»

Rachel si preparò ad alzarsi. «La riunione è finita.»

Il senatore sembrava comunque avere concluso con lei. Tirò fuori il cellulare per fare una chiamata. «Arrivederci, cara. Passa a trovarmi in ufficio, uno di questi giorni. E sposati, per l'amor del cielo. Hai trentatré anni.»

«Trenta*quattro*» sbottò lei. «La tua segretaria mi ha mandato gli auguri.»

Lui abbozzò una risatina nervosa. «Trentaquattro, quasi una vecchia zitella. Sai, a trentaquattro anni io avevo già...»

«Sposato la mamma e scopato la vicina di casa?» Le parole le uscirono a voce più alta di quanto non intendesse e si librarono nitide una pausa della conversazione generale. Tutti i commensali agli altri tavoli si voltarono a guardarli.

Gli occhi del senatore Sexton, due penetranti cristalli di ghiaccio, ebbero un lampo. «Farai meglio a badare a come parli, signorina.»

Rachel si diresse alla porta. "No, bada tu a come parli, *senatore*."

15

2

I tre uomini sedevano in silenzio all'interno della tenda, una ThermaTech per climi estremi. Fuori, il vento gelido sferzava i teli, minacciando di strapparli dai picchetti. Nessuno ci faceva caso: si erano trovati in situazioni ben peggiori di quella.

La tenda, candida come la neve, era ben nascosta in un piccolo avvallamento. Gli strumenti di comunicazione, il mezzo di trasporto e le armi erano quanto di più avanzato ci fosse in campo tecnologico. Il leader del gruppo, nome in codice Delta-Uno, era un tipo agile e muscoloso, con occhi desolati come il posto in cui si trovava in quel momento.

Il cronografo militare al suo polso emise un acuto *bip*. Il suono coincise al secondo con i *bip* emessi dai cronografi indossati dagli altri due.

Altri trenta minuti appena trascorsi.

Era di nuovo ora.

Come per un riflesso automatico, Delta-Uno lasciò i compagni e uscì nel buio, investito da raffiche impetuose. Scrutò l'orizzonte illuminato dalla luna con un binocolo a infrarossi. Come sempre, mise a fuoco la struttura, a un migliaio di metri di distanza. Un'enorme, improbabile costruzione si innalzava sul terreno brullo. Lui e la sua squadra la osservavano ormai da dieci giorni, dal momento in cui era stata eretta. Delta-Uno era certo che le informazioni che venivano scambiate là dentro avrebbero cambiato il mondo. Alcuni erano già morti per proteggerle.

Al momento, tutto sembrava tranquillo fuori dalla struttura.

Rilevante, peraltro, era quanto avveniva al suo interno.

Delta-Uno rientrò nella tenda e si rivolse ai commilitoni. «È il momento di dare un'occhiata.»

Entrambi gli uomini annuirono. Il più alto, Delta-Due, aprì un computer portatile e lo accese. Prese posizione davanti allo schermo, impugnò il joystick e gli diede un breve strattone. A mille metri di distanza, nascosto nelle viscere della costruzione, un robot spia delle dimensioni di una zanzara ricevette l'impulso ed entrò in azione.

3

Rachel Sexton stava ancora fumando di rabbia mentre risaliva Leesburg Pike a bordo della sua Integra bianca. Gli aceri spogli delle colline intorno a Falls Church si stagliavano contro il limpido cielo di marzo, ma il panorama rasserenante aveva scarso effetto sul suo stato d'animo. Il recente recupero nei sondaggi avrebbe dovuto dare al padre un minimo di garbo e di ottimismo, e invece sembrava avere soltanto alimentato la sua arroganza.

La sua falsità era doppiamente penosa perché lui era l'unico parente stretto che le rimaneva. La madre di Rachel era mancata tre anni prima. Una perdita dolorosissima di cui portava ancora le cicatrici. La consolava soltanto il pensiero che la morte, con ironica compassione, aveva liberato sua madre dalla profonda disperazione per l'infelice matrimonio con il senatore.

Il pager ronzò di nuovo, riportando la sua attenzione sulla strada che si stendeva davanti a lei. Ancora lo stesso messaggio.

CNTTR DIRNRO STAT

"Contattare il direttore del dipartimento di statistica dell'NRO." Sospirò. "Sto arrivando, Cristo!"

Con preoccupazione crescente, Rachel imboccò la solita uscita, svoltò nella strada privata di accesso per poi fermarsi davanti a una guardiola con una sentinella armata fino ai denti. Il civico 14225 di Leesburg Pike era uno degli indirizzi più segreti di tutto il paese.

Mentre la sentinella controllava l'auto in cerca di cimici, Rachel si trovò a fissare la gigantesca struttura che si profilava in lontananza. Il complesso, novantamila metri quadrati, si ergeva maestoso su un terreno boschivo di ventisette ettari a Fairfax, in Virginia, appena fuori dal District of Columbia. La facciata era costituita da un baluardo di vetro unidirezionale che rifletteva la selva di parabole satellitari, antenne e calotte di copertura dei radar, raddoppiandone il numero già imponente.

Due minuti più tardi Rachel parcheggiò e attraversò i giardini ben curati diretta verso l'ingresso principale, dove su una targa intagliata nel granito si leggeva:

NATIONAL RECONNAISSANCE OFFICE (NRO)

I due marine armati a fianco della porta girevole antiproiettile guardavano fisso davanti a sé quando Rachel passò tra loro. Avvertì la stessa sensazione di sempre... le pareva di entrare nel ventre di un gigante addormentato.

Dentro l'atrio a volta percepì i deboli echi di conversazioni a bassa voce, come se le parole filtrassero dagli uffici ai piani superiori. Un enorme mosaico proclamava la missione dell'NRO:

GARANTIRE LA SUPERIORITÀ DELL'INTELLIGENCE DEGLI STATI UNITI
IN TEMPO DI PACE E DI GUERRA

Le pareti erano rivestite da enormi fotografie di lanci di missili, vari di sottomarini, strutture per l'intercettazione: eccezionali imprese che potevano essere celebrate soltanto dentro quelle mura.

In quel momento, come sempre, Rachel sentì di prendere le distanze dalla vita che scorreva al di fuori. Stava entrando nel mondo ombra, un mondo in cui i problemi arrivavano come treni merci e le soluzioni venivano elargite con appena un mormorio.

Mentre si avvicinava all'ultimo posto di controllo, si chiese che genere di questione avesse fatto suonare due volte il suo pager negli ultimi trenta minuti.

«Buongiorno, signora Sexton.» La guardia sorrise nel vederla avvicinarsi alla porta blindata.

Rachel ricambiò il sorriso, mentre la guardia le porgeva un minuscolo tampone.

«Conosce la procedura» disse l'uomo.

19

Rachel estrasse dalla plastica il tampone di cotone ermeticamente sigillato e se lo infilò in bocca come un termometro. Lo tenne sotto la lingua per due secondi, poi si sporse verso la guardia perché glielo togliesse. L'uomo inserì il tampone inumidito nella fessura di un dispositivo alle sue spalle, che impiegò soltanto quattro secondi per confermare la sequenza del DNA nella saliva di Rachel. A quel punto, un monitor lampeggiò, mostrando la foto di Rachel e l'autorizzazione all'ingresso.

La guardia ammiccò. «È sempre lei, a quanto pare.» Estrasse dal dispositivo il tampone usato e lo lasciò cadere in un'apertura, dove fu incenerito all'istante. «Buona giornata.» Premette un pulsante e le enormi porte di acciaio si spalancarono.

Mentre si faceva strada nel labirinto di corridoi brulicanti di persone, Rachel si rese conto con stupore che dopo sei anni provava ancora soggezione davanti alla colossale portata di quella organizzazione. L'agenzia raggruppava altri sei enti degli Stati Uniti e impiegava oltre diecimila agenti, con costi operativi di oltre dieci miliardi di dollari l'anno.

Nella più totale segretezza, l'NRO costruiva e teneva in efficienza uno sbalorditivo arsenale di strumentazione tecnologica per lo spionaggio: intercettatori elettronici mondiali, satelliti spia, chip silenziosi inseriti in dispositivi per la telecomunicazione e addirittura una rete globale segreta per la ricognizione navale, nota come Classic Wizard, che si avvaleva di 1456 idrofoni installati sul fondo marino, capaci di monitorare i movimenti delle navi in qualsiasi parte del mondo.

La tecnologia dell'NRO non solo aiutava gli Stati Uniti a vincere i conflitti militari, ma in tempo di pace garantiva anche un ininterrotto flusso di dati ad agenzie quali la CIA, la National Security Agency e il dipartimento della Difesa, dando un contributo fondamentale per la lotta al terrorismo e l'identificazione di crimini contro l'ambiente, oltre che fornire ai politici gli elementi necessari per operare scelte informate su un'enorme varietà di questioni.

Il lavoro di Rachel era quello di "sintetizzare" i dati, cioè ridurli all'essenziale, il che comportava analizzare rapporti complessi e distillarne l'essenza, il "succo", in sunti concisi di una sola pagina. Aveva un dono naturale per quel compito. "Tutti gli anni passati a cercare di cogliere il nocciolo delle stronzate di mio padre" si diceva.

Rachel era la responsabile del servizio di sintesi dell'NRO, e manteneva i contatti con la Casa Bianca. Toccava a lei passare in rassegna ogni giorno i rapporti dell'intelligence, decidere quali erano importanti per il presidente, riassumerli in una paginetta e poi inoltrare il materiale al consigliere del presidente per la Sicurezza nazionale. Nel gergo dell'NRO, Rachel Sexton "fabbricava prodotti finiti al servizio del cliente".

Anche se il lavoro era impegnativo e la occupava per molte ore, quell'incarico rappresentava per lei un distintivo onorifico, un modo per asserire la sua indipendenza dal padre. Il senatore Sexton si era offerto innumerevoli volte di aiutarla se avesse lasciato il posto, ma Rachel non aveva alcuna intenzione di dipendere economicamente da lui. Sua madre era la testimonianza di cosa poteva accadere quando si lasciavano troppe carte in mano a un uomo del genere.

Il suono del pager di Rachel riecheggiò nel corridoio di marmo.

"Di nuovo?" Non si preoccupò neppure di leggere il messaggio.

Chiedendosi che diavolo stesse succedendo, entrò in ascensore, saltò il suo piano e salì direttamente all'ultimo.

4

Definire il direttore dell'NRO un uomo dall'aspetto insignificante suonava già come un'esagerazione. William Pickering era molto basso, calvo, con l'incarnato pallido, il viso anonimo e gli occhi nocciola che scrutavano i segreti più profondi della nazione e al contempo apparivano come due pozze vuote. Eppure, per i suoi sottoposti, torreggiava come un gigante. Il suo carattere mite e la sua filosofia spicciola erano leggendari all'NRO. La pacata diligenza, unita al guardaroba di sobri abiti neri, gli aveva valso il soprannome di "Quacchero". Brillante stratega e modello di efficienza, il Quacchero governava il suo mondo con impareggiabile lucidità. Il suo mantra personale era: "Scopri la verità. Agisci di conseguenza".

Arrivata nel suo ufficio, Rachel lo trovò al telefono. La stupiva sempre il suo aspetto: William Pickering non aveva proprio l'aria di uno abbastanza potente da svegliare il presidente a qualunque ora.

Il direttore posò la cornetta e le fece cenno di accomodarsi. «Agente Sexton, prego.» La voce aveva un'affilata nitidezza.

«Grazie, signore.»

Molti si sentivano a disagio per il suo modo di fare diretto, ma Rachel l'aveva sempre apprezzato. Quell'uomo era l'esatta antitesi di suo padre: per nulla appariscente, tutt'altro che carismatico, faceva il suo dovere con patriottica generosità evitando le luci della ribalta che suo padre amava tanto.

Pickering si tolse gli occhiali e la fissò. «Agente Sexton, il presidente mi ha telefonato circa mezz'ora fa per parlarmi di lei.»

Rachel cambiò posizione sulla sedia. Pickering era noto per

quel suo modo di arrivare subito al dunque. "Accidenti, che bell'inizio." «Spero che non ci siano problemi con i miei rapporti.»

«Al contrario. Dice che la Casa Bianca tiene in grande consi derazione il suo lavoro.»

Rachel si concesse di respirare. «E allora, che cosa vuole?»

«Incontrarla. Di persona. Immediatamente.»

Il disagio di Rachel aumentò. «Un incontro diretto? E per quale ragione?»

«Ottima domanda. Non me l'ha detto.»

Rachel si sentì smarrita. Nascondere informazioni al direttore dell'NRO era come non rivelare al papa segreti vaticani. La battuta in voga nell'ambiente del controspionaggio era che se William Pickering non sapeva una cosa, allora quella cosa non era successa.

Il direttore si alzò per passeggiare davanti alla finestra. «Mi ha chiesto di rintracciarla per convocarla immediatamente da lui.»

«Adesso?»

«Ha mandato qualcuno a prenderla. La aspetta fuori.»

Rachel aggrottò la fronte. La richiesta del presidente era di per sé sconcertante, ma era soprattutto l'espressione preoccupata sul viso del direttore a impensierirla. «È chiaro che lei ha qualche riserva, in proposito.»

«Ci può giurare!» Pickering si lasciò andare a un raro sfogo emozionale. «Il tempismo del presidente appare a dir poco sospetto. Chiede di incontrare proprio lei, la figlia dell'uomo che lo sta sfidando alle elezioni? Lo trovo assolutamente inopportuno. Sono certo che suo padre concorderebbe con me.»

Rachel se ne fregava altamente dell'opinione del padre, ma sapeva che Pickering aveva ragione. «Mette in dubbio le motivazioni del presidente?»

«Il mio compito è fornire informazioni all'attuale amministrazione della Casa Bianca, non giudicare la sua politica.»

"Tipica risposta da Pickering." Il direttore non nascondeva di considerare i politici figure transitorie, fugaci comparse sulla scacchiera, mentre i veri giocatori erano gli uomini come lui, stagionati "residenti" in carica da abbastanza tempo per comprendere tutti i meccanismi del gioco. Due interi mandati alla Casa Bianca, ripeteva spesso, non sono sufficienti per afferrare la reale complessità del panorama politico mondiale.

«Potrebbe essere una richiesta innocente» azzardò Rachel, nella speranza che il presidente non si abbassasse a squallide acrobazie da campagna elettorale. «Magari ha bisogno di una sintesi di dati molto riservati.»

«Non per sminuirla, agente Sexton, ma la Casa Bianca dispone di personale più che qualificato. Se si trattasse di un lavoro del genere, il presidente potrebbe trovare soluzioni migliori che contattare lei. E, se non si tratta di questo, farebbe meglio a evitare di chiedere una risorsa dell'NRO senza motivarmene la ragione.»

Pickering si riferiva sempre ai suoi dipendenti in termini di "risorse", una definizione di sconcertante freddezza, a giudizio di molti.

«Suo padre sta conquistando una visibilità enorme, straordinaria, il che suscita grande nervosismo alla Casa Bianca.» Sospirò. «La politica è un gioco spietato. Quando il presidente chiede un incontro con la figlia del suo sfidante, mi viene da pensare che abbia in mente qualcosa di più che una sintesi di certi dati.»

Rachel avvertì un brivido. Le supposizioni di Pickering avevano la sgradevole tendenza a rivelarsi sempre esatte. «E lei crede che la Casa Bianca sia talmente in crisi da coinvolgere proprio me nella mischia politica?»

Pickering fece una breve pausa prima di rispondere. «Lei non fa certo mistero di quel che pensa di suo padre, e io sono più che sicuro che lo staff elettorale del presidente ne sia a conoscenza. Ho il sospetto che vogliano usarla in qualche modo contro di lui.»

«Firmo subito» affermò Rachel, scherzando solo in parte.

Pickering, imperturbabile, le rivolse un'occhiata severa. «Una parola di avvertimento, agente Sexton. Se ritiene che i sentimenti personali verso suo padre possano influenzare i rapporti con il presidente, le consiglio vivamente di declinare l'invito.»

«Declinare?» Le sfuggì una risatina nervosa. «È evidente che non posso dire di no al presidente.»

«Lei no» ribatté Pickering «ma io sì.»

Le parole rimasero sospese per qualche istante, ricordandole l'altra ragione per cui il direttore veniva definito il Quacchero. Malgrado l'esile corporatura, William Pickering poteva provocare un terremoto politico, se contrastato.

«Le mie preoccupazioni sono semplici. Ho il dovere di proteggere i miei collaboratori e non tollero neppure il vago sospetto che uno di loro venga usato come pedina nel gioco politico.»

«Che cosa mi suggerisce di fare?»

Pickering sospirò. «Incontri il presidente, ma senza prendere impegni. Quando le dirà che cosa diavolo ha in mente, mi telefoni. Se avrò l'impressione che la stia usando, si fidi di me: la tirerò fuori tanto in fretta da non lasciargli il tempo di rendersene conto.»

«Grazie, signore.» Rachel avvertì nel direttore quell'atteggiamento protettivo che tanto avrebbe voluto riscontrare nel padre. «Mi ha detto che il presidente ha già mandato una macchina?»

«Non esattamente.» Accigliato, Pickering indicò al di là della finestra.

Rachel gli si avvicinò titubante e guardò nella direzione segnalata dal dito teso di Pickering.

Fermo sul prato, c'era un Pave Hawk MH-60G dal muso corto e arrotondato, uno degli elicotteri più veloci mai costruiti. Sul fianco spiccava lo stemma della Casa Bianca. Il pilota, in piedi accanto al velivolo, stava guardando l'orologio.

Rachel si voltò incredula verso Pickering. «La Casa Bianca ha mandato un Pave Hawk per portarmi a Washington, a soli venticinque chilometri da qui?»

«Evidentemente il presidente intende fare colpo su di lei, oppure intimidirla.» Pickering la fissò. «Mi auguro che non si lasci impressionare.»

Rachel annuì. Si sentiva al tempo stesso colpita e intimidita.

Quattro minuti più tardi, Rachel Sexton uscì dall'NRO e si imbarcò sull'elicottero che l'attendeva. Prima ancora che si fosse allacciata la cintura, il Pave Hawk aveva già preso quota e sorvolava i boschi della Virginia. Rachel osservò gli alberi sfocati sotto di lei e sentì accelerare il battito cardiaco. Battito destinato ad accelerare ancora di più se lei avesse saputo che quell'elicottero non avrebbe mai raggiunto la Casa Bianca.

5

Il vento gelido scuoteva il tessuto della tenda termica, ma Delta-Uno non vi prestava attenzione. Insieme a Delta-Tre osservava il compagno manovrare il joystick con l'abilità di un chirurgo. Sullo schermo davanti a loro, scorrevano le immagini riprese dalla telecamera di precisione montata su un microscopico robot.

"L'ultimo ritrovato in fatto di dispositivi di spionaggio" pensò Delta-Uno, ancora stupito ogni volta che lo azionavano. Negli ultimi tempi, nel campo della micromeccanica la realtà sembrava avere superato la fantascienza.

I microbot – o Micro-Electro-Mechanical Systems (MEMS) – erano un sofisticato strumento di spionaggio tecnologico. "Mosche sul muro" venivano chiamati.

Una definizione letterale.

Anche se i microscopici robot telecomandati sembravano uscire dalla fantascienza, in realtà erano in circolazione dagli anni Novanta. Nel maggio 1997, in un articolo di copertina la rivista "Discovery" aveva presentato modelli sia "volanti" sia "natanti". I natanti, nanosottomarini delle dimensioni di un granello di sale, potevano essere iniettati in vena come nel film *Viaggio allucinante*. Ormai impiegati da strutture ospedaliere all'avanguardia, consentivano ai medici di navigare nelle arterie mediante un telecomando, osservare dall'interno la circolazione sanguigna e localizzare occlusioni arteriose senza neppure sollevare un bisturi.

Diversamente da quanto si potrebbe supporre, costruire un microbot volante era ancora più semplice. Le tecniche aerodinamiche per far librare una macchina erano disponibili fin dai tempi di Kitty Hawk, dove effettuavano i loro esperimenti di volo i fratelli Wright, e l'ultimo problema da risolvere era la miniaturizzazione. I primi microbot volanti, progettati dalla NASA come strumenti di esplorazione a distanza per le missioni su Marte, erano lunghi parecchi centimetri. Ma, ormai, i progressi della nanotecnologia, i materiali ultraleggeri ad assorbimento energetico e la micromeccanica avevano reso i microbot volanti una realtà.

Il vero passo in avanti era venuto dalla biomimica, una nuova scienza che studia come imitare il modello di madre natura. Si era scoperto che le riproduzioni in miniatura delle libellule erano il prototipo ideale per questi agili ed efficienti microbot. Il modello PH2, in quel momento azionato da Delta-Due, era lungo un solo centimetro – le dimensioni di una zanzara – e usava due paia di ali trasparenti in lamina di silicio, che gli conferivano mobilità ed efficienza straordinarie nell'aria.

Il meccanismo di alimentazione del microbot era stato un'altra fantastica invenzione. I primi prototipi potevano ricaricare le loro batterie volteggiando direttamente sotto una fonte di luce, il che non li rendeva utilizzabili in ambienti bui o per azioni clandestine. I prototipi più recenti, invece, erano in grado di ricaricarsi semplicemente stazionando a pochi centimetri da un campo magnetico. Fortunatamente, nella società moderna i campi magnetici sono presenti ovunque e situati in posti accessibili: prese elettriche, monitor di computer, motori elettrici, altoparlanti, cellulari. Le postazioni per la ricarica non mancano mai. Una volta introdotto in un locale, un microbot può trasmettere praticamente a tempo indefinito. Il PH2 della Delta Force trasmetteva senza difficoltà già da una settimana.

Ora, come un insetto dentro un cavernoso granaio, il silenzioso microbot si librava nell'aria ferma della grande sala centrale della struttura. Con una visione panoramica dello spazio sottostante, sorvolava gli ignari occupanti: tecnici, scienziati, specialisti in innumerevoli campi di studio. Mentre il PH2 volava in tondo, Delta-Uno individuò due volti familiari impegnati in una conversazione. Potevano rivelarsi una fonte di informazioni interessanti. Ordinò a Delta-Due di abbassare il robot per ascoltare.

Azionando i comandi, Delta-Due accese i sensori sonori, orientò l'amplificatore parabolico e guidò il congegno tre metri sopra la testa degli scienziati. Le voci arrivavano deboli, ma comprensibili.

«Stento ancora a crederci» stava dicendo uno dei due. Nel tono, la stessa emozione di quando era arrivato, quarantotto ore prima.

Il suo interlocutore condivideva in pieno il suo entusiasmo. «Nella tua vita... avresti mai immaginato di assistere a una cosa del genere?»

«Mai» rispose il primo, raggiante. «È un sogno meraviglioso.»

Delta-Uno aveva sentito abbastanza. Era chiaro che tutto procedeva come previsto, laggiù. Delta-Due fece allontanare il microbot dai due scienziati e lo guidò nel nascondiglio. Parcheggiò il minuscolo congegno vicino al cilindro di un generatore elettrico. Le batterie cominciarono immediatamente a ricaricarsi in vista della missione successiva.

6

Rachel Sexton ripercorreva gli strani eventi della mattinata mentre il Pave Hawk solcava veloce i cieli. Fu soltanto mentre sorvolava la baia di Chesapeake che si rese conto che avevano preso la direzione sbagliata. Lo stupore iniziale cedette ben presto all'ansia.

«Ehi!» gridò al pilota. «Che sta facendo?» La voce era appena udibile sopra il rumore dei rotori. «Deve portarmi alla Casa Bianca!»

Il pilota scosse la testa. «Mi spiace, signora, ma il presidente non si trova alla Casa Bianca, stamattina.»

Rachel cercò di ricordare se Pickering avesse menzionato specificamente la Casa Bianca o se la sua fosse stata soltanto una deduzione. «Dov'è, allora?»

«L'incontro avverrà altrove.»

"Stronzate." «Dove, esattamente?»

«Non lontano da qui.»

«Non è quello che le ho chiesto.»

«Altri venticinque chilometri.»

Rachel lo fulminò con un'occhiata. "Questo tizio dovrebbe entrare in politica." «Lei schiva le domande e le pallottole con la stessa abilità?»

Il pilota non rispose.

L'elicottero impiegò meno di sette minuti per attraversare la baia. Quando furono di nuovo sopra la terraferma, puntò verso nord e costeggiò una stretta penisola su cui Rachel individuò una serie di piste di atterraggio e di costruzioni, all'apparenza di uso militare. Mentre scendevano di quota, Rachel comprese dove si trovavano. Le sei rampe di lancio con le torri annerite erano un indizio rivelatore ma, se non fosse stato sufficiente, sul tetto di un edificio spiccava un'enorme scritta: WALLOPS ISLAND.

Una delle più vecchie basi spaziali della NASA, ancora in uso per il lancio di satelliti e il collaudo di aerei sperimentali, Wallops era la base NASA lontana dai riflettori.

Il presidente a Wallops Island? Non aveva senso.

Il pilota si allineò con tre piste di atterraggio parallele che correvano lungo tutta la penisola, poi sembrò puntare su quella centrale. Cominciò a rallentare. «Incontrerà il presidente nel suo ufficio.»

Rachel si voltò, chiedendosi se quel tizio scherzava. «Il presidente degli Stati Uniti ha un ufficio a Wallops Island?»

Il pilota assunse un'aria compassata. «Il presidente degli Stati Uniti ha un ufficio ovunque lo desideri, signora.»

Indicò la parte terminale della pista. Rachel vide in lontananza la gigantesca sagoma e rimase senza fiato. Anche a trecento metri di distanza, riconobbe la carlinga azzurro chiaro del 747 convertito.

«L'incontro avverrà sul...»

«Sì, signora. La sua seconda casa.»

Rachel fissò il grande aereo. La criptica denominazione militare per quel prestigioso aereo era VC-25A, ma il resto del mondo lo conosceva con un altro nome, "Air Force One".

«A quanto pare viaggia in quello *nuovo*, stamattina» commentò il pilota, indicando i numeri sulla coda del velivolo.

Rachel annuì trasognata. Pochi americani sapevano che in realtà gli Air Force One in servizio erano due, assolutamente identici, Boeing 747-200B convertiti, uno contrassegnato dal numero 28000 e l'altro dal 29000. Con una velocità di crociera di quasi mille chilometri l'ora, erano stati modificati in modo da permettere il rifornimento in volo, così da consentire spostamenti praticamente illimitati.

Il Pave Hawk si posò sulla pista a fianco dell'aereo presidenziale e in quel momento Rachel comprese perché l'Air Force One veniva definito "la residenza ufficiale mobile" del comandante in capo. Incuteva grande soggezione.

Quando si recava in altri paesi per visitare capi di Stato, spesso il presidente chiedeva che l'incontro avvenisse a bordo del suo jet, fermo in pista, per ragioni di sicurezza. Se questa era indubbiamente una delle motivazioni, un'altra era di mettersi in posizione di vantaggio attraverso la pura e semplice intimidazione. Salire a bordo dell'Air Force One colpiva decisamente più che entrare alla Casa Bianca. Sulla fusoliera, lettere alte due metri strombazzavano: UNITED STATES OF AMERICA. Una volta, una rappresentante del governo inglese aveva accusato il presidente Nixon di "sbatterle in faccia i suoi attributi virili" quando era stata invitata a incontrarlo a bordo dell'Air Force One. In seguito, l'equipaggio aveva scherzosamente soprannominato l'aereo il "Grande Uccello".

«Signora Sexton?» Un agente dei servizi segreti in giacca sportiva si materializzò accanto all'elicottero e le aprì il portello. «Il presidente la sta aspettando.»

Rachel scese e osservò la ripida scaletta che conduceva all'imponente scafo. "Dentro il fallo volante." Aveva sentito dire che lo "Studio Ovale" volante aveva una superficie interna calpestabile di quasi quattrocento metri quadrati, con quattro cabine adibite a camere da letto, cuccette per un equipaggio di ventisei addetti e due cambuse capaci di sfamare cinquanta persone.

Rachel salì la scaletta, tallonata dall'uomo dei servizi segreti. In alto, la porta della cabina era spalancata come una minuscola ferita nel fianco di una gigantesca balena argentea. Avanzò verso l'ingresso buio sentendo vacillare ogni sicurezza.

"Calma, Rachel. È solo un aereo."

In cima alla scaletta, l'agente la prese educatamente per il braccio e la guidò lungo un corridoio sorprendentemente stretto. Svoltarono a destra, percorsero alcuni passi ed emersero in una cabina ampia e lussuosa. Rachel la riconobbe immediatamente: l'aveva vista in tante fotografie.

«Attenda qui» disse l'agente, prima di sparire.

Rachel rimase in piedi nel famoso salone di prua rivestito di boiserie usato per gli incontri ufficiali, per intrattenere gli alti dignitari e, evidentemente, per spaventare a morte chi lo visitava per la prima volta. Con il pavimento interamente rivestito di una spessa moquette beige, era largo quanto la fusoliera.

L'arredamento era impeccabile: poltrone di cuoio cordovano intorno a un tavolo da riunione ovale in acero, lampade a stelo di ottone brunito accanto a un divano settecentesco, un mobile bar di mogano su cui erano disposti bicchieri di cristallo decorati a mano.

Evidentemente, i progettisti del Boeing avevano arredato la cabina di prua in modo da dare ai passeggeri "un senso di ordine e di tranquillità". La tranquillità, peraltro, era l'ultimo dei sentimenti di Rachel, al momento. L'unica cosa a cui riusciva a pensare era che il numero uno dei leader mondiali proprio in quella sala prendeva decisioni che cambiavano la storia.

Tutto in quella stanza parlava di potere, dal tenue aroma di buon tabacco da pipa all'onnipresente sigillo presidenziale. L'aquila che stringe tra gli artigli frecce e rami d'ulivo era ricamata sui cuscini, incisa sul secchiello del ghiaccio e perfino stampata sui sottobicchieri di sughero del bar. Rachel ne prese uno per esaminarlo.

«Già pronta a rubare un souvenir?» chiese una voce profonda alle sue spalle.

Colta di sorpresa, Rachel si lasciò sfuggire di mano il sottobicchiere. Mentre si abbassava imbarazzata per raccoglierlo, si voltò e vide il presidente degli Stati Uniti che la osservava con un sorriso divertito.

«Non sono un re, signora Sexton. Non è il caso che si inginocchi.»

7

Il senatore Sedgewick Sexton assaporava la privacy della lunga limousine Lincoln che avanzava nel traffico mattutino verso il suo ufficio di Washington. Davanti a lui, Gabrielle Ashe, l'assistente personale di ventiquattro anni, gli leggeva gli impegni della giornata. Ma Sexton era distratto.

"Adoro questa città" pensava, ammirando le forme perfette della giovane sotto la maglia di cachemire. "Il potere è il più grande afrodisiaco del mondo... e richiama a Washington torme di donne come questa."

Gabrielle era di New York. Laureatasi in una delle migliori università, sognava di diventare lei stessa senatrice, un giorno. "E probabilmente ce la farà" rifletté Sexton. Era bellissima, con un gran cervello e, soprattutto, esperta delle regole del gioco.

Gabrielle Ashe era una donna di colore, ma la sua carnagione scura richiamava piuttosto la cannella o il mogano, una rassicurante via di mezzo che i sensibili cuori "bianchi" potevano accettare senza avere la sensazione di tradire i loro simili. Sexton la descriveva agli amici come una donna dall'aspetto di Halle Berry con il cervello e l'ambizione di Hillary Clinton, e a volte gli pareva quasi di minimizzare.

Da quando era stata promossa sua assistente personale, tre mesi prima, Gabrielle si era rivelata una risorsa fantastica per la sua campagna elettorale. E, soprattutto, lavorava gratis. Il suo compenso per una giornata di sedici ore piene era imparare i segreti del mestiere al fianco di un politico navigato.

"Ovviamente" gongolò Sexton "l'ho persuasa a fare qualcos'altro, oltre a lavorare." Dopo averla promossa, l'aveva invitata a un "incontro preliminare" a tarda sera nel suo ufficio privato. Come previsto, la giovane assistente era arrivata carica di buone intenzioni e ansiosa di fare colpo. Con una manovra abile e lenta, frutto di un'esperienza acquisita nel tempo, esibendo un magnetico controllo della situazione, Sexton aveva operato la magia... L'aveva dapprima rassicurata, spogliata gradualmente delle sue inibizioni, per poi sedurla proprio lì, nel suo ufficio.

Sexton non dubitava che quell'incontro fosse stato una delle esperienze sessualmente più gratificanti nella vita della giovane, eppure, alla luce del giorno, Gabrielle si era amaramente pentita di quella caduta di stile. Imbarazzata, aveva presentato le dimissioni, prontamente respinte da Sexton. Lei era rimasta, ma aveva espresso con fermezza le sue intenzioni. Da allora, i loro rapporti erano stati rigidamente limitati al lavoro.

Le labbra carnose di Gabrielle continuavano a muoversi. «... non voglio che lei appaia fiacco nel dibattito di questo pomeriggio alla CNN. Ancora non sappiamo chi le opporrà la Casa Bianca. Potrebbe dare un'occhiata a questi appunti.» Gli porse una cartellina.

Sexton la prese, mentre annusava il suo piacevole profumo che si mescolava a quello del cuoio dei sedili.

«Non mi sta ascoltando» osservò Gabrielle.

«Certo che ti ascolto.» Sorrise. «Lascia perdere il dibattito. Nella peggiore delle ipotesi, la Casa Bianca mi snobberà mandandomi un esponente di secondo piano della campagna elettorale; nella migliore, mi metteranno di fronte un pezzo grosso, che io mi mangerò in un boccone.»

Gabrielle aggrottò la fronte. «Bene. Le ho scritto gli argomenti più probabili e spinosi.»

«I soliti sospetti, immagino.»

«Con un debutto. Credo che dovrà affrontare qualche battuta ostile per i suoi commenti sui gay al *Larry King Show* di ieri sera.»

Sexton si strinse nelle spalle distrattamente. «Giusto. La storia del matrimonio tra omosessuali.»

Gabrielle gli lanciò un'occhiata di disapprovazione. «Si è schierato apertamente contro.»

"Matrimonio tra gay" pensò Sexton con disgusto. "Fosse per me, i finocchi non avrebbero neppure diritto al voto." «D'accordo, cercherò di smorzare i toni.»

«Ottimo. Di recente, si è esposto in modo eccessivo su questi argomenti caldi. Eviti gli atteggiamenti arroganti. Il pubblico cambia idea in un attimo. In questo momento lei è in vantaggio. Cavalchi l'onda. Non c'è bisogno di lanciare la palla fuori campo. La tenga in gioco.»

«Qualche notizia dalla Casa Bianca?»

Gabrielle parve divertita. «Silenzio totale. È ufficiale, il suo avversario è diventato "l'Uomo invisibile".»

Sexton stentava a credere alla propria fortuna. Per mesi, il presidente si era impegnato a fondo nella campagna, poi, all'improvviso, la settimana precedente si era chiuso nello Studio Ovale e da allora nessuno l'aveva più visto o sentito. Quasi fosse incapace di affrontare i crescenti successi di Sexton.

Gabrielle si passò la mano tra i capelli neri stirati. «Ho saputo che lo staff della Casa Bianca è perplesso quanto noi. Il presidente non dà spiegazioni per questa sua sparizione, e tutti sono furibondi.»

«Qualche teoria?»

Gabrielle guardò fuori, al di sopra degli occhialini da intellettuale. «Per la verità, stamattina ho ricevuto un'informazione interessante da un mio contatto alla Casa Bianca.»

Sexton conosceva quell'espressione dei suoi occhi. Evidentemente Gabrielle aveva messo a segno un altro colpo grazie a un informatore nel campo avversario. Si chiese se, in cambio dei segreti elettorali, non facesse qualche servizietto sul sedile posteriore a un assistente del presidente. Non gli importava... fintanto che continuavano a filtrare notizie.

«Corre voce che lo strano comportamento del presidente abbia avuto inizio la scorsa settimana dopo un incontro urgente ed estremamente riservato con il direttore della NASA. A quanto pare, il presidente è uscito dalla riunione con l'aria frastornata. Immediatamente ha cancellato tutti gli appuntamenti e da quel momento è rimasto in stretto contatto con la NASA.»

Sexton accolse l'informazione con grande compiacimento. «Credi che la NASA gli abbia dato altre cattive notizie?»

«Sembrerebbe una spiegazione logica» rispose lei, speranzosa. «Ma deve trattarsi di qualcosa di veramente grave per indurlo a mollare tutto.»

Sexton rifletté un momento. Era evidente che la NASA doveva avergli dato brutte notizie. "Altrimenti il presidente si sarebbe precipitato da me a cantar vittoria." Negli ultimi tempi, Sexton aveva sferrato duri attacchi alla Casa Bianca per i finanziamenti alla NASA. La recente serie di missioni fallite e i giganteschi sforamenti del budget avevano valso all'agenzia spaziale il dubbio onore di diventare il cavallo di battaglia di Sexton per stigmatizzare la spesa eccessiva e l'inefficienza del governo. Era vero che attaccare la NASA – uno dei più eminenti simboli dell'orgoglio americano – era una tattica che ben pochi politici avrebbero scelto per conquistare voti, ma Sexton aveva un'arma di cui pochi disponevano, e cioè Gabrielle Ashe, con il suo straordinario fiuto.

La giovane aveva attirato l'attenzione di Sexton alcuni mesi prima, quando lavorava come coordinatrice della sua campagna elettorale a Washington. Nei sondaggi per le primarie, il senatore arrancava faticosamente, e il suo messaggio sulla spesa eccessiva del governo non veniva raccolto. A quel punto, Gabrielle Ashe gli aveva mandato un appunto in cui suggeriva un drastico cambiamento di linea. Sosteneva che lui avrebbe dovuto attaccare gli enormi sforamenti del budget da parte della NASA e i continui aiuti della Casa Bianca come l'esempio più evidente della disattenzione del presidente Herney nei confronti della spesa pubblica.

"La NASA costa una fortuna agli americani" aveva scritto Gabrielle, elencando cifre, missioni fallite e finanziamenti straordinari. "Gli elettori ne sarebbero scandalizzati, se sapessero. Credo che dovremmo fare della NASA un caso politico."

Sexton aveva sorriso davanti a tanta ingenuità. "Sì, e già che ci siamo mi dichiaro anche contrario a cantare l'inno nazionale alle partite di baseball."

Nelle settimane successive, Gabrielle aveva continuato a far pervenire sulla sua scrivania informazioni sulla NASA. Più leggeva, più Sexton si convinceva che la giovane Gabrielle Ashe aveva trovato un argomento inoppugnabile. Anche per gli standard delle agenzie governative, la NASA era una stupefacente macchina mangiasoldi: costosa, inefficiente e, negli ultimi anni, decisamente incompetente.

Un pomeriggio, Sexton era stato intervistato alla radio sul tema dell'istruzione. Il conduttore lo incalzava per sapere dove avrebbe trovato le risorse per migliorare la scuola pubblica, come lui si proponeva. Sexton aveva deciso di mettere alla prova la teoria di Gabrielle sulla NASA e aveva dato una risposta scherzosa solo a metà: «I soldi per l'istruzione?» aveva detto. «Be', probabilmente dimezzerei il programma spaziale. Immagino che se la NASA può investire quindici miliardi di dollari l'anno nello spazio, io potrei spendere sette miliardi e mezzo per i bambini qui sulla terra.»

Nella cabina di regia, i consiglieri elettorali di Sexton erano rimasti senza fiato per quell'osservazione incauta. In fin dei conti, molti candidati si erano bruciati per molto meno di un attacco diretto alla NASA. All'istante, le linee telefoniche della stazione radio erano entrate in fibrillazione. I consiglieri di Sexton erano stati colti dal panico, sicuri che fossero i patrioti dello spazio pronti a sparare a zero.

Ma era accaduto l'imprevisto.

«Quindici miliardi l'anno?» aveva chiesto sconvolto il primo ascoltatore al telefono. «*Miliardi?* Mi sta dicendo che la classe di mio figlio è sovraffollata perché la scuola non può permettersi di pagare più insegnanti, e la NASA spende quindici miliardi di dollari per fotografare un po' di pulviscolo spaziale?»

«Ehm... proprio così» aveva detto Sexton con circospezione.

«Assurdo! Il presidente ha il potere di intervenire al riguardo?»

«Certo!» aveva risposto il senatore, più rincuorato. «Il presidente può porre il veto alle richieste di finanziamento dell'agenzia se ritiene che riceva fondi eccessivi.»

«Allora lei avrà il mio voto, senatore Sexton. Quindici miliardi di dollari per la ricerca spaziale, e i nostri figli hanno carenza di insegnanti. È una vergogna! Buona fortuna. Spero che lei arrivi fino in fondo.»

Era stata mandata in onda la telefonata successiva. «Senatore, ho appena letto che la stazione spaziale internazionale della NASA ha un deficit di bilancio enorme e il presidente intende concedere un finanziamento straordinario per portare avanti il progetto. È vero?»

Sexton aveva preso la palla al balzo. «Verissimo!» Aveva spiegato che la stazione spaziale in orbita dal 1999 doveva in origine essere una società a capitale misto di dodici nazioni che avrebbero condiviso la spesa ma, a costruzione iniziata, i costi erano saliti vertiginosamente, e molti paesi si erano ritirati, inorriditi. Anziché annullare il progetto, il presidente aveva deciso di coprire tutte le spese. «Per questo programma, la spesa è salita dagli otto miliardi preventivati a *cento* miliardi di dollari! Sconvolgente!»

L'ascoltatore era parso furibondo. «Perché diavolo il presidente non stacca la spina?»

Sexton avrebbe voluto baciarlo in fronte. «Ottima domanda. Purtroppo, un terzo delle apparecchiature per la costruzione è già in orbita, e per mandarcele il presidente ha speso i proventi delle *vostre* tasse, quindi staccare la spina significherebbe ammettere di avere compiuto un errore da molti miliardi di dollari con i *vostri* soldi.»

Erano continuate a piovere telefonate. Per la prima volta, sembrava che gli americani si rendessero conto che la NASA era un'opzione, non un'icona nazionale.

Terminata la trasmissione, a parte pochi ostinati sostenitori della NASA che avevano chiamato appoggiando con toni vibranti la causa dell'eterna ricerca dell'uomo sulla strada della conoscenza, l'opinione generale era che la campagna di Sexton aveva trovato un nuovo Santo Graal, un argomento scottante, controverso e non ancora sfruttato, che toccava un nervo scoperto degli elettori.

Nelle settimane successive, Sexton aveva sbaragliato gli avversari in cinque importanti primarie. Aveva nominato Gabrielle Ashe sua assistente personale per la campagna, elogiandola per avere portato all'attenzione degli elettori il problema della NASA. Con un cenno, Sexton aveva innalzato una giovane afroamericana al rango di stella nascente della politica, e la polemica sul suo atteggiamento razzista e sessista era svanita nel giro di una notte.

In quel momento, seduto nella limousine, Sexton capì che Gabrielle si era dimostrata ancora una volta all'altezza della situazione. L'informazione sull'incontro segreto della settimana precedente tra il direttore della NASA e il presidente lasciava supporre che i problemi dell'agenzia stessero aumentando: forse era stata avanzata un'ulteriore richiesta di fondi per la stazione spaziale.

Mentre l'auto superava il Washington Monument, l'obelisco dedicato al primo presidente degli Stati Uniti, il senatore Sexton non poté fare a meno di sentirsi prescelto dal destino.

8

Il presidente Zachary Herney, che pure aveva conquistato la
più alta carica politica del mondo, era di modesta statura e di
esile costituzione. Portava lenti bifocali e aveva spalle strette,
un viso lentigginoso e radi capelli neri. Tuttavia, nonostante
l'aspetto poco imponente, suscitava in chi lo conosceva un'a-
dorazione reverenziale. Si diceva che chiunque, dopo averlo
incontrato, era pronto ad andare in capo al mondo per lui.

«Sono molto contento che sia riuscita a venire» disse a Rachel, stringendole la mano con sincera cordialità.

Rachel avvertì un nodo di emozione in gola. «È... un onore
incontrarla, signor presidente.»

Lui le rivolse un sorriso rassicurante e Rachel sperimentò di
persona la leggendaria affabilità di quell'uomo. Herney aveva
un'espressione bonaria molto apprezzata dai vignettisti politici perché, da qualsiasi angolazione lo ritraessero, era impossibile non coglierne il naturale calore umano e il sorriso amabile. Dai suoi occhi trasparivano sempre sincerità e dignità.

«Se vuole venire con me» la invitò in tono allegro «ho pronta una tazza di caffè con su scritto il suo nome.»

«La ringrazio.»

Il presidente premette un tasto sull'interfono e chiese di ser-
vire il caffè nel suo ufficio. Mentre lo seguiva, Rachel non poté
fare a meno di notare che Herney appariva molto soddisfatto e
riposato per essere uno che i sondaggi davano in posizione di
svantaggio. Vestiva casual: jeans, polo, scarpe sportive L.L.
Bean. Lei cercò un argomento per sciogliere il ghiaccio. «Si dà...
alle escursioni, presidente?»

«Niente affatto. I miei consiglieri hanno deciso che questo dovrà essere il mio nuovo look. Lei che ne dice?»

Rachel si augurò per amor suo che non parlasse sul serio. «Fa molto... ehm... uomo di tempra, signore.»

Herney rimase imperturbabile. «Ottimo. Forse potrà aiutarmi a sottrarre qualche voto femminile a suo padre.» Dopo una breve pausa, si lasciò andare a un grande sorriso. «Scherzavo, signora Sexton. Sappiamo entrambi che ci vogliono ben più di una polo e un paio di jeans per vincere queste elezioni.»

La franchezza e il buonumore del presidente stavano sciogliendo la soggezione che il posto le incuteva. Quell'uomo compensava con la diplomazia ciò che gli difettava in prestanza fisica. E la diplomazia era una dote umana che Zach Herney sicuramente possedeva.

Rachel seguì il presidente nella parte posteriore dell'Air Force One. Più ci s'inoltrava, meno si aveva la sensazione di trovarsi a bordo di un aereo: corridoi curvi, tappezzeria alle pareti, perfino una palestra completa di Isostep e vogatore. Stranamente, il Boeing appariva quasi completamente deserto.

«Viaggia solo, presidente?»

Lui scosse la testa. «Sono appena atterrato, in realtà.»

Rachel ne fu sorpresa. "Atterrato da dove?" Nei rapporti dell'intelligence non aveva letto di viaggi presidenziali. Evidentemente usava Wallops Island per spostarsi senza dare nell'occhio.

«Il mio staff è sbarcato poco prima che lei arrivasse» affermò. «Lo incontrerò alla Casa Bianca, tra poco. Ma ho preferito farla venire qui piuttosto che nel mio ufficio.»

«Per intimidirmi?»

«Al contrario; in segno di rispetto, signora Sexton. La Casa Bianca è costantemente sotto i riflettori, e la notizia di un incontro tra noi l'avrebbe messa in una posizione imbarazzante con suo padre.»

«Apprezzo molto il suo riguardo, signore.»

«A quanto pare, lei riesce a destreggiarsi con garbo in una situazione assai delicata e io non voglio nuocerle in alcun modo.»

Rachel rivide una breve immagine dell'incontro con il padre a colazione e pensò che difficilmente il suo comportamento poteva essere definito garbato. Ma Zach Herney stava facendo di tutto per essere gentile, anche se non ne aveva certo il dovere.

«Posso chiamarla Rachel?» le chiese.

«Certo.» "E io posso chiamarla Zach?"

«Il mio ufficio» annunciò il presidente, aprendo una porta di acero intagliato.

L'ufficio a bordo dell'Air Force One era certamente più intimo dell'omologo alla Casa Bianca, malgrado l'austerità dell'arredamento. Dietro la scrivania, ingombra di carte, un grande dipinto a olio raffigurava una classica goletta a tre alberi, completamente invelata, che avanzava faticosamente in una furibonda tempesta. Una perfetta metafora della presidenza di Zach Herney in quel momento.

Il presidente le offrì una delle tre poltroncine davanti alla scrivania. Rachel si sedette, sicura che lui avrebbe preso posto dietro il tavolo e non al suo fianco, come invece fece.

"Una posizione di parità. Il principio fondamentale per stabilire un rapporto."

«Bene, Rachel.» Herney trasse un sospiro carico di stanchezza. «Immagino che lei sia un po' frastornata per il fatto di trovarsi qui. Ho ragione?»

Quel che restava della diffidenza di Rachel si sgretolò davanti al candore di quella voce. «Per la verità, signore, sono assolutamente sconcertata.»

Herney scoppiò in una fragorosa risata. «Fantastico. Non capita tutti i giorni di sconcertare un esponente dell'NRO.»

«Come non capita tutti i giorni agli esponenti dell'NRO di essere invitati a bordo dell'Air Force One da un presidente che indossa scarpe sportive.»

Il presidente rise di nuovo.

Qualche colpetto leggero alla porta annunciò l'arrivo del caffè. Una hostess entrò con un bricco fumante e due tazze di peltro. A un cenno del presidente, posò il vassoio sulla scrivania e sparì.

«Latte e zucchero?» Il presidente si alzò per servirla.

«Solo latte, grazie.» Rachel annusò il ricco aroma. "Il presidente degli Stati Uniti in persona che mi versa il caffè?"

Zach Herney le porse la pesante tazza. «Autentiche Paul Revere. Uno dei piccoli lussi che mi sono concessi.»

Rachel sorseggiò la bevanda. Non aveva mai assaggiato un caffè così buono.

«Bene» disse il presidente, riempiendosi a sua volta la tazza prima di rimettersi a sedere «ho poco tempo, quindi è meglio arrivare subito al dunque.» Lasciò cadere una zolletta di zucchero nel caffè e la guardò. «Immagino che Bill Pickering l'avrà messa in guardia sostenendo che se desideravo incontrarla era soltanto per sfruttarla ai miei fini politici.»

«È *esattamente* quello che ha detto.»

Il presidente si mise a ridere. «Sempre cinico.»

«Dunque sbagliava?»

«Sta scherzando? Bill Pickering non sbaglia mai. Ha fatto centro come al solito.»

9

Gabrielle Ashe guardava distrattamente fuori dal finestrino della limousine che avanzava lenta nel traffico del mattino. Si chiese come diavolo fosse riuscita ad arrivare tanto in alto, nella vita. Assistente personale del senatore Sedgewick Sexton. Era esattamente quello che aveva sognato, no?

"Sono in limousine con il futuro presidente degli Stati Uniti."

Guardò il lussuoso allestimento della macchina e poi il senatore, che sembrava perso nei suoi pensieri. Ammirò i suoi bei tratti e l'abito elegante. Un'aria decisamente presidenziale.

La prima volta che l'aveva sentito parlare, tre anni prima, lei stava per laurearsi in scienze politiche. Non avrebbe mai dimenticato quel suo modo di fissare il pubblico, come se mandasse un messaggio personale a ciascuno: "Fidati di me". Dopo il discorso, Gabrielle si era messa in coda per esprimergli la sua ammirazione.

«Gabrielle Ashe» aveva detto il senatore, leggendo sul cartellino. «Un bel nome per una bella donna.» Il suo sguardo l'aveva rassicurata.

«Grazie, senatore» aveva risposto lei, notando la stretta di mano decisa. «Il suo messaggio mi ha davvero colpito.»

«Ne sono lieto!» Sexton le aveva messo in mano un biglietto da visita. «Sono sempre in cerca di giovani dalla mente sveglia che condividono la mia visione. Quando finisci l'università, fatti viva. I miei collaboratori potrebbero avere un lavoro per te.»

Gabrielle stava per ringraziarlo, ma il senatore si era già rivolto alla persona in coda dietro di lei. Ciononostante, nei mesi successivi, Gabrielle si era ritrovata a seguire alla televisione la carriera di Sexton. Piena di ammirazione, lo sentiva stigmatizzare la spesa eccessiva del governo e invocare tagli di bilancio, un uso più efficiente delle risorse fiscali, una riduzione dei finanziamenti alla DEA e perfino l'abolizione dei programmi ridondanti della pubblica amministrazione. Poi, quando la moglie del senatore era morta in un incidente stradale, Gabrielle lo aveva osservato con trepidazione affrontare con atteggiamento positivo quella disgrazia. Sexton si era risollevato dal dolore personale per dichiarare al mondo la sua intenzione di candidarsi alla presidenza e dedicare il resto della sua carriera politica alla memoria della moglie. Era stato in quel preciso istante che Gabrielle aveva deciso di partecipare attivamente alla sua campagna.

E adesso, era arrivata quanto più possibile vicino a lui.

Ricordò la notte trascorsa con Sexton nel suo lussuoso ufficio e si sentì sprofondare. Cercò di scacciare dalla mente quelle immagini imbarazzanti. "Ma cosa mi è saltato in testa?" Avrebbe dovuto resistere, ma in qualche modo si era trovata nell'impossibilità di farlo. Sedgewick Sexton era da tanto tempo il suo idolo e rendersi conto che desiderava proprio lei...

La limousine prese una buca, riportando i suoi pensieri al presente.

«Tutto bene?» le chiese Sexton, che la stava osservando.

Gabrielle si affrettò a sfoderare un sorriso. «Benissimo.»

«Non starai per caso pensando ancora a quella bufala, vero?»

Si strinse nelle spalle. «Per la verità sono abbastanza preoccupata.»

«Dimenticala. In realtà è stato il più grande regalo che abbiano fatto alla mia campagna elettorale.»

Una bufala, aveva appreso Gabrielle a proprie spese, era l'equivalente politico della falsa soffiata che il tuo rivale in amore usa un estensore del pene o è abbonato alla rivista "Passere e stalloni". Non era una tattica straordinaria, ma quando pagava, pagava bene.

Talvolta, però, si ritorceva contro l'autore stesso...

E proprio questo era accaduto. Contro la Casa Bianca. Circa un mese prima, lo staff presidenziale, preoccupato per i sondaggi che davano Herney in calo, aveva adottato una strategia aggressiva mettendo in circolazione una storia che molti sospettavano vera, e cioè che il senatore Sexton avesse una relazione con la sua assistente personale, Gabrielle Ashe. Senza avere, però, nessuna prova. Il senatore Sexton, convinto sostenitore che la miglior difesa è un duro attacco, aveva colto al volo l'occasione. Convocata una conferenza stampa nazionale, aveva proclamato la propria innocenza e la propria indignazione, con gli occhi addolorati fissi sulla telecamera. "Non riesco a credere che il presidente disonori la memoria di mia moglie con queste spregevoli menzogne."

La performance televisiva del senatore era stata talmente convincente che la stessa Gabrielle aveva quasi cominciato a dubitare che fossero davvero andati a letto insieme. Ma notando con quanta facilità mentiva, si era anche resa conto che Sexton poteva essere una persona pericolosa.

Negli ultimi tempi, sebbene fosse persuasa di puntare sul cavallo più forte nella corsa alla presidenza, aveva preso a chiedersi se fosse anche il cavallo *migliore*. Lavorare a stretto contatto con lui le aveva aperto gli occhi, come un giro dietro le quinte degli Universal Studios, dove l'infantile e reverente stupore nei confronti del cinema viene stemperato dalla scoperta che Hollywood non è magia, dopotutto.

Anche se la sua fiducia nel messaggio di Sexton rimaneva intatta, Gabrielle cominciava a nutrire qualche perplessità sul messaggero.

10

«Ciò che sto per dirle, Rachel, è classificato con codice di segretezza UMBRA» disse il presidente. «È dunque ben al di là del suo livello di accesso a informazioni riservate.»

Rachel ebbe la sensazione che le pareti dell'Air Force One si chiudessero intorno a lei. Il presidente l'aveva fatta arrivare a Wallops Island, invitata a bordo del suo aereo, le aveva servito il caffè, confessato chiaro e tondo che intendeva usarla per i suoi fini politici contro il padre e a quel punto le annunciava che era in procinto di rivelarle un'informazione coperta dalla massima segretezza. Si rese conto che Zach Herney, malgrado la sua affabilità di facciata, non perdeva tempo a prendere in mano le redini della situazione.

«Due settimane fa la NASA ha fatto una scoperta.» La fissò negli occhi.

Le parole rimasero un momento sospese nell'aria prima che Rachel riuscisse ad afferrarle.

Una *scoperta* della NASA? Dagli ultimi rapporti dell'intelligence non risultava alcuna novità di rilievo, anche se, di recente, una "scoperta della NASA" significava spesso che l'agenzia si era resa conto di avere grossolanamente sottostimato i costi di un nuovo progetto.

«Prima di continuare la conversazione, vorrei sapere se lei condivide lo scetticismo di suo padre nei confronti delle esplorazioni spaziali.»

Rachel si risentì per quella domanda. «Spero non mi abbia convocata qui per chiedermi di frenare gli attacchi di mio padre alla NASA.»

Il presidente si mise a ridere. «Assolutamente no. Sono al Senato da abbastanza tempo per sapere che *nessuno* frena Sedgewick Sexton.»

«Mio padre è un opportunista, signore, come spesso lo sono i politici di successo. E, purtroppo, la NASA costituisce un bersaglio molto facile.» La recente serie di errori dell'agenzia spaziale era stata talmente incredibile da suscitare soltanto pianto o riso: satelliti disintegrati in orbita, sonde spaziali mai più tornate indietro, il budget della stazione spaziale internazionale decuplicato e i paesi membri della società a capitale misto scappati come topi da una nave in procinto di affondare. Erano stati bruciati miliardi di dollari e il senatore Sexton cavalcava la vicenda come un'onda, che sembrava destinata a portarlo al 1600 di Pennsylvania Avenue.

«Ammetto» continuò il presidente «che la NASA è stata un vero disastro, negli ultimi tempi. Non ha fatto che darmi nuove ragioni per tagliare drasticamente le sovvenzioni.»

Rachel vide un appiglio per poter dire la sua e non se lo lasciò sfuggire. «Eppure, mi pare di avere letto la settimana scorsa che lei l'ha tirata fuori dai pasticci stanziando un finanziamento straordinario di altri tre milioni di dollari per garantirne la solvibilità.»

Il presidente scoppiò a ridere. «Suo padre ha apprezzato molto, vero?»

«Come fornire le munizioni al proprio boia.»

«L'ha sentito a *Nightline*? "Zach Herney è spaziodipendente e sono i contribuenti a pagare per il suo vizio."»

«Lei, peraltro, offre continue conferme alla sua tesi.»

Herney annuì. «Non faccio mistero di essere da sempre un grande fan della NASA. Sono figlio dell'era spaziale – lo Sputnik, John Glenn, l'Apollo 11 – e non ho mai esitato a esprimere i miei sentimenti di ammirazione e di orgoglio nazionale per il programma spaziale. A mio parere, gli uomini e le donne della NASA sono i pionieri della storia moderna. Azzardano l'impossibile, accettano i fallimenti e poi tornano dritti al tavolo di lavoro, mentre noi ci limitiamo a criticare.»

Rachel rimase in silenzio, avvertendo sotto l'apparente calma del presidente una collera furibonda per l'incalzante retorica anti-NASA di suo padre. Si chiese cosa diavolo avesse scoperto l'agenzia. Il presidente se la prendeva comoda prima di arrivare al punto.

«Oggi» continuò Herney, accalorandosi «intendo farle cambiare opinione sulla NASA.»

Rachel lo guardò incerta. «Lei ha già il mio voto, signore. Meglio che si concentri sul resto del paese.»

«È quanto mi propongo.» Herney sorseggiò il caffè, poi sorrise. «E le chiedo di aiutarmi» fece una pausa e si protese verso di lei «in un modo decisamente insolito.»

Rachel si accorse che Zach Herney esaminava ogni sua mossa, come un cacciatore che cerchi di valutare se la preda intende affrontare il nemico o fuggire. Purtroppo, Rachel non vedeva alcuna via di fuga.

Il presidente versò di nuovo del caffè a entrambi. «Immagino che lei sia a conoscenza del progetto NASA chiamato EOS.»

Rachel annuì. «Earth Observation System. Credo che mio padre vi abbia accennato un paio di volte.»

Il debole tentativo di ironia fece incupire il presidente. In realtà il padre di Rachel parlava dell'Earth Observation System, il Sistema di osservazione della Terra, ogni volta che ne aveva occasione. Era una delle imprese più costose e controverse della NASA, una costellazione di cinque satelliti progettati per osservare la Terra dallo spazio e monitorare l'ambiente del pianeta: buco dell'ozono, fusione dei ghiacci polari, riscaldamento globale, progressiva riduzione della foresta pluviale. Lo scopo era offrire agli studiosi di ecologia dati macroscopici inediti per meglio programmare il futuro della Terra.

Purtroppo, il progetto EOS era incorso in una sequela incredibile di errori. Come molti recenti programmi della NASA, fin dall'inizio aveva drenato risorse economiche molto superiori a quelle preventivate. Ed era stato Zach Herney a subirne le conseguenze. Aveva sfruttato l'appoggio della lobby ambientalista per spingere il Congresso ad approvare lo stanziamento di un miliardo e quattrocento milioni di dollari per il progetto EOS, che peraltro, anziché fornire i contributi promessi alla scienza mondiale, si era rivelato un costosissimo incubo di lanci falliti, malfunzionamento dei computer e cupe conferenze stampa della NASA. L'unica faccia sorridente, negli ultimi tempi, era quella del senatore Sexton, impegnato senza sosta a ricordare agli elettori quanti dei loro soldi erano stati spesi dal presidente per l'EOS e quanto poco entusiasmanti fossero i risultati.

Il presidente mise un'altra zolletta di zucchero nella tazza. «Per quanto possa apparire sorprendente, la scoperta della NASA a cui mi riferisco è stata compiuta dall'EOS.»

Rachel rimase sconcertata. Se l'EOS aveva di recente messo a segno un successo, la NASA lo avrebbe certamente annunciato pubblicamente. Suo padre non aveva fatto che demolire l'EOS sui media, e l'agenzia spaziale avrebbe sfruttato qualsiasi occasione per riscattarsi agli occhi del pubblico.

«Io non ho saputo nulla» affermò Rachel.

«Ovvio. La NASA preferisce non divulgare la cosa, per il momento.»

Rachel aveva qualche dubbio in proposito. «Signor presidente, per quella che è la mia esperienza, quando c'è di mezzo la NASA nessuna notizia significa di solito cattive notizie.» Il riserbo non era una specialità dell'ufficio relazioni pubbliche dell'agenzia. La battuta ricorrente all'NRO era che l'agenzia teneva una conferenza stampa per ogni scoreggia di un suo scienziato.

Il presidente si accigliò. «Ah, già, dimenticavo che sto parlando con una delle discepole di Pickering, strenuo fautore della massima riservatezza. Continua a gemere e a lamentarsi che la NASA parla troppo?»

«La segretezza è il suo mestiere, e lui lo prende molto sul serio.»

«E fa bene, accidenti. Solo, mi pare inconcepibile che due agenzie con tanto in comune trovino in continuazione motivi di contrasto.»

Rachel aveva appreso fin dall'inizio della sua collaborazione con Pickering che le filosofie della NASA e dell'NRO erano agli antipodi, malgrado entrambe le agenzie fossero legate allo spazio. L'NRO aveva una missione difensiva e teneva riservate tutte le sue attività, mentre la NASA si dedicava alla ricerca e strombazzava ai quattro venti ogni scoperta, spesso, secondo William Pickering, a rischio della sicurezza nazionale. Alcune delle più sofisticate tecnologie della NASA – lenti ad alta risoluzione per telescopi orbitanti, sistemi di comunicazione a lungo raggio e strumenti di trasmissione delle immagini – avevano la cattiva abitudine di comparire nell'arsenale spionistico di paesi ostili che le usavano contro gli Stati Uniti. Bill Pickering brontolava spesso che gli scienziati della NASA avevano un gran cervello... ma una bocca ancora più grande.

Ad accrescere la conflittualità tra le due agenzie, poi, c'era il fatto che a gestire i lanci dei satelliti per conto dell'NRO era la NASA, i cui numerosi e recenti fiaschi avevano ripercussioni dirette sull'NRO. L'incidente più drammatico era stato quello del 12 agosto 1998, quando un razzo vettore Titan 4 della NASA / Air Force era esploso quaranta secondi dopo il lancio disintegrando il satellite dell'NRO, chiamato in codice Vortex 2, che avrebbe dovuto mettere in orbita. Pickering proprio non riusciva a passare sopra a quella vicenda.

«Come mai, dunque, la NASA non ha rivelato pubblicamente questa scoperta?» lo incalzò Rachel.

«Perché l'ho ordinato io» dichiarò Herney.

Rachel si chiese se avesse sentito bene. Nel caso, il presidente stava commettendo una specie di harakiri politico che sfuggiva alla sua comprensione.

«Questa scoperta è... possiamo dire... di portata assolutamente sconvolgente.»

Rachel avvertì un brivido di disagio. Nel mondo dei servizi segreti, "portata sconvolgente" raramente significava qualcosa di positivo. Si chiese se tutto quel riserbo da parte dell'EOS dipendesse dal fatto che il sistema satellitare aveva rilevato un incombente disastro ambientale. «C'è qualche problema?»

«Assolutamente no. La scoperta dell'EOS è, a dire poco, meravigliosa.»

Rachel rimase in silenzio.

«Se le dicessi che la NASA ha fatto una scoperta scientifica di tale valore, di tale rilevanza da giustificare ogni singolo dollaro investito dagli americani nello spazio?»

Rachel non riusciva a immaginare nulla di simile.

Il presidente si alzò in piedi. «Facciamo due passi, le dispiace?»

11

Rachel seguì Herney nell'impeccabile corridoio dell'Air Force One. Mentre scendevano la scaletta, si sentì schiarire la mente dalla fresca aria di marzo. Purtroppo, però, la lucidità le fece apparire ancora più assurda la posizione del presidente.

"La NASA ha fatto una scoperta scientifica di tale valore, di tale rilevanza da giustificare ogni singolo dollaro investito dagli americani nello spazio."

Poteva significare una sola cosa, il Santo Graal della NASA, il contatto con forme di vita extraterrestri. Purtroppo, sapeva abbastanza di quel particolare Santo Graal da ritenere l'evento del tutto improbabile.

Come analista di dati sensibili, Rachel doveva spesso difendersi dalle domande di conoscenti che volevano saperne di più su ipotetici contatti con alieni tenuti nascosti dal governo. Rimaneva regolarmente inorridita davanti alle teorie dei suoi amici "colti": dischi volanti schiantati al suolo e nascosti in bunker segreti, cadaveri di extraterrestri conservati nel ghiaccio o anche ignari cittadini rapiti e sottoposti a indagini di chirurgica meticolosità.

Tutte assurdità, naturalmente. Non esistevano gli alieni come non esistevano gli insabbiamenti governativi nei loro confronti.

Chiunque, negli ambienti dell'intelligence, sapeva che la grande maggioranza degli avvistamenti e dei rapimenti di alieni era solo il prodotto di una fervida immaginazione, se non una montatura a scopo di lucro. Se venivano esibite fotografie autentiche di UFO, per qualche strana ragione erano sta-

te regolarmente scattate nelle vicinanze di basi militari statunitensi, dove si sperimentavano prototipi segretissimi di aerei.
Quando la Lockheed aveva cominciato il collaudo in volo di
un jet molto avanzato chiamato Stealth Bomber, gli avvistamenti di UFO nei pressi della Edwards Air Force Base erano
aumentati di quindici volte.

«Ha un'espressione scettica» osservò il presidente, vedendola perplessa.

Il suono della sua voce la fece sobbalzare. Rachel non sapeva bene che dire. «Be'... suppongo che non parliamo di astro-
navi aliene o di piccoli uomini verdi, vero?» chiese infine con
una certa esitazione.

Il presidente parve divertito. «Rachel, credo proprio che
troverà questa scoperta ai limiti della fantascienza.»

Rachel fu sollevata nell'apprendere che la NASA non era disperata al punto di vendere al presidente una storiella sui
marziani. Ciononostante, quel commento le servì per esprimere una sua sensazione. «In ogni caso» osservò «bisogna
ammettere che la scoperta della NASA, quale che sia, arriva con
un tempismo eccezionale.»

Herney si fermò un momento. «Tempismo? In che senso?»

"In che senso?" Rachel lo fissò. «Signor presidente, attualmente la NASA è impegnata in una lotta all'ultimo sangue per
giustificare la propria esistenza, e lei viene attaccato perché
continua a finanziarla. Un importante passo in avanti costituirebbe la panacea sia per l'agenzia sia per la sua campagna
elettorale. Mi pare chiaro che i suoi detrattori troveranno molto sospetta la coincidenza temporale.»

«Dunque... mi sta dando del bugiardo o dello stupido?»

Rachel sentì salire un nodo in gola. «Non intendo mancarle
di rispetto, signore, solo che...»

«Si rilassi.» Un debole sorriso increspò le labbra di Herney,
che riprese a scendere la scaletta. «Quando il direttore della
NASA mi ha parlato per la prima volta di questa scoperta, io
l'ho liquidata subito come assurda. L'ho accusato di fabbricare
la più eclatante bufala della storia.»

Rachel sentì sciogliersi in parte il nodo in gola.

In fondo alla rampa, Herney si voltò a guardarla. «Una ragione per cui ho chiesto agli uomini della NASA di tenere la co-

sa sotto silenzio è per proteggerli. La sua portata, infatti, va ben oltre tutto quello che l'agenzia ha mai realizzato. Farà apparire insignificante lo sbarco degli uomini sulla Luna. Visto che tutti, io per primo, abbiamo tanto da guadagnare e anche tanto da perdere, ho ritenuto prudente che qualcuno ricontrollasse i dati prima di procedere a un annuncio ufficiale.»

Rachel era sbalordita. «Non intenderà affidare l'incarico a me, vero?»

Il presidente si mise a ridere. «No, questo non è il suo campo, e inoltre ho già ottenuto le conferme attraverso canali non governativi.»

Il momentaneo sollievo di Rachel cedette davanti a una nuova perplessità. «Non governativi, signore? Intende dire che si è affidato al settore privato? Per dati così riservati?»

Il presidente annuì con convinzione. «Ho costituito una squadra esterna di quattro scienziati civili di grande fama, estranei alla NASA, con una reputazione da difendere. Hanno usato i loro strumenti per le rilevazioni e sono arrivati autonomamente alle loro conclusioni. Nelle ultime quarantotto ore, essi hanno confermato senza ombra di dubbio la scoperta della NASA.»

Rachel ne fu molto colpita. Il presidente si era tutelato con il tipico aplomb alla Herney. Ingaggiando un gruppo dei più accaniti scettici – scienziati esterni che non avevano nulla da guadagnare confermando le tesi della NASA –, si era immunizzato dai sospetti che quello potesse essere l'estremo tentativo dell'agenzia spaziale per difendere il suo budget, far rieleggere un presidente amico e parare gli attacchi del senatore Sexton.

«Stasera alle venti» disse Herney «convocherò una conferenza stampa alla Casa Bianca per annunciare al mondo questa scoperta.»

Rachel si sentì frustrata. Herney, in fin dei conti, non le aveva rivelato nulla. «Di cosa si tratta, esattamente?»

Il presidente sorrise. «Oggi constaterà che la pazienza è una virtù. Lei deve vedere con i suoi occhi, capire bene la situazione prima di procedere. Il direttore della NASA la sta aspettando per darle tutte le informazioni del caso. Le dirà tutto ciò che le serve sapere. Dopodiché io e lei riparleremo del suo ruolo.»

Rachel lesse una tensione latente negli occhi del presidente e ricordò il sospetto di Pickering che la Casa Bianca avesse un asso nella manica. A quanto pareva aveva visto giusto, come al solito.

Herney indicò il vicino hangar. «Mi segua» la esortò, incamminandosi.

Rachel si accodò a lui, confusa. La costruzione davanti a loro era priva di finestre e le enormi porte erano sigillate. L'unico accesso si apriva su un lato. Il presidente guidò Rachel e si fermò a pochi metri da una porta socchiusa.

«Io mi fermo qui. Lei proceda» le disse, indicandole l'ingresso.

Rachel esitava. «Non viene con me?»

«Devo tornare alla Casa Bianca, ma la contatterò presto. Ha un cellulare?»

«Certo, signore.»

«Me lo dia.»

Rachel tirò fuori il telefonino e glielo porse, convinta che lui intendesse programmarvi un numero riservato. Invece, se lo infilò in tasca.

«Ora lei è tagliata fuori da ogni contatto» disse il presidente. «Il suo posto di lavoro è stato coperto da altri. D'ora in poi, non parli con nessuno senza chiedere prima il permesso a me o al direttore della NASA.»

Rachel rimase a bocca aperta. "Il presidente mi ha sequestrato il cellulare?"

«Dopo che le avrà dato tutte le informazioni, il direttore la metterà in comunicazione con me attraverso canali sicuri. Ci sentiamo presto. Buona fortuna.»

Rachel osservò la porta dell'hangar con crescente disagio.

Il presidente Herney le appoggiò una mano rassicurante sulla spalla e accennò con il capo verso la soglia. «Le prometto, Rachel, che non rimpiangerà di avermi assistito in questa faccenda.»

Non aggiunse altro e si avviò di buon passo verso il Pave Hawk che aveva condotto Rachel lì. Senza mai voltarsi indietro, salì a bordo.

12

Rachel Sexton, sola di fronte alla porta dell'hangar di Wallops, scrutava nel buio davanti a sé. Aveva l'impressione di trovarsi in un altro mondo. Una brezza fredda e umida proveniva dal cavernoso interno, come se l'edificio respirasse. «C'è qualcuno?» chiese con voce titubante.

Silenzio.

Con crescente trepidazione, mosse un passo verso l'interno. La vista le si offuscò per un istante mentre gli occhi cercavano di adattarsi all'oscurità.

«La signora Sexton, immagino» disse una voce maschile, a pochi metri da lei.

Rachel sobbalzò prima di voltarsi verso quel suono. «Sì, signore.»

La forma indistinta di un uomo si avvicinò.

Quando la vista le si schiarì, ci trovò a faccia a faccia con un giovane aitante dalla mascella quadrata con la divisa della NASA, muscoloso e atletico, il petto coperto di mostrine.

«Capitano di fregata Wayne Loosigian» si presentò. «Scusi se l'ho spaventata, signora. È molto buio, qui dentro, perché non ho ancora avuto modo di aprire le porte.» Prima che Rachel potesse replicare, aggiunse: «Avrò l'onore di essere il suo pilota, stamattina».

«Pilota?» Rachel lo fissò stupita. "Ho già avuto un pilota." «Ma io sono qui per incontrare il direttore.»

«Infatti, ho l'ordine di portarla immediatamente da lui.»

Quando si rese conto del significato di quelle parole, Rachel ebbe la sensazione di essere stata raggirata. Dunque i suoi viaggi non erano ancora finiti. «Dove si trova il direttore?» chiese diffidente.

«Non sono in possesso di questa informazione» rispose il pilota. «Riceverò le coordinate non appena ci leveremo in volo.»

Rachel comprese che l'uomo le stava dicendo la verità. Evidentemente, lei e il direttore Pickering non erano i soli a essere tenuti all'oscuro di qualcosa, quel mattino. Il presidente stava prendendo sul serio la questione della segretezza, e Rachel si sentì imbarazzata al pensiero di quanto aveva fatto in fretta a "tagliarla fuori da ogni contatto". "Sono in campo da mezz'ora, mi è stato tolto ogni mezzo di comunicazione e il mio capo non ha idea di dove mi trovo."

Di fronte all'impettito pilota, comprese che il suo programma per la mattinata era già inesorabilmente deciso. La giostra stava partendo con lei a bordo, che le piacesse o no. La domanda era dove l'avrebbe condotta.

Il pilota si diresse a grandi passi verso la parete e premette un pulsante. Il pannello di fondo dell'hangar cominciò a spostarsi rumorosamente di lato. La luce proveniente dall'esterno rivelò il profilo di una grande sagoma.

Rachel rimase a bocca aperta. "Dio mi aiuti."

Al centro dell'hangar c'era un aereo da combattimento nero, dall'aspetto minaccioso. Era il velivolo più aerodinamico che Rachel avesse mai visto. «Ma lei scherza?» sbottò.

«È una reazione comune, signora, ma le assicuro che l'F-14 Tomcat è un aereo assolutamente sicuro.»

"Un missile con le ali."

Il pilota guidò Rachel verso il caccia e le indicò la cabina a due posti. «Lei sta dietro.»

«Sul serio?» Rachel gli rivolse un sorriso tirato. «Credevo che volesse mettere me alla guida.»

Dopo avere indossato una tuta termica sopra gli abiti, Rachel dovette arrampicarsi nella cabina. Con una certa difficoltà riuscì a infilarsi nello stretto sedile. «È evidente che la NASA non assume piloti dai fianchi larghi» commentò.

Con un sorriso, il pilota la aiutò ad allacciare la cintura, poi le mise in testa un casco.

«Voleremo ad alta quota» le disse «quindi avrà bisogno di

ossigeno.» Estrasse una maschera da uno sportello laterale e gliela passò intorno al casco.

«Posso fare da sola.»

«Prego, signora.»

Rachel armeggiò con il boccaglio finché non riuscì a sistemarlo. Era tremendamente scomodo e fastidioso.

Il comandante la fissò a lungo con un'espressione divertita.

«Qualcosa non va?» si informò lei.

«Assolutamente no, signora.» Sembrò reprimere una risata. «I sacchetti per il vomito sono sotto il sedile. La maggior parte delle persone si sente male la prima volta che vola su un F-14.»

«Non dovrei avere problemi» lo rassicurò Rachel, la voce attutita dalla maschera troppo stretta. «Non soffro di mal d'aria.»

Il pilota si strinse nelle spalle. «Molti incursori della marina hanno detto la stessa cosa, e poi mi sono ritrovato a ripulire la cabina dal loro vomito.»

Lei annuì debolmente. "Splendido."

«Qualche domanda prima di partire?»

Rachel esitò un momento e poi batté sul boccaglio che le premeva sul mento. «Mi blocca la circolazione. Come fate a portare questi aggeggi nei lunghi voli?»

Il pilota le rivolse un sorriso indulgente. «Be', signora, di solito non li indossiamo al contrario.»

In fondo alla pista, con i motori che fremevano sotto di lei, Rachel si sentiva come una pallottola di fucile in attesa che qualcuno premesse il grilletto. Quando il pilota spinse le manette del gas, i motori del Tomcat rombarono e l'intero mondo parve scuotersi. Tolto il freno, Rachel fu sbattuta contro lo schienale del sedile. Il jet percorse in fretta la pista e si sollevò in una manciata di secondi. All'esterno, la terra sprofondò a velocità vertiginosa.

Rachel chiuse gli occhi mentre l'aereo si impennava verso il cielo. Si chiese dove avesse sbagliato, quel mattino. Avrebbe dovuto essere alla sua scrivania a scrivere rapporti, e invece stava cavalcando su un missile alimentato a testosterone e respirava attraverso una maschera di ossigeno.

Quando il Tomcat si stabilizzò alla quota di quindicimila metri, cominciò ad avvertire un senso di nausea. Si sforzò di concentrare altrove la mente. Osservando l'oceano, quindici chilometri sotto di lei, si sentì all'improvviso molto lontana da casa.

Davanti a lei, il pilota stava parlando via radio. Terminata la conversazione, virò repentinamente a sinistra. Il Tomcat si inclinò quasi in verticale e Rachel sentì lo stomaco fare una capriola. Infine, l'aereo tornò in volo livellato.

Rachel gemette. «Grazie di avermi avvisata, Topgun.»

«Scusi, signora, ma mi hanno appena comunicato le coordinate riservate del suo incontro con il direttore.»

«Mi lasci indovinare: andiamo a nord?»

Il pilota parve confuso. «Come lo sa?»

Rachel sospirò. "Bisogna comprenderli, questi piloti addestrati al computer." «È mattino, amico, e il sole si trova alla nostra destra, quindi siamo diretti a nord.»

Un momento di silenzio in cabina. «Sì, puntiamo a nord.»

«*Quanto* a nord?»

Il pilota controllò le coordinate. «Circa cinquemila chilometri.»

Rachel si drizzò sul sedile. «Cosa?» Cercò di raffigurarsi una mappa per individuare quale luogo si potesse trovare tanto a nord. «Ma sono quattro ore di volo!»

«Sì, alla nostra attuale velocità. Si tenga forte, prego.»

Prima di darle il tempo di replicare, l'uomo ridusse l'apertura alare dell'F-14 per minimizzare l'attrito. Un istante dopo, Rachel si sentì di nuovo schiacciare contro lo schienale mentre l'aereo schizzava in avanti come se fino a quel momento fosse stato fermo. Nel giro di un minuto viaggiavano a quasi duemilacinquecento chilometri l'ora.

Rachel si sentiva veramente stordita. Mentre il cielo le sfilava accanto a velocità accecante, avvertì un'insopprimibile ondata di nausea. La voce del presidente echeggiò debole alle sue orecchie: "Le prometto, Rachel, che non rimpiangerà di avermi assistito in questa faccenda".

Con un lamento, Rachel prese il sacchetto per il vomito. "Mai fidarsi di un politico."

13

Pur disdegnando lo squallore delle auto pubbliche, il senatore Sedgewick Sexton aveva imparato a sopportare qualche occasionale caduta di stile lungo la strada verso la gloria. Lo sporco taxi della Mayflower che lo aveva appena depositato al piano inferiore del garage del Purdue Hotel gli garantiva quel che la sua lunga limousine gli negava, l'anonimato.

Lo rallegrò notare che il piano era deserto: solo qualche auto in quella foresta di pilastri di cemento. Mentre attraversava il garage a piedi, diede un'occhiata all'orologio.

"Undici e quindici. Perfetto."

L'uomo che stava per incontrare era fissato con la puntualità. In effetti, si disse Sexton, quel tizio, considerando chi rappresentava, poteva avere tutte le fisse che voleva.

Come nei precedenti incontri, la monovolume Ford Windstar era parcheggiata nell'angolo orientale del garage, dietro una fila di bidoni dell'immondizia. Sexton avrebbe preferito che l'incontro avvenisse in una delle suite ai piani superiori, ma comprendeva la prudenza. Gli amici di quell'uomo avevano raggiunto certe posizioni soltanto prestando la massima attenzione ai particolari.

Mentre si dirigeva verso l'auto, il senatore avvertì la tensione che sempre caratterizzava quegli incontri. Sforzandosi di rilassare le spalle, sedette al posto del passeggero salutando con un cordiale cenno della mano il signore bruno al volante, che non sorrise. Quell'uomo aveva quasi settant'anni e la pelle coriacea trasudava una durezza adeguata alla sua posizione di delegato di un esercito di impudenti visionari e aggressivi imprenditori.

«Chiuda la portiera» ordinò con voce ruvida.

Sexton ubbidì, sopportando con garbo il tono burbero. In fin dei conti quell'individuo rappresentava uomini che controllavano enormi somme di denaro, molte delle quali erano state versate di recente per spingere Sedgewick Sexton sulla soglia del più potente ufficio del mondo. Quegli incontri, aveva capito Sexton con il tempo, non erano volti tanto a delineare la strategia mensile quanto a fargli presente il debito di riconoscenza nei confronti dei suoi benefattori. Evidentemente si aspettavano un buon ritorno dai loro investimenti. Il "ritorno", doveva ammettere, era una richiesta di incredibile sfacciataggine, ma era ancora più incredibile che quella richiesta sarebbe rientrata nella sfera decisionale di Sexton, una volta messo piede nello Studio Ovale.

«Deduco che è stato effettuato un altro versamento» esordì il senatore, consapevole che quell'uomo amava andare subito al dunque.

«Infatti... e, come al solito, lei dovrà utilizzare questi fondi esclusivamente per la campagna elettorale. Abbiamo constatato con piacere che dai sondaggi lei risulta favorito e che gli organizzatori della sua campagna spendono bene i nostri soldi.»

«Stiamo conquistando consensi rapidamente.»

«Come le ho già accennato al telefono» continuò il suo anziano interlocutore «ho persuaso altre sei persone a partecipare alla riunione di questa sera.»

«Ottimo.» Sexton aveva già appuntato in agenda quell'incontro.

L'altro gli porse una cartellina. «Ecco qui le informazioni. Le studi con attenzione. Vogliono essere sicuri che lei comprenda bene i loro interessi. E, soprattutto, che lei li condivida. Le suggerisco di accoglierli nella sua residenza.»

«A casa mia? Per la verità, di solito...»

«Senatore, questi sei uomini amministrano società che possiedono risorse decisamente maggiori rispetto a quelli che lei ha già conosciuto. Sono pesci grossi, e molto prudenti. Hanno più da guadagnare, e quindi più da perdere. Ho avuto un bel daffare per persuaderli a vederla, ed è necessario un trattamento speciale, un tocco personale.»

Sexton assentì con un cenno del capo. «Capisco. Organizzerò la riunione da me.»

«Ovviamente, desiderano la massima discrezione.»

«Anch'io.»

«Buona fortuna. Se tutto va bene, quello di stasera potrebbe essere il vostro ultimo incontro. Questi uomini da soli possono fornire tutto ciò che serve per imprimere la spinta decisiva alla sua campagna.»

Sexton gradì il suono di quelle parole. Rivolse all'uomo un sorriso fiducioso. «Con un po' di fortuna, amico mio, quando ci saranno le elezioni potremo tutti proclamare vittoria.»

«Vittoria?» L'uomo aggrottò la fronte e rivolse a Sexton uno sguardo torvo. «Insediarla alla Casa Bianca è soltanto il *primo passo* verso la vittoria, senatore. Spero che non lo dimentichi.»

14

La Casa Bianca è una delle più piccole residenze presidenziali del mondo, con i suoi cinquanta metri di lunghezza e venticinque di profondità, situata in soli sette ettari di terreno. Il progetto dell'architetto James Hoban, una struttura in pietra a pianta rettangolare con tetto a quattro spioventi e fronte colonnata, per quanto chiaramente poco originale, fu scelto attraverso un concorso aperto dai giudici che ne apprezzarono "l'eleganza, la maestosità e l'adattabilità".

Il presidente Zach Herney, anche dopo tre anni e mezzo di permanenza, di rado si sentiva a casa fra tutti quei lampadari a gocce, mobili d'antiquariato e marine armati fino ai denti. Ma in quel momento marciava a passo deciso verso l'ala Ovest, rinvigorito e stranamente a suo agio, i piedi leggeri sulla folta moquette.

Parecchi membri dello staff alzarono lo sguardo nel vederlo. Herney li salutò con un cenno della mano chiamandoli per nome a uno a uno. Le risposte, ancorché educate, furono sommesse e accompagnate da sorrisi forzati.

«Buongiorno, signor presidente.»

«È un piacere rivederla, signor presidente.»

«Buona giornata, signore.»

Si avviò verso il suo ufficio accompagnato da mormorii alle spalle. Era in corso un'insurrezione all'interno della Casa Bianca. Nelle ultime due settimane, il malcontento al 1600 di Pennsylvania Avenue era cresciuto a tal punto che Herney cominciava a sentirsi il capitano Bligh, alla testa di una nave in difficoltà con un equipaggio pronto all'ammutinamento.

Non biasimava i suoi collaboratori, che avevano lavorato fino a ore impossibili per la campagna elettorale e in quel momento, all'improvviso, avevano l'impressione che lui stesse mancando la palla.

"Capiranno presto" si disse. "Presto tornerò a essere il loro eroe."

Gli dispiaceva tenere all'oscuro il suo staff tanto a lungo, ma la riservatezza era troppo importante. E quando si trattava di mantenere un segreto la Casa Bianca era nota come la nave più piena di falle di tutta Washington.

Nella sala d'attesa davanti allo Studio Ovale, Herney salutò calorosamente la segretaria. «Ha un ottimo aspetto stamattina, Dolores.»

«Anche lei, signore» rispose, osservando l'abbigliamento sportivo con malcelata disapprovazione.

Herney abbassò la voce. «Vorrei che mi organizzasse un incontro.»

«Con chi, signore?»

«Con tutto lo staff della Casa Bianca.»

La segretaria alzò lo sguardo. «*Tutto* lo staff? Centoquarantacinque persone?»

«Esatto.»

Dolores parve sconcertata. «D'accordo. Nella... sala riunioni?»

Herney scosse la testa. «No. Facciamo nel mio ufficio.»

Lei lo fissò stralunata. «Desidera vedere l'*intero* staff dentro lo Studio Ovale?»

«Esatto.»

«Subito, signore?»

«Perché no? Diciamo questo pomeriggio alle quattro.»

La segretaria annuì come se tranquillizzasse un malato di mente. «Molto bene, signore. E il tema della riunione...?»

«Un importante annuncio che farò stasera al popolo americano. Voglio informarne prima il mio staff.»

Un'espressione desolata attraversò il viso della segretaria, come se paventasse da tempo quel momento. Abbassò la voce. «Signore, ha deciso di abbandonare la corsa?»

Herney scoppiò in una risata. «Santo cielo, Dolores, no! Anzi, sto accelerando per la volata finale!»

La donna parve dubbiosa. I media non facevano che sottolineare che Herney stava gettando al vento l'elezione.

Lui ammiccò per rassicurarla. «Dolores, in questi anni lei ha
fatto un lavoro splendido per me, e spero che continuerà a farlo per altri quattro anni. La Casa Bianca resterà a noi. Glielo
prometto.»

La segretaria sembrò decisa a credergli. «Molto bene, signore. Avverto lo staff. Ore sedici.»

Quando entrò nello Studio Ovale, Zach Herney non poté fare
a meno di sorridere all'idea che il suo intero staff si sarebbe
accalcato in quella sala che pareva più piccola di quanto in
realtà non fosse.

Anche se quel grande ufficio aveva avuto molti soprannomi
nel corso degli anni – Cesso, Nido dell'Uccello, Camera da letto di Clinton – quello che Herney preferiva era Nassa da aragoste. Gli sembrava decisamente azzeccato. Ogni volta che
qualcuno vi metteva piede per la prima volta, il disorienta-
mento era evidente. La simmetria del locale, la curva dolce
delle pareti, le porte nascoste con discrezione contribuivano a
dare ai visitatori la sensazione di essere stati bendati e fatti girare in tondo. Spesso, dopo un incontro nello Studio Ovale, un
capo di Stato si alzava, stringeva la mano al presidente e poi
marciava dritto verso il ripostiglio. A seconda dell'esito della
riunione, Herney fermava in tempo l'ospite oppure lo guardava divertito affrontare quella situazione imbarazzante.

Herney aveva sempre pensato che la caratteristica principale dello Studio Ovale fosse la colorata aquila americana raffi-
gurata sul tappeto ovale. L'artiglio sinistro stringeva un ramo
d'ulivo e il destro un fascio di frecce. Pochi sapevano che, in
tempo di pace, l'aquila guardava a sinistra, verso il ramo d'u-
livo, mentre in tempo di guerra era misteriosamente rivolta a
destra, verso le frecce. Il segreto di quel piccolo trucco da salotto era fonte di molte illazioni tra il personale, perché per
tradizione era noto soltanto al presidente e al capo maggiordomo. Herney aveva appreso con delusione che la verità dietro quell'enigmatica aquila era molto banale: in un deposito in
cantina era riposto il secondo tappeto ovale e il maggiordomo
si limitava a sostituirlo nel cuore della notte.

Mentre Herney abbassava lo sguardo sulla pacifica aquila rivolta a sinistra, sorrise nel pensare che forse avrebbe fatto cambiare il tappeto in onore della piccola guerra che stava per sferrare contro il senatore Sedgewick Sexton.

15

La US Delta Force è la sola squadra di combattimento le cui azioni sono coperte da completa immunità.

La Direttiva presidenziale 25 (PDD 25) stabilisce che i soldati della Delta Force sono "sollevati da ogni responsabilità legale", anche relativamente a quanto disposto dal decreto del 1876 del comitato Posse, che prevede l'incriminazione per chi si serva dell'esercito per vantaggi personali, per far rispettare leggi civili o per operazioni segrete non autorizzate. I membri della Delta Force sono scelti a uno a uno dal Combat Applications Group (CAG), un'organizzazione segreta all'interno dello Special Operations Command di Fort Bragg, nel North Carolina. I soldati della Delta Force sono tiratori addestrati ed esperti in missioni speciali quali salvataggio di ostaggi, raid a sorpresa ed eliminazione di forze nemiche clandestine.

Poiché le missioni della Delta Force comportano alti livelli di segretezza, la tradizionale gerarchia di comando è spesso aggirata in favore della gestione accentrata, un solo capo che ha il potere di dirigere l'unità come meglio ritiene. Di solito questi è un militare o un mediatore designato dal governo con sufficiente potere per gestire la missione. Quale che sia la sua identità, le missioni della Delta Force sono coperte dalla massima segretezza e, una volta terminate, i soldati sono tenuti a non parlarne più, né tra loro né con gli ufficiali di comando delle Operazioni speciali.

"Dirigiti sull'obiettivo. Distruggi. Dimentica."

La squadra Delta di stanza al di sopra dell'ottantaduesimo

parallelo non si stava dirigendo sull'obiettivo, né distruggeva alcunché. Stava semplicemente osservando.

Delta-Uno doveva ammettere che, per il momento, quella era stata una missione decisamente inusuale, ma aveva imparato da tempo a non sorprendersi mai per ciò che gli veniva chiesto. Nei cinque anni precedenti era stato coinvolto nel salvataggio di ostaggi in Medio Oriente, nella caccia e nell'annientamento di cellule terroristiche che operavano all'interno degli Stati Uniti e perfino nella discreta eliminazione di parecchi uomini e donne pericolosi in giro per il mondo.

Solo il mese precedente, la sua squadra aveva usato un microbot volante per provocare un infarto letale a un signore della droga sudamericano particolarmente pericoloso. Delta-Due aveva impiegato un microbot dotato di un sottilissimo ago di titanio che conteneva un potente vasocostrittore e l'aveva fatto penetrare attraverso una finestra aperta al secondo piano. Poi, identificata la camera da letto dell'obiettivo, l'aveva guidato a iniettare il liquido nella spalla dell'uomo addormentato. Il microbot era già fuori dalla finestra, "svanito nel nulla", prima che il tizio si svegliasse con un forte dolore al petto. La squadra Delta era ormai in volo verso la base quando la moglie della vittima aveva chiamato l'ambulanza.

Nessuna effrazione.

Morte per cause naturali.

Un'operazione pulita.

Più recentemente, un altro microbot collocato all'interno dell'ufficio di un senatore molto in vista per controllare i suoi incontri privati aveva catturato le immagini di un sensazionale rapporto sessuale. La squadra Delta definiva scherzosamente l'operazione una "penetrazione dietro le linee nemiche".

A quel punto, intrappolato in tenda da dieci giorni con compiti di sorveglianza, Delta-Uno aspettava la conclusione della missione.

"Rimanete nascosti."

"Monitorate la struttura, all'interno e all'esterno."

"Riferite al vostro capo eventuali sviluppi inattesi."

Delta-Uno era stato addestrato a non provare alcuna emozione in relazione agli incarichi. Quella missione, però, aveva fatto accelerare il battito cardiaco a lui e ai compagni quando ne avevano sentito parlare per la prima volta. Le informazioni erano arrivate "anonime", ogni frase spiegata attraverso canali elettronici sicuri. Lui non aveva mai incontrato il responsabile della missione.

Delta-Uno stava preparando un pasto a base di proteine disidratate quando il suo orologio suonò all'unisono con quello dei compagni. Nel giro di pochi secondi il dispositivo di comunicazione CrypTalk lampeggiò. Delta-Uno interruppe quello che stava facendo e prese in mano l'apparecchio. Gli altri due lo osservarono in silenzio.

«Delta-Uno» disse nel trasmettitore.

Le due parole furono istantaneamente identificate dal software di riconoscimento vocale all'interno del congegno. A ogni parola veniva poi assegnato un numero di riferimento, che era crittografato e quindi inviato via satellite a chi aveva chiamato. All'arrivo, i numeri venivano decrittati e ritradotti in parole grazie a un dizionario casuale con corrispondenze prestabilite numero-lettera. Quindi, le parole venivano scandite da una voce elettronica. Tempo di attesa: ottanta millisecondi.

«Parla il capo» disse il responsabile dell'operazione. La voce del CrypTalk era sinistra, incorporea e androgina. «Svolgimento della missione?»

«Tutto come previsto» rispose Delta-Uno.

«Eccellente. Ho un aggiornamento sulla tempistica. L'informazione diventerà pubblica stasera alle venti, fuso orario di New York.»

Delta-Uno controllò il cronografo. "Ancora otto ore." Quel lavoro sarebbe finito presto. Incoraggiante.

«C'è uno sviluppo» riprese il capo. «Un nuovo giocatore è sceso in campo.»

«Quale nuovo giocatore?»

Delta-Uno ascoltò con attenzione. "Una partita interessante." Qualcuno vi aveva puntato molto, evidentemente. «Ritiene che ci si possa fidare di lei?»

«Deve essere tenuta d'occhio in ogni momento.»

«Se sorgono problemi?»

Nessuna esitazione sulla linea. «Valgono gli ordini che avete ricevuto.»

16

Rachel Sexton era in volo verso nord da oltre un'ora. A parte una fugace immagine di Terranova, non aveva visto che acqua sotto l'F-14.

"Perché proprio acqua?" pensò, disgustata. All'età di sette anni, mentre pattinava sul ghiaccio, Rachel era sprofondata in una pozza gelata. Intrappolata sotto la superficie, si era convinta di essere in punto di morte. Soltanto la potente presa della madre era riuscita a portare in salvo il corpicino appesantito dall'acqua. Dopo quell'orribile esperienza, Rachel aveva sempre lottato contro una persistente idrofobia, un acuto terrore delle distese d'acqua, tanto più se fredde. A quel punto, con la distesa del Nord Atlantico sotto gli occhi, si sentì riassalire dalle antiche paure.

Solo quando il pilota controllò la posizione con la base aerea di Thule, nella Groenlandia settentrionale, Rachel si rese conto di quanto avessero viaggiato. "Sono oltre il Circolo artico?" Quella rivelazione accentuò il suo disagio. "Dove mi stanno portando? Che cosa ha scoperto la NASA?" Ben presto la grande estensione grigio blu sotto di lei apparve costellata di migliaia di puntini bianchi.

"Iceberg."

Rachel li aveva visti soltanto una volta in vita sua, sei anni prima, quando sua madre l'aveva persuasa a fare con lei una crociera in Alaska, solo madre e figlia. Rachel aveva suggerito numerose alternative a terra, ma la madre aveva insistito. «Rachel, tesoro, due terzi di questo pianeta sono coperti dall'acqua, prima o poi devi superare il problema.» La signora

Sexton, originaria del New England, era una donna energica, determinata a crescere una figlia forte.

Quella crociera era stato l'ultimo viaggio compiuto con la madre.

"Katherine Wentworth Sexton." Rachel avvertì una fitta di nostalgia. Come il vento che ululava fuori dall'aereo, i ricordi arrivarono impetuosi, strazianti come sempre. La loro ultima conversazione al telefono. La mattina del giorno del Ringraziamento.

«Mi dispiace tanto, mamma» aveva detto Rachel, dall'aeroporto O'Hare di Chicago paralizzato dalla neve. «So che la nostra famiglia ha sempre passato insieme questo giorno. Oggi sarà la prima volta che saremo lontani.»

La madre aveva un tono molto rattristato. «Ero così ansiosa di vederti.»

«Anch'io non vedevo l'ora. Pensami qui, a mangiare schifezze da aeroporto mentre tu e papà vi gustate il tacchino.»

C'era stata una pausa sulla linea. «Rachel, aspettavo a dirtelo al tuo arrivo, ma papà ha troppi impegni e non ce la fa a tornare a casa, quest'anno. Rimane a Washington.»

«Cosa?» L'iniziale sorpresa si era tramutata ben presto in rabbia. «Ma è il giorno del Ringraziamento. Il Senato non si riunisce! È a meno di due ore di viaggio. Dovrebbe venire da te!»

«Lo so, ma sostiene di essere esausto, troppo stanco per mettersi in macchina, così ha deciso di passare il weekend chino sul lavoro.»

"Lavoro?" Rachel era scettica. Molto più probabile che il senatore Sexton fosse chino su un'altra donna. Le sue infedeltà, per quanto discrete, andavano avanti da anni. La moglie non era una sciocca, ma le relazioni del marito erano sempre accompagnate da alibi persuasivi e da reazioni scandalizzate alla minima insinuazione in proposito. Alla fine, la signora Sexton non aveva visto altra alternativa che seppellire il dolore ignorando la realtà. Anche se Rachel l'aveva sollecitata a prendere in considerazione il divorzio, Katherine Wentworth Sexton era una donna di parola. «Finché morte non ci separi» le aveva ricordato. «Tuo padre mi ha dato te, un dono meraviglioso, una figlia splendida, e di questo gli sono grata. Un giorno dovrà rispondere delle sue azioni a un potere più alto.»

In quell'aeroporto, Rachel si era sentita schiumare di rabbia. «Ma significa che sarai tutta sola per il Ringraziamento!» Aveva avvertito un'ondata di nausea. Il senatore che abbandonava la famiglia proprio in quella giornata commetteva un'azione indegna anche per lui.

«Be'...» La signora Sexton era parsa delusa, ma al tempo stesso determinata. «Chiaramente non posso sprecare tutto questo cibo. Lo porterò da zia Ann. Ci ha sempre invitato per il Ringraziamento. Adesso la chiamo.»

Rachel aveva sentito affievolirsi solo in parte il senso di colpa. «D'accordo. Io arrivo appena posso. Ti voglio bene, mamma.»

«Buon viaggio, tesoro.»

Erano le dieci e mezzo di sera quando il taxi di Rachel aveva imboccato il tortuoso viale d'accesso che conduceva alla lussuosa proprietà dei Sexton. Rachel aveva capito subito che qualcosa non andava. Tre auto della polizia, parecchi pulmini di giornalisti, luci accese ovunque. Si era precipitata verso la casa con il cuore in gola.

Un agente dello Stato della Virginia l'aveva accolta sulla soglia con un'espressione desolata. Non aveva dovuto dire neppure una parola. Rachel aveva capito subito che c'era stato un incidente.

«La statale venticinque era sdrucciolevole per via della pioggia ghiacciata» le aveva spiegato. «Sua madre è uscita di strada ed è precipitata in un burrone. Mi dispiace. È morta sul colpo.»

Rachel si era sentita intorpidire le membra. Suo padre, arrivato appena appresa la notizia, era in salotto. Stava tenendo una piccola conferenza stampa per annunciare stoicamente al mondo che sua moglie era deceduta in un incidente mentre tornava dalla cena del Ringraziamento con i familiari.

Rachel era rimasta in disparte, singhiozzando per tutta la durata del discorso.

«Rimpiango soltanto» aveva detto il padre ai cronisti, con gli occhi pieni di lacrime «di non essere stato a casa con lei il fine settimana. Questa tragedia non sarebbe avvenuta.»

"Avresti dovuto pensarci anni fa" si era detta Rachel, mentre il disprezzo per il padre aumentava ogni istante di più.

Da allora, Rachel si era allontanata dal padre come la signora Sexton non aveva mai fatto. Il senatore era parso non farci caso, tutto preso a usare le fortune della defunta moglie per sollecitare la nomination del partito per la campagna presidenziale. Il voto sull'onda dell'emozione non guastava.

Purtroppo, a distanza di tre anni, il senatore continuava a essere responsabile della vita solitaria della figlia: la corsa alla Casa Bianca aveva arrestato a tempo indefinito il sogno di Rachel di incontrare un uomo e costruirsi una famiglia. Per lei era stato molto più facile chiamarsi fuori dal gioco sociale piuttosto che affrontare l'infinito codazzo di corteggiatori assetati di potere che speravano di impalmare l'addolorata figlia del candidato alla presidenza finché era ancora disponibile.

Fuori dall'F-14, la luce cominciava a diminuire. Era tardo inverno nell'Artico, un periodo di oscurità quasi perpetua. Rachel comprese di viaggiare verso un mondo di notte perenne.

Con il passare dei minuti, il sole scomparve completamente dietro l'orizzonte. Procedevano sempre verso nord. Sorse la luna a tre quarti, molto luminosa, sospesa nella glaciale aria cristallina. In basso, le onde dell'oceano rilucevano, mentre gli iceberg apparivano come diamanti cuciti su una scura rete di lustrini.

Infine, Rachel individuò il profilo indistinto della terraferma. Ma non era ciò che si aspettava: un'enorme catena montuosa incappucciata di neve si ergeva dal mare.

«Montagne?» chiese confusa. «Ci sono montagne a nord della Groenlandia?»

«Evidentemente» commentò il pilota, in tono altrettanto sorpreso.

Quando il muso dell'F-14 puntò verso il basso, Rachel si sentì stranamente priva di peso. Malgrado il ronzio nelle orecchie, udiva un ripetuto *ping* elettronico in cabina. Il pilota doveva essersi allineato su qualche raggio direzionale.

Quando scesero sotto i mille metri, Rachel osservò il terreno aspro, illuminato dalla luna. Alla base delle montagne, un grande pianoro coperto di neve si estendeva verso il mare per una quindicina di chilometri prima di terminare bruscamente con una ripida scogliera di ghiaccio solido che precipitava verticalmente in mare.

Fu allora che le vide. Dapprima le attribuì a un effetto della luce lunare. Guardò con attenzione la distesa di neve senza comprendere. Più l'aereo scendeva, più l'immagine diventava nitida.

"Che cosa diavolo sono, in nome di Dio?"

Il pianoro sottostante era a strisce... come se qualcuno avesse dipinto sulla neve tre enormi fasce di colore argento, parallele alle scogliere della costa. Solo quando l'aereo scese sotto i centocinquanta metri, l'illusione ottica si chiarì. Le tre strisce d'argento erano profondi canali, ciascuno ampio almeno dieci metri. Essi si erano riempiti d'acqua che era poi ghiacciata formando nastri argentati che correvano paralleli sul pianoro. I bianchi argini che li separavano erano berme di neve.

Mentre puntava verso il pianoro, l'aereo incappò in una forte turbolenza. Rachel sentì il rumore secco del carrello che scendeva malgrado non si vedesse ancora la pista d'atterraggio. Il pilota era impegnato a mantenere il controllo del velivolo tra scossoni e sussulti. Quando Rachel individuò due linee di luci lampeggianti a cavallo del canale ghiacciato più esterno, comprese con terrore che cosa sarebbe successo.

«Atterriamo sul *ghiaccio*?» chiese.

Nessuna risposta. Il pilota era concentrato sulle raffiche impetuose. Rachel sentì lo stomaco in gola quando l'aereo decelerò inclinandosi verso il canale ghiacciato. Trattenne il respiro, sapendo che il minimo errore di calcolo avrebbe significato morte certa. L'aereo rullò mentre si infilava tra le alte pareti di neve, e in quel momento la turbolenza scomparve. Al riparo dal vento, il velivolo compì un atterraggio perfetto.

Gli invertitori di spinta rombarono, rallentando il Tomcat. Rachel lasciò andare il respiro. L'aereo procedette per un centinaio di metri prima di arrestarsi davanti a una linea di vernice rossa tracciata sul ghiaccio.

A destra, soltanto un muro di neve illuminato dalla luna, il lato di un argine di ghiaccio. A sinistra, stesso panorama. Solo attraverso il vetro anteriore si aveva qualche visibilità... un'interminabile distesa gelata. A parte la striscia dipinta, non c'era alcun segno di vita.

Poi lo sentì. Un motore in avvicinamento. Un suono acuto, sempre più forte, precedette l'arrivo di un veicolo. Un grande trattore cingolato arrancava verso di loro lungo il lastrone ghiacciato. Alto ed esile, aveva l'aspetto di un insetto futuristico su zampe rotanti. In alto, sul telaio, c'era una cabina chiusa di perspex con una fila di luci a largo fascio che illuminavano il cammino.

Si fermò con un tremito a fianco dell'F-14. La porta della cabina si aprì e una figura scese la scaletta, avvolta da capo a piedi in una voluminosa tuta bianca che dava l'impressione di essere stata gonfiata.

"Mad Max incontra l'omino della Michelin" si disse Rachel, sollevata nel constatare che quello strano pianeta era abitato.

L'uomo segnalò al pilota dell'F-14 di sollevare il tettuccio.

Questi ubbidì e una folata di vento investì Rachel raggelandola fin nelle ossa.

"Chiudi quel dannato coperchio!"

«La signora Sexton?» chiese il nuovo venuto, con accento americano. «Le do il benvenuto a nome della NASA.»

Rachel tremava. "Molte grazie."

«Prego, sganci la cintura, lasci il casco sull'aereo e sbarchi usando i gradini sulla fusoliera. Qualche domanda?»

«Sì» gridò Rachel di rimando. «Dove diavolo mi trovo?»

17

Marjorie Tench, consigliere del presidente, era una creatura allampanata e scheletrica. Un metro e ottanta di giunture e arti, sembrava costruita con il Meccano. Sospeso sul corpo vacillante, un viso itterico, incartapecorito, perforato da due occhi privi di emozione. Aveva cinquantun anni, ma ne dimostrava settanta.

La Tench era considerata a Washington la dea dell'arena politica. Si diceva che fosse dotata di capacità analitiche al limite della chiaroveggenza. I dieci anni trascorsi all'ufficio di intelligence e ricerca del dipartimento di Stato l'avevano aiutata ad acquisire doti intellettive straordinariamente acute. Purtroppo, la sua intelligenza politica era accompagnata da un temperamento gelido che pochi tolleravano per più di qualche minuto. Marjorie Tench aveva la fortuna di possedere il cervello di un supercomputer, ma ne aveva anche lo stesso calore umano. Tuttavia, il presidente Zach Herney non aveva difficoltà a sopportare le idiosincrasie della donna, perché era proprio grazie alle sue doti intellettuali e al suo strenuo impegno che lui era riuscito ad assurgere alla massima carica dello Stato.

«Marjorie.» Il presidente si alzò per accoglierla nello Studio Ovale. «Che cosa posso fare per lei?» Non la invitò a sedere. Le tipiche regole formali non si confacevano a donne come Marjorie Tench. Se voleva una sedia, la prendeva da sola.

«Ho visto che ha fissato la riunione con lo staff per oggi pomeriggio alle quattro.» Aveva la voce rauca della fumatrice incallita. «Ottimo.»

Fece una pausa e Herney ebbe l'impressione di percepire il

lavorio dei complessi ingranaggi della sua mente. Ne fu contento. Marjorie Tench era uno dei pochissimi dello staff presidenziale a essere a conoscenza della scoperta della NASA e, grazie al suo acume politico, lo aiutava a mettere a punto la strategia più opportuna.

«Per il dibattito alla CNN, oggi alle quattordici» disse la Tench, tra colpi di tosse «chi mettiamo in campo contro Sexton?»

Herney sorrise. «Un portavoce di secondo piano.» La tattica di frustrare il "cacciatore" mandandogli una preda poco ambita era vecchia come i dibattiti politici.

«Io avrei un'idea migliore.» Lo fissò negli occhi. «Mandi me sotto i riflettori.»

Herney alzò di scatto la testa. «Lei?» "Ma che diavolo le salta in mente?" «Marjorie, lei non si occupa dei media, e inoltre è una trasmissione via cavo nella fascia del mezzogiorno. Se mandassi il mio consigliere, daremmo l'impressione di essere in preda al panico.»

«Esatto.»

Herney la studiò con attenzione. Quale che fosse il suo piano contorto, per nessuna ragione al mondo le avrebbe permesso di apparire alla CNN. Bastava posare una sola volta gli occhi su Marjorie Tench per capire perfettamente che c'era una buona ragione se lavorava dietro le quinte. Il suo aspetto incuteva paura; non era a un viso come quello che un presidente affidava il compito di comunicare il messaggio della Casa Bianca.

«Intervengo io al dibattito della CNN» ripeté lei. A quel punto, la sua non era più una domanda.

«Marjorie» azzardò il presidente, con crescente disagio «l'ufficio stampa di Sexton interpreterà la sua partecipazione al dibattito come la prova che la Casa Bianca è terrorizzata a morte. Mandare i pezzi grossi ci fa sembrare disperati.»

La donna assentì con un cenno del capo prima di accendersi una sigaretta. «Tanto meglio, se sembriamo disperati.»

Nei sessanta secondi successivi, Marjorie Tench illustrò al presidente perché avrebbe dovuto delegare lei anziché una figura di secondo piano del comitato elettorale. Quando ebbe finito, il presidente la guardò stupefatto.

Ancora una volta, Marjorie Tench si era rivelata un genio politico.

18

La banchisa di Milne è la più grande piattaforma glaciale dell'emisfero Nord. Situata al di sopra dell'ottantaduesimo parallelo, sulla costa settentrionale dell'isola di Ellesmere, nell'alto Artide, ha una larghezza di sette chilometri e raggiunge quasi i cento metri di spessore.

Rachel si arrampicò nella cabina di perspex del trattore da ghiaccio, grata per il parka e i guanti posati sul sedile, come pure per l'aria calda proveniente dalle ventole. Fuori, i motori dell'F-14 rombarono e l'aereo prese a rollare lungo la pista di ghiaccio.

Rachel alzò lo sguardo, allarmata. «Riparte?»

Il suo nuovo ospite si arrampicò sul mezzo e annuì. «Solo il personale scientifico e i membri della squadra di supporto della NASA hanno il permesso di stare qui.»

Quando l'F-14 decollò verso il cielo senza sole, Rachel si sentì all'improvviso abbandonata.

«Noi andiamo con la IceRover. Il direttore la sta aspettando» annunciò l'uomo.

Rachel osservò il nastro argenteo gelato davanti a loro e cercò di immaginare che cosa diavolo ci facesse, in quel posto, il direttore della NASA.

«Si tenga forte» le gridò il suo accompagnatore, azionando alcune leve. Con uno stridio agghiacciante, la macchina ruotò di novanta gradi come un carro armato per disporsi davanti a un'alta berma di neve.

Rachel guardò la ripida parete e avvertì un brivido di terrore. "Non intenderà per caso..."

«Un po' di rock and roll!» L'autista mollò di colpo la frizione, e il mezzo accelerò dritto verso il pendio.

Rachel si lasciò sfuggire un grido e si tenne con forza. I cingoli acuminati aggredirono la neve, e il trattore cominciò ad arrampicarsi. Era certa che si sarebbero capovolti, ma con sua grande sorpresa la cabina restò orizzontale. Quando l'enorme macchina arrivò in cima, l'autista frenò e guardò raggiante la passeggera con le nocche bianche per la forza con cui si era tenuta aggrappata. «Provi a farlo con una jeep! Abbiamo copiato il sistema antiscossa della sonda Mars Pathfinder. Funziona a meraviglia.»

Rachel annuì debolmente. «Splendido.»

Dall'alto, Rachel vide un panorama incredibile. Un'altra grande parete di neve si stagliava davanti a loro, poi le ondulazioni terminavano bruscamente. Al di là, il ghiaccio diventava un'enorme distesa luccicante lievemente inclinata, che in lontananza si restringeva proseguendo su per le montagne.

«Quello è il ghiacciaio di Milne» disse l'autista, indicando le montagne. «Comincia laggiù e digrada nell'ampio delta su cui ci troviamo in questo momento.»

Diede gas, e Rachel si tenne di nuovo con forza quando il mezzo accelerò giù per la ripida discesa. In fondo, artigliarono un altro fiume di ghiaccio per inerpicarsi sulla berma successiva. Salirono in cima e ridiscesero in fretta, per poi scivolare sul liscio tavolato.

«Quanto dista?» Lei non vedeva altro che ghiaccio tutt'intorno.

«Circa tre chilometri.»

Le parve molto. Raffiche furibonde colpivano la IceRover, scuotendo il perspex come se volessero riportarla indietro, verso il mare.

«È il vento catabatico» gridò l'autista. «Deve abituarcisi!» Le spiegò che in quella zona spirava un costante vento di terra e che il termine catabatico, dal greco, significava "discendente". Quel vento perenne era causato da pesanti correnti fredde che "fluivano" giù dalla parete del ghiacciaio come un fiume impetuoso. «Questo è l'unico posto sulla terra dove l'inferno congela!» commentò con una risata.

Parecchi minuti dopo, Rachel cominciò a intravedere una forma indistinta in lontananza, il profilo di un'enorme cupola bianca che emergeva dal ghiaccio. Si fregò gli occhi. "Cosa diavolo...?"

«Qui sono alti gli eschimesi, non è vero?» scherzò divertito l'autista.

Rachel cercò di dare un senso a quella struttura. Sembrava l'astrodromo di Houston in scala ridotta.

«La NASA l'ha eretto dieci giorni fa. Plexipolisorbato multistadio. Si gonfiano le varie parti, si collegano insieme e si ancora il tutto al ghiaccio con picchetti e cavi. Ha l'aspetto di un tendone, ma in realtà è il prototipo NASA di un habitat mobile che speriamo di usare un giorno su Marte. Lo chiamiamo "habisfera".»

«Habisfera?»

«Già. Ha capito? Perché è una mezza sfera abitabile.»

Rachel sorrise fissando lo strano edificio sempre più vicino. «E visto che la NASA non è ancora arrivata su Marte, voi avete deciso di usarla qui per farci una bella dormita?»

L'uomo scoppiò a ridere. «Per la verità avrei preferito Tahiti, ma il destino ha deciso altrimenti.»

Rachel guardò titubante l'involucro bianchissimo che si stagliava spettrale contro il cielo scuro. La IceRover si avvicinò fino a fermarsi davanti a una porticina che si stava aprendo su un lato della cupola. La luce dall'interno illuminò la neve. Uscì qualcuno, una specie di gigante che indossava un maglione nero di pile che lo infagottava facendolo apparire ancora più massiccio, una sorta di orso. Si avvicinò alla IceRover.

Rachel comprese subito di chi si trattava: Lawrence Ekstrom, il direttore della NASA.

L'autista le rivolse un sorriso rassicurante. «Non si faccia ingannare dalle dimensioni. Quel tizio è un gattino.»

"Più una tigre" pensò Rachel, sapendo che passava per uno pronto a staccare la testa a morsi a chi si frapponesse tra lui e i suoi obiettivi.

Rachel scese dalla IceRover e fu quasi atterrata dal vento. Si strinse il parka intorno al corpo incamminandosi verso la cupola.

Il direttore della NASA le andò incontro porgendole un'enorme zampa guantata. «Signora Sexton. Grazie di essere venuta.»

Rachel annuì incerta e gridò per sovrastare il rumore del vento impetuoso: «Francamente, signore, non ho avuto molta scelta».

A mille metri sul ghiacciaio, Delta-Uno, con il binocolo a infrarossi, vide il direttore della NASA fare strada a Rachel nella cupola.

19

Lawrence Ekstrom era un colosso burbero e rude come un iroso dio norvegese. Aveva capelli biondi a spazzola, fronte corrugata, naso a patata solcato da capillari. In quel momento, i suoi occhi di pietra recavano traccia di innumerevoli notti insonni. Potente stratega dell'aerospazio e consigliere operativo del Pentagono prima di essere chiamato alla NASA, era noto per l'arroganza oltre che per l'indiscutibile dedizione alle missioni intraprese.

Mentre lo seguiva nell'habisfera, Rachel Sexton si trovò a procedere in uno strano e traslucido dedalo di corridoi. Quella struttura labirintica sembrava essere stata creata appendendo fogli di plastica opaca a cavi tesi. Il pavimento non esisteva: un lastrone di ghiaccio solido, con passatoie di gomma antiscivolo. Oltrepassarono un rudimentale soggiorno fiancheggiato da brande e gabinetti chimici.

Per fortuna, l'aria nell'habisfera era tiepida anche se resa pesante da quella mescolanza di odori indistinti che accompagna gli esseri umani negli ambienti ristretti. Un generatore ronzava da qualche parte, evidentemente la fonte energetica che alimentava le lampadine nude appese ai cavi.

«Signora Sexton» grugnì Ekstrom, guidandola verso un'ignota destinazione «lasci che le parli subito in tutta franchezza.» Il tono lasciava intendere che era tutt'altro che compiaciuto della presenza di Rachel. «Lei è qui perché il *presidente* l'ha voluta qui. Zach Herney è un amico e un fedele sostenitore della NASA. Io lo rispetto, ho un debito di riconoscenza nei suoi confronti e mi fido di lui. Non discuto gli ordini diretti, anche quando mi lasciano perplesso. Perché non ci siano fraintendimenti, sappia che non condivido l'entusiasmo del presidente per averla coinvolta in questa faccenda.»

Rachel lo guardò esterrefatta. "Ho percorso cinquemila chilometri per trovare un'accoglienza del genere?" Quel tipo non era certo il re del bon ton. «Con tutto il rispetto» contrattaccò lei «anch'*io* sono qui per ordine del presidente. Non mi è stato detto a che scopo. Ho fatto questo viaggio perché mi fido di lui.»

«Bene. Allora le parlerò in tutta sincerità.»

«Ha già iniziato, direi.»

La dura risposta di Rachel sembrò sciogliere il direttore. Rallentò per studiarla con occhi meno cupi. Poi, come un serpente che si srotola, emise un lungo sospiro e riprese a camminare veloce. «Tenga presente che, contro la mia volontà, lei è qui per un progetto della NASA assolutamente segreto. Non solo è una rappresentante dell'NRO, il cui direttore si diverte a disonorare il personale dell'agenzia spaziale tacciandolo in continuazione di mancanza di discrezione, ma è anche la figlia dell'uomo che ha scelto come missione quella di distruggere la mia agenzia. Questo dovrebbe essere un momento di gloria per la NASA; i miei collaboratori, uomini e donne, hanno sopportato molte critiche e ora meritano il giusto riconoscimento. Peraltro, a causa dell'ondata di scetticismo cavalcata da *suo* padre, la NASA si trova in una situazione politica tale per cui il mio staff è costretto a dividere la ribalta con un pugno di scienziati civili e con la figlia dell'uomo che sta cercando di annientarci.»

"Io non sono mio padre" aveva voglia di gridargli Rachel, ma quello non era il momento per discutere di politica con il capo della NASA. «Non sono qui per le luci della ribalta, signore.»

Ekstrom la fulminò con un'occhiata. «Scoprirà di non avere alternative.»

Il commento la colse di sorpresa. Anche se il presidente Herney non aveva detto nulla di preciso su un suo possibile coinvolgimento "ufficiale", William Pickering aveva certamente espresso il sospetto che lei potesse diventare una pedina. «Mi piacerebbe sapere che ci faccio qui» disse Rachel.

«Anche a me, ma non posseggo questa informazione.»

«Prego?»

«Il presidente mi ha chiesto di illustrarle la nostra scoperta non appena fosse arrivata. Quale sia il ruolo che le vuole attribuire in questo circo, rimane un segreto fra voi.»

«Mi ha parlato di una scoperta fatta dall'Earth Observation System.»

Ekstrom le rivolse uno sguardo furtivo. «Cosa sa del progetto EOS?»

«L'EOS è una costellazione di cinque satelliti NASA che osservano la Terra a vario scopo: mappatura degli oceani, analisi delle faglie geologiche, osservazione della fusione dei ghiacci polari, identificazione di giacimenti di combustibile fossile...»

«Bene.» Ekstrom non parve particolarmente colpito. «Dunque è a conoscenza dell'ultimo arrivato nella costellazione EOS? Si chiama PODS.»

Rachel annuì. Il Polar Orbiting Density Scanner – uno scanner della densità ruotante intorno al polo – era stato progettato per misurare gli effetti del riscaldamento del globo. «A quanto mi risulta, il PODS misura lo spessore e la durezza della calotta polare, giusto?»

«Infatti. Usa la tecnica della banda spettrale per osservare, combinando diverse scansioni, la struttura della densità del ghiaccio in vaste aree e rilevare eventuali anomalie nella loro compattezza – cristallizzazione, fusione interna, grandi crepe –, indicatori del riscaldamento del globo.»

Rachel conosceva bene la scansione composita della densità, in effetti simile a una scansione sotterranea con ultrasuoni. I satelliti dell'NRO avevano usato una tecnica simile per cercare varianti nella densità sotto la superficie terrestre nell'Europa dell'Est, al fine di localizzare enormi zone di siti cimiteriali e confermare al presidente che era effettivamente in corso un'operazione di pulizia etnica.

«Due settimane fa» continuò Ekstrom «il PODS, sorvolando questa banchisa, ha riscontrato un'inaspettata anomalia nella densità. A una settantina di metri sotto la superficie, perfettamente incastonato in una solida matrice di ghiaccio, ha individuato ciò che appariva come un globulo amorfo di circa tre metri di diametro.»

«Una sacca d'acqua?»

«No, non si trattava di un liquido. Stranamente, in quel punto la densità risultava maggiore di quella del ghiaccio che lo circondava.»

«Dunque... un masso, o qualcosa del genere?» chiese lei un momento dopo.

Ekstrom annuì. «Più o meno.»

Rachel aspettò una precisazione che non arrivò. "Sono qui perché la NASA ha trovato un pietrone nel ghiaccio?"

«Ci siamo entusiasmati solo quando il PODS ha calcolato la densità del masso. Abbiamo immediatamente spedito una squadra sul posto per analizzarlo. È risultato che la roccia nel ghiaccio sotto di noi è significativamente più densa di qualsiasi tipo di roccia rinvenuta qui, sull'isola di Ellesmere. Anzi, più densa di qualsiasi tipo di roccia in un raggio di settecento chilometri.»

Rachel abbassò gli occhi, immaginando l'enorme masso nascosto da qualche parte sotto di lei. «Intende dire che qualcuno l'ha *portata* qui?»

Ekstrom parve vagamente divertito. «Pesa più di otto tonnellate. È sepolta sotto settanta metri di ghiaccio compatto, il che significa che si trova qui da oltre trecento anni.»

Rachel avvertì una grande stanchezza quando, seguendo il direttore, imboccò un corridoio lungo e stretto che si snodava oltre due guardie armate. Guardò Ekstrom. «Deduco che c'è una spiegazione logica per la presenza della pietra in questo posto... e per tutta questa segretezza.»

«Assolutamente sì. La roccia trovata dal PODS è un meteorite.»

Rachel si fermò per fissare il direttore. «Un meteorite?» Si sentì sopraffatta dalla delusione, dopo tutte le aspettative create dal presidente. "Questa singola scoperta giustificherà tutte le spese e gli errori passati della NASA." Ma che cosa aveva in testa Herney? I meteoriti erano sicuramente le rocce più rare della Terra, ma la NASA ne trovava in continuazione.

«È uno dei più grandi mai rinvenuti» affermò Ekstrom, con aria tronfia. «Riteniamo che sia un frammento di un meteorite più esteso che, è documentato, precipitò nel mare Artico nel Settecento. Più probabilmente, una scheggia che si è staccata nell'impatto con l'acqua ed è atterrata sul ghiacciaio di Milne e poi, nel corso degli ultimi trecento anni, è stata lentamente ricoperta dalla neve.»

Rachel aggrottò la fronte. Non cambiava nulla. Cominciò a sospettare che fosse una trovata pubblicitaria della NASA e della Casa Bianca, entrambe in grande difficoltà, per tentare di salvarsi facendo passare un rinvenimento come tanti per una sensazionale scoperta.

«Non pare molto colpita» commentò Ekstrom.

«In effetti, mi aspettavo... qualcos'altro.»

Il direttore socchiuse gli occhi. «Un meteorite di queste dimensioni è estremamente raro, signora Sexton. Al mondo, ne esistono pochi più grandi.»

«Capisco...»

«Ma non è tanto la *dimensione* a entusiasmarci.»

Rachel alzò lo sguardo su di lui.

«Se mi lascia finire, saprà che questo meteorite mostra alcune caratteristiche stupefacenti mai riscontrate in altri, piccoli o grandi.» Riprese ad avanzare nel passaggio. «Se mi segue, le presenterò qualcuno più qualificato di me a illustrarle la scoperta.»

Rachel era perplessa. «Più qualificato del direttore della NASA?»

Gli occhi nordici di Ekstrom fissarono i suoi. «Sì, perché è un civile. Ho pensato che lei preferisse essere informata da una fonte imparziale, vista la sua professione di analista di dati.»

"Touché." Rachel non replicò.

Seguì il direttore lungo l'angusto passaggio che terminava davanti a una pesante tenda nera, oltre la quale sentì il mormorio di molte voci, riecheggiato dal gigantesco spazio aperto.

Senza una parola, il direttore tese la mano per aprire la tenda e Rachel fu abbagliata da una luce accecante. Mosse un passo, esitante. Quando gli occhi si adattarono, osservò l'enorme locale davanti a lei e rimase senza fiato.

«Dio mio» sussurrò. "Cosa diavolo è questo posto?"

20

Gli studi della CNN appena fuori dal distretto federale di Washington sono tra le duecentododici strutture disseminate in tutto il mondo collegate via satellite alla sede centrale della Turner Broadcasting System di Atlanta.

Erano le tredici e quarantacinque quando la limousine del senatore Sedgewick Sexton si fermò nel parcheggio. Sexton scese insieme a Gabrielle e si avviarono con passo sicuro verso l'ingresso.

Furono accolti da un produttore della CNN, con tanto di pancetta, che sfoderò un sorriso cordiale. «Benvenuto, senatore Sexton. Grandi notizie. Abbiamo appena saputo chi ha designato la Casa Bianca per il confronto.» Appariva raggiante. «Spero che lei sia pronto a tirare fuori le unghie.» Additò la vetrata dello studio.

Sexton guardò nella direzione indicata e quasi non credette ai suoi occhi. In una nuvola di fumo di sigaretta, la faccia più brutta della politica lo fissava al di là del vetro.

«Marjorie Tench?» sbottò Gabrielle. «Che diavolo ci fa qui?»

Sexton non ne aveva idea ma, qualunque fosse la ragione, la sua presenza era una notizia fantastica, il segno evidente che il presidente sapeva di essere in una situazione disperata; altrimenti, perché mandare al fronte il suo consigliere? Zach Herney esibiva il pezzo da novanta, e Sexton non poteva che rallegrarsene.

"Più il nemico è di valore, peggiore sarà la sua sconfitta."

Non dubitava che la Tench sarebbe stata un'avversaria abile, ma guardandola Sexton non poté fare a meno di pensare che il presidente aveva compiuto un grosso errore di valutazione. Marjorie Tench aveva un aspetto terrificante. In quel momento fumava semisdraiata in poltrona e muoveva lentamente il braccio destro per sfiorarsi le labbra sottili come una gigantesca mantide religiosa intenta a nutrirsi.

"Gesù" pensò Sexton "decisamente più adatta alle trasmissioni radio."

Le poche volte che Sedgewick Sexton aveva visto su qualche rivista il muso itterico del consigliere, gli era parso incredibile che quella fosse una delle persone più potenti di Washington.

«Non mi piace questa storia» sussurrò Gabrielle.

Sexton non le prestò ascolto. Più ci pensava, più si convinceva che era un'occasione straordinaria. Ancora più controproducenti della scarsa telegenia della Tench erano le sue posizioni su un argomento essenziale: Marjorie Tench ribadiva a ogni piè sospinto che l'America poteva assicurarsi in futuro la leadership soltanto con la superiorità tecnologica. Era una strenua sostenitrice dei programmi di ricerca governativi sulle tecnologie d'avanguardia e, soprattutto, della NASA. Molti ritenevano che fosse proprio per la sua pressione dietro le quinte che il presidente difendeva a spada tratta l'agenzia spaziale, malgrado i ripetuti insuccessi.

Sexton si chiese se Herney non l'avesse mandata lì per punirla dei tanti cattivi consigli da lei dispensati sulla NASA. "La sta gettando in pasto ai lupi?"

Gabrielle osservò Marjorie Tench al di là del vetro e avvertì un crescente disagio. Quella donna era estremamente in gamba e rappresentava una mossa inattesa. Due elementi che allertavano il suo istinto. Considerata la sua posizione sulla NASA, sembrava incredibile che il presidente avesse mandato lei ad affrontare il senatore Sexton. Ma Herney non era certo uno stupido. Qualcosa diceva a Gabrielle che quel dibattito poteva rivelarsi pericoloso.

Si era accorta che il senatore già sbavava per la ghiotta occasione, ma ciò non bastava ad attenuare la sua ansia. Sexton aveva la tendenza a strafare quando si sentiva in posizione di vantaggio. Stando ai sondaggi, la questione della NASA gli aveva fatto ottenere grossi consensi, ma negli ultimi tempi vi aveva insistito eccessivamente. Molti candidati erano finiti male quando avevano cercato il KO mentre sarebbe bastato portare a termine il round.

Il produttore pregustava l'imminente scontro a sangue. «Venga a prepararsi, senatore.»

Mentre Sexton si dirigeva verso lo studio, Gabrielle lo trattenne per la manica. «So cosa sta pensando» gli sussurrò «ma stia attento. Non esageri.»

«Esagerare, io?»

«Tenga presente che quella donna è molto in gamba.»

Sexton le rivolse un sorrisetto d'intesa. «Anch'io.»

21

Il cavernoso salone principale dell'habisfera della NASA sarebbe apparso strano in qualsiasi luogo della terra, ma sulla banchisa artica appariva decisamente inconcepibile.

Alzando lo sguardo verso la futuristica cupola formata da bianchi pannelli triangolari collegati fra loro, Rachel ebbe la sensazione di essere entrata in un gigantesco sanatorio. Le pareti erano lievemente inclinate sul pavimento di ghiaccio compatto e lungo il perimetro, a guisa di sentinelle, una serie di lampade alogene a stelo, rivolte verso l'alto, conferivano all'ambiente una diffusa luminosità.

Per terra si snodava una passatoia di gomma nera che costituiva una sorta di passerella tra il labirinto di postazioni di lavoro. Tra le apparecchiature elettroniche, trenta o quaranta dipendenti della NASA vestiti di bianco parlavano tutti insieme, accalorati, entusiasti. Rachel avvertì immediatamente quell'atmosfera elettrica.

Era l'eccitazione di una nuova scoperta.

Mentre percorreva insieme al direttore il perimetro della cupola, notò gli sguardi sorpresi e disgustati di chi la riconosceva. I mormorii erano chiaramente intelligibili, riverberati dalle pareti.

«Ma quella non è la figlia del senatore Sexton?»

«Che diavolo ci fa qui?»

«Pazzesco che il direttore le rivolga la parola!»

Rachel quasi si aspettava di vedere bamboline vudù di suo padre appese ovunque. L'animosità nei suoi confronti, peraltro, non era la sola emozione percepibile nell'aria. Sentiva anche un palese compiacimento, come se quelle persone sapessero chi avrebbe riso per ultimo.

Il direttore la guidò verso una serie di tavoli dove un uomo sedeva solo davanti a un computer. Indossava un maglione nero a collo alto, calzoni di velluto a coste larghe e stivali da barca, anziché la tuta del personale della NASA. Era di schiena rispetto a loro.

Il direttore le chiese di aspettarlo mentre andava a parlare con lo sconosciuto. Dopo un attimo, l'uomo dal maglione nero gli rivolse un cenno d'assenso e avviò la procedura di spegnimento del computer. Il direttore tornò da Rachel.

«A questo punto, sarà il signor Tolland a prendere il mio posto» le disse. «Anche lui è stato scelto personalmente dal presidente, quindi dovreste andare d'accordo. Vi raggiungo più tardi.»

«Grazie.»

«Immagino che sappia chi è Michael Tolland.»

Rachel si strinse nelle spalle, ancora frastornata in quell'ambiente incredibile. «Il nome non mi dice nulla.»

L'uomo dal maglione nero arrivò sorridendo. «Non le dice nulla?» Aveva una voce decisa e cordiale. «La notizia migliore della giornata. A quanto pare non mi riesce più di fare colpo a prima vista.»

Quando alzò lo sguardo sul nuovo venuto, Rachel si sentì raggelare. Riconobbe al volo il bel viso di quell'uomo. Tutti in America sapevano chi era. «Oh» disse arrossendo «lei è *quel* Michael Tolland.»

Quando il presidente le aveva raccontato di avere reclutato alcuni dei più importanti scienziati civili, Rachel aveva immaginato un gruppo di avvizzite teste d'uovo con le proprie iniziali sul calcolatore. Michael Tolland era l'esatto opposto. Uno dei più famosi scienziati americani, conduceva una trasmissione televisiva settimanale, *Le meraviglie del mare*, nel corso della quale illustrava al pubblico gli straordinari fenomeni presenti negli oceani: vulcani sottomarini, anellidi lunghi tre metri, onde di marea assassine. La stampa definiva Tolland un incrocio tra Jacques Cousteau e Carl Sagan, e ne elogiava la competenza, l'entusiasmo privo di compiacimento e il gusto dell'avventura: era questa la formula che aveva fatto salire *Le meraviglie del mare* in cima agli indici di ascolto. Ovviamente, la maggior parte dei critici ammetteva che il fatto che fosse un bell'uomo, con un fascino un po' selvaggio e dotato di un carisma non ostentato, probabilmente spiegava in gran parte la sua popolarità presso il pubblico femminile.

«Signor Tolland...» disse Rachel, quasi tartagliando. «Sono Rachel Sexton.»

Tolland le rivolse un sorriso amabile. «Salve, Rachel. Diamoci del tu. Puoi chiamarmi Mike.»

Lei sentì la lingua stranamente impastata. Un sovraccarico emotivo, evidentemente: l'habisfera, il meteorite, la segretezza, il trovarsi a faccia a faccia con una stella della televisione. «Mi sorprende vederti qui» spiegò, nel tentativo di recuperare. «Quando il presidente mi ha raccontato di avere affidato ad alcuni scienziati civili l'incarico di verificare la scoperta della NASA, forse mi aspettavo...» Esitò.

«Dei *veri* scienziati?» chiese Tolland, con una risata.

Rachel arrossì, mortificata. «Non volevo dire questo.»

«Non preoccuparti. Da quando sono qui, non sento dire altro.»

Il direttore si scusò di doversi allontanare e promise di raggiungerli più tardi. Tolland si voltò verso Rachel con un'espressione incuriosita. «Il capo mi ha detto che tuo padre è il senatore Sexton. È vero?»

Rachel annuì. "Purtroppo."

«Una spia di Sexton dietro le linee nemiche?»

«Le linee di confine non si trovano sempre dove si crede.»

Seguì un silenzio imbarazzato.

«Allora, dimmi» aggiunse lei in fretta «che ci fa un oceanografo di fama mondiale su un ghiacciaio insieme a un manipolo di scienziati della NASA?»

Tolland ridacchiò. «Per la verità, un tizio che assomigliava molto al presidente mi ha chiesto di fargli un favore. Ho aperto la bocca, pronto a mandarlo all'inferno, e invece mi sono ritrovato a rispondergli: "Sì, signore".»

Rachel rise per la prima volta quel giorno. «Benvenuto nel club, allora.»

Malgrado in genere i personaggi famosi apparissero più

piccoli di persona, Rachel notò che Michael Tolland risultava invece più alto. Gli occhi castani erano vigili ed espressivi come in televisione, la voce carica dello stesso caloroso entusiasmo. Sui quarantacinque anni, atletico e abbronzato, aveva folti capelli neri che gli ricadevano disordinatamente sulla fronte. Il mento forte e l'atteggiamento tranquillo suggerivano una pacata sicurezza. Quando le aveva stretto la mano, la ruvidità callosa della palma le aveva ricordato che non era il tipico personaggio televisivo "da salotto", ma un esperto marinaio e un serio ricercatore.

«In tutta sincerità» ammise Tolland, lievemente impacciato «ho la sensazione di essere stato chiamato qui più per una questione di pubbliche relazioni che per le mie competenze scientifiche. Il presidente mi ha chiesto di girare un documentario per lui.»

«Un documentario? Su un *meteorite*? Ma tu sei un oceanografo!»

«È esattamente quello che gli ho detto. Ma lui mi ha risposto di non conoscere nessun documentarista che si occupi di meteoriti, e che il mio intervento sarebbe servito a dare credibilità a questa scoperta. Evidentemente, ha intenzione di trasmettere il documentario durante la grande conferenza stampa di stasera, quando annuncerà la scoperta.»

"Una celebrità come portavoce." Il grande fiuto politico di Zach Herney all'opera. La NASA veniva spesso accusata di parlare alla gente in modo incomprensibile, ma questa volta non sarebbe andata così. Avevano coinvolto il miglior divulgatore scientifico in circolazione, di comprovata competenza, un volto noto presso il pubblico americano.

Tolland indicò un angolo in fondo alla cupola dove stavano allestendo la zona per il collegamento televisivo. Un tappeto azzurro sul ghiaccio, telecamere, riflettori, un lungo tavolo con parecchi microfoni. Qualcuno stava sistemando un'enorme bandiera americana come sfondo.

«È per stasera» spiegò lui. «Il direttore della NASA e alcuni dei più eminenti scienziati si collegheranno via satellite con la Casa Bianca nel corso della conferenza stampa del presidente, alle venti in punto.»

"Molto corretto" pensò Rachel, compiaciuta di sapere che

Zach Herney non intendeva tagliare fuori la NASA dall'annuncio. «Allora» disse poi con un sospiro «qualcuno mi spiegherà prima o poi che c'è di tanto speciale in questo meteorite?»

Tolland inarcò le sopracciglia e le rivolse un sorriso misterioso. «In realtà, è meglio vedere di persona che farselo spiegare.» Le fece cenno di seguirlo verso la vicina postazione di lavoro. «Quel tizio laggiù ha un sacco di campioni da mostrarti.»

«Campioni? Sul serio avete *campioni* del meteorite?»

«Certo. Ne abbiamo carotati parecchi. Anzi, sono stati proprio quei campioni ad allertare la NASA sull'importanza di questo ritrovamento.»

Non sapendo bene che cosa aspettarsi, Rachel seguì Tolland verso la postazione. Appariva deserta. Una tazza di caffè era abbandonata su un tavolo ingombro di campioni di roccia, calibri e altri strumenti diagnostici. Il caffè era ancora fumante.

«Marlinson!» gridò Tolland, guardandosi intorno. Nessuna risposta. Con un sospiro di frustrazione si voltò verso di lei. «Probabilmente si è perso mentre cercava la panna per il caffè. Parlo sul serio, ho fatto il dottorato a Princeton con questo tizio: si perdeva regolarmente nel suo dormitorio. Ora è stato insignito del Premio nazionale per l'astrofisica. Pensa un po'.»

Rachel rifletté un secondo. «Marlinson? Per caso non intenderai il famoso Corky Marlinson, vero?»

Tolland rise. «Proprio lui.»

Rachel era sbalordita. «Corky Marlinson si trova qui?» Le idee di Marlinson sui campi gravitazionali erano leggendarie tra i progettisti dei satelliti dell'NRO. «È uno dei civili reclutati dal presidente?»

«Già, uno degli scienziati *veri*.»

"Proprio così" pensò Rachel. Corky Marlinson era tra gli scienziati più brillanti e stimati del mondo.

«L'incredibile paradosso è che quell'uomo può citarti a memoria la distanza in millimetri dell'Alfa Centauri, ma non è capace di farsi il nodo alla cravatta.»

«Porto quelle con il nodo già fatto!» strillò un'allegra voce nasale dietro di loro. «La praticità è più importante dello stile, Mike. Voi gente di Hollywood non lo capite!»

Rachel e Tolland si voltarono verso l'uomo che stava emergendo da dietro un grande mucchio di macchinari elettronici. Tozzo e corpulento, aveva capelli radi con il riporto e occhi prominenti che ricordavano un carlino. Quando vide che Tolland era in compagnia di Rachel, si bloccò sui suoi passi.

«Gesù Cristo, Mike! Perfino in questo cazzo di polo Nord tu riesci a incontrare donne splendide. Lo sapevo che avrei dovuto fare televisione.»

Michael Tolland era visibilmente imbarazzato. «Signora Sexton, la prego di scusare il dottor Marlinson, che compensa la mancanza di tatto con brandelli di conoscenze del tutto inutili sul nostro universo.»

Corky si avvicinò. «Un vero piacere, signora. Non ho inteso il suo nome.»

«Rachel. Rachel Sexton.»

«Sexton?» Corky sbuffò divertito. «Nessuna parentela con quell'ottuso e depravato senatore, spero!»

Tolland fece una smorfia. «Per la verità è suo padre.»

Corky smise di ridere e incurvò le spalle. «Non c'è da meravigliarsi se non ho mai avuto fortuna con le donne.»

22

L'emerito astrofisico Corky Marlinson guidò Rachel e Tolland nella sua zona di lavoro e cominciò a frugare tra strumenti e campioni di roccia. Si muoveva come una molla molto compressa pronta a scattare. «Benissimo» disse, fremente di eccitazione. «Signora Sexton, sta per assistere ai famosi trenta secondi di lezione di Corky Marlinson sui meteoriti.»

Tolland strizzò l'occhio a Rachel. «Porta pazienza. In realtà voleva fare l'attore.»

«Già, e invece Mike voleva diventare uno stimato scienziato.» Corky infilò la mano in una scatola da scarpe e ne estrasse tre piccoli campioni di roccia che allineò sulla scrivania. «Questi appartengono alle tre principali classi di meteoriti esistenti al mondo.»

Rachel li osservò. Apparivano come rozzi sferoidi delle dimensioni di palle da golf. Erano stati tutti tagliati a metà per poterne studiare la sezione trasversale.

«Tutti i meteoriti sono composti da leghe di nichel-ferro, silicati e solfuri presenti in misura variabile. Vengono classificati in base alla proporzione tra metalli e silicati.»

Rachel ebbe il presentimento che la "lezione" sarebbe durata più di trenta secondi.

«Il primo campione» continuò Corky, indicando una pietra brillante, nerissima «è un meteorite dal nucleo di ferro. Molto pesante. Questo qui è caduto in Antartide qualche anno fa.»

Rachel lo esaminò. Appariva decisamente una cosa venuta da un altro mondo, un grumo di pesante ferro grigiastro con una crosta esterna bruciata e annerita.

«Lo strato esterno carbonizzato si chiama crosta di fusione. È dovuto al surriscaldamento che il meteorite subisce quando precipita nella nostra atmosfera. Tutti i meteoriti mostrano la stessa carbonizzazione.» Corky passò al secondo campione. «Questo è ciò che chiamiamo un meteorite roccioso-ferroso.»

Rachel notò che anche quello appariva carbonizzato nella parte esterna, però presentava una colorazione verde chiaro e la sezione trasversale appariva un collage di vivaci frammenti angolari, come quelli di un caleidoscopio. «Bello» commentò.

«Vuole scherzare? È meraviglioso!» Corky parlò per un minuto dell'alto contenuto di olivina che gli conferiva quella luce verdastra, e poi, con fare teatrale, prese il terzo e ultimo campione e glielo porse.

Rachel lo tenne nella palma aperta. Era grigio marrone, simile al granito, più pesante delle rocce terrestri, ma non di molto. L'unica caratteristica che lo distingueva dai sassi normali era la crosta di fusione, la superficie esterna bruciacchiata.

«Questo» disse infine Corky «è quello che si definisce un meteorite roccioso. È la classe più comune. Oltre il novanta per cento dei meteoriti rinvenuti sulla Terra appartiene a questa categoria.»

Rachel era sorpresa, perché aveva sempre immaginato i meteoriti più simili al primo campione, e cioè metallici, grumi dall'aspetto alieno, mentre quello che aveva in mano appariva tutto fuorché extraterrestre. A parte lo strato esterno carbonizzato, sembrava uno di quei sassi che si trovano su qualsiasi spiaggia.

Corky strabuzzava gli occhi, trascinato dall'entusiasmo. «Il meteorite sepolto nel ghiaccio qui a Milne è roccioso, molto simile a quello che lei ha in mano. I meteoriti di questa classe appaiono praticamente identici alle nostre rocce ignee terrestri, per questo sono difficili da riconoscere. In genere sono un composto di silicati leggeri, quali feldspato, olivina e pirosseno. Niente di esaltante.»

"Direi" pensò Rachel, porgendogli il campione. «Questo sembra una pietra lasciata in un camino e bruciacchiata.»

Corky scoppiò in una risata. «Un *inferno* di camino! Non esiste altoforno al mondo capace di raggiungere anche lontanamente il calore che il meteorite incontra quando entra nella nostra atmosfera.»

Tolland rivolse a Rachel un sorriso solidale. «Qui viene il bello.»

«Provi a immaginare» disse Corky, prendendole di mano il campione «che questo piccoletto sia grande come una casa.» Sollevò la pietra sopra la sua testa. «Bene... è nello spazio... vaga nel sistema solare... gelido perché la temperatura dello spazio è di meno cento gradi Celsius.»

Tolland rise tra sé. Evidentemente aveva già visto la rappresentazione di Corky dell'arrivo del meteorite sull'isola di Ellesmere.

Corky cominciò ad abbassare il campione. «Il nostro esemplare si sposta verso la Terra e, avvicinandosi, viene attratto dalla forza di gravità... accelera... accelera...»

Rachel guardò Corky che aumentava la velocità del campione, mimando l'accelerazione gravitazionale.

«A questo punto avanza veloce, oltre quindici chilometri al secondo, più di cinquantamila chilometri l'ora! A centotrentacinque chilometri sopra la superficie terrestre, il meteorite entra in contatto con l'attrito dell'atmosfera.» Corky scosse violentemente il campione mentre lo abbassava verso il ghiaccio. «Quando precipita sotto i cento chilometri, comincia a incendiarsi! Adesso la densità dell'atmosfera aumenta e l'attrito è incredibile. L'aria intorno al meteorite diventa incandescente e il materiale di superficie si scioglie.» Corky si mise a riprodurre gli effetti sonori di una cosa che brucia e ribolle. «Ora supera il limite degli ottanta chilometri e l'esterno arriva a un calore di oltre milleottocento gradi Celsius!»

Rachel osservava incredula l'astrofisico insignito di un'onorificenza dal presidente mentre scuoteva ancor più violentemente il meteorite con accompagnamento di puerili effetti sonori.

«Sessanta chilometri!» Ormai gridava. «Il nostro corpo celeste incontra la barriera dell'atmosfera. L'aria è troppo densa! Decelera rapidamente a più di trecento volte la forza di gravità!» Corky produsse uno stridente rumore di freni e rallentò la discesa in modo teatrale. «Immediatamente si raffredda e smette di bruciare. A questo punto, caduta libera. La superficie fusa si consolida in una crosta.»

Rachel sentì il gemito di Tolland quando Corky si inginocchiò sul ghiaccio per rappresentare il colpo di grazia, l'impatto con la Terra.

«Ora, il nostro enorme meteorite attraversa la parte inferiore dell'atmosfera...» In ginocchio, avvicinò il campione a terra facendogli percorrere una lieve curva. «Si dirige verso il mare Artico... con un'angolazione obliqua... cade... sembra che stia per rimbalzare sull'acqua... cade... e...» Batté il campione sul ghiaccio. «*Bam!*»

Rachel sobbalzò.

«L'impatto è devastante! Il meteorite esplode, proiettando frammenti vorticosi per il mare.» Corky prese a muoversi al rallentatore, facendo ruzzolare e rollare il campione verso l'invisibile mare ai piedi di Rachel. «Un pezzo continua a rimbalzare, fino ad arrivare nei pressi dell'isola di Ellesmere...» Lo avvicinò ancora di più ai suoi piedi. «Salta fuori dall'acqua e finisce sulla terra...» Lo spostò sulla linguetta della scarpa per fermarlo vicino alla caviglia. «E finalmente arresta la sua corsa sul ghiacciaio di Milne, dove neve e ghiaccio presto lo ricoprono, proteggendolo dall'erosione atmosferica.» Corky si alzò con un sorriso.

Rachel, ancora a bocca aperta, rise con aria compiaciuta. «Be', dottor Marlinson, una spiegazione eccezionalmente...»

«Lucida?» suggerì Corky.

Rachel sorrise. «Per dirlo con una sola parola.»

Corky le porse di nuovo il campione. «Guardi la sezione trasversale.»

Rachel studiò per un momento la parte interna della roccia senza vedere nulla.

«Inclinala verso la luce» le suggerì Tolland in tono caldo e gentile «e osservala da vicino.»

Rachel si portò la roccia davanti agli occhi e la volse verso le abbaglianti alogene puntate in alto. A quel punto vide: minuscole sferette metalliche rilucevano nella pietra. Erano decine, disseminate per tutta la sezione trasversale come goccioline di mercurio del diametro di circa un millimetro.

«Quelle bollicine sono chiamate condri, e si rinvengono soltanto nei meteoriti.»

Rachel guardò a occhi socchiusi. «In effetti, non ho mai visto una cosa del genere nella roccia terrestre.»

«E non la vedrà mai! I condri sono una struttura geologica che semplicemente non esiste sulla Terra. Alcuni sono straordinariamente vecchi, forse formati dalle prime materie costitutive dell'universo, altri sono molto più giovani, come quelli che lei ha in mano, e risalgono soltanto a centonovanta milioni di anni fa.»

«Centonovanta milioni di anni fa significa *giovani*?»

«Sì, diamine! In termini cosmologici equivale a ieri. Ma la cosa importante, qui, è che questo campione contiene condri, prova evidente che si tratta di un meteorite.»

«D'accordo, dunque i condri costituiscono la prova conclusiva. Chiaro.»

«Infine» aggiunse Corky, con un sospiro «se la crosta di fusione e i condri non la convincono, noi astronomi abbiamo un metodo a prova d'idiota per confermare l'origine meteorica.»

«Cioè?»

Corky alzò le spalle con noncuranza. «Usiamo semplicemente un microscopio polarizzante petrografico, uno spettrometro a fluorescenza di raggi X, un analizzatore dell'attivazione neutronica o uno spettrometro di massa plasmatica a induzione accoppiata per misurare il valore ferromagnetico.»

Tolland emise un suono inarticolato. «Ora si sta esibendo. Quel che vuole dire è che si può dimostrare che una roccia è un meteorite semplicemente analizzandone la composizione chimica.»

«Ehi, figlio del mare!» lo punzecchiò Corky. «Lasciamo la scienza agli scienziati, eh?» Tornò subito a rivolgersi a Rachel. «Nelle rocce terrestri, il nichel è presente in percentuale estremamente alta o estremamente bassa, mai in quantità intermedia. Nei meteoriti, invece, il contenuto di nichel rientra in valori medi. Pertanto, se analizziamo un campione e troviamo che il contenuto di nichel riflette un valore medio, possiamo essere certi senza ombra di dubbio che si tratta di un meteorite.»

Rachel cominciava a perdere la pazienza. «Bene, signori. Croste di fusione, condri, contenuto di nichel medio, tutti elementi che dimostrano che arriva dallo spazio.» Posò il campione sul tavolo di Corky. «Ma io perché sono qui?»

Corky sospirò con fare teatrale. «Vuole vedere un campione del meteorite rinvenuto dalla NASA nel ghiaccio sotto di noi?»

"Ci terrei tanto, prima di morire."

A quel punto Corky estrasse dal taschino un piccolo disco di pietra. Assomigliava a un CD musicale, spesso un centimetro, simile in composizione al meteorite roccioso che Rachel aveva appena visto. «Questa sezione appartiene a un campione che abbiamo carotato ieri.» Glielo porse.

In apparenza, nulla di sconvolgente. Roccia pesante, bianco arancio. Parte del bordo era carbonizzata, annerita, evidentemente un segmento della superficie esterna del meteorite. «Noto che c'è la crosta di fusione» commentò lei.

Corky annuì. «Già. È stato preso verso l'esterno del meteorite, quindi presenta parte della crosta.»

Rachel inclinò il disco alla luce e notò i piccoli globuli di metallo. «Vedo che ci sono i condri.»

«Ottimo.» Corky aveva il tono teso per l'entusiasmo. «E, avendo esaminato questo campione con un microscopio polarizzante petrografico, le posso assicurare che il suo contenuto di nichel è medio, e quindi assolutamente diverso da quello che si riscontra nelle rocce terrestri. Congratulazioni, lei ha dunque giustamente confermato che la roccia che ha in mano proviene dallo spazio.»

Rachel alzò lo sguardo, confusa. «Dottor Marlinson, questo è un meteorite e, in quanto tale, è ovvio che arrivi dallo spazio. Ma mi sfugge forse qualcosa?»

Corky e Tolland si scambiarono un'occhiata d'intesa, poi Tolland posò una mano sulla spalla di Rachel e le sussurrò: «Voltalo».

Rachel girò il disco dall'altra parte. Il suo cervello impiegò un solo istante a comprendere ciò che stava guardando.

Poi la verità le piombò addosso come un treno in corsa. "Impossibile!" Rimase senza fiato e, mentre continuava a fissare il frammento, comprese che la sua definizione di "impossibile" a quel punto era cambiata per sempre. Incastonata nella pietra c'era una forma che in un campione terrestre sarebbe apparsa comune, ma in un meteorite risultava assolutamente inconcepibile. «È...» Esitò, quasi incapace di pronunciare la parola. «... Un *insetto*! Questo meteorite contiene il fossile di un insetto!»

Tolland e Corky erano raggianti. «Benvenuta a bordo» le disse Corky.

L'ondata di emozioni che la travolse la ammutolì per qualche istante, eppure, malgrado lo sbigottimento, vedeva chiaramente che quel fossile era stato un tempo un organismo biologico vivente. Nell'impronta pietrificata, lunga circa otto centimetri, si vedeva la parte ventrale di un enorme coleottero. Sette paia di zampe articolate erano alloggiate dentro un involucro protettivo esterno, che sembrava segmentato come quello di un armadillo.

Era frastornata. «Un insetto proveniente dallo spazio...»

«È un isopode» precisò Corky. «Gli insetti hanno tre paia di zampe, non sette.»

Rachel non gli prestò ascolto. Con un senso di vertigine studiava il reperto davanti a sé.

«Come può vedere chiaramente, l'involucro dorsale è segmentato in placche, come quello di un *armadillidium*, un porcellino di terra, eppure le due prominenti appendici simili a code lo differenziano, assimilandolo casomai a un pidocchio.»

La mente di Rachel aveva ormai interrotto la comunicazione con l'esterno. La classificazione della specie era del tutto irrilevante. I pezzi del mosaico si stavano ricomponendo in fretta: la segretezza del presidente, l'entusiasmo della NASA...

"C'è un fossile in questo meteorite! Non solo una traccia di batteri o di microbi, ma una forma di vita progredita! La dimostrazione che esiste la vita nell'universo!"

23

Dieci minuti dopo l'inizio del dibattito alla CNN il senatore Sexton si chiese come potesse essersi preoccupato. Marjorie Tench era un'avversaria decisamente sopravvalutata. Malgrado la reputazione di implacabile acume, il consigliere si stava rivelando sostanzialmente un agnello sacrificale.

Certo, all'inizio della conversazione la Tench aveva avuto la meglio quando aveva martellato il senatore sul suo programma antiabortista definendolo maschilista, ma poi, proprio quando stava per stringere la presa, aveva compiuto un errore marchiano. Mentre gli chiedeva come pensava di incrementare i finanziamenti all'educazione senza aumentare le tasse, aveva alluso ai costanti attacchi di Sexton contro la NASA.

Il senatore intendeva sicuramente affrontare l'argomento NASA verso la fine della discussione, ma Marjorie Tench gli aveva spianato la strada in anticipo. "Che idiota!"

«A proposito della NASA» l'attaccò Sexton con indifferenza. «Come commenta le voci che continuo a sentire secondo cui l'agenzia spaziale è incorsa di recente in un altro insuccesso?»

Marjorie Tench non mosse un muscolo. «A me non risulta.» Aveva la voce abrasiva della fumatrice incallita.

«Dunque, no comment?»

«Proprio così.»

Sexton gongolò. Nel mondo dei media, "no comment" si traduceva liberamente in una dichiarazione di colpevolezza.

«Capisco. E che mi dice della voce di una riunione segreta di emergenza tra il presidente e il direttore della NASA?»

A quel punto, la Tench parve sorpresa. «Non capisco a quale riunione si riferisca. Il presidente partecipa a molte riunioni.»

«Ovvio.» Sexton decise di puntare dritto alla gola. «Signora Tench, lei è una grande sostenitrice dell'agenzia spaziale, vero?»

La Tench sospirò, quasi fosse stufa del cavallo di battaglia di Sexton. «Io credo nell'importanza di mantenere la superiorità tecnologica americana, sia essa militare, industriale, nel campo dell'intelligence o delle telecomunicazioni. La NASA rientra chiaramente in questa visione.»

Sexton si accorse che gli occhi di Gabrielle, dalla cabina di regia, lo sollecitavano a lasciar perdere, ma lui già assaporava il gusto del sangue. «Sono curioso di sapere quanto lei influisca sulle decisioni del presidente di continuare a finanziare questa agenzia chiaramente allo sbando.»

La Tench scosse la testa. «Anche il presidente ha grande fiducia nella NASA. E decide autonomamente.»

Sexton stentava a credere alle sue orecchie. Aveva appena offerto a Marjorie Tench la possibilità di esonerare in parte il presidente addossando su di sé la colpa dei finanziamenti alla NASA ma lei, invece di coglierla al volo, ributtava ogni responsabilità su Herney. "Il presidente decide autonomamente." A quanto pareva, la Tench stava già cercando di prendere le distanze da quella disastrosa campagna elettorale. Non c'era da sorprendersi. Dopotutto, quando si fosse placato il polverone, Marjorie Tench avrebbe dovuto cercarsi un nuovo lavoro.

Nei minuti successivi, i due si limitarono a schivare i colpi dell'avversario. La Tench fece qualche debole tentativo di cambiare argomento, ma Sexton continuò a torchiarla sul bilancio della NASA.

«Senatore» disse a un certo punto il consigliere del presidente «lei vuole tagliare i fondi alla NASA, ma ha idea di quanti posti di lavoro ad alta specializzazione andrebbero perduti?»

Per poco Sexton non le rise in faccia. "E questa passa per una delle menti più brillanti di Washington?" Era evidente che la Tench aveva molto da imparare sui dati economici del paese. I lavori ad alta specializzazione non avevano alcun peso in confronto all'enorme numero di tute blu americane.

Sexton insistette. «Qui si sta parlando di miliardi di risparmio, Marjorie, e se il risultato è che un pugno di scienziati della NASA dovranno salire sulla loro BMW e mettersi sul mercato, sia pure. Io mi impegno a essere molto attento alla spesa.»

Marjorie Tench rimase in silenzio, come se stesse cercando di riprendersi da quel colpo.

Il conduttore della CNN la pungolò. «Signora Tench? La sua reazione?»

La donna si schiarì la voce prima di parlare. «Direi che mi sorprende sentire che il signor Sexton vuole ergersi a paladino della lotta contro la NASA.»

Sexton strinse gli occhi. "Bel colpo, signora." «Io non sono anti-NASA, e l'accusa mi offende. Sto semplicemente dicendo che il bilancio dell'agenzia è un esempio della disattenzione dimostrata dal presidente nei confronti della spesa pubblica. La NASA diceva di poter costruire lo shuttle con cinque miliardi di dollari, e ne è costato dodici. Diceva di poter costruire la stazione spaziale con otto miliardi, e siamo arrivati a cento.»

«L'America è il leader mondiale perché si pone obiettivi ambiziosi e li persegue anche in tempi difficili» controbatté la Tench.

«Questi discorsi sull'orgoglio nazionale non attaccano con me, Marge. Negli ultimi due anni, la NASA ha speso il triplo dei fondi che le sono stati assegnati, e poi è strisciata dal presidente con la coda tra le gambe per chiedere altri soldi per riparare agli errori. Sarebbe questo l'orgoglio nazionale? Se vuole parlare di orgoglio nazionale, parli di una scuola che funziona, dell'assistenza gratuita per tutti, di bambini intelligenti che crescono in un paese ricco di opportunità. Questo è l'orgoglio nazionale!»

La Tench parve furibonda. «Posso rivolgerle una domanda secca, senatore?»

Sexton non rispose. Si limitò ad aspettare.

La donna scandì bene le parole, malgrado l'interruzione di qualche colpo di tosse. «Senatore, se le dicessi che non siamo in grado di esplorare lo spazio spendendo meno di quanto facciamo, lei sosterrebbe la necessità di chiudere una volta per tutte la NASA?»

La domanda atterrò come un macigno sul grembo di Sexton. Forse la Tench non era poi tanto stupida, in fin dei conti. Aveva appena distratto Sexton con una bordata angolata, una mossa accuratamente studiata per costringere l'avversario a buttarsi da una parte o dall'altra della rete, e quindi a ribattere un secco "sì" oppure "no".

D'istinto, Sexton cercò di schivare il colpo. «Non dubito che, con una gestione oculata, la NASA possa esplorare lo spazio spendendo molto meno di quello che attualmente...»

«Senatore Sexton, risponda alla mia domanda. L'esplorazione dello spazio è un'impresa che comporta rischi e alti costi. Assomiglia molto alla costruzione di un aereo passeggeri. O lo si fa bene, o è meglio evitare. I rischi sono troppo grandi. La mia domanda resta: se lei diventasse presidente e dovesse affrontare la decisione di continuare a finanziare la NASA all'attuale livello o cancellare completamente il programma spaziale statunitense, che cosa sceglierebbe?»

"Merda." Sexton guardò Gabrielle oltre il vetro. I suoi occhi riflettevano ciò che Sexton già sapeva. "Hai preso un impegno. Sii diretto. Niente tentennamenti." Sexton sollevò il mento. «Sì, trasferirei l'attuale budget della NASA al nostro sistema scolastico, se mi trovassi ad affrontare tale decisione. Voterei per i nostri bambini anziché per lo spazio.»

Sul viso di Marjorie Tench si dipinse un'espressione di assoluto sconcerto. «Sono sbalordita. Ho sentito bene? Se lei diventasse presidente deciderebbe di *abolire* il programma spaziale di questa nazione?»

Sexton si sentì ribollire di rabbia. La Tench stava mettendogli in bocca parole che non aveva pronunciato. Cercò di controbattere, ma la donna aveva già ripreso il discorso.

«Quindi lei sta dicendo, tanto per chiarire, che farebbe a meno dell'agenzia che ha mandato l'uomo sulla Luna?»

«Sto dicendo che la corsa alla conquista dello spazio è finita! I tempi sono cambiati. La NASA non svolge più un ruolo fondamentale nella vita quotidiana degli americani, eppure continuiamo a finanziarla come prima.»

«Dunque lei non crede che lo spazio possa rappresentare il futuro?»

«Certo che lo spazio rappresenta il futuro, ma la NASA è un dinosauro! Lasciamo che sia il settore privato a esplorare lo spazio. Non si può chiedere ai contribuenti americani di aprire il portafoglio ogni volta che a un ingegnere di Washington salta in mente di scattare una fotografia da un miliardo di dollari a Giove. Gli americani sono stufi di sacrificare il futuro dei loro figli per un'agenzia antiquata che dà tanto poco in cambio di finanziamenti colossali!»

Marjorie Tench sospirò con fare teatrale. «Poco, dice? A eccezione forse del programma SETI, la NASA ha avuto ritorni straordinari.»

Sexton era sbalordito che dalle labbra della Tench fosse sfuggito quel richiamo a SETI. "Grazie per avermelo ricordato." Il Search for Extraterrestrial Intelligence, un progetto di ricerca di forme di vita extraterrestri intelligenti, era stato il più abissale pozzo mangiasoldi della NASA. Anche se l'agenzia aveva cercato di dare nuovo lustro al progetto rinominandolo "Origins" e modificandone in parte gli obiettivi, rimaneva comunque lo stesso gioco d'azzardo senza possibilità di vincita.

«Marjorie» disse Sexton, cogliendo l'occasione al volo «parlo di SETI soltanto perché l'ha tirato fuori lei.»

Stranamente, la Tench si mostrò curiosa di sentire le sue argomentazioni.

Sexton si schiarì la voce. «Molti dimenticano che la NASA cerca ormai da trentacinque anni forme di vita extraterrestre. È una caccia al tesoro estremamente costosa: parabole satellitari, enormi radiotelescopi, stipendi milionari a scienziati che se ne stanno seduti al buio ad ascoltare nastri che non hanno registrato niente. Uno spreco di risorse a dir poco scandaloso.»

«Dunque, lei sostiene che non c'è nulla lassù?»

«Sostengo che se un'altra agenzia governativa avesse speso quarantacinque milioni di dollari in trentacinque anni senza aver prodotto un solo risultato, sarebbe stata soppressa molto tempo fa.» Fece una pausa per enfatizzare la sua dichiarazione. «Dopo trentacinque anni, mi pare assolutamente ovvio che non troveremo tracce di vita extraterrestre.»

«E se si sbagliasse?»

Sexton alzò gli occhi al cielo. «Oh, per l'amor di Dio, Tench! Se mi sbaglio, sono pronto a mangiarmi il cappello.»

Marjorie Tench fissò gli occhi itterici in quelli di Sedgewick

Sexton. «Mi ricorderò di ciò che ha detto, senatore.» Sorrise per la prima volta. «Credo che tutti lo ricorderemo.»

A dieci chilometri di distanza, il presidente Zach Herney spense il televisore nello Studio Ovale e si versò da bere. Come Marjorie Tench aveva promesso, il senatore Sexton aveva abboccato, ingoiando tutto quanto: amo, lenza e galleggiante.

24

Michael Tolland provò una gioia intensa nel vedere Rachel Sexton che fissava in silenzio il meteorite fossile nella sua mano. La raffinata bellezza di quel viso femminile sembrava dissolversi in un'espressione di innocente meraviglia, quella di una bambina che vede Babbo Natale per la prima volta.

"So benissimo quello che provi" pensò.

Tolland era rimasto colpito allo stesso modo solo quarantotto ore prima. Anche lui era ammutolito per lo stupore ed era ancora vivamente impressionato dalle implicazioni scientifiche e filosofiche di quel meteorite, che lo costringevano a rivedere tutte le sue convinzioni sulla natura.

Nel suo lavoro di oceanografo, aveva rinvenuto numerose specie sconosciute di creature degli abissi, ma questo "insetto spaziale" rappresentava una scoperta di tutt'altro livello. Malgrado la propensione di Hollywood a rappresentare gli extraterrestri come piccoli uomini verdi, astrobiologi e scienziati in genere concordavano che eventuali forme di vita su altri pianeti sarebbero state rappresentate da insetti, dato il numero e la capacità di adattamento di quelli terrestri.

Gli insetti appartengono al *phylum* artropodi, creature con scheletro esterno rigido e zampe articolate. Con oltre un milione e duecentocinquantamila specie conosciute e, secondo le stime, cinquecentomila ancora da classificare, gli insetti superano di larga misura tutti gli altri animali messi insieme. Costituiscono il novantacinque per cento delle specie presenti sul pianeta, e addirittura il quaranta per cento della biomassa totale.

Ma a stupire non è tanto la loro quantità, quanto l'estrema

resistenza. Dal coleottero dei ghiacci antartici allo scorpione della Death Valley, gli insetti sopportano senza problemi climi estremi, siccità e perfino sbalzi di pressione. Hanno anche imparato a resistere alla forza più letale presente nell'universo: le radiazioni. Nel 1945, dopo un test nucleare, quando alcuni esperti dell'aeronautica con equipaggiamento antiradiazioni esaminarono la zona colpita, scoprirono scarafaggi e formiche che andavano avanti tranquilli come se nulla fosse accaduto. Gli astronomi compresero allora che l'esoscheletro protettivo fa sì che gli artropodi siano i candidati più idonei ad abitare gli innumerevoli pianeti saturi di radiazioni che rendono impossibile ogni altra forma di vita.

"A quanto pare gli astrobiologi avevano ragione" rifletté Tolland. "ET è un insetto."

Rachel si sentì scossa da un brivido. «Non... non riesco a crederci» disse, rigirando il fossile nella mano. «Non ho mai pensato...»

«Ci vuole tempo per lasciar sedimentare l'idea» la rassicurò Tolland con un sorriso. «Io stesso ho impiegato almeno ventiquattr'ore per riprendermi.»

«Vedo che abbiamo un nuovo arrivo» esclamò un asiatico insolitamente alto, avvicinandosi a loro.

Corky e Tolland sembrarono afflosciarsi all'istante nel vedere quell'uomo. Evidentemente il momento magico era finito.

«Sono il dottor Wailee Ming» si presentò. «Preside della facoltà di paleontologia dell'università della California, a Los Angeles.»

Aveva la pomposa fierezza di un principe rinascimentale e non faceva che lisciarsi l'improbabile farfallino che portava sotto il giaccone di cammello lungo fino alle ginocchia. Evidentemente, Wailee Ming non era il tipo da rinunciare all'eleganza neppure in una zona desolata.

«Piacere, Rachel Sexton.» Gli tese la mano ancora tremante. Ming doveva essere un altro dei civili ingaggiati dal presidente.

«Sarei lieto di raccontarle tutto quel che desidera sapere a proposito di questi fossili» disse il paleontologo.

«E altro che a lei non interessa affatto» borbottò Corky.

Ming tastò il farfallino. «Il mio campo specialistico è costituito da artropodi e migalomorfi. La caratteristica più straordinaria di questo organismo è...»

«... che viene da un altro dannato pianeta» lo interruppe Corky.

Ming, infastidito, si schiarì la voce. «La caratteristica più straordinaria di questo organismo è che rientra perfettamente nel nostro sistema darwiniano di tassonomia e classificazione.»

Rachel alzò lo sguardo. "Possono classificare questa roba?" «Intende dire regno, tipo, specie; questo genere di cose?»

«Esatto. Questa specie, se rinvenuta sulla Terra, sarebbe classificata nell'ordine degli isopodi e rientrerebbe nella classe a cui appartengono duemila specie di pidocchi.»

«*Pidocchi?* Ma questo è enorme.»

«La tassonomia non tiene conto delle dimensioni. I gatti domestici e le tigri sono affini. La classificazione riguarda la fisiologia, e questo è senza ombra di dubbio un pidocchio: corpo appiattito, sette paia di zampe e sacca addominale per la riproduzione identica per struttura a quella di onischi, armadillidi, anfipodi, asellidi e teredini. Gli altri fossili rivelano chiaramente differenti...»

«Altri fossili?»

Ming lanciò un'occhiata a Corky e Tolland. «Non lo sa?»

Tolland scosse la testa.

Il viso di Ming si illuminò all'istante. «Signora Sexton, ancora non ha sentito la parte più bella.»

«Ci sono altri fossili» intervenne Corky, chiaramente intenzionato a rubare a Ming la ribalta. «Moltissimi altri.» Si precipitò a prendere una grande busta da cui recuperò un foglio piegato. Lo aprì sul tavolo davanti a Rachel. «Dopo il carotaggio di alcuni campioni, abbiamo calato un apparecchio fotografico a raggi X. Questa è una rappresentazione grafica della sezione trasversale.»

Rachel osservò la stampa e immediatamente sentì il bisogno di sedersi. La sezione trasversale tridimensionale del meteorite presentava decine di insetti.

«I reperti paleolitici» spiegò Ming «di solito si trovano in grandi concentrazioni. Spesso una frana di fango intrappola numerosissimi esemplari di organismi, coprendo nidiate e intere comunità.»

Corky rise. «Pensiamo che questi presenti nel meteorite appartenessero alla stessa nidiata.» Indicò uno degli insetti sulla foto. «E qui c'è la mamma.»

Rachel rimase a bocca aperta nel vedere l'esemplare indicato. Doveva misurare più di mezzo metro.

«Pidocchia culona, eh?» commentò Corky.

Rachel annuì, sbalordita, raffigurandosi quei pidocchi grandi come filoni di pane che passeggiavano su qualche distante pianeta.

«Sulla Terra» disse Ming «i nostri insetti rimangono relativamente piccoli per via della gravità. Crescono quel tanto che l'esoscheletro è in grado di reggere. Tuttavia, su un pianeta con minore gravità, possono diventare molto più grandi.»

«Pensa: schiacciare una zanzara delle dimensioni di un condor!» scherzò Corky, prendendo il campione dalle mani di Rachel per rimetterselo in tasca.

Ming si accigliò. «Farai meglio a non fregarlo, quello!»

«Rilassati. Ce ne sono altre otto tonnellate dove l'abbiamo trovato.»

La mente analitica di Rachel valutava i dati che le erano stati presentati. «Ma com'è possibile che la vita nello spazio sia tanto simile a quella sulla Terra? Insomma, state dicendo che questo insetto rientra nella nostra classificazione darwiniana?»

«Perfettamente» rispose Corky. «E, che lei ci creda o no, molti astronomi ipotizzano che la vita extraterrestre abbia caratteristiche molto simili a quella sul nostro pianeta.»

«Com'è possibile? Questa specie proviene da un ambiente totalmente differente!»

«Panspermia.» Corky le rivolse un grande sorriso.

«Prego?»

«La panspermia è la teoria secondo cui la vita è stata *impiantata* qui da un altro pianeta.»

«Non vi seguo» disse Rachel, alzandosi.

Corky si rivolse a Tolland. «Mike, sei tu l'uomo dei mari primordiali.»

Tolland parve felice di dare il suo contributo. «La Terra un tempo era un pianeta deserto. Poi, all'improvviso, quasi da un giorno all'altro, è esplosa la vita. Molti biologi ritengono che questa esplosione sia stata il magico risultato di una combinazione ideale di elementi avvenuta nei mari primordiali. Però non si è mai stati in grado di riprodurla in laboratorio e quindi gli studiosi credenti hanno interpretato questo come la prova dell'esistenza di Dio, nel senso che non ci sarebbe stata vita se Dio non avesse toccato i mari primordiali infondendola in loro.»

«Noi astronomi, invece, abbiamo trovato un'altra spiegazione» dichiarò Corky.

«La panspermia» disse Rachel, cominciando a capire di che cosa stessero parlando. Aveva già sentito parlare di quella teoria, ma senza conoscerne il nome. «Un meteorite precipitato nel brodo primordiale avrebbe portato sulla Terra i primi semi della vita microbica.»

«Bingo!» esclamò Corky. «E questi si sono animati e hanno preso vita.»

«Se è vero» osservò Rachel «significherebbe che la vita terrestre e quella extraterrestre hanno la stessa origine.»

«Doppio bingo!»

"Panspermia." Rachel non riusciva ancora ad afferrarne tutte le implicazioni. «Quindi, non solo questo fossile conferma che la vita esiste anche altrove nell'universo, ma addirittura *dimostra* la panspermia... e cioè che la vita sulla Terra è arrivata da fuori.»

«Triplo bingo!» Corky assentì con entusiasmo. «Tecnicamente, siamo tutti extraterrestri.» Portò le dita sulla testa a guisa di antenne, incrociò gli occhi e mosse la lingua come una sorta di insetto.

Tolland guardò Rachel con un sorriso ironico. «E questo personaggio rappresenterebbe l'apice della nostra evoluzione.»

25

Rachel Sexton si sentiva in balia di una sorta di vertigine mentre attraversava l'habisfera accanto a Michael Tolland, seguita da Corky e Ming.

«Tutto bene?» si informò Tolland.

Rachel gli rivolse un debole sorriso. «Sì, grazie, solo che è troppo...»

Tornò con la mente alla figuraccia fatta dalla NASA nel 1996, in occasione del rinvenimento di ALH84001, un meteorite di Marte che secondo l'agenzia conteneva residui fossili di minuscoli batteri. Sfortunatamente, qualche settimana dopo la trionfante conferenza stampa diversi scienziati civili avevano dimostrato che le "tracce di attività biologica" presenti nella roccia non erano altro che cristallizzazioni di idrocarburi prodotte dalla contaminazione terrestre. La credibilità della NASA aveva subito un duro colpo a seguito di quella gaffe. Il "New York Times" aveva colto l'occasione per ridefinire con sarcasmo l'acronimo della NASA, cioè NOTA AGENZIA SPAZIALE ALLUCINATA.

Nella stessa edizione del giornale, il paleobiologo Stephen Jay Gould aveva sintetizzato i problemi relativi ad ALH84001 indicando che le prove erano chimiche e deduttive anziché "solide" e inequivocabili, come un osso o una conchiglia.

Tuttavia Rachel si rese conto che in quel caso la prova era irrefutabile. Nessuno scienziato, per quanto scettico, poteva mettere in discussione quei fossili. La NASA non magnificava ingrandimenti fotografici sfocati di presunti batteri microscopici, ma presentava campioni reali di un meteorite con organismi biologici visibili a occhio nudo incastrati nella pietra. "Pidocchi lunghi trenta centimetri!"

Rachel sorrise tra sé nel ricordare che da piccola adorava una canzone di David Bowie che parlava di "ragni provenienti da Marte". Pochi avrebbero indovinato quanto l'androgina pop star britannica fosse andata vicina a prevedere la più grandiosa scoperta dell'astrobiologia.

Mentre nella sua mente riecheggiavano le note distanti della canzone, Corky si affrettò dietro di lei. «Mike ha già strombazzato il suo documentario?»

«No» replicò Rachel «e invece mi piacerebbe saperne di più.»

Corky diede una pacca sulla schiena a Tolland. «Fatti sotto, allora, bambinone. Dille perché il presidente ha deciso che il momento più importante della storia della scienza debba essere affidato a una stella televisiva con tanto di boccaglio.»

Tolland gemette. «Corky, ti prego!»

«Bene, allora lo spiegherò io.» Si frappose tra loro. «Come probabilmente saprà, signora Sexton, il presidente ha convocato una conferenza stampa stasera per rivelare al mondo il rinvenimento del meteorite. Poiché la gran parte del pubblico è costituita da ignoranti, ha chiesto a Mike di salire a bordo e spiegare tutto con parole a prova d'idiota.»

«Grazie, Corky. Ottima spiegazione.» Tolland guardò Rachel. «Quello che Corky sta cercando di dire è che, considerando la grande quantità di dati da presentare, il presidente ha pensato che un breve documentario sul meteorite avrebbe reso più chiara e accessibile l'informazione per gli spettatori, che, stranamente, non sono tutti in possesso di un dottorato in astrofisica.»

«Sa che ho appena scoperto che il nostro presidente è un ammiratore segreto di *Meraviglie del mare*?» Corky scosse la testa con finto disgusto. «Zach Herney, il leader del mondo libero, fa registrare dalla segretaria il programma di Mike per rilassarsi alla fine di una dura giornata di lavoro.»

Tolland si strinse nelle spalle. «Che ci posso fare se è un uomo di gusto?»

Rachel cominciava a comprendere l'ingegnosità del piano del presidente, la politica come gioco mediatico, e già si raffigurava l'entusiasmo e la credibilità scientifica che il viso di Michael Tolland sullo schermo avrebbe garantito alla conferenza stampa. Zach Herney aveva reclutato l'uomo ideale per avvalorare il piccolo colpo di scena della NASA. Gli scettici avrebbero avuto difficoltà a confutare i dati del presidente se esposti dallo scienziato nazionale più famoso della televisione, come pure da altri stimati scienziati civili.

«Per il documentario, Mike ha già intervistato tutti noi, oltre ai più eminenti specialisti della NASA» precisò Corky. «E sono pronto a scommettere il mio riconoscimento più prestigioso che sarà lei la prossima sulla lista.»

Rachel si voltò a guardarlo. «Io? Ma che le salta in mente? Io non sono qualificata, mi occupo di intelligence.»

«E allora perché il presidente l'ha mandata qui?»

«Non me l'ha ancora spiegato.»

Un sorriso divertito incurvò le labbra di Corky. «Lei si occupa di chiarificazione e autenticazione di dati riservati per conto della Casa Bianca, no?»

«Sì, ma niente di scientifico.»

«E inoltre è la figlia dell'uomo che ha costruito tutta la sua campagna elettorale sullo spreco di risorse da parte della NASA.»

Rachel intuì quello che stava per dire.

«Deve ammettere, signora Sexton» intervenne Ming «che una sua testimonianza apporterebbe ulteriore credibilità a questo documentario. Se il presidente l'ha mandata qui, è perché intende attribuirle un ruolo nella questione.»

Rachel ricordò il sospetto di William Pickering che volessero strumentalizzarla.

Tolland controllò l'ora. «Meglio affrettarsi» disse, avviandosi verso il centro dell'habisfera. «Ormai dovrebbero essere vicini.»

«Vicini a cosa?» si informò Rachel.

«Al momento dell'estrazione. La NASA sta portando in superficie il meteorite. Sarà recuperato da un momento all'altro.»

Rachel era sbalordita. «Voialtri state veramente tirando fuori una roccia di otto tonnellate sepolta sotto settanta metri di ghiaccio solido?»

Corky appariva esultante. «Non avrà pensato che la NASA

avrebbe lasciato una scoperta del genere nascosta nel ghiaccio, vero?»

«No, ma...» Rachel non aveva visto traccia di grandi attrezzature per scavi all'interno dell'habisfera. «Come diavolo pensano di estrarlo?»

Corky sbuffò. «Nessun problema. Tenga conto che lei si trova in un locale pieno di scienziati spaziali!»

«Balle. Il fatto è che al dottor Marlinson piace provocare. In realtà, non si sapeva bene come fare a tirare fuori il meteorite, ma poi Mangor ha proposto una soluzione praticabile.»

«Non l'ho ancora conosciuto.»

«Facoltà di glaciologia, università del New Hampshire. Il quarto e ultimo civile reclutato dal presidente» precisò Tolland. «E Ming ha ragione; proprio Mangor ha trovato il modo.»

«Bene, che cos'ha escogitato questo tizio?»

«Tizia, per la verità. Mangor è una donna.»

«Questo resta da dimostrare» bofonchiò Corky. Poi, rivolto a Rachel: «A proposito, sono certo che la dottoressa Mangor la odierà».

Tolland gli lanciò un'occhiataccia.

«Vedrai!» si difese Corky. «Lei si metterà subito in competizione.»

Rachel era smarrita. «Scusate? Quale competizione?»

«Ignoralo» le suggerì Tolland. «Purtroppo la totale imbecillità di Corky è misteriosamente sfuggita al National Science Committee, il Comitato nazionale per la scienza che gli ha conferito il premio. Andrai d'accordissimo con la dottoressa Mangor. È una professionista, una delle migliori nel suo campo. Ha addirittura trascorso alcuni anni in Antartide per studiare i movimenti dei ghiacci.»

‹Strano» insistette Corky. «A me risulta invece che la sua università ha usato una donazione per mandarcela, così da poter avere un po' di pace.»

«Ma non sai che per poco non c'è morta, laggiù?» sbottò Ming, prendendo il commento come un'offesa personale. «Si è perduta in una tempesta e ha vissuto di grasso di foca per cinque settimane prima che qualcuno la trovasse.»

«Io ho saputo che nessuno la cercava» sussurrò Corky all'orecchio di Rachel.

26

Gabrielle Ashe trovò interminabile il viaggio di ritorno dagli studi della CNN all'ufficio di Sexton. Il senatore, di fronte a lei, guardava fuori dal finestrino della limousine, visibilmente felice per l'esito del dibattito.

«Se hanno mandato la Tench, questo pomeriggio, significa che sono in agitazione alla Casa Bianca» le disse con un sorriso smagliante.

Gabrielle fece un vago cenno di assenso. Aveva colto un'espressione di maligna soddisfazione sul viso di Marjorie Tench mentre si allontanava in macchina. E ciò l'aveva innervosita.

Il cellulare privato di Sexton squillò, e il senatore affondò la mano in tasca per pescarlo. Come la maggior parte dei politici, aveva una gerarchia di numeri telefonici destinati a persone specifiche, a seconda del livello di importanza. Chi lo stava chiamando in quel momento era in cima alla lista, perché la telefonata era sulla sua linea privata, che perfino Gabrielle era tenuta a usare solo in casi estremi.

«Senatore Sedgewick Sexton» rispose in tono squillante, accentuando la musicalità del suo nome.

Gabrielle non riusciva a percepire la voce all'altro capo del telefono, sovrastata dal rumore del motore, ma Sexton ascoltò attentamente prima di rispondere con entusiasmo: «Fantastico. Sono molto felice che mi abbia chiamato. Che ne dice delle sei? Ottimo. Ho un appartamento privato qui a Washington, molto confortevole. Ha l'indirizzo esatto? Bene. Ci vediamo nel tardo pomeriggio, allora». Chiuse la comunicazione con aria compiaciuta.

«Un nuovo fan di Sexton?» chiese Gabrielle.

«Si stanno moltiplicando. Questo è un pezzo grosso.»

«Evidente, visto che lo incontra a casa sua.» Di solito, Sexton difendeva come un leone la sacra privacy del suo appartamento, l'ultimo nascondiglio che gli restava.

Sexton si strinse nelle spalle. «Infatti. Ho pensato di dare un tocco personale all'incontro. Questo tizio potrebbe avere un grosso peso nella volata finale, e quindi è necessario stabilire dei rapporti personali; sai, come sempre si tratta di una questione di fiducia.»

Gabrielle annuì mentre tirava fuori l'agenda di Sexton.

«Vuole che glielo metta in agenda?»

«Non c'è bisogno. Avevo comunque in mente di passare la serata a casa.»

Gabrielle trovò la pagina di quel giorno e notò che sullo spazio dedicato alla serata era già stata tracciata una riga e Sexton vi aveva scritto di suo pugno le lettere IP, la sigla per Incontro Personale o Impegno Privato. Di tanto in tanto, il senatore annotava una serata IP per rintanarsi in casa, staccare il telefono e fare quello che più gli piaceva: sorseggiare brandy con vecchi amici e fingere di dimenticare la politica per qualche ora.

Gabrielle parve sorpresa. «Sul serio permette che gli affari le mandino a monte una serata IP? Sono davvero esterrefatta.»

«Avevo del tempo libero. Gli parlerò per sentire che cos'ha da dire.»

Gabrielle avrebbe voluto chiedergli chi fosse l'interlocutore misterioso, ma Sexton appariva intenzionato a lasciare la cosa nel vago, e lei sapeva quando non era il caso di fare domande.

Mentre imboccavano l'uscita della tangenziale per tornare verso l'ufficio di Sexton, l'occhio di Gabrielle cadde di nuovo sulla riga e la sigla IP tracciate sull'agenda. In quell'attimo ebbe la strana sensazione che il senatore fosse stato in attesa di quella telefonata.

27

Il ghiaccio al centro dell'habisfera della NASA era dominato da un traliccio alto cinque o sei metri poggiato su tre piedi, una via di mezzo fra una torre di trivellazione e un modellino della Tour Eiffel. Nell'osservare quella struttura, Rachel si chiese come potesse essere usata per estrarre l'enorme meteorite.

Sotto la torre, parecchi verricelli erano stati posizionati su piastre d'acciaio fissate sul ghiaccio con bulloni massicci. Alcuni cavi di ferro, avvolti sui verricelli, si innalzavano verso una serie di pulegge poste in cima alla struttura. Da lì, i cavi scendevano verticalmente in fori praticati nel ghiaccio. Diversi uomini robusti si davano il turno per azionare i verricelli. A ogni nuovo giro, i cavi risalivano di qualche centimetro, come se salpassero un'ancora.

"Evidentemente mi sfugge qualcosa" si disse Rachel, mentre gli altri si avvicinavano. Sembrava che gli uomini intendessero estrarre il meteorite direttamente dal ghiaccio.

«Niente strattoni, accidenti!» urlò una voce femminile, con la grazia di una motosega.

Rachel si voltò e vide una donna bassa in tuta termica giallo acceso macchiata di grasso. Le voltava la schiena, ma si capiva chiaramente che era lei a dirigere l'operazione. Prendeva appunti su un blocco e camminava avanti e indietro come un allenatore infuriato.

«Non ditemi che siete stanchi, signorine!»

«Ehi, Norah, smetti di maltrattare questi poveri ragazzi della NASA e vieni ad amoreggiare con me!» le gridò Corky.

La donna non accennò neppure a voltarsi. «Sei tu, Marlinson? Riconoscerei ovunque la tua vocina. Torna quando avrai raggiunto la pubertà.»

Corky si rivolse a Rachel. «Norah ci scalda con il suo fascino.»

«Ho sentito, figlio dello spazio» ribatté la dottoressa Mangor, continuando a prendere appunti. «E se per caso mi stai guardando il culo, tieni conto che questi pantaloni imbottiti mi ingrassano di quindici chili.»

«Non preoccuparti. Non è il tuo lanoso culo da mammut a eccitarmi, ma il tuo carattere seducente.»

«Vaffanculo.»

Corky rise di nuovo. «Grandi novità, Norah. A quanto pare non sei più l'unica donna reclutata dal presidente.»

«Non dire stronzate, aveva già reclutato te.»

Tolland interruppe lo scambio di frecciate. «Norah? Hai un minuto per conoscere una persona?»

Al suono della voce di Tolland, la Mangor interruppe quello che stava facendo e si voltò. L'atteggiamento da dura si ammorbidì all'istante. «Mike!» gli corse incontro, estasiata. «Non ti vedo da qualche ora.»

«Ero occupato con il montaggio del documentario.»

«Com'è venuta la mia parte?»

«Risulti bella e intelligente.»

«Ha usato gli effetti speciali» commentò Corky.

Norah ignorò l'osservazione e prese a fissare Rachel con un sorriso educato ma di superiorità. Poi tornò con gli occhi su Tolland. «Spero che tu non mi tradisca, Mike.»

Il viso irregolare di Tolland arrossì lievemente mentre faceva le presentazioni. «Norah, questa è Rachel Sexton. Lavora nell'intelligence ed è qui su richiesta del presidente. Suo padre è il senatore Sedgewick Sexton.»

Sul viso di Norah si disegnò un'espressione sbigottita. «Questa proprio non la capisco.» Senza sfilare i guanti, porse la mano a Rachel con scarso entusiasmo. «Benvenuta ai confini del mondo.»

Rachel sorrise. «Grazie.» Notò con piacere che Norah Mangor, malgrado il tono aspro, aveva un aspetto disinvolto e gradevole: capelli castani striati di grigio con taglio sbarazzino, occhi profondi e intelligenti, due cristalli di ghiaccio. Rachel apprezzò la sua aria sicura.

«Norah, hai un minuto per spiegare a Rachel quello che stai facendo?» le chiese Tolland.

Lei inarcò le sopracciglia. «Ah, voi due siete già passati a chiamarvi per nome? Santo cielo.»

Corky si lasciò sfuggire un gemito. «Te l'avevo detto, Mike.»

Norah Mangor mostrò a Rachel la base della torre, seguita da Tolland e dagli altri, tutti presi a chiacchierare tra loro.

«Vede quei fori nel ghiaccio, alla base dei tre piedi?» La Mangor, inizialmente distaccata, si accalorò sempre più, trascinata dall'entusiasmo per il suo lavoro.

Rachel annuì. Dentro ciascun foro, di una trentina di centimetri di diametro, era infilato un cavo d'acciaio.

«Sono rimasti da quando abbiamo fatto i carotaggi e fotografato il meteorite con i raggi X. Poi li abbiamo usati come punti di ingresso per inserire viti a occhiello che sono state fissate sul meteorite, dopodiché abbiamo calato in ogni foro una settantina di metri di cavo intrecciato, agganciato l'occhiello delle viti con ganci industriali e a questo punto abbiamo cominciato a lavorare di verricello. Queste signorine impiegano ore a portarlo in superficie, ma a poco a poco ce la faranno.»

«Non sono certa di avere capito» disse Rachel. «Il meteorite si trova sotto migliaia di tonnellate di ghiaccio. Come riuscirete a sollevarlo?»

Norah indicò la cima del traliccio dove un raggio di luce rossa puntava dritto verso il ghiaccio fra i tre piedi. Rachel l'aveva già notato e aveva pensato che fosse semplicemente un puntatore per segnalare l'esatta posizione del meteorite.

«Quello è un laser con semiconduttore all'arsenuro di gallio» spiegò Norah.

Osservando attentamente il fascio di luce, Rachel si accorse che aveva già perforato il ghiaccio facendolo fondere e lo si vedeva brillare in profondità.

«Un raggio caldissimo» spiegò Norah. «Scaldiamo il meteorite mentre lo solleviamo.»

Rachel rimase molto colpita quando comprese il piano. Il raggio laser, puntato verso il basso, scioglieva il ghiaccio finché non incontrava il meteorite, che assorbiva il calore tanto da fondere il ghiaccio che lo circondava. Mentre gli uomini della NASA sollevavano il meteorite, il suo calore, unito alla pressione verso l'alto, liquefaceva il ghiaccio circostante, aprendo la strada per portarlo in superficie. L'acqua che si formava scivolava ai lati della roccia e riempiva il pozzo di estrazione.

"Come tagliare un pezzo di burro congelato con un coltello molto caldo."

Norah indicò gli uomini impegnati sui verricelli. «I generatori non reggono questo tipo di sforzo, quindi devo impiegare manodopera.»

«Balle!» commentò uno degli operai. «Usa noi perché le piace vederci sudare!»

«Rilassati» replicò lei. «Voi fanciulle avete piagnucolato due giorni per il freddo, e io ho provveduto a scaldarvi. Ora, continuate a tirare.»

Tutti scoppiarono a ridere.

«A che servono quelli?» chiese Rachel, indicando alcuni coni stradali arancioni in posizioni apparentemente casuali. Ne aveva già veduti altri sparsi per la cupola.

«Uno strumento importantissimo per la glaciologia. Li chiamiamo QUTSUC, l'abbreviazione di "qui ti spacchi una caviglia".» Ne sollevò uno per mostrare il foro circolare che si apriva come un pozzo senza fondo nelle viscere del ghiacciaio. «Meglio evitare di camminarci sopra.» Rimise a posto il cono. «Abbiamo carotato in varie parti il ghiacciaio per verificare la solidità strutturale. Come per l'archeologia, il numero di anni che un oggetto ha trascorso sepolto è rivelato dalla profondità a cui viene rinvenuto. Maggiore è la profondità, maggiore è il periodo trascorso. Quando scopriamo un oggetto nel ghiaccio, possiamo datarlo valutando la quantità di ghiaccio che lo ricopre. Perché la misurazione sia precisa, controlliamo diverse zone in modo da avere la certezza che l'area è un'unica lastra compatta e non è stata disgregata da terremoti, crepe, valanghe o altro.»

«E questo ghiacciaio come appare?»

«Intonso. Una lastra perfetta, compatta, senza faglie o interruzioni di alcun genere. Questo meteorite lo si definisce un "ritrovamento statico"; è rimasto immobile nel ghiaccio da quando è piombato sulla Terra, nel 1716.»

Rachel ebbe una reazione ritardata. «Lei conosce l'anno *esatto* della caduta?»

Norah parve sorpresa dalla domanda. «Santo cielo, sì. Io leggo il ghiaccio.» Si diresse a una vicina pila di cilindri di ghiaccio. Sembravano pali del telefono traslucidi ed erano contrassegnati da etichette di colore arancione. «Queste carote sono documenti geologici scritti nel ghiaccio. Se li osserva con attenzione, vedrà i singoli strati.»

Rachel si chinò ed effettivamente notò che i cilindri erano formati da strati lievemente differenti per luminosità e chiarezza, dello spessore che variava da quello della carta velina a un centimetro circa.

«Ogni inverno si verifica una pesante precipitazione nevosa sulla banchisa, e ogni primavera avviene un parziale disgelo. Quindi, a ogni stagione si sviluppa un nuovo strato di compressione. Si comincia dall'alto – l'ultimo inverno – e si conta a ritroso.»

«Come contare gli anelli di un albero.»

«Non è così semplice, signora Sexton. Tenga conto che misuriamo centinaia di metri di strati. A tale scopo, dobbiamo consultare gli indici climatici, quali l'andamento delle precipitazioni, gli inquinanti atmosferici, questo genere di cose.»

Tolland, che si stava avvicinando insieme agli altri, sorrise a Rachel. «Sa tutto sul ghiaccio, vero?»

Rachel si sentì stranamente felice di vederlo. «Sì, è pazzesca.»

«E, a titolo di cronaca, la datazione del 1716 fatta dalla dottoressa Mangor è esatta. Molto prima del nostro arrivo qui, la NASA aveva identificato nel 1716 l'anno dell'impatto. La dottoressa ha fatto i carotaggi ed eseguito i suoi test autonomamente, ed è arrivata allo stesso risultato.»

Rachel era molto colpita.

«Tra l'altro, il 1716 è proprio l'anno in cui alcuni esploratori hanno raccontato di avere osservato una luminosa palla di fuoco nel cielo sopra il Canada settentrionale. La meteora è stata chiamata Jungersol, dal nome del capo spedizione» precisò la Mangor.

«Dunque, la coincidenza tra la datazione delle carote e la documentazione storica costituisce la prova virtuale che noi stiamo guardando un frammento dello stesso meteorite che

Jungersol ha dichiarato di aver veduto nel 1716» concluse Corky.

«Dottoressa Mangor!» gridò uno degli addetti della NASA. «Si cominciano a vedere i moschettoni della catena!»

«La visita guidata è finita, gente» disse la Mangor. «È il momento della verità.» Prese una sedia pieghevole, ci salì sopra e gridò con tutto il fiato che aveva in gola: «Ehi, tutti! Affiora entro cinque minuti!».

Come cani pavloviani che rispondano al campanello che annuncia il pasto, tutti gli scienziati disseminati per la cupola abbandonarono quello che stavano facendo per correre verso la zona di estrazione.

Norah Mangor, con le mani sui fianchi, dominava sul suo territorio. «Bene. Recuperiamo il *Titanic*.»

28

«Fatevi da parte!» strillò Norah, fendendo la folla che si accalcava. I tecnici si scostarono per lasciarla passare. Con aria compresa, lei controllò la tensione e l'allineamento dei cavi.

«Tirate!» ordinò uno della NASA. Gli uomini potenziarono i verricelli e i cavi risalirono di un'altra decina di centimetri.

Mentre continuavano la loro ascesa, Rachel sentiva che tutti si protendevano in attesa del grande evento. Corky e Tolland, vicini a lei, parevano due bambini il giorno di Natale. Al lato opposto del foro si stagliò la sagoma massiccia del direttore Lawrence Ekstrom, che prendeva posizione per assistere all'estrazione.

«I moschettoni!» gridò uno. «Si vedono i moschettoni!»

I cavi d'acciaio intrecciato che emergevano dal foro lasciarono il posto a una catena giallognola.

«Ancora un paio di metri! Continuate a tesare!»

Nel gruppo raccolto intorno al traliccio scese il silenzio. Parevano a una seduta spiritica, in attesa dell'apparizione di uno spettro. Tutti si sporgevano ansiosi.

Poi Rachel lo vide.

Dallo strato sempre più sottile di ghiaccio cominciò ad apparire la forma indistinta del meteorite, un'ombra scura e oblunga, da principio confusa, ma sempre più nitida a mano a mano che scioglieva il ghiaccio nella risalita.

«Tesate di più!» gridò un tecnico.

Gli uomini eseguirono l'ordine e la struttura scricchiolò.

«Un altro metro e mezzo! Mantenete la tensione!»

Rachel notò il ghiaccio sporgente sopra la roccia, come una

bestia gravida sul punto di partorire. Sopra la protuberanza, intorno al punto di ingresso del laser, un piccolo cerchio di ghiaccio superficiale cominciò a sciogliersi, allargando il foro.

«Cervice dilatata!» gridò qualcuno. «Novecento centimetri!» Una risata tesa ruppe il silenzio.

«Okay, spegnete il laser!»

Qualcuno girò un interruttore, e il raggio scomparve.

E poi accadde.

Come il fiero arrivo di un dio paleolitico, l'enorme roccia ruppe la superficie con un sibilo di vapore. Attraverso un turbinio di nebbia, la forma massiccia emerse dal ghiaccio. Gli uomini ai verricelli tesarono con maggiore forza finché tutta la pietra non si liberò completamente dalla gelida prigione e ondeggiò, calda e gocciolante, sul pozzo di acqua fumante.

Rachel era ipnotizzata.

Appeso ai cavi, grondante, il meteorite brillava nelle luci fluorescenti; con l'accidentata superficie, carbonizzata e increspata, pareva un'enorme prugna secca pietrificata. Una parte era liscia e arrotondata, probabilmente per l'attrito incontrato nel suo viaggio attraverso l'atmosfera.

Osservando la crosta di fusione, Rachel si raffigurò il masso che precipitava verso la Terra come un'impetuosa palla di fuoco. Per quanto incredibile potesse apparire, era successo tre secoli prima. Ora, la bestia catturata pendeva dai cavi, con l'acqua che cadeva dal suo corpo.

La caccia era finita.

Soltanto in quel momento Rachel si rese conto della straordinaria importanza di quell'evento. La roccia sospesa davanti a lei proveniva da un altro mondo, distante milioni di chilometri. E intrappolata dentro di essa una prova, anzi, la dimostrazione certa che l'uomo non era solo nell'universo.

L'euforia sembrò travolgere tutti nello stesso istante: all'improvviso, vi fu un'esplosione di urla e di applausi. Perfino il direttore sembrò lasciarsi andare. Si congratulò con i collaboratori, uomini e donne, con vigorose pacche sulla schiena. Rachel provò una grande gioia per la NASA. C'erano stati molti incidenti, in passato, ma finalmente le cose erano cambiate. Meritavano quel momento.

Il buco aperto nel ghiaccio appariva come una piccola piscina al centro dell'habisfera. La superficie della pozza, profonda settanta metri, rimase increspata per un poco prima di acquietarsi. Il livello dell'acqua nel pozzo era almeno un metro sotto la superficie del ghiacciaio, e questa discrepanza era causata sia dallo spostamento della massa del meteorite sia dalla proprietà del ghiaccio di ridurre il suo volume quando si scioglie.

Norah Mangor si affrettò a sistemare i coni QUTSUC intorno al buco, anche se era ben visibile, per evitare che qualche curioso si avventurasse troppo vicino e scivolasse accidentalmente, rischiando di farsi male. Le pareti del pozzo erano di ghiaccio compatto, prive di appigli, e sarebbe stato impossibile risalire senza aiuto.

Lawrence Ekstrom si avvicinò a passi felpati a Norah Mangor e le strinse calorosamente la mano. «Ottimo lavoro, dottoressa Mangor.»

«Mi aspetto molti elogi sulla stampa» replicò lei.

«Li avrà.» Il direttore si rivolse poi a Rachel. Appariva sollevato, più allegro. «Dunque, signora Sexton, la scettica di professione è convinta?»

Rachel non poté fare a meno di sorridere. «Più che altro è sbalordita.»

«Bene. Allora, mi segua.»

Rachel attraversò con il direttore l'habisfera per raggiungere un grande cassone di metallo che assomigliava a un container navale. Dipinto a colori mimetici, portava la scritta PSC.

«Chiamerà il presidente da qui» disse Ekstrom.

"Portable Secure Communication" pensò Rachel. Quelle cabine mobili per le comunicazioni sicure erano installazioni standard sui campi di battaglia, ma Rachel non si aspettava di vederle impiegate in una missione della NASA in tempo di pace. Ma poi rifletté che Ekstrom era un uomo del Pentagono, e quindi era normale che avesse accesso a un giocattolo del genere. Dai visi severi delle due guardie armate che controllavano il PSC, Rachel ricavò la netta impressione che le comunicazioni con il mondo esterno avvenissero solo con l'esplicito consenso del direttore Ekstrom.

"Evidentemente non sono io la sola a essere tagliata fuori da ogni contatto."

Ekstrom parlò brevemente con una delle guardie posiziona-te fuori dalla cabina, poi tornò da lei. «Buona fortuna» le au-gurò, prima di allontanarsi.

La guardia bussò alla porta. Dall'interno un tecnico aprì, poi le fece cenno di entrare. Lei lo seguì.

Dentro, l'aria era pesante. L'unica luce era costituita dal ba-gliore azzurrino del monitor di un computer. Rachel indivi-duò scaffali pieni di strumentazione telefonica, radio e appa-recchi per le comunicazioni satellitari. Cominciò ad avvertire un senso di claustrofobia in quell'atmosfera umida da cantina in inverno.

«Prego, si accomodi qui, signora Sexton.» Il tecnico prese uno sgabello su ruote e lo posizionò di fronte al monitor a schermo piatto. Le sistemò davanti un microfono e le mise in testa una enorme cuffia AKG. Controllò una tavola di pass-word di crittazione, poi digitò una lunga serie di caratteri su un dispositivo vicino. Un cronografo si materializzò sullo schermo di fronte a Rachel.

00:60 SECONDI

Il tecnico annuì con aria soddisfatta mentre il timer esegui-va il conto alla rovescia. «Un minuto al collegamento.» Si voltò e se ne andò, sbattendo la porta alle sue spalle.

Rachel sentì che chiudeva a chiave. "Ottimo."

Mentre aspettava al buio davanti al contasecondi, si rese conto che quello era il suo primo momento di privacy dalle prime ore della mattina. Si era svegliata senza il minimo sen-tore di ciò che la aspettava. "Vita extraterrestre." Quel giorno, il più diffuso mito di tutti i tempi aveva cessato di essere un mito.

Cominciò a percepire l'impatto devastante che quel meteo-rite avrebbe avuto sulla campagna del padre. Anche se i finan-ziamenti alla NASA non erano una questione politica prioritaria-ria rispetto al diritto all'aborto, al sistema del welfare o alla sanità pubblica, suo padre l'aveva messa sullo stesso piano. A quel punto, gli sarebbe esplosa in faccia.

Nel giro di poche ore, l'entusiasmo degli americani per le conquiste della NASA si sarebbe riacceso: idealisti con le lacri-me agli occhi, scienziati a bocca aperta, l'immaginazione infantile a ruota libera. I discorsi di dollari e centesimi sarebbero stati liquidati come meschini, spazzati via da quello storico momento. Il presidente sarebbe risorto come una fenice, trasformandosi in eroe, mentre, nel pieno dei festeggiamenti, il senatore sarebbe apparso di vedute ristrette, uno zio Paperone attaccato ai soldi, privo dello spirito di avventura tutto americano.

Il computer emise un segnale sonoro e Rachel alzò gli occhi.

00:05 SECONDI

Lo schermo lampeggiò e si materializzò un'immagine, dapprima sfocata, dello stemma della Casa Bianca, che dopo un attimo lasciò il campo al viso del presidente Herney.

«Salve, Rachel» esordì questi, con un lampo di malizia negli occhi. «Giornata interessante, vero?»

29

L'ufficio del senatore Sedgewick Sexton era situato nel palazzo del Senato Philip A. Hart, in C Street, a nordest del Campidoglio. Un edificio razionalista costituito da una griglia di rettangoli bianchi che, secondo i critici, aveva più l'aspetto di un carcere che di un palazzo di uffici. Molti di quelli che vi lavoravano lo percepivano nello stesso modo.

Al terzo piano, le lunghe gambe di Gabrielle percorrevano avanti e indietro lo spazio davanti al terminale. Sullo schermo, un nuovo messaggio di posta elettronica.

Le prime due righe dicevano: "Sedgewick è stato molto bravo alla CNN. Ho altre informazioni per te".

Gabrielle riceveva messaggi del genere da due settimane. L'indirizzo del mittente era fasullo, ma lei era riuscita a risalire a un dominio "whitehouse.gov". Il suo interlocutore misterioso doveva essere un interno della Casa Bianca e, chiunque fosse, era diventato per lei una fonte preziosa di informazioni politiche di ogni genere, tra cui il recente incontro segreto tra il direttore della NASA e il presidente.

Sul principio, Gabrielle aveva diffidato di quelle e-mail ma, effettuati alcuni controlli, aveva constatato che tutte le notizie erano regolarmente esatte e molto dettagliate: informazioni segrete sugli sforamenti di budget della NASA, costi delle missioni future, dati utili a dimostrare che la ricerca di attività biologica extraterrestre aveva costi sbalorditivi e si dimostrava regolarmente improduttiva, perfino sondaggi interni dai quali risultava che la questione NASA stava allontanando gli elettori dal presidente.

Per accrescere il proprio valore agli occhi del senatore, Gabrielle si era ben guardata dal rivelargli che riceveva e-mail non richieste dalla Casa Bianca, limitandosi invece ad accennare a una "fonte" non meglio precisata. Sexton si complimentava regolarmente con lei ed evitava con cura di chiederle ulteriori dettagli. Gabrielle aveva l'impressione che fosse convinto che lei concedesse i suoi favori sessuali per raggiungere lo scopo e la cosa, purtroppo, non pareva turbarlo affatto.

Si fermò per leggere il messaggio appena arrivato. La finalità di quelle e-mail era chiara: qualcuno, dentro la Casa Bianca, voleva che fosse il senatore Sexton a vincere quell'elezione e lo aiutava facilitando i suoi attacchi alla NASA.

Ma chi era? E cosa lo motivava?

"Un topo che scappa dalla nave che affonda" si disse Gabrielle. A Washington non era affatto insolito che un dipendente della Casa Bianca, temendo che il presidente non fosse riconfermato, offrisse sottobanco favori al probabile successore nella speranza di assicurarsi vantaggi o un posto di lavoro dopo il passaggio di poteri. Evidentemente qualcuno annusava la vittoria di Sexton e comprava già le azioni.

Ma il messaggio che si leggeva in quel momento sullo schermo la innervosì. Era completamente diverso dai precedenti. Non erano le prime due righe, ma le ultime a impensierirla.

EAST APPOINTMENT GATE, ORE 16.30
VIENI SOLA

Il suo informatore non le aveva mai chiesto di incontrarla di persona e, comunque, Gabrielle avrebbe immaginato un luogo più discreto per un faccia a faccia. "East Appointment Gate?" A quanto le risultava, ne esisteva soltanto uno, a Washington, il cancello all'esterno della Casa Bianca. "Sarà uno scherzo?"

Sapeva di non poter rispondere per e-mail, perché i suoi messaggi venivano sempre respinti come impossibili da recapitare. L'account del suo corrispondente era anonimo, come prevedibile.

"Devo consultare Sexton?" Meglio di no. Lui era impegnato in una riunione e poi, se gli avesse parlato di quella e-mail, avrebbe dovuto raccontargli anche delle altre. Inoltre, la proposta dell'informatore di incontrarsi in un luogo pubblico e alla luce del giorno la rassicurava. Dopotutto, da due settimane quella persona non faceva che aiutarla e si dimostrava affidabile, uomo o donna che fosse.

Leggendo la e-mail un'ultima volta, Gabrielle controllò l'orologio. Aveva un'ora di tempo.

30

Il direttore della NASA si sentiva più tranquillo ora che il meteorite era finalmente uscito dal ghiaccio. "Tutto sta andando per il meglio" si disse, incamminandosi verso la postazione di lavoro di Michael Tolland. "Niente ci fermerà, adesso."

«Come sta venendo?» chiese, mettendosi alle spalle del famoso divulgatore scientifico.

Tolland alzò lo sguardo dal computer con aria stanca ma entusiasta. «Il montaggio è quasi ultimato. Sto inserendo il pezzo sull'estrazione girato dai suoi uomini. Dovrei finire tra poco.»

«Ottimo.» Il presidente aveva chiesto a Ekstrom di inviare il documentario di Tolland alla Casa Bianca appena possibile.

E lui, che sul principio non aveva visto di buon occhio l'idea del presidente di coinvolgere Michael Tolland in quel progetto, aveva cambiato opinione dopo avere guardato alcune sequenze del documentario. La parte introduttiva, presentata con vivacità dalla stella televisiva, e le interviste agli scienziati civili si erano fuse in un programma di quindici minuti emozionante e comprensibile per tutti. Tolland aveva fatto con successo quello che spesso alla NASA non riusciva: descrivere una scoperta scientifica con parole chiare e semplici al vasto pubblico senza indulgere in atteggiamenti paternalistici.

«Quando ha finito» disse Ekstrom «porti il tutto nell'area stampa. Provvederò all'invio di una copia digitale alla Casa Bianca.»

«D'accordo, signore.» Tolland si rimise al lavoro.

Ekstrom si allontanò, diretto alla parete settentrionale. Si compiacque nel vedere che l'"area stampa" era ben sistemata. Sul ghiaccio era stato disteso un grande tappeto azzurro, al centro del quale troneggiava un lungo tavolo da conferenza con parecchi microfoni e lo stemma della NASA; un'enorme bandiera americana fungeva da fondale. Per completare l'effetto, il meteorite era stato trasportato su un pallet e sistemato al posto d'onore, davanti al tavolo.

Notò con soddisfazione che l'atmosfera era molto festosa. Quasi tutti i membri dello staff erano radunati intorno al meteorite ancora caldo, e vi tendevano le mani come campeggiatori vicino a un falò.

Si disse che quello era il momento giusto. Marciò deciso verso parecchi scatoloni di cartone poggiati sul ghiaccio dietro l'area stampa. Se li era fatti portare quel mattino dalla Groenlandia.

«Offro da bere!» gridò, porgendo lattine di birra ai suoi uomini esultanti.

«Ehi, capo!» gridò uno. «Grazie! È anche fresca!»

Ekstrom gli rivolse uno dei suoi rari sorrisi. «L'ho tenuta in ghiaccio!»

Tutti risero.

«Aspetti un momento!» urlò un altro, fissando la lattina con aria fintamente seria. «Questa è roba canadese! Dov'è finito il suo patriottismo?»

«Qui abbiamo un bilancio limitato, gente. È la roba più economica che sono riuscito a trovare.»

Altre risate.

«Si avvisa la gentile clientela che stiamo per accendere i riflettori» gridò al megafono uno della troupe televisiva della NASA. «Potreste accusare una momentanea cecità.»

«E niente sbaciucchiamenti al buio» gridò un altro. «Questo è un programma per famiglie!»

Ekstrom ridacchiò, felice dell'entusiasmo generale, mentre la troupe apportava gli ultimi ritocchi ai riflettori e alle luci.

«Si passa all'illuminazione per la trasmissione tra cinque, quattro, tre, due...»

Le alogene all'interno della cupola diminuirono di intensità fino a spegnersi completamente. Un'impenetrabile oscurità avvolse l'habisfera.

«Chi mi ha toccato il culo?» gridò qualcuno.

Qualche secondo dopo, l'intensa luce dei riflettori costrinse tutti a socchiudere gli occhi. La trasformazione era ormai completa. Il quadrante nord dell'habisfera era diventato uno studio televisivo, mentre il resto della cupola sembrava un granaio vuoto in piena notte. La sola luce nelle altre sezioni era data dal riverbero dei riflettori sul soffitto arcuato, che proiettava lunghe ombre sulle postazioni di lavoro deserte.

Ekstrom si ritirò in secondo piano, felice di vedere i suoi uomini fare baldoria vicino al meteorite. Si sentiva come un padre che a Natale guarda i suoi bambini radunati intorno all'albero.

"Se lo meritano proprio" si disse, senza sospettare quale calamità si stava per abbattere su tutti loro.

Il tempo stava cambiando.

Come un sinistro presagio di un'imminente sciagura, il vento catabatico ululava tristemente mentre investiva con raffiche violente il rifugio della Delta Force. Delta-Uno finì di sistemare la copertura da burrasca e raggiunse i compagni all'interno. Sapeva per esperienza che non sarebbe durata a lungo.

Delta-Due fissava il video che trasmetteva le immagini in tempo reale inviate dal microbot. «Dai un'occhiata qui» disse.

Delta-Uno si avvicinò. L'interno dell'habisfera era immerso nel buio, tranne la parte settentrionale della cupola, vicino al palco, illuminata da potenti riflettori. «Non è nulla. Stanno semplicemente provando le luci per questa sera.»

«Non mi riferisco alle luci.» Delta-Due indicò la macchia scura in mezzo al ghiaccio, il buco pieno d'acqua da cui era stato estratto il meteorite. «*Quello* è il problema.»

Delta-Uno osservò il buco, ancora circondato dai coni. La superficie dell'acqua sembrava calma. «Io non vedo niente.»

«Guarda meglio.» Manovrò il joystick in modo da abbassare il microbot sopra il buco.

Mentre esaminava più attentamente la pozza scura di ghiaccio sciolto, vide una cosa che lo fece arretrare sconvolto. «Cosa diavolo...?»

Delta-Tre si avvicinò al monitor. Anche lui parve sgomento. «Dio mio. Quello è il pozzo di estrazione? È normale che l'acqua faccia quello scherzo?»

«No. Sono sicuro che non lo è affatto» affermò Delta-Due.

Malgrado fosse seduta dentro un grande contenitore metallico situato a cinquemila chilometri da Washington, Rachel Sexton si sentiva in tensione come se fosse stata convocata alla Casa Bianca. Lo schermo del videofono davanti a lei mostrava un'immagine nitidissima del presidente Zach Herney nella sala delle comunicazioni, davanti allo stemma presidenziale. La trasmissione digitale audio era impeccabile e, non fosse stato per un ritardo quasi impercettibile della voce, quell'uomo avrebbe potuto trovarsi nella stanza accanto.

Il colloquio fu franco e cordiale. Il presidente sembrava compiaciuto, e niente affatto sorpreso, della valutazione favorevole data da Rachel sulla scoperta della NASA e sulla scelta di Michael Tolland come accattivante portavoce. Era di ottimo umore.

«Sono certo che lei concorderà» le disse, in tono improvvisamente più serio «che in un mondo perfetto le implicazioni di questa scoperta sarebbero di natura puramente scientifica.» Fece una pausa e si sporse in avanti, riempiendo lo schermo con il suo viso. «Purtroppo, non viviamo in un mondo perfetto, e questa vittoria della NASA, nel momento stesso in cui la annuncerò, diventerà una partita politica.»

«Considerate le prove conclusive e le persone da lei reclutate per le verifiche, credo che il pubblico e l'opposizione dovranno accettare la cosa come un dato di fatto.»

Herney fece una risata poco convinta. «I miei avversari politici *crederanno* a quello che vedono, ma il mio timore è che non siano felici di vederlo.»

Rachel notò con quanta cura evitasse di pronunciare il nome di suo padre. Parlava soltanto in termini di "avversari". «E lei pensa che l'opposizione griderà alla cospirazione solo per ragioni politiche?» chiese.

«È nella natura del gioco. È sufficiente che qualcuno esprima un vago dubbio, sostenendo che questa scoperta è una sorta di frode architettata dalla NASA insieme alla Casa Bianca, e di punto in bianco io mi ritrovo sotto inchiesta. I giornali dimenticano che la NASA ha trovato tracce di vita extraterrestre e i media si lanciano a cercare prove di una cospirazione. Purtroppo, qualsiasi insinuazione riguardo a questa scoperta sarebbe negativa per la scienza, per la Casa Bianca, per la NASA e, in tutta franchezza, per l'intera nazione.»

«Ed è per questo che ha aspettato di avere tutte le conferme, anche da parte di stimati scienziati civili, prima di annunciarla.»

«Il mio obiettivo è presentare questa notizia in modo talmente incontrovertibile da stroncare sul nascere qualunque scetticismo. Voglio che la scoperta sia festeggiata come merita. Bisogna rendere omaggio alla NASA.»

Rachel avvertì un fremito di curiosità. "Cosa vuole da me?"

«Ovviamente» continuò Herney «lei è in una posizione unica per darmi una mano. La sua esperienza di analista di dati come pure i suoi noti legami con il mio avversario le conferiscono enorme credibilità in relazione a questa scoperta.»

Rachel avvertì una crescente delusione. "Vuole usarmi, proprio come aveva previsto Pickering."

«Detto ciò, vorrei chiederle di confermare *personalmente* la scoperta, come referente della Casa Bianca per l'intelligence... e come figlia del mio sfidante.»

Ecco fatto. Sul piatto.

"Herney vuole la mia convalida."

Rachel l'aveva giudicato superiore a quegli sporchi giochetti politici. Una convalida pubblica da parte sua avrebbe immediatamente trasformato il meteorite in un fatto *personale* per suo padre, mettendolo nella posizione di non poter attaccare la credibilità della scoperta senza attaccare la credibilità della propria figlia, l'equivalente di un suicidio per il propugnatore della "famiglia al primo posto".

«In tutta franchezza, presidente, sono sbalordita che mi chieda una cosa del genere» disse Rachel, fissando il monitor.

Herney parve deluso. «Credevo che avrebbe accettato con entusiasmo di sostenermi.»

«Entusiasmo? Signore, lasciando da parte le divergenze che ho con mio padre, questa richiesta mi mette in una situazione inaccettabile. Ho già abbastanza problemi con lui senza lanciarmi in una sorta di duello mediatico all'ultimo sangue. Malgrado lo disprezzi, è pur sempre mio padre, e mai avrei creduto che lei si abbassasse al punto di contrappormi a lui in un dibattito pubblico.»

«Un momento!» Herney sollevò la mano in segno di resa. «Chi ha parlato di dibattito pubblico?»

Rachel restò interdetta. «Suppongo che lei desideri che io salga sul podio insieme al direttore della NASA durante la conferenza stampa, no?»

Herney sbuffò rumorosamente nel microfono. «Rachel, ma per chi mi ha preso? Mi crede davvero capace di chiedere a qualcuno di pugnalare alla schiena il padre in diretta sulla televisione nazionale?»

«Ma lei ha detto...»

«E crede che costringerei il direttore della NASA a condividere la ribalta con la figlia del suo nemico giurato? Non vorrei deluderla, Rachel, ma con questa conferenza stampa si intendono presentare dati *scientifici*. Non sono certo che le sue conoscenze in materia di meteoriti, fossili o strutture del ghiaccio possano conferire credibilità a questo evento.»

Rachel si sentì arrossire. «Ma allora che tipo di intervento aveva in mente?»

«Uno più adeguato alla sua posizione.»

«Cioè?»

«Lei è il referente per l'intelligence alla Casa Bianca. Informa il mio staff su questioni di importanza nazionale.»

«Vuole che io confermi la scoperta al suo *staff*?»

Herney sembrò divertito dall'equivoco. «Proprio così. Lo scetticismo che mi trovo ad affrontare fuori dalla Casa Bianca non è nulla in rapporto a quello manifestato dal mio staff in questo momento. È in corso un vero e proprio ammutinamento. Il mio prestigio qui dentro è ai minimi storici. Il mio staff mi ha sconguirato di tagliare i fondi alla NASA. Io l'ho ignorato, ma è stato un suicidio politico.»

«Fino a questo momento.»

«Esatto. Come ci siamo detti questa mattina, la coincidenza temporale della scoperta sembrerà sospetta agli scettici di professione, e nessuno è più scettico del mio staff, in questo periodo. Quindi, mi farebbe piacere che questa clamorosa notizia fosse annunciata da...»

«Non ha ancora parlato ai suoi del meteorite?»

«Solo a pochi consiglieri scelti. Era assolutamente fondamentale mantenere segreta la scoperta.»

Rachel era esterrefatta. "Non c'è da stupirsi se tira aria di ammutinamento." «Ma questo non è il mio campo. È difficile considerare un meteorite una questione che ha a che fare con l'intelligence.»

«Non in senso tradizionale, ma certamente ci sono tutti gli elementi del suo normale lavoro: dati complessi da sintetizzare, conseguenze politiche di vasta portata...»

«Non sono una specialista di meteoriti, signore. Non sarebbe più opportuno che a informare il suo staff fosse il direttore della NASA?»

«Sta scherzando? Qui tutti lo vedono come il venditore di fumo che mi ha fatto concludere un pessimo affare dopo l'altro.»

Rachel comprese la situazione. «Che ne dice di Corky Marlinson, il Premio nazionale per l'astrofisica? È sicuramente più attendibile di me.»

«Rachel, il mio staff è composto di politici, non di scienziati. Lei ha conosciuto il dottor Marlinson. Lo giudico una persona splendida, ma se mettessi in campo un astrofisico con la mia squadra di intellettuali creativi, sempre in cerca di significati reconditi, finirei con un branco di cervi accecati dai fari. Mi serve una persona che sappia parlare in modo chiaro. È lei quella giusta, Rachel. Il mio staff conosce già il suo lavoro e, considerato il suo cognome, lei appare la portavoce più imparziale che io possa presentare.»

Rachel si sentì trascinata dall'affabilità del presidente. «Quanto meno ammette che il fatto che io sia la figlia del suo avversario ha qualcosa a che vedere con la richiesta.»

Il presidente si lasciò andare a una risata imbarazzata. «Naturale. Ma, come può immaginare, il mio staff sarà comunque informato, prima o poi, a prescindere dalla sua decisione. Lei non è la torta, Rachel, ma soltanto la ciliegina. È la persona più qualificata a rivelare l'informazione e, casualmente, è anche una parente stretta dell'uomo che vuole gettare fuori a calci il mio staff dalla Casa Bianca, alla fine del mio mandato. Quindi è credibile per due diverse ragioni.»

«Dovrebbe fare il venditore.»

«È quello che faccio, come pure suo padre. E, in tutta sincerità, mi piacerebbe concludere l'affare, tanto per cambiare.» Sfilò gli occhiali e i suoi occhi si fissarono sullo schermo. Qualcosa, in quello sguardo, le ricordò suo padre. «Glielo chiedo come favore e anche perché lo ritengo parte del suo lavoro. Allora, che mi dice? Sì o no? Ha intenzione di informare il mio staff della scoperta?»

Rachel si sentì intrappolata dentro la minuscola scatola del PSC. "Non c'è nessuno come uno che sappia vendere." Anche a cinquemila chilometri di distanza, percepiva la determinazione di quell'uomo che premeva dallo schermo televisivo. Capiva anche che quella era una richiesta ragionevole, che le piacesse o no. «A una condizione» rispose.

«Cioè?»

«Parlerò con il suo staff in privato. Niente giornalisti. La mia non è una dichiarazione pubblica.»

«Ha la mia parola. L'incontro è già programmato in un luogo molto riservato.»

Rachel sospirò. «D'accordo, allora.»

«Ottimo.» Il presidente parve raggiante.

Rachel constatò con sorpresa che erano già le quattro passate. «Aspetti» disse, perplessa. «Se lei va in onda alle venti, non c'è tempo. Anche su quell'orribile aggeggio su cui mi ha spedito qui, non mi è possibile arrivare alla Casa Bianca in meno di due ore. Devo preparare gli appunti e...»

Il presidente scosse la testa. «Temo di non essermi spiegato. Darà le informazioni da dove si trova in videoconferenza.»

«Ah.» Rachel esitava. «Che ora aveva in mente?»

Herney sorrise. «Che ne dice di subito? Sono già tutti riuniti e fissano un grosso televisore spento. Stanno aspettando solo lei.»

Rachel sentì il corpo entrare in tensione. «Ma, signore, sono assolutamente impreparata, non posso...»

«Mi dica la verità. È proprio così difficile?»

«Ma...»

«Rachel.» Il presidente si sporse verso lo schermo. «Lei si guadagna da vivere raccogliendo dati e rielaborandoli. È il suo mestiere. Si limiti a raccontare quello che ha visto.» Allungò la mano per premere un pulsante su un'apparecchiatura, poi si fermò. «Sarà lieta di sapere che la farò parlare da una posizione di prestigio.»

Rachel non comprese che cosa intendesse, ma non fece in tempo a chiederlo. Il presidente premette l'interruttore.

Lo schermo davanti a lei divenne bianco per un momento, poi, quando riprese a trasmettere, le mandò l'immagine più terrorizzante che avesse mai visto. Proprio davanti a lei, lo Studio Ovale della Casa Bianca. Pieno zeppo. Posti solo in piedi. Lo staff sembrava al gran completo e tutti la fissavano. Rachel si rese conto che la vedevano sopra la scrivania del presidente.

"Parlare da una posizione di prestigio." Stava già sudando.

Dall'espressione sui volti che la osservavano, tutti parevano sorpresi di vederla, quanto lei era sorpresa di vedere loro.

«Signora Sexton?» la chiamò una voce graffiante.

Rachel scrutò in quel mare di visi e scoprì chi aveva parlato: una donna allampanata che si stava sedendo in prima fila. Marjorie Tench. Impossibile non riconoscerla, anche tra la folla.

«Grazie di essere con noi, signora Sexton» disse Marjorie Tench, in tono compiaciuto. «Il presidente ci ha detto che ha una notizia da darci.»

33

Approfittando del buio, il paleontologo Wailee Ming rifletteva tranquillo nella sua postazione di lavoro, i sensi allertati dall'aspettativa per la serata. "Presto sarò il paleontologo più famoso del mondo." Sperava che Michael Tolland fosse stato generoso con lui e nel documentario avesse dato ampio spazio ai suoi commenti.

Mentre pregustava un futuro glorioso, percepì una debole vibrazione nel ghiaccio sotto i suoi piedi. Si alzò di scatto. Vivere a Los Angeles, zona di terremoti, lo aveva reso ipersensibile alla minima oscillazione del suolo. Si diede subito dello sciocco: quel fenomeno era perfettamente naturale. "Una semplice frana" si disse, con un sospiro di sollievo. Ancora non si era abituato. A intervalli di poche ore, un rombo distante risuonava nella notte per la banchisa quando un enorme blocco di ghiaccio si staccava cadendo in mare. Bella la definizione di Norah Mangor per l'evento: "Sta nascendo un nuovo iceberg...".

In piedi, Ming si stirò. In distanza, sotto il bagliore dei riflettori, vide una folla intenta a festeggiare ma, poiché non era il tipo da feste, si diresse verso la parte opposta dell'habisfera.

Il labirinto di postazioni di lavoro appariva come una città fantasma e sotto l'intera cupola aleggiava un'atmosfera sepolcrale. Percorso da un brivido, abbottonò fino in fondo il giaccone di cammello.

Davanti a lui si profilò il pozzo di estrazione, il punto in cui erano emersi i più splendidi fossili di tutta la storia dell'umanità. Il gigantesco traliccio di metallo era stato smontato e riposto e il pozzo era deserto, circondato da coni, come una buca da evitare su un grande parcheggio ghiacciato. Ming si avvicinò e, a distanza di sicurezza, osservò quell'acqua gelida profonda settanta metri. Ben presto si sarebbe di nuovo ghiacciata, cancellando ogni traccia dell'intervento umano.

Era uno spettacolo, anche al buio.

"Soprattutto al buio."

Un momento di esitazione, poi un pensiero si affacciò improvviso alla sua mente.

"C'è qualcosa di strano."

Mentre osservava con maggiore attenzione l'acqua, sentì la soddisfazione cedere a una sorta di vertigine. Batté le palpebre, guardò di nuovo, poi volse gli occhi verso la parte opposta della cupola, a trenta metri di distanza, dove tutti si affollavano allegri nell'area stampa.

"Dovrei parlarne a qualcuno, non c'è dubbio."

Tornò a fissare l'acqua, chiedendosi che cosa dire. Si trattava di un'illusione ottica? Qualche strano riflesso?

Incerto, oltrepassò i coni e si accovacciò vicino al bordo del pozzo. L'acqua arrivava a poco più di un metro sotto il livello del ghiaccio. Si sporse per vedere meglio. Sì, c'era davvero qualcosa di strano. Impossibile non notarlo, eppure era risultato visibile solo a luci spente.

Si alzò. Doveva assolutamente parlarne a qualcuno. Mosse qualche passo veloce verso l'area stampa, ma poi si arrestò di colpo. "Accidenti!" Tornò verso il pozzo, gli occhi dilatati dalla meraviglia. Aveva compreso.

«Impossibile!» esclamò ad alta voce.

Eppure era l'unica interpretazione plausibile. "Rifletti con calma" si disse. "Deve esserci un'altra spiegazione logica." Ma più rimuginava, più si convinceva. "Non c'è altra spiegazione!" Stentava a credere che la NASA e Corky Marlinson si fossero lasciati sfuggire un fatto tanto incredibile, ma non gli dispiaceva.

"A questo punto, diventa la scoperta di Wailee Ming!"

Fremente di emozione, corse a una vicina postazione di lavoro e prese un bicchiere. Gli sarebbe bastato un piccolo campione d'acqua. Avrebbe sbalordito tutti quanti!

145

34

«Come referente per l'intelligence alla Casa Bianca, rientra nei miei compiti recarmi nelle aree calde di tutto il mondo, analizzare situazioni potenzialmente pericolose e riferire al presidente e allo staff della Casa Bianca.» Rachel Sexton si sforzò di mantenere un tono di voce fermo mentre si rivolgeva alla folla attraverso lo schermo.

Deterse una stilla di sudore sotto la frangetta e maledisse il presidente che le aveva scaricato addosso quel compito senza alcun preavviso.

«Peraltro, i miei viaggi non mi hanno mai portato in un luogo estremo come questo.» Indicò impacciata lo spazio ingombro di macchinari. «Che lo crediate o no, in questo momento vi parlo da una landa di ghiaccio spesso oltre cento metri che si trova al di sopra del Circolo artico.»

Lesse stupore e attesa sui visi che la fissavano dal monitor. Era chiaro a tutti che erano stati riuniti nello Studio Ovale per una buona ragione, ma sicuramente nessuno aveva previsto che avesse qualcosa a che vedere con quanto accadeva oltre il Circolo polare.

Si sentì di nuovo imperlare la fronte di sudore. "Calmati, Rachel. È il tuo mestiere." «Essere qui davanti a voi, oggi, è per me un grande onore, oltre che motivo di orgoglio e di gioia.»

Sguardi assenti.

"Cazzo" si disse, asciugandosi con rabbia il sudore. "Non ho firmato un contratto per un lavoro del genere." Rachel sapeva che cosa le avrebbe detto la madre se fosse stata presente

in quel momento: "Nell'incertezza, parla con franchezza!".
Quel vecchio adagio yankee rappresentava una delle convinzioni di fondo della mamma di Rachel: nei momenti difficili la cosa più importante è la sincerità, senza badare alla forma.

Respirò profondamente, sedette eretta e guardò dritto nella telecamera. «Forse vi chiederete come faccio a sudare come un maiale al di sopra del Circolo artico, ma il fatto è che... sono alquanto nervosa.»

I visi davanti a lei sembrarono rilassarsi per un attimo. Qualche risata imbarazzata.

«Inoltre, il vostro capo mi ha avvisato con un anticipo di circa dieci secondi che avrei dovuto affrontare il suo intero staff. Questo battesimo del fuoco non è esattamente ciò che avevo in mente per la mia prima visita allo Studio Ovale.»

Risate più convinte, a questo punto.

«E poi» disse, guardando in fondo allo schermo «non immaginavo certo di sedere al tavolo del presidente... anzi, addirittura sopra!»

Uno scoppio di ilarità e qualche ampio sorriso. Rachel sentì i muscoli rilassarsi. "Di' semplicemente come stanno le cose."

«Questa è la situazione.» Di nuovo il suo tono di voce normale, chiaro e pacato. «Il presidente Herney non è comparso sui media, in quest'ultima settimana, non per disinteresse verso la propria campagna elettorale, ma perché impegnato su un'altra questione, che riteneva prioritaria.»

Fece una pausa, stabilendo un contatto visivo con il pubblico.

«Nell'Artico settentrionale, in una località chiamata banchisa di Milne, è stata fatta una scoperta di straordinario valore scientifico. Il presidente ne informerà il mondo intero questa sera alle venti, nel corso di una conferenza stampa. Questo importante passo in avanti è stato compiuto da un gruppo di operosi americani che negli ultimi tempi hanno subito una serie di batoste e meritano un po' di respiro. Sto parlando della NASA. Sarete orgogliosi di sapere che il vostro presidente, che con evidente chiaroveggenza si è fatto un punto d'onore di schierarsi con la NASA anche in tempi difficili, ha finalmente visto premiata la sua lealtà.»

Soltanto in quell'istante Rachel si rese davvero conto che

quello era un momento storico. Avvertì un nodo in gola, ma si sforzò di proseguire.

«Come referente per l'intelligence, specializzata nell'analisi e nella verifica delle informazioni, sono stata incaricata insieme ad altri dal presidente di esaminare i dati della NASA. Li ho studiati personalmente e ne ho discusso con parecchi specialisti – sia governativi, sia civili – uomini e donne con credenziali inattaccabili, scienziati estranei a qualsiasi influenza politica. La mia opinione professionale è che i dati che sto per presentarvi sono stati raccolti in modo corretto ed esposti con obiettività. Inoltre, è mia opinione personale che il presidente, per rispetto verso la sua carica e verso il popolo americano, ha dimostrato un'ammirevole prudenza e uno straordinario autocontrollo quando ha deciso di ritardare l'annuncio che certamente avrebbe preferito fare la settimana scorsa.»

Rachel vide le persone sullo schermo scambiarsi sguardi perplessi, prima di tornare ad appuntare gli occhi su di lei. Capì di avere tutta la loro attenzione.

«Signore e signori, state per ascoltare quella che, ne sono sicura, è la più straordinaria notizia mai rivelata in questo ufficio.»

La panoramica aerea trasmessa alla Delta Force dal microbot
che volteggiava dentro l'habisfera avrebbe potuto vincere un
concorso cinematografico d'avanguardia: le luci attenuate, lo
scintillio del pozzo di estrazione e l'elegante asiatico sdraiato
sul ghiaccio, il giaccone di cammello allargato intorno a lui come un'enorme ala. Stava chiaramente cercando di estrarre un
campione d'acqua.

«Dobbiamo fermarlo» disse Delta-Tre.

Delta-Uno concordò con lui. La banchisa di Milne conserva-
va segreti che la sua squadra era autorizzata a proteggere con
qualsiasi mezzo.

«Come lo fermiamo?» chiese Delta-Due, la mano stretta sul
joystick. «Questi microbot non sono attrezzati.»

Delta-Uno aggrottò la fronte. Il congegno che in quel momento si librava dentro l'habisfera era un modello da ricognizione, adatto al volo prolungato e innocuo come una mosca.

«Meglio consultare il capo» affermò Delta-Tre.

Delta-Uno osservò con attenzione l'immagine di Wailee
Ming che si protendeva pericolosamente sul bordo del pozzo.
Non aveva nessuno vicino e l'acqua gelida aveva la caratteri-
stica di smorzare la capacità di gridare. «Dammi i comandi.»

«Che vuoi fare?» chiese l'addetto al joystick.

«Quello per cui siamo *addestrati*. Improvvisare.»

Wailee Ming, sdraiato prono accanto al pozzo di estrazione, stava tentando di raccogliere un campione di liquido. Gli occhi non lo avevano tradito: con il viso a un metro dall'acqua, ne ebbe la conferma.

"Incredibile!"

Si protese ulteriormente, il bicchiere stretto tra le dita, per raggiungere la superficie dell'acqua. Mancavano pochi centimetri.

Non ci arrivava ancora e quindi si avvicinò col corpo, premendo la punta degli scarponi contro il ghiaccio e sostenendosi al bordo con la mano sinistra. Tese il più possibile il braccio destro. "Quasi." Avanzò ancora un poco. "Sì!" L'orlo del bicchiere ruppe la superficie dell'acqua. Ming osservò incredulo il liquido che fluiva all'interno.

Poi, inaspettatamente, avvenne qualcosa di inspiegabile. Dal buio, come una pallottola sparata da un fucile, gli piombò addosso un piccolo frammento metallico. Ming lo vide per una frazione di secondo prima che gli si conficcasse nell'occhio destro.

Scattò automatico l'istinto di proteggersi l'occhio, malgrado il cervello gli dicesse che qualsiasi movimento improvviso metteva a rischio il suo equilibrio. Fu una reazione di sorpresa più che di dolore. Nel momento stesso in cui la mano sinistra, più vicina al viso, schizzava verso l'occhio colpito, comprese di avere commesso un terribile errore. Con tutto il peso spostato in avanti, e privo dell'unico sostegno, Wailee Ming perse l'equilibrio. Troppo tardi cercò di recuperarlo. Lasciò cadere il bicchiere e, nel tentativo di aggrapparsi al ghiaccio per non precipitare, scivolò a testa in avanti nel pozzo buio.

Una caduta di un solo metro, ma quando il viso incontrò l'acqua gelida ebbe la sensazione di avere colpito un marciapiede a ottanta chilometri l'ora. Il liquido era talmente freddo da bruciare come l'acido. Fu assalito da un'istantanea ondata di panico.

A testa in giù nell'oscurità, perse l'orientamento. Non capiva come voltarsi per tornare in superficie. Il pesante giaccone di cammello gli protesse il corpo dal freddo solo per un paio di secondi. Riuscì a rimettersi dritto ed emerse in cerca d'aria, ma in quel momento l'acqua trovò la strada verso la schiena e il petto, stringendo il suo corpo in una morsa gelida che gli serrava i polmoni.

«Aiu... to!» L'urlo era impercettibile alle sue stesse orecchie. Si avvicinò al bordo e cercò di tirarsi fuori. Davanti a lui, un muro verticale di ghiaccio, senza neppure un appiglio. Sott'acqua, scalciava con gli scarponi cercando un punto d'appoggio. Niente. Si diede una spinta per arrivare al bordo, ma era fuori dalla sua portata.

I muscoli stentavano a reagire. Batté con più forza le gambe, cercando di spingersi fino al bordo, ma il corpo pareva di piombo e i polmoni sembravano essersi ridotti, come stretti nella morsa di un pitone. Il giaccone impregnato d'acqua si faceva ogni secondo più pesante. Cercò di sfilarlo, ma il tessuto gli stava incollato addosso.

«Aiutatemi!»

Il terrore lo annichiliva.

Una volta aveva letto dell'annegamento, la morte più orribile. Mai avrebbe immaginato di trovarsi sul punto di sperimentarlo di persona. I muscoli rifiutavano di collaborare con la mente, e già faticava a tenere la testa fuori dall'acqua. Gli abiti intrisi lo spingevano in basso mentre con le dita prive di sensibilità graffiava le pareti del pozzo.

Le urla, ormai, erano solo nella sua mente.

E poi accadde.

Ming andò sotto. Non avrebbe mai immaginato di provare la terribile consapevolezza dell'imminenza della propria morte. Eppure, eccola... mentre lui sprofondava lentamente giù per la nuda parete di un pozzo profondo settanta metri. Migliaia di immagini gli sfrecciarono davanti agli occhi. Momenti dell'infanzia, della carriera. Si chiese se qualcuno l'avrebbe mai trovato o se sarebbe congelato sul fondo... sepolto per l'eternità dentro il ghiacciaio.

I polmoni imploravano ossigeno. Trattenne il fiato, continuando a battere i piedi nel tentativo di risalire. "Respira!" Cercò di contrastare quel riflesso, stringendo le labbra ormai insensibili. "Respira!" Cercò invano di riemergere. "Respira!" In quell'istante, in un duello mortale tra istinto e ragione, l'automatismo della respirazione vinse la sua capacità di tenere la bocca chiusa.

Wailee Ming inspirò.

L'acqua aggredì come olio bollente il delicato tessuto polmonare. Sentì un acuto bruciore dentro di sé. Purtroppo, l'acqua non uccide istantaneamente. Ming trascorse parecchi terribili secondi inalando acqua ghiacciata, ogni respiro più straziante del precedente, senza riuscire a ottenere ciò che il suo corpo disperatamente agognava.

Finalmente, mentre precipitava nella gelida oscurità, sentì di perdere conoscenza. Accolse con sollievo quella via di fuga. Intorno a sé, notò nell'acqua minuscole particelle luminescenti. La cosa più bella che avesse mai visto.

# 37

L'East Appointment Gate della Casa Bianca è l'ingresso situato su East Executive Avenue, tra il dipartimento del Tesoro e l'East Lawn. La recinzione rinforzata e la palizzata di cemento installata dopo l'attacco alla caserma dei marine a Beirut conferiscono al luogo un'aria tutt'altro che accogliente.

Fuori dal cancello, Gabrielle Ashe controllò l'ora con crescente nervosismo. Erano le cinque meno un quarto e ancora non si vedeva nessuno.

EAST APPOINTMENT GATE, ORE 16.30. VIENI SOLA.

"Io ci sono, ma tu dove sei?"

Passò in rassegna i visi dei turisti che si aggiravano curiosi, nella speranza che qualcuno rispondesse al suo sguardo. Alcuni uomini le lanciarono un'occhiata prima di proseguire. Gabrielle cominciava a chiedersi se avesse fatto bene. Si accorse che l'agente della sicurezza nella guardiola la stava tenendo d'occhio. Pensò che il suo informatore avesse cambiato idea. Poi, dopo un'ultima occhiata alla Casa Bianca al di là della massiccia recinzione, si voltò con un sospiro, pronta ad andarsene.

«Gabrielle Ashe?» chiese l'uomo della sicurezza alle sue spalle.

Gabrielle si voltò con il cuore in gola. «Sì?»

L'uomo nella guardiola la richiamò con un cenno della mano. Era un tipo smilzo, il viso inespressivo. «La persona con cui ha appuntamento è pronta a riceverla, adesso.» Aprì il cancello principale e le fece cenno di entrare.

I piedi di Gabrielle rifiutarono di muoversi. «Devo venire dentro?»

153

«Sì. Mi è stato detto di chiederle scusa per l'attesa.»

Gabrielle guardò il cancello aperto, ancora incapace di muoversi. "Cosa sta succedendo?" Quella svolta la coglieva del tutto impreparata.

«Lei è Gabrielle Ashe, vero?» L'agente apparve impaziente, a quel punto.

«Sì, signore, ma...»

«Allora le consiglio vivamente di seguirmi.»

Gabrielle si avviò esitante e, non appena varcò la soglia, sentì il cancello chiudersi rumorosamente alle sue spalle.

38

Due giorni senza la luce del sole avevano scombussolato l'orologio biologico di Michael Tolland. Anche se era tardo pomeriggio, il suo organismo sembrava convinto che fosse piena notte. A quel punto, apportati gli ultimi ritocchi al documentario e convertito il video in formato digitale, si incamminò nell'habisfera buia. Arrivato nell'area stampa, consegnò il dischetto al tecnico della NASA incaricato di mandare in onda la presentazione.

«Grazie, Mike.» Il tecnico ammiccò sollevando il disco in aria. «Questo ridefinirà le trasmissioni "imperdibili", eh?»

Tolland rispose con una risata stanca. «Spero che piaccia al presidente.»

«Non c'è dubbio e, comunque, il tuo lavoro l'hai fatto. Siedi tranquillo e goditi lo spettacolo.»

«Grazie.» Nell'area stampa sfavillante di luci, Tolland osservò l'euforico personale della NASA che brindava al meteorite con lattine di birra canadese. Anche se aveva voglia di festeggiare, si sentiva stanco, emotivamente prosciugato. Si guardò intorno in cerca di Rachel Sexton, che evidentemente stava ancora parlando con il presidente. "Vuole mandarla in onda" pensò. E non lo biasimava: Rachel sarebbe stata un inserimento perfetto nel cast di portavoce convocati per illustrare la scoperta. Oltre a essere di bell'aspetto, possedeva una spontaneità e una sicurezza raramente riscontrate da lui in altre donne. In fin dei conti, la maggior parte di quelle che frequentava erano personaggi televisivi: donne assetate di potere oppure bellezze mediatiche totalmente prive di personalità.

Si allontanò silenzioso dalla folla entusiasta e girovagò per la rete di passatoie stesa nella cupola, chiedendosi dove fossero scomparsi gli altri scienziati civili. Se si sentivano esausti quanto lui, probabilmente erano nella zona cuccette a schiacciare un pisolino prima del grande evento. Davanti a sé, a una certa distanza, vide il cerchio di coni QUTSUC intorno al pozzo di estrazione deserto. La cupola vuota in alto sembrava riecheggiare le voci incorporee di ricordi lontani. Tolland cercò di respingerli.

"Dimentica i fantasmi" si impose. Spesso lo tormentavano in momenti come quelli, quando era stanco o solo, oppure quando avrebbe dovuto rallegrarsi per un successo personale. "Lei dovrebbe essere qui con te, adesso" sussurrava la voce. Nel buio, si sentì trascinare indietro, verso il passato.

Celia Birch era stata la sua ragazza fin dai tempi dell'università. Per un San Valentino, Tolland l'aveva invitata nel suo ristorante preferito. Al momento del dessert, il cameriere le aveva portato una rosa e un anello di brillanti. Celia aveva compreso immediatamente. Con le lacrime agli occhi, aveva pronunciato una sola parola che aveva reso Michael Tolland felice come non lo era mai stato.

«Sì.»

Pieni di entusiasmo, avevano comprato una casetta vicino a Pasadena, dove Celia aveva trovato lavoro come insegnante di scienze. Lo stipendio era modesto, ma pur sempre un inizio, e poi la sede distava poco dallo Scripps Institution di oceanografia di San Diego, dove Tolland aveva realizzato il suo sogno di lavorare a bordo di una nave per le ricerche geologiche. Quell'incarico lo teneva lontano per tre o quattro giorni di seguito ma, quando si ritrovavano, trascorrevano momenti appassionati ed emozionanti.

In mare, Tolland aveva cominciato a registrare con una videocamera alcune sue avventure per Celia, facendo minidocumentari del suo lavoro a bordo. Dopo uno di quei viaggi, era tornato con un video amatoriale un po' sgranato girato dall'oblò di un batiscafo. Presentava le prime riprese mai girate di una strana seppia chemiotropa di cui nessuno conosceva l'esistenza. Mentre le illustrava, Tolland praticamente straripava dal sommergibile con la sua animazione.

«In questi abissi vivono migliaia e migliaia di specie sconosciute» le raccontava, eccitato. «Per ora, abbiamo soltanto graffiato la superficie! Qui sotto ci sono misteri che nessuno di noi riesce a immaginare!»

Celia, affascinata dall'entusiasmo del marito e dalle sue concise spiegazioni scientifiche, aveva pensato di mostrare il video durante una lezione di scienze. Aveva riscosso un immediato successo. Gli altri insegnanti chiedevano il video in prestito, i genitori volevano farne una copia. Sembrava che tutti aspettassero con ansia la puntata successiva. Le era venuta un'idea: aveva telefonato a una compagna di università che lavorava alla NBC e le aveva spedito il video.

Due mesi dopo, Michael Tolland aveva chiesto a Celia di fare una passeggiata con lui sulla spiaggia di Kingman. Era il loro posto speciale, dove andavano sempre per confidarsi speranze e sogni.

«Devo dirti una cosa» aveva esordito Tolland.

Celia si era fermata e aveva preso la mano del marito mentre il mare lambiva i loro piedi. «Che c'è?»

Tolland non stava nella pelle. «La settimana scorsa ho ricevuto una telefonata dalla rete NBC. Mi propongono di presentare una serie di documentari sugli oceani. Per me è perfetto. Vogliono fare un lancio di prova l'anno prossimo. Non è incredibile?»

Celia l'aveva baciato, raggiante.

Sei mesi più tardi, Celia e Tolland veleggiavano nei pressi di Catalina quando lei aveva accusato un dolore al fianco. L'avevano ignorato per qualche settimana, finché non era diventato insopportabile. Era andata a fare un controllo.

In un istante, la vita meravigliosa di Tolland si era trasformata in un incubo infernale. Celia era malata. Gravemente malata.

«Un linfoma a uno stadio avanzato» aveva spiegato il medico. «Raro in persone della sua età, ma documentato.»

Avevano visitato innumerevoli cliniche e ospedali per consultare specialisti di fama. Sempre la medesima risposta. Incurabile.

"Non posso accettarlo!" Tolland aveva lasciato immediatamente il lavoro allo Scripps Institution, aveva dimenticato i documentari della NBC e dedicato tutte le sue energie e il suo amore ad aiutare Celia a guarire. Anche lei aveva lottato coraggiosamente, sopportando il dolore con una serenità che gliel'aveva resa ancora più cara. La portava a fare lunghe passeggiate sulla spiaggia di Kingman, le preparava pranzi nutrienti, le raccontava quello che avrebbero fatto non appena fosse guarita.

Ma le cose erano andate diversamente.

Soltanto sette mesi dopo, Michael Tolland si era ritrovato accanto al letto della moglie morente in uno squallido reparto ospedaliero. Non riconosceva più il suo viso. La ferocia del cancro aveva rivaleggiato solo con la brutalità della chemioterapia. Era distrutta, ridotta a uno scheletro. Le ultime ore erano state le peggiori.

«Michael» gli aveva sussurrato lei con voce velata. «È arrivato il momento di gettare la spugna.»

«Non posso.» I suoi occhi erano gonfi di lacrime.

«Sei un sopravvissuto. Devi reagire. Promettimi che troverai un altro amore.»

«Non desidererò mai un'altra.» Tolland era convinto delle sue parole.

«Dovrai imparare a farlo.»

Celia era morta in una limpida domenica mattina di giugno. Michael Tolland si era sentito come una nave strappata dagli ormeggi, alla deriva su un mare in tempesta con la bussola fuori uso. Per settimane aveva girato a vuoto. Gli amici avevano cercato di aiutarlo, ma l'orgoglio gli rendeva intollerabile la loro compassione.

"Devi scegliere" si era detto infine. "O lavori o muori."

Facendosi forza, si era buttato nell'avventura delle *Meraviglie del mare*. Il programma gli aveva salvato letteralmente la vita. Nei quattro anni successivi, la trasmissione si era imposta all'attenzione del grande pubblico. Malgrado i tentativi degli amici di trovargli una compagna, Tolland era uscito rare volte con una donna. Tutti gli appuntamenti si erano risolti in fiaschi o nella delusione reciproca, e così alla fine aveva rinunciato, attribuendo ai continui viaggi di lavoro la mancanza di una vita sociale. Gli amici più intimi conoscevano la verità. Michael Tolland non era pronto.

In quel momento, il pozzo di estrazione del meteorite si profilò davanti a lui, strappandolo ai suoi dolorosi ricordi. Si scosse via quelle memorie tragiche per avvicinarsi all'apertura. Nella cupola buia, l'acqua aveva un fascino magico, quasi irreale. La superficie brillava come uno stagno rischiarato dalla luna. I suoi occhi furono attratti da alcuni corpuscoli luminosi sullo strato superiore, come se qualcuno vi avesse sparso delle faville verdeazzurre. Le osservò a lungo.

Strano.

A prima vista, pensò che fosse soltanto il riflesso delle luci dall'altra parte della cupola, ma poi si accorse che non era così. Quel luccichio aveva una colorazione verdastra che sembrava pulsare ritmicamente, come se la superficie dell'acqua fosse viva, illuminata dal basso.

Turbato, Tolland oltrepassò i coni per guardare più da vicino.

In un'altra zona dell'habisfera, Rachel Sexton uscì dalla cabina mobile e si ritrovò al buio. Si arrestò un attimo, disorientata. L'habisfera sembrava una caverna aperta, illuminata soltanto dal bagliore delle forti luci dei riflettori, nella zona settentrionale. Innervosita, si diresse istintivamente verso l'area stampa.

Era soddisfatta del suo discorso al personale della Casa Bianca. Una volta ripresasi dal colpo basso del presidente, aveva riferito con calma tutto ciò che sapeva del meteorite. Mentre parlava, aveva osservato i visi passare dall'incredulità a una fiduciosa speranza e, infine, a una sbalordita comprensione.

«Vita extraterrestre?» aveva detto qualcuno. «Ma sapete che cosa significa?»

«Sì» aveva risposto un altro. «Significa che vinceremo questa elezione.»

Nell'avvicinarsi all'area stampa, immaginò l'annuncio imminente e non poté fare a meno di chiedersi se suo padre meritava davvero di essere travolto dalla forza irresistibile del presidente, che in un solo colpo avrebbe mandato in fumo la sua campagna.

La risposta, ovviamente, era sì.

Ogniqualvolta si sentiva bendisposta nei confronti del padre, non doveva fare altro che ricordare la madre. Il marito le aveva inflitto dolore e vergogna: rientrava tardi la notte, con l'aria soddisfatta e con gli abiti impregnati di profumo femminile, si nascondeva dietro un finto zelo religioso e intanto continuava a mentire e a tradirla, certo che Katherine non l'avrebbe mai lasciato.

"Sì" decise Rachel. "Il senatore Sexton sta per ricevere proprio quello che si merita."

L'atmosfera era festosa nell'area stampa. Tutti bevevano birra. Rachel si fece strada tra la folla sentendosi una giovane studentessa alla festa di un'associazione maschile. Si chiese dove fosse finito Michael Tolland.

Corky Marlinson si materializzò al suo fianco. «Sta cercando Mike?»

Rachel sobbalzò. «Be'... no... forse.»

Corky scosse la testa disgustato. «Lo sapevo. Se n'è appena andato. Credo fosse diretto a schiacciare un pisolino.» Scrutò nel buio. «Ma forse riesce ancora a raggiungerlo.» Le rivolse un sorriso sornione e indicò con la mano. «Mike resta ipnotizzato ogni volta che vede l'acqua.»

Rachel seguì il dito teso di Corky verso il centro della cupola, dove si profilava la figura di Michael Tolland, immobile davanti al pozzo di estrazione.

«Che sta facendo?» chiese lei. «È pericoloso, laggiù.»

Corky sorrise. «Magari fa pipì. Andiamo a dargli una spinta.»

Rachel e Corky attraversarono lo spazio buio. Mentre si avvicinavano, Corky gridò: «Ehi, uomo degli abissi! Hai dimenticato il costume da bagno?».

Tolland si voltò. Anche nella penombra, Rachel si accorse che aveva un'espressione insolitamente grave. Il viso appariva come illuminato dal basso. «Tutto bene, Mike?» gli chiese.

«Non proprio.» Tolland indicò l'acqua.

Corky passò oltre i coni e raggiunse Tolland al bordo del pozzo. Il suo buonumore sembrò raffreddarsi di colpo quando vide l'acqua. Rachel li raggiunse. La sorprese notare corpuscoli luminosi azzurro verdastri sulla superficie, come pulviscolo di neon che fluttuava sull'acqua. L'effetto era magnifico.

Tolland prese una scheggia di ghiaccio dal pavimento e la

gettò nel buco. L'acqua divenne fosforescente nel punto di impatto, accendendosi di un improvviso bagliore verdastro.

«Mike» disse Corky, improvvisamente a disagio «ti prego, dimmi cos'è.»

Tolland aggrottò la fronte. «So esattamente cos'è, ma non so cosa diavolo ci faccia qui.»

39

«Flagellati» disse Tolland, fissando l'acqua luminescente.

«Flatulenza? Parla per te» lo rimbeccò Corky.

Rachel si accorse che Michael Tolland non era in vena di scherzi.

«Non so come possa essere accaduto, ma quest'acqua contiene dinoflagellati bioluminescenti.»

«Dino... che?» chiese Rachel. "Parla chiaro."

«Plancton unicellulare in grado di ossidare un catalizzatore luminescente, detto luciferina.»

"E questo sarebbe parlare chiaro?"

Con un sospiro, Tolland si volse verso l'amico. «Corky, è ipotizzabile che sul meteorite estratto da quel buco ci fosse qualche organismo vivente?»

Corky scoppiò in una risata. «Mike, sii serio!»

«*Sono* serio.»

«È assolutamente impossibile! Credimi, se la NASA avesse avuto sentore della presenza di organismi viventi extraterrestri su quella roccia, puoi scommettere qualsiasi cosa che per niente al mondo l'avrebbe esposta all'aria.»

Il sollievo di Tolland parve solo parziale, come se un mistero più profondo lo angosciasse. «Non posso esserne certo senza un microscopio, ma a me sembra che questo sia plancton bioluminescente del *phylum* pirrofita. Il termine significa "pianta del fuoco". Il mare Artico ne è pieno.»

Corky si strinse nelle spalle. «Perché, dunque, mi hai chiesto se venivano dallo spazio?»

«Perché il meteorite era sepolto nel ghiaccio, che si è formato con la neve. L'acqua in quel pozzo deriva dalla fusione del ghiaccio ed è congelata da tre secoli. Com'è possibile che vi siano presenti creature marine?»

L'interrogativo di Tolland causò un prolungato silenzio. Rachel cercava di comprendere. "Plancton bioluminescente nel pozzo di estrazione? Che significa?"

«Dev'esserci una crepa qua sotto» concluse Tolland. «È l'unica spiegazione. Il plancton è penetrato nel pozzo attraverso una fessura nel ghiaccio che ha lasciato filtrare l'acqua marina.»

Rachel non comprendeva. «E da dove sarebbe filtrata?» Ricordò il lungo tragitto percorso in IceRover. «La costa dista almeno tre chilometri da qui.»

Corky e Tolland le rivolsero un'occhiata perplessa. «Per la verità» spiegò Corky «il mare si trova anche sotto di noi. Questa è una banchisa galleggiante.»

Rachel parve smarrita. «Galleggiante? Ma... non siamo su un ghiacciaio?»

«È vero» intervenne Tolland «ma non poggia sulla terra. I ghiacciai talvolta scivolano giù dalla terraferma e finiscono in mare. Poiché il ghiaccio è più leggero dell'acqua, continua a fluttuare sull'oceano come un'enorme zattera. È proprio questa la definizione di piattaforma artica: sezione galleggiante di un ghiacciaio.» Fece una breve pausa. «In questo momento siamo a circa un chilometro e mezzo dalla terraferma.»

Rachel entrò in tensione. Mentre cercava di farsi un quadro mentale della situazione, l'idea di trovarsi sopra il mare Artico le infuse un senso di terrore.

Tolland percepì il suo disagio e pestò il piede con forza. «Non preoccuparti. Ha uno spessore di quasi cento metri e, di questi, settanta sono sommersi come un cubetto di ghiaccio in un bicchiere. È molto stabile, dunque. Ci si potrebbe costruire sopra un grattacielo.»

Rachel assentì con poca convinzione. Apprensione a parte, comprendeva la teoria di Tolland sull'origine del plancton. "Pensa che ci sia una crepa che corre fino al mare, permettendo al plancton di risalire il pozzo di estrazione." Era possibile, pensò, eppure implicava un paradosso che la metteva a disagio. Norah Mangor si era mostrata assolutamente convinta dell'integrità del ghiacciaio, avendo effettuato decine di carotaggi per saggiarne la solidità.

Rachel guardò Tolland. «Credevo che la coesione del ghiacciaio fosse fondamentale per stabilire la datazione degli strati. La dottoressa Mangor sostiene che non ci sono crepe né fessure, mi pare.»

Corky si accigliò. «A quanto pare la regina dei ghiacci ha preso un granchio.»

"Non dirlo troppo forte, o ti troverai una scheggia gelata conficcata nella schiena" pensò Rachel.

Tolland si fregò il mento, gli occhi fissi sulle creature fosforescenti. «Non può esserci altra spiegazione. Si tratta per forza di una crepa. Il peso della banchisa sul mare spinge acqua salata ricca di plancton su per il pozzo.»

"Alla faccia della crepa" pensò Rachel. Se il ghiaccio aveva uno spessore di cento metri e il pozzo era profondo settanta, l'ipotetica crepa doveva attraversare trenta metri di ghiaccio solido. "Ma i carotaggi di Norah Mangor non hanno rilevato fenditure."

«Fammi un favore» disse Tolland a Corky. «Va' a cercare Norah. Speriamo che sappia qualcosa che non ha rivelato. E trova anche Ming. Forse lui saprà dirci che cosa sono queste creature.»

Corky si allontanò.

«Fai in fretta» gli gridò dietro Tolland, tornando a guardare nel pozzo. «Giurerei che la bioluminescenza si sta attenuando.»

Anche Rachel guardò. Era vero, il verde appariva meno brillante di prima.

Tolland si sfilò il parka e lo posò sul ghiaccio, vicino al buco.

Rachel lo guardò sorpresa. «Mike?»

«Voglio scoprire se entra acqua marina.»

«E ti sdrai sul ghiaccio senza giacca?»

«Sì.» Tolland si distese sulla pancia. Tenendo la giacca per una manica, lasciò penzolare l'altra nel pozzo finché il polsino sfiorò l'acqua. «Questo è un test di salinità molto preciso usato dai migliori oceanografi. Si chiama "leccare una manica bagnata".»

Fuori, sulla banchisa, Delta-Uno stringeva il joystick faticando a tenere in volo il microbot danneggiato sopra il gruppo riunito intorno al pozzo. Dalle conversazioni in corso, comprese che le cose stavano precipitando.

«Chiama il capo» ordinò. «La situazione è grave.»

40

Gabrielle Ashe aveva fatto più volte la visita guidata della Casa Bianca, in gioventù, col sogno segreto di lavorare un giorno nella residenza presidenziale e diventare parte di quella squadra di élite che decideva il futuro della nazione. In quel momento, tuttavia, avrebbe preferito trovarsi in qualunque altro posto sulla terra.

Mentre l'agente della sicurezza dell'East Gate la guidava nell'elegante sala d'ingresso, si chiese che cosa diavolo volesse dimostrare il suo informatore anonimo. Pazzesco invitarla alla Casa Bianca. "E se mi vedono?" Nella sua veste di braccio destro del senatore Sexton, Gabrielle aveva acquisito una certa notorietà, negli ultimi tempi. Qualcuno avrebbe potuto riconoscerla.

«Signora Ashe?»

Lei alzò la testa. Una guardia dall'aria cortese le rivolse un cordiale sorriso. «Guardi là, prego.» Indicò un punto.

Gabrielle si voltò nella direzione segnalata e fu accecata da un flash.

«La ringrazio.» La guardia la guidò verso una scrivania e le porse una penna. «Per favore, firmi il registro dei visitatori.» Le avvicinò un pesante libro rilegato in pelle.

Gabrielle notò che era aperto su una pagina bianca. Ricordò che tutti i visitatori della Casa Bianca firmavano su una pagina vuota per questioni di riservatezza. Scrisse il suo nome.

"Alla faccia dell'incontro segreto."

Passò attraverso il metal detector e ricevette una lieve pacca sulla spalla. «Buona visita, signora Ashe.»

Gabrielle seguì l'uomo per una ventina di metri lungo un corridoio piastrellato che portava a un secondo controllo di sicurezza, dove un'altra guardia stava tirando fuori da una macchina plastificatrice un pass per gli ospiti. Vi praticò un foro, vi infilò una cordicella e lo fece passare sulla testa di Gabrielle. La plastica era ancora calda. La foto era quella che le avevano scattato quindici secondi prima nell'atrio.

Gabrielle era molto colpita. "Chi dice che il governo è inefficiente?"

Proseguirono, con l'agente della sicurezza che la guidava all'interno del complesso della Casa Bianca. Gabrielle sentiva crescere il disagio a ogni passo. Chiunque fosse stato a mandarle quel misterioso invito, di sicuro non si curava che l'incontro rimanesse riservato. Gabrielle aveva ricevuto un pass ufficiale, firmato il registro degli ospiti, e in quel momento attraversava il primo piano della Casa Bianca tra la folla dei turisti.

«E questa è la Sala delle porcellane» stava dicendo una guida «dove è custodito il servizio di porcellana bordato di rosso di Nancy Reagan, 952 dollari a coperto, che nel 1981 ha scatenato un putiferio sugli eccessi di spesa degli inquilini della Casa Bianca.»

Proseguirono verso una grande scalinata di marmo, su cui stava salendo un altro gruppo. «State per entrare nella Sala orientale, trecento metri quadrati, dove Abigail Adams un tempo stendeva il bucato di John Adams» raccontava la guida. «Poi passeremo nella Sala rossa, dove Dolley Madison riempiva di liquori i capi di Stato in visita prima che James Madison negoziasse con loro.»

Risate dei turisti.

Oltre la scalinata, superarono una serie di paletti cordonati che delimitavano le zone riservate dell'edificio. A quel punto entrarono in una sala che Gabrielle aveva visto soltanto sui libri o in televisione. Restò senza fiato.

"Dio mio, questa è la Sala delle mappe!"

Era esclusa dall'itinerario delle visite guidate. Le pareti rivestite di pannelli di legno potevano scorrere per rivelare strati e strati di mappe di tutto il mondo. Era il posto in cui Roosevelt seguiva gli eventi della Seconda guerra mondiale. Malauguratamente, era anche la stanza in cui Clinton aveva confessato la relazione con Monica Lewinsky. Gabrielle scacciò dalla mente quel particolare. La Sala delle mappe, soprattutto, era il passaggio verso l'ala Ovest, la zona in cui lavoravano i veri potenti della Casa Bianca. Era l'ultimo posto in cui si aspettava di andare. Aveva immaginato che le e-mail provenissero da un giovane stagista intraprendente o da una segretaria impiegata in un ufficio di secondaria importanza all'interno del complesso. Evidentemente, non era così.

"Sto andando nell'ala Ovest..."

La sua guida l'accompagnò fino in fondo a un corridoio rivestito di moquette e si fermò davanti a una porta senza targa. Bussò. Gabrielle sentì il battito cardiaco accelerare.

«È aperto» gridò qualcuno dall'interno.

L'uomo aprì la porta e le fece cenno di entrare.

Le tende erano chiuse, la stanza in penombra. Scorse la sagoma di una persona seduta alla scrivania.

«La signora Ashe?» La voce proveniva da una nuvola di fumo di sigaretta. «Benvenuta.»

Mentre i suoi occhi si adattavano all'oscurità, Gabrielle riconobbe i tratti di un volto noto e si irrigidì per la sorpresa. "È lei che mi ha mandato la e-mail?"

«Grazie di essere venuta» le disse Marjorie Tench con freddezza.

«La signora... Tench?» balbettò Gabrielle, senza fiato.

«Mi chiami Marjorie.» L'orrida donna si alzò in piedi, sputando fumo dalle narici come un drago. «Io e lei diventeremo ottime amiche.»

41

Norah Mangor, insieme a Tolland, Corky e Rachel, osservava il pozzo di estrazione, nero come la notte. «Mike» disse «sei simpatico, ma matto come un cavallo. Qui non c'è traccia di luminescenza.»

Tolland rimpianse di non aver pensato a riprendere il fenomeno con la videocamera: mentre Corky era andato a cercare Norah e Ming, la bioluminescenza era svanita in fretta. Nello spazio di un paio di minuti, quello sfavillio era cessato completamente.

Tolland gettò un altro pezzo di ghiaccio nell'acqua, ma non accadde nulla. Nessun brillio verdastro.

«Dove sono finiti?» chiese Corky.

Tolland aveva un'idea. La bioluminescenza, uno dei più ingegnosi meccanismi di difesa della natura, è la reazione naturale del plancton quando viene disturbato. Avvertendo il pericolo di essere inghiottito da organismi più grandi, il plancton comincia a emettere segnali luminosi nel tentativo di attrarre predatori in grado di spaventare i primi aggressori. In questo caso, i minuscoli organismi del plancton, penetrati nel pozzo attraverso una crepa, si erano ritrovati all'improvviso in un ambiente costituito prevalentemente da acqua dolce e si erano accesi prima di venire uccisi. «Credo che siano morti.»

«Assassinati» commentò Norah con una risata. «Il lupo è arrivato a nuoto per papparseli.»

Corky la fulminò con un'occhiataccia. «Anch'io ho visto la luminescenza, Norah.»

«Prima o dopo avere assunto LSD?»

«Ma perché dovremmo dire il falso?» ribatté Corky.

«Gli uomini mentono.»

«Sì, sul fatto di andare a letto con altre donne, mai sul plancton bioluminescente.»

Tolland sospirò. «Norah, sai di sicuro che il plancton vive nel mare sotto il ghiaccio.»

«Mike» rispose lei seccata «evita di insegnarmi il mio mestiere. Per la cronaca, oltre duecento specie di diatomee prosperano tranquille sotto le banchise artiche. Quattordici specie di nanoflagellati eterotrofi, venti di flagellati eterotrofi, quaranta di dinoflagellati eterotrofi e parecchi metazoi, tra cui policheti, anfipodi, copepodi, eufasidi e pesci. Qualche domanda?»

Tolland si accigliò. «Evidentemente conosci la fauna marina meglio di me e concordo che ci sono molte creature sotto di noi. Perché, dunque, sei tanto scettica sulla nostra affermazione di aver visto plancton bioluminescente?»

«Mike, questo pozzo è *sigillato*. È un ambiente chiuso di acqua dolce. Impossibile che vi sia entrato il plancton!»

«Io ho sentito sapore di sale, anche se molto debole. Da qualche parte dev'essere arrivato.»

«Certo, hai sentito il sale» ribatté Norah con ironia. «Ti è bastato leccare la manica di un vecchio parka sudaticcio, per convincerti che le scansioni di densità del PODS e quindici diversi carotaggi hanno dato risultati sbagliati.»

Tolland le porse la manica bagnata del giaccone come prova.

«Mike, non ho alcuna intenzione di leccare la tua maledetta giacca.» Guardò dentro il pozzo. «Posso chiedere perché mai banchi di plancton avrebbero deciso di nuotare in questa ipotetica crepa?»

«Calore?» azzardò Tolland. «Molte creature marine sono attratte dal calore. Quando abbiamo estratto il meteorite, lo abbiamo riscaldato. Può darsi che il plancton sia stato istintivamente attirato verso l'ambiente più caldo.»

Corky annuì. «Ha una sua logica.»

«Logica?» Norah alzò gli occhi al cielo. «Sapete, per essere un fisico insignito di un premio e un oceanografo di fama mondiale, siete ben ottusi. Vi è venuto in mente che, anche se ci fosse una crepa – e, vi assicuro, non c'è – è fisicamente impossibile che l'acqua marina sia rifluita dentro il pozzo?» Li fissò con aria di sprezzante superiorità.

«Ma, Norah...»

«Signori! Noi ci troviamo al di sopra del livello del mare.» Pestò il piede sul ghiaccio. «Questa lastra si trova trenta metri sopra il mare. Avete presente la grande scogliera in fondo alla banchisa? Siamo più alti del mare. Se ci fosse una crepa, l'acqua fluirebbe *fuori* dal pozzo, non dentro. Si chiama gravità.»

Tolland e Corky si scambiarono un'occhiata.

«Merda, non ci avevo pensato» commentò Corky.

Norah indicò il pozzo pieno d'acqua. «Forse avrete anche notato che il livello dell'acqua non è cambiato.»

Tolland si sentì un idiota. Norah aveva tutte le ragioni. Se ci fosse stata una crepa, l'acqua sarebbe uscita, non entrata. Rimase a lungo in silenzio, chiedendosi che fare. «Okay» sospirò infine. «A quanto pare, la teoria della fessura non regge, ma la bioluminescenza l'abbiamo vista davvero. La sola conclusione è che questo non è un ambiente chiuso, dopotutto. Mi rendo conto che la tua datazione del ghiaccio si basa sulla premessa che il ghiacciaio è un blocco compatto, ma...»

«Premessa?» Norah cominciava a perdere la calma. «Ricorda che questo non è un risultato a cui sono pervenuta soltanto io: la NASA è arrivata alla stessa conclusione. Tutti quanti abbiamo confermato che questo ghiacciaio è solido. Niente crepe.»

Tolland lanciò uno sguardo alla folla riunita nell'area stampa. «Comunque, credo in buona fede che sia necessario avvertire il direttore e...»

«Stronzate!» sibilò Norah. «Ti dico che questa matrice di ghiaccio è intatta. Non sono certo disposta a sentir mettere in dubbio la veridicità dei miei dati per via di una leccata a una manica e qualche assurda allucinazione.» Si diresse con furia a recuperare alcuni attrezzi. «Prelevo io un campione d'acqua come si deve e vi dimostro che non contiene plancton, vivo o morto che sia!»

Rachel e gli altri guardarono Norah che usava una pipetta sterile legata a una cordicella per raccogliere un campione d'acqua dal pozzo di estrazione. Ne mise parecchie gocce in un minuscolo congegno che assomigliava a un telescopio in miniatura. Guardò nell'oculare, puntandolo verso la parte illuminata della cupola. Pochi secondi, poi imprecò.

«Cristo!» Scosse l'apparecchio e tornò a guardare. «Maledizione! Questo rifrattometro dev'essere guasto!»

«Acqua salata?» Corky gongolava.

Norah si accigliò. «In parte. Registra un tre per cento di salmastro, il che è assolutamente impossibile. Il ghiacciaio è un banco di neve. Tutta acqua dolce. Non ci dovrebbe essere traccia di sale.» Norah andò a esaminare il campione sotto un altro microscopio. Emise un gemito.

«Plancton?» chiese Tolland.

«G. poliedra» rispose Norah, con voce incolore. «È una delle forme di plancton che noi glaciologi osserviamo comunemente nei mari sotto le banchise polari.» Guardò Tolland. «Ovviamente è morto, adesso. Non è sopravvissuto a lungo in un ambiente con soltanto il tre per cento di acqua salata.»

I quattro rimasero in silenzio davanti al profondo pozzo.

Rachel si chiese quali conseguenze sulla scoperta potesse avere quell'incongruenza. Sembrava un problema secondario nel contesto complessivo del meteorite, eppure, come analista di dati sensibili, aveva più volte assistito al crollo di intere teorie basate su errori più trascurabili di quello.

«Che succede qui?» chiese una voce profonda.

Tutti alzarono lo sguardo. La sagoma massiccia del direttore della NASA si stagliò nella penombra.

«Un piccolo problema riguardo all'acqua del pozzo. Stiamo cercando di capire.»

«Norah ha toppato con la datazione» disse Corky, quasi allegro.

«Vaffanculo» gli sibilò lei.

Il direttore si avvicinò, inarcando le folte sopracciglia. «Cosa c'è che non va nella datazione?»

Tolland sospirò, esitante. «Nell'acqua del pozzo di estrazione risulta un tre per cento di acqua salata, che contraddice il rapporto glaciologico secondo cui il meteorite era incassato in un ghiacciaio di acqua dolce assolutamente intatto.» Fece una pausa. «C'è anche presenza di plancton.»

Ekstrom parve infuriarsi. «È assolutamente impossibile. Il ghiacciaio non presenta crepe. L'ha confermato la scansione

172

con il PODS. Il meteorite era sigillato in una solida matrice di ghiaccio.»

Rachel sapeva che Ekstrom aveva ragione. Secondo le scansioni di densità operate dalla NASA, la lastra di ghiaccio era solida come roccia per centinaia di metri intorno al meteorite. Niente crepe. Eppure, nel raffigurarsi come venivano effettuate le scansioni di densità, le venne in mente uno strano pensiero...

«Inoltre» aggiunse Ekstrom «i carotaggi della dottoressa Mangor hanno confermato la solidità del ghiacciaio.»

«Esatto!» esclamò Norah sbattendo il rifrattometro su un tavolo. «Doppia conferma. Nessuna faglia nel ghiaccio, il che non spiega in alcun modo la presenza di sale e plancton.»

«Per la verità, un'altra possibilità ci sarebbe» intervenne Rachel, sorpresa dalla ferma impostazione della propria voce. L'idea le era balenata da una vaga reminiscenza.

Tutti la fissarono con palese scetticismo.

Rachel sorrise. «C'è una spiegazione assolutamente logica per la presenza di sale e plancton.» Rachel rivolse a Tolland un'occhiata divertita. «E francamente, Mike, mi stupisce che non ti sia venuta in mente.»

42

«Plancton *congelato* dentro il ghiacciaio?» Corky Marlinson non parve affatto convinto della supposizione di Rachel. «Non vorrei raffreddarle gli entusiasmi, ma di solito le cose muoiono quando congelano. Quei piccoli guastafeste invece lampeggiavano, ricorda?»

«Per la verità, potrebbe avere ragione» intervenne Tolland, lanciando a Rachel uno sguardo ammirato. «Parecchie specie entrano in una fase di morte apparente quando l'ambiente lo richiede. Ho fatto una puntata su questo fenomeno.»

Rachel annuì. «Sì, hai mostrato il luccio nordico, imprigionato in un lago gelato, che aspetta il disgelo per potersi allontanare. Hai anche parlato di minuscoli organismi, i cosiddetti "microorsi", che nel deserto si prosciugano completamente, rimangono in quello stato per decenni e poi si reidratano quando torna la pioggia.»

Tolland si mise a ridere. «Allora la segui davvero la mia trasmissione!»

Rachel si strinse nelle spalle, imbarazzata.

«Qual è la sua idea, signora Sexton?» chiese Norah.

«La sua idea» intervenne Tolland «che sarebbe dovuta venire in mente a me prima, è che una delle specie che ho menzionato nel programma era un tipo di plancton che ogni inverno congela nella calotta polare, si iberna e poi, quando d'estate la calotta si assottiglia, nuota via.» Tolland fece una pausa. «Certo, la specie che ho presentato in trasmissione non è quella bioluminescente che abbiamo visto qui, ma forse il fenomeno potrebbe essere lo stesso.»

«Plancton congelato» continuò Rachel, felice che Michael Tolland abbracciasse con tanto entusiasmo la sua ipotesi. «Forse spiega quello a cui abbiamo assistito. In qualche momento del passato, potrebbero essersi aperte delle fessure nel ghiacciaio, poi riempite con acqua salata ricca di plancton che in seguito si è congelata. È possibile che ci siano sacche di acqua marina ghiacciata qui? Che contiene plancton congelato? Immaginiamo che, mentre veniva sollevato, il meteorite riscaldato abbia incontrato una sacca di acqua marina ghiacciata. Questa si è sciolta, rilasciando il plancton ibernato e una piccola percentuale di sale.»

«Oh, per l'amor di Dio!» la investì Norah. «Adesso tutti si danno arie da glaciologi!»

Anche Corky appariva scettico. «Ma il PODS non avrebbe rilevato eventuali sacche di acqua salata durante la scansione della densità? In fin dei conti, acqua dolce e acqua salata hanno diversa densità.»

«Non di molto» affermò Rachel.

«Il tre per cento costituisce una differenza sostanziale» sentenziò Norah.

«Sì, in laboratorio» ribatté Rachel. «Ma il PODS fa le misurazioni da una quota di duecento chilometri. I suoi computer sono stati progettati per rilevare le disparità ovvie, ghiaccio e acqua, granito e calcare.» Si voltò verso il direttore. «Ho ragione se dico che quando misura le densità dallo spazio il PODS non possiede la definizione per distinguere il ghiaccio di acqua marina da quello di acqua dolce?»

Il direttore annuì. «Esatto. Una differenza del quattro per cento è al di sotto della soglia di rilevazione del PODS. Il satellite considererebbe identici i due tipi di ghiaccio.»

Tolland parve molto interessato. «Questo spiegherebbe anche il livello statico dell'acqua nel pozzo.» Guardò Norah. «Tu hai detto che la specie di plancton che hai visto nel pozzo di estrazione si chiama...»

«G. poliedra» dichiarò Norah. «Ora ti chiedi se il G. poliedra è capace di ibernarsi dentro il ghiaccio; ti farà piacere sapere che la risposta è sì. Decisamente. Il G. poliedra si trova in raggruppamenti attorno alle banchise, è bioluminescente e può ibernarsi nel ghiaccio. Altre domande?»

Tutti si scambiarono occhiate. Dal tono di Norah, era rimasto un ovvio "ma" in sospeso, malgrado lei sembrasse confermare la teoria di Rachel.

«Dunque» azzardò Tolland «stai dicendo che è possibile, giusto? Che è un'ipotesi ragionevole?»

«Certo» rispose Norah «se sei un ritardato mentale.»

Rachel la incenerì con un'occhiata. «*Prego?*»

Norah Mangor fissò Rachel negli occhi. «Immagino che, nel suo lavoro, sia pericoloso avere una conoscenza superficiale dei fatti. Be', posso dirle che lo stesso si applica alla glaciologia.» Norah volse lo sguardo sugli altri. «Chiariamo una cosa, una volta per tutte. Le sacche di acqua salmastra ghiacciata ipotizzate dalla signora Sexton esistono e vengono chiamate "interstizi" dai glaciologi. Ma in realtà si tratta non di vere e proprie sacche, quanto piuttosto di una rete molto ramificata di canaletti di acqua ghiacciata sottili come capelli. Quel meteorite avrebbe dovuto attraversare una serie fittissima di interstizi per rilasciare un tre per cento di acqua salata in una pozza di quella profondità.»

Ekstrom si accigliò. «Dunque, è possibile o no?»

«Neanche per sogno. Assolutamente impossibile. Avrei riscontrato sacche di ghiaccio salino nei carotaggi.»

«I carotaggi vengono eseguiti in zone sostanzialmente casuali, vero?» chiese Rachel. «È pensabile che i carotaggi, per pura sfortuna, abbiano mancato ogni sacca di ghiaccio marino?»

«Io li ho eseguiti esattamente *sopra* il meteorite, e poi su entrambi i lati, a qualche metro di distanza. Impossibile fare di meglio.»

«La mia era soltanto una domanda.»

«La teoria è poco credibile» dichiarò Norah. «Gli interstizi di acqua marina si ritrovano soltanto nel ghiaccio *stagionale*, quello cioè che si forma e si scioglie a ogni stagione. La banchisa di Milne è costituita da ghiaccio *compatto*, che si forma sui monti e tiene finché non migra verso la zona del distacco e cade in mare. Per quanto la teoria del plancton congelato possa apparire conveniente per spiegare questo piccolo fenomeno misterioso, posso assicurare che nel ghiacciaio non ci sono sacche nascoste di plancton congelato.»

Sul gruppo calò di nuovo il silenzio.

Rachel, avendo analizzato sistematicamente i dati, non accettava quella confutazione aprioristica della sua teoria. L'istinto le diceva che la presenza di plancton congelato nel ghiacciaio sotto di loro era la soluzione più naturale di quel mistero. "Il principio dell'economia" si disse. Glielo avevano inculcato gli istruttori dell'NRO. "Quando esistono molteplici spiegazioni, in genere quella giusta è la più semplice."

Evidentemente Norah Mangor avrebbe perso la faccia se la sua datazione delle carote risultava sbagliata. Rachel pensò che forse aveva visto il plancton e stava cercando di coprire l'errore commesso nel dichiarare il ghiacciaio compatto. «Io so soltanto che ho appena informato tutto il personale della Casa Bianca del rinvenimento del meteorite in una matrice intatta di ghiaccio, rimasto sigillato e quindi al riparo da influenze esterne fin dal 1716, quando si staccò da un famoso meteorite chiamato Jungersol. A questo punto, il fatto non appare più tanto sicuro.»

Il direttore della NASA non rispose. Aveva un'espressione molto seria in volto.

Tolland si schiarì la gola. «Devo concordare con Rachel. Nel pozzo c'erano acqua salata e plancton. Quale che sia la spiegazione, è chiaro che il pozzo non è un ambiente chiuso. Questo non lo si può proprio affermare.»

Corky appariva imbarazzato. «Ehi, gente, non per tirarmela da astrofisico, ma nel mio campo, quando commettiamo un errore, di solito siamo fuori di miliardi di anni. È proprio così importante questa storia del plancton e dell'acqua marina? Insomma, la compattezza del ghiaccio che circonda il meteorite non ha alcuna influenza sul meteorite stesso, no? Abbiamo pur sempre i fossili, e nessuno mette in dubbio la loro autenticità. Se salta fuori che abbiamo sbagliato sulla datazione, nessuno ci farà caso, mentre tutti si concentreranno sul fatto che abbiamo trovato prove dell'esistenza della vita su un altro pianeta.»

«Spiacente, dottor Marlinson» replicò Rachel «ma poiché mi guadagno da vivere analizzando i dati, devo dissentire. Anche una piccola pecca nelle informazioni che la NASA presenterà stasera può inficiare la credibilità di tutta la scoperta. E far dubitare anche dell'autenticità dei fossili.»

Corky rimase a bocca aperta per lo stupore. «Ma che sta dicendo? Quei fossili sono incontestabili!»

«Lo so io e lo sa lei ma, si fidi, se il pubblico fiuta che la NASA ha consapevolmente presentato dati controversi, immediatamente si chiederà anche su che cos'altro ha mentito.»

Norah si fece avanti con aria aggressiva. «I miei dati non sono in discussione.» Si voltò verso il direttore. «Io le posso *provare*, categoricamente, che non c'è ghiaccio di origine marina intrappolato in questa banchisa!»

Il direttore soffermò a lungo lo sguardo su di lei. «In che modo?»

Norah illustrò il piano. Quando ebbe finito, la sua idea appariva ragionevole. Rachel dovette ammetterlo.

Il direttore, peraltro, non sembrava convinto. «E i risultati saranno definitivi?»

«Al cento per cento» lo rassicurò Norah. «Se c'è anche un grammo di acqua salata in prossimità del pozzo di estrazione, la vedrà. Bastano alcune goccioline e il mio strumento si illumina come Times Square.»

La fronte del direttore si corrugò sotto il taglio di capelli militaresco. «Non c'è molto tempo. Mancano un paio d'ore alla conferenza stampa.»

«Sarò di ritorno tra venti minuti.»

«A che distanza deve andare da qui?»

«Meno di duecento metri. Dovrebbe bastare.»

Ekstrom annuì. «Sicura di non correre rischi?»

«Porterò i razzi di segnalazione e Mike potrebbe accompagnarmi.»

Tolland sollevò di scatto la testa. «Devo proprio?»

«Ci puoi scommettere, Mike! Saremo legati. Mi tornerà comodo un bel paio di braccia forti, se il vento rinforza.»

«Ma...»

«Ha ragione» disse il direttore, rivolto a Tolland. «Non può andare da sola. Manderei con lei qualche mio uomo ma, in tutta franchezza, preferisco tenere per noi questa storia del plancton finché non accertiamo se è davvero un problema.»

Tolland assentì con una certa riluttanza.

«Vorrei andare anch'io» disse Rachel.

Norah guizzò come un cobra. «Col cavolo.»

«Per la verità» intervenne il direttore, come se avesse appena avuto la stessa idea «mi sentirei più tranquillo se usassimo la classica configurazione a quattro della cordata. Se andate in due, e Mike scivola, lei non sarà in grado di reggerlo da sola. È molto meno rischioso con quattro persone anziché due.» Fece una pausa e guardò Corky. «Il che significa lei oppure il dottor Ming.» Ekstrom lanciò uno sguardo circolare nell'habisfera. «A proposito, dov'è Ming?»

«È da un po' che non lo vedo» rispose Tolland. «Forse sta dormendo.»

Ekstrom si rivolse a Corky. «Dottor Marlinson, non posso imporle di andare fuori con loro, eppure...»

«Al diavolo! Visto che tutti concordano...!»

«No!» esclamò Norah. «In quattro saremmo rallentati. Andiamo solo Mike e io.»

«Assolutamente no.» Il tono del direttore non ammetteva repliche. «C'è una buona ragione se le cordate sono sempre di almeno quattro persone, e non è proprio il caso di correre rischi. L'ultima cosa che voglio è un incidente un paio d'ore prima della più importante conferenza stampa nella storia della NASA.»

43

Nell'aria pesante dell'ufficio di Marjorie Tench, Gabrielle Ashe avvertiva un forte senso di insicurezza. "Cosa può volere da me questa donna?" Dietro l'unica scrivania della stanza, la Tench si rilassò contro lo schienale della sedia, i tratti duri del volto distesi in un'espressione compiaciuta davanti al disagio di Gabrielle.

«Le dà fastidio se fumo?» chiese, estraendo un'altra sigaretta dal pacchetto.

«No» mentì Gabrielle.

La Tench se la stava comunque già accendendo. «Lei e il suo candidato avete dimostrato molto interesse per la NASA, durante la campagna.»

«Infatti» scattò Gabrielle, senza sforzarsi di mascherare la propria collera «e grazie ad alcune inattese imbeccate per le quali gradirei una spiegazione.»

La Tench la guardò con aria innocente. «Vuol sapere perché le ho mandato per posta elettronica il materiale per i suoi attacchi alla NASA?»

«Le informazioni che mi ha dato si sono ritorte contro il suo presidente.»

«Sì, nel breve termine.»

Il tono minaccioso di quella voce spaventò Gabrielle. «Cosa vuol dire?»

«Si rilassi, Gabrielle. Le mie e-mail non hanno cambiato granché le cose. Il senatore Sexton picchiava duro sulla NASA anche prima del mio intervento. Io mi sono limitata ad aiutarlo a chiarire meglio il messaggio, a consolidare la posizione.»

«Consolidare la posizione?»

«Esatto.» Un sorriso lasciò intravedere i suoi denti macchiati. «Cosa che, devo dire, oggi pomeriggio alla CNN ha fatto con successo.»

Gabrielle ricordò la reazione del senatore alla bordata d'assaggio della Tench. In pratica, aveva affermato che avrebbe fatto tutto ciò che era in suo potere per abolire la NASA. Sexton era stato messo con le spalle al muro, ma ne era venuto fuori con uno scatto deciso. La mossa giusta. Oppure no? A giudicare dall'espressione soddisfatta della Tench, Gabrielle percepiva che le taceva qualcosa.

La Tench si alzò all'improvviso e la sua figura alta e dinoccolata dominò lo spazio ingombro. Con la sigaretta fra le labbra, si diresse verso una cassaforte a parete, recuperò una spessa busta marroncina, tornò alla scrivania e si sedette.

Gabrielle osservò quel fascicolo gonfio.

Con un sorriso, la Tench stringeva la busta in grembo, l'aria sorniona di un giocatore di poker con in mano una scala reale. Ne tormentava un angolo con le dita gialle di nicotina, producendo un fastidioso rumore ripetitivo, come se pregustasse quel che stava per arrivare.

La prima cosa che saltò in mente a Gabrielle fu che contenesse qualche prova del suo sconsiderato atto sessuale con il senatore, ma poi si disse che era solo il senso di colpa a farglielo temere. "Ridicolo." L'incontro era avvenuto di notte nell'ufficio chiuso a chiave, e poi, se la Casa Bianca avesse avuto delle prove, le avrebbe già sbandierate in pubblico. "Forse hanno qualche sospetto, ma nessuna prova."

La Tench schiacciò la sigaretta nel portacenere. «Signora Ashe, non so se ne è consapevole, ma si trova coinvolta in una battaglia che infuria dietro le quinte di Washington fin dal 1996.»

Quella mossa le giunse del tutto inaspettata. «Prego?»

La Tench accese un'altra sigaretta. La strinse tra le labbra sottili e la punta divenne incandescente. «Cosa sa di un disegno di legge chiamato Space Commercialization Promotions Act, volto a promuovere la liberalizzazione dello spazio?»

Gabrielle non ne aveva mai sentito parlare. Alzò le spalle, smarrita.

«Davvero? Mi sorprende, considerato il programma del suo candidato. Questa proposta fu presentata nel 1996 dal senatore Walker. In sostanza, accusa la NASA di non essere più riuscita a fare niente di buono dopo aver mandato l'uomo sulla Luna, e quindi sostiene l'opportunità di privatizzare l'agenzia vendendo i suoi beni a imprese aerospaziali private per introdurre il libero mercato nell'esplorazione dello spazio, sollevando così i contribuenti da pesanti oneri fiscali.»

Gabrielle aveva sentito che alcuni critici proponevano la privatizzazione della NASA, ma ignorava che l'idea avesse preso la forma di un atto ufficiale.

«Questo disegno di legge è già stato presentato al Congresso quattro volte. È simile ad altri che hanno portato alla privatizzazione di industrie governative, come quella per la produzione dell'uranio. Il Congresso l'ha approvato tutte e quattro le volte, ma per fortuna la Casa Bianca ha regolarmente posto il veto. Zachary Herney ha dovuto esercitare ben due volte il diritto di veto.»

«Dove vuole arrivare?»

«Sono certa che questo progetto otterrà l'approvazione del senatore Sexton, se diventerà presidente. Ho buone ragioni per ritenere che Sexton non si farebbe scrupolo di vendere le proprietà della NASA al miglior offerente non appena ne avesse l'occasione. In breve, il suo candidato sosterrebbe la privatizzazione piuttosto che addossare ai contribuenti americani i costi per finanziare l'esplorazione dello spazio.»

«A quanto mi risulta, il senatore non ha mai dichiarato pubblicamente il proprio appoggio a questo disegno di legge.»

«Infatti. Eppure, conoscendo la sua linea politica, immagino che non la sorprenderebbe se lo facesse.»

«Il libero mercato tende ad accrescere l'efficienza.»

«Lo prendo come un sì. Purtroppo, la privatizzazione della NASA è un'idea abominevole, e ci sono innumerevoli ragioni per le quali ogni amministrazione della Casa Bianca ha regolarmente bocciato quel disegno di legge.»

«Conosco le argomentazioni di chi è contrario alla privatizzazione dello spazio, e comprendo la sua preoccupazione.»

«Ah, davvero? E *quali* argomentazioni ha sentito?»

Gabrielle cambiò posizione, a disagio. «Be', la comunità

scientifica teme che, privatizzando la NASA, la ricerca spaziale venga abbandonata in fretta in favore di iniziative economicamente più vantaggiose.»

«È vero. La scienza spaziale morirebbe in un secondo. Anziché spendere soldi per studiare il nostro universo, le imprese private sfrutterebbero i giacimenti degli asteroidi, costruirebbero hotel spaziali per turisti, offrirebbero servizi per il lancio di satelliti commerciali. Perché mai le compagnie private dovrebbero preoccuparsi di studiare le origini dell'universo, investendo miliardi di dollari senza ritorni economici?»

«Certo, non lo farebbero, ma si potrebbe istituire una fondazione nazionale per le scienze spaziali per finanziare missioni di ricerca.»

«Abbiamo già un'istituzione del genere. Si chiama NASA.»

Gabrielle rimase in silenzio.

«La rinuncia alla scienza in favore dei profitti è un problema marginale» continuò la Tench. «Quasi di secondaria importanza se si pensa al caos che si scatenerebbe permettendo al settore privato di muoversi liberamente. Un nuovo Far West. Pionieri che delimitano con picchetti terreni sulla Luna e sugli asteroidi e li proteggono con la forza. Ho addirittura sentito di alcune aziende che intendono costruire cartelloni al neon che lampeggino in cielo la notte. Ho letto proposte di progetti di alberghi e centri di divertimento per turisti spaziali che, tra le altre cose, prevedono di scaricare i rifiuti nel vuoto creando mucchi di spazzatura orbitante. In effetti, proprio ieri mi è capitato di leggere la proposta di una società che vuole trasformare lo spazio in un mausoleo lanciando in orbita i defunti. Se li immagina i satelliti per le telecomunicazioni che entrano in collisione con i cadaveri? La settimana scorsa si è presentato nel mio ufficio un amministratore delegato miliardario che chiedeva di inviare una missione su un asteroide non lontano per trascinarlo vicino alla Terra e poterne estrarre minerali preziosi. Ho dovuto far presente a questo tizio che portare asteroidi in un'orbita vicina alla Terra crea potenziali rischi di una catastrofe globale. Signora Ashe, posso assicurarle che, se questo progetto di legge passa, le torme di imprenditori che si precipiteranno nello spazio non saranno costituite da scienziati, ma da uomini con le tasche piene e la testa vuota.»

«Argomenti persuasivi» osservò Gabrielle «che, sono convinta, il senatore valuterebbe con grande attenzione se si trovasse nella posizione di votare il disegno di legge. Ma posso chiederle cosa ha a che fare con me tutto questo?»

Gli occhi della Tench si concentrarono sulla sigaretta. «Molti sono pronti a sfruttare lo spazio a fini economici, e c'è una lobby politica determinata a togliere ogni restrizione e aprire le cateratte. Il potere di veto del presidente è la sola barriera rimasta contro la privatizzazione... contro la totale anarchia nello spazio.»

«Allora mi complimento con il presidente per avere posto il veto.»

«Io temo che il suo candidato non sarebbe altrettanto prudente, se eletto.»

«Ripeto che sono convinta che il senatore soppeserebbe bene la questione se si trovasse a esprimere il suo parere sul disegno di legge.»

La Tench non parve del tutto convinta. «Lei sa quanto spende il senatore per farsi propaganda sui media?»

La domanda la colse di sorpresa. «Le cifre sono di dominio pubblico.»

«Più di tre milioni di dollari al mese.»

Gabrielle alzò le spalle. «Se lo dice lei.» La cifra era vicina al vero.

«Un sacco di soldi.»

«Ma lui *ha* un sacco di soldi.»

«Sì, ha programmato tutto con cura. O, meglio, ha fatto un buon *matrimonio*.» La Tench fece una pausa per soffiare fuori il fumo. «Molto triste la vicenda della moglie, Katherine. La sua morte è stata un duro colpo per lui.» Sospirò con fare teatrale. «È piuttosto recente, vero?»

«Venga al dunque, altrimenti me ne vado.»

La Tench diede un colpo di tosse da scuotere i polmoni e aprì la grossa busta marrone. Ne estrasse una serie di fascicoli spillati che passò a Gabrielle. «I documenti sulla situazione economica di Sexton.»

Gabrielle esaminò le carte. Notò con stupore che risalivano a parecchi anni addietro. Pur non essendo addentro nei particolari della situazione finanziaria del senatore, capì che quei

184

dati erano autentici: estratti conto bancari, addebiti su carte di credito, prestiti, azioni, proprietà immobiliari, passività, utili da capitale, uscite. «Ma queste informazioni sono riservate. Come le ha ottenute?»

«La mia fonte non la riguarda. Se esamina le cifre, si accorgerà che il senatore Sexton non possiede il denaro che attualmente sta spendendo. Dopo la morte della moglie, ha dissipato la maggior parte dell'eredità in pessimi investimenti, lussi personali e per comprare quella che appare la sua vittoria certa alle primarie. Appena sei mesi fa, il suo candidato era sul lastrico.»

Gabrielle ebbe la sensazione che si trattasse di un bluff. Se Sexton era a terra, di sicuro non si comportava di conseguenza. Con il passare delle settimane, comprava sempre più pubblicità sui media.

«Al momento, il suo candidato spende il quadruplo del presidente. E non dispone di fondi personali.»

«Riceviamo molte donazioni.»

«Sì, e alcune legali.»

Gabrielle sollevò la testa di scatto. «*Prego?*»

La Tench si sporse sulla scrivania, facendole arrivare una zaffata di nicotina. «Gabrielle Ashe, le farò una domanda, e le consiglio di riflettere bene prima di rispondere, perché potrebbe costarle alcuni anni di prigione. È al corrente che il senatore Sexton accetta sottobanco enormi somme di denaro per la sua campagna da parte di società aerospaziali private che hanno da guadagnare miliardi dalla privatizzazione della NASA?»

Gabrielle la fissò indignata. «È un'accusa assurda!»

«Mi sta dicendo che a lei non risulta?»

«Penso che lo *saprei*, se prendesse bustarelle di quella portata.»

La Tench le rivolse un sorriso gelido. «Mi rendo conto che il senatore ha condiviso *molto* con lei, ma le assicuro che le tace parecchio.»

Gabrielle si alzò. «L'incontro è terminato.»

«Al contrario» ribatté la Tench, togliendo dalla busta i fascicoli restanti e sparpagliandoli sul tavolo. «Comincia solo adesso.»

44

Nello "spogliatoio" dell'habisfera, Rachel Sexton si sentiva come un'astronauta, mentre si infilava in una delle tute Mark IX della NASA per la sopravvivenza in climi estremi. Il completo nero con cappuccio, in un solo pezzo, ricordava una muta gonfiabile da sommozzatore. Era di *memory foam*, materiale a doppio strato, una sorta di gomma con scanalature interne da riempire di una gelatina densa che si modella sul corpo per isolare sia dal freddo sia dal caldo.

Rachel calzò l'aderente cappuccio e l'occhio le cadde sul direttore. Si stagliava sulla porta come una sentinella silenziosa, chiaramente rincresciuto che si fosse resa necessaria quella piccola missione.

Norah Mangor bofonchiava oscenità in attesa che tutti fossero pronti. «Qui ce n'è una per il tombolotto» disse, lanciando a Corky una tuta.

Quando Rachel ebbe chiuso tutte le cerniere, Norah trovò il rubinetto di regolazione sul suo fianco e lo collegò a un tubo che si srotolava da un contenitore argentato simile a una bombola da sub.

«Inspira» le ordinò Norah, aprendo la valvola.

Rachel udì un sibilo e poi la gelatina venne iniettata nella tuta. La *memory foam* si espanse e la tuta aderì al suo corpo premendo sugli abiti che portava sotto. Le ricordò la sensazione che si prova a mettere sott'acqua una mano coperta da un guanto di gomma. Il cappuccio si gonfiò intorno alla testa e fece pressione sulle orecchie, attutendo ogni suono. "Sono in un bozzolo" si disse.

«La cosa migliore della Mark IX è l'imbottitura. Non senti nulla neppure se cadi sul sedere.»

Rachel non stentava a crederlo. Aveva l'impressione di essere intrappolata dentro un materasso.

Norah le porse una serie di attrezzi: una piccozza da ghiaccio, corde di sicurezza e moschettoni che attaccò alla cintola di Rachel.

«Tutta questa roba per percorrere duecento metri?» chiese Rachel.

Norah strinse gli occhi. «Vuole venire o no?»

Tolland la rassicurò con un cenno del capo. «Norah vuole andare sul sicuro.»

Corky si collegò alla bombola per gonfiare la sua tuta. «È come mettersi un gigantesco preservativo» commentò divertito.

Norah gli rispose con un grugnito di disgusto. «Come se tu ne sapessi qualcosa, verginello.»

Tolland si sedette accanto a Rachel e le rivolse un sorriso incerto mentre lei indossava scarponi pesanti e ramponi. «Sei sicura di voler venire?» le chiese, con un'espressione protettiva che la commosse.

Lei gli rispose con un cenno del capo, sperando di non dare a vedere la crescente trepidazione. "Duecento metri... non è lontano." «E tu che credevi di provare emozioni soltanto in alto mare!»

Tolland rise mentre cercava di agganciare i ramponi. «Ho deciso che mi piace l'acqua allo stato liquido molto più di questa roba ghiacciata.»

«A me non è mai piaciuta sotto nessuna forma» dichiarò Rachel. «Sono caduta in un buco nel ghiaccio, da bambina, e da allora l'acqua mi fa venire l'ansia.»

Tolland le rivolse uno sguardo comprensivo. «Mi dispiace. Ma quando avremo finito qui, dovrai venirmi a trovare a bordo della *Goya*. Ti farò cambiare idea in proposito. Promesso.»

L'invito la sorprese. La *Goya* era la nave oceanografica di Tolland, molto nota per il ruolo che svolgeva nelle *Meraviglie del mare* e anche perché era una delle navi dall'aspetto più stravagante che solcasse gli oceani. Anche se le avrebbe creato molta apprensione salire sulla *Goya*, Rachel sapeva che sarebbe stato difficile rinunciarvi.

«È ancorata dodici miglia al largo della costa del New Jersey, al momento» precisò Tolland, lottando con i ganci dei ramponi.

«Un luogo poco adatto.»

«Tutt'altro. La costa atlantica è un posto incredibile. Stavamo preparandoci a girare un nuovo documentario quando sono stato bruscamente interrotto dal presidente.»

Rachel scoppiò a ridere. «Un documentario su cosa?»

«*Sphyrna mokarran* e pennacchi caldi.»

«Assolutamente chiaro.»

Tolland finì di agganciare i ramponi e alzò lo sguardo. «Sul serio, girerò in quella zona per un paio di settimane. Washington non è lontana. Fai un salto, quando torni a casa. Non c'è ragione perché tu passi la vita con il terrore dell'acqua. Il mio equipaggio stenderà tappeti rossi per te.»

«Allora, usciamo, o vi devo portare due candele e una bottiglia di champagne?» chiese Norah Mangor spazientita.

45

Gabrielle Ashe non sapeva come interpretare quella distesa di documenti sparsi sul tavolo di Marjorie Tench. C'erano fotocopie di lettere, fax, trascrizioni di conversazioni telefoniche, e tutte sembravano supportare l'accusa che il senatore Sexton intratteneva rapporti segreti con agenzie spaziali private.

La Tench spinse verso di lei un paio di fotografie sgranate in bianco e nero. «Immagino che non ne sappia nulla, vero?»

Gabrielle le osservò. La prima istantanea mostrava il senatore Sexton che scendeva da un taxi in una specie di garage sotterraneo. "Sexton non prende mai il taxi." Nella seconda, scattata col teleobiettivo, il senatore stava salendo su una monovolume parcheggiata, su cui lo attendeva un uomo anziano.

«Chi è?» chiese Gabrielle, col sospetto che potesse trattarsi di un montaggio.

«Un pezzo grosso della SFF.»

Gabrielle parve dubbiosa. «La Space Frontier Foundation?»

La SFF era una specie di "sindacato" delle industrie spaziali private. Rappresentava imprenditori dell'aerospazio, industriali, investitori di capitali di rischio: qualunque privato intendesse andare nello spazio. In genere erano tutti molto critici nei confronti della NASA, e la loro tesi era che il programma spaziale statunitense si basava su pratiche commerciali scorrette per impedire alle compagnie private l'accesso allo spazio.

«La SFF» disse la Tench «rappresenta oggi oltre cento grandi aziende, alcune molto ricche, ansiose che venga ratificato il disegno di legge sulla liberalizzazione dello spazio.»

Gabrielle rifletté un momento. Per ovvie ragioni, la SFF appoggiava apertamente la campagna di Sexton, anche se il senatore era stato attento a mantenere le distanze per via delle controverse tattiche lobbistiche del cartello. Poco tempo prima, la SFF aveva pubblicato una dichiarazione esplosiva accusando la NASA di essere un "monopolio illegale" perché la sua capacità di operare in perdita senza il rischio di fallire costituiva concorrenza sleale nei confronti delle imprese private. Secondo la SFF, ogni volta che la compagnia telefonica AT&T aveva bisogno di un nuovo satellite per le telecomunicazioni, riceveva offerte da parecchie compagnie private a un costo ragionevole di cinquanta milioni di dollari. Purtroppo, la NASA si intrometteva regolarmente impegnandosi a lanciare in orbita il satellite per venticinque milioni, anche se le costava cinque volte tanto. "Operare in perdita è un modo per mantenere il dominio sullo spazio" sostenevano i legali della SFF. "E sono i contribuenti a pagare il conto."

«Questa foto dimostra che il suo candidato incontra in segreto i responsabili di un'organizzazione che rappresenta l'industria spaziale privata.» La Tench indicò gli altri documenti sulla scrivania. «Abbiamo anche alcune note interne della SFF che chiedono ingenti somme di denaro alle compagnie affiliate, in ragione del loro valore netto, da trasferire su conti controllati dal senatore Sexton. In realtà, queste agenzie spaziali stanno facendo enormi investimenti sulla vittoria del senatore. Io posso soltanto desumere che lui si è impegnato, se eletto, ad approvare il disegno di legge sulla commercializzazione dello spazio e a privatizzare la NASA.»

Gabrielle, poco convinta, guardò la pila di carte. «Vuole farmi credere che la Casa Bianca ha la prova che lo sfidante accetta finanziamenti illeciti eppure, per qualche ragione, non lo rivela?»

«Lei che ne pensa?»

Gabrielle era indignata. «In tutta franchezza, considerata la sua capacità di manipolare le cose, mi pare più credibile che lei stia cercando di convincermi con documenti fasulli e fotomontaggi creati al computer da qualche intraprendente impiegato della Casa Bianca.»

«È possibile, lo ammetto, ma non è così.»

«No? E allora come ha ottenuto tutti questi documenti riservati, e per di più da fonti tanto diverse? Le risorse necessarie per sottrarre queste prove eccedono perfino le possibilità della Casa Bianca.»

«Giusto. Queste informazioni sono infatti arrivate come un regalo non richiesto.»

A quel punto, Gabrielle si sentì sgomenta.

«Capita assai spesso» continuò la Tench. «Il presidente ha molti potenti alleati politici che vogliono che rimanga in carica. Tenga presente che il suo candidato propone tagli di spesa a tutto tondo, gran parte dei quali qui a Washington. Il senatore Sexton non si fa scrupolo di citare gli esorbitanti costi dell'FBI come un esempio della spesa eccessiva del governo. Ha sparato anche qualche bordata contro il dipartimento delle Imposte. Può darsi che qualcuno all'FBI o alle Imposte si sia scocciato.»

Gabrielle comprese dove voleva arrivare. Qualche funzionario delle due istituzioni, ottenute facilmente quelle informazioni, le avrebbe inviate al presidente come favore non richiesto per contribuire alla sua rielezione. Ma quello che Gabrielle non poteva proprio credere era che il senatore Sexton fosse coinvolto in una storia di finanziamenti illeciti. «Se questi dati sono veri, cosa di cui dubito fortemente, perché non li avete resi pubblici?»

«Secondo lei, perché?»

«Sono stati raccolti illegalmente.»

«Come li abbiamo ottenuti, non fa alcuna differenza.»

«Ovvio che fa differenza. Sono prove non accettate in tribunale.»

«Ma quale tribunale? Non dovremmo fare altro che lasciar trapelare l'informazione a un giornale, che la pubblicherebbe come notizia "di fonte credibile", con tanto di foto e documentazione. Sexton verrebbe considerato colpevole fino a prova contraria. La sua posizione anti-NASA costituirebbe la prova virtuale che intasca bustarelle.»

Gabrielle sapeva che era vero, ma a quel punto voleva che la Tench mettesse le carte in tavola. «Bene, allora come mai non avete diffuso la notizia?»

«Perché avrebbe un impatto negativo sull'opinione pubblica. Il presidente si è impegnato a non assumere un atteggiamento ostile nella campagna e, finché è possibile, vuole mantenere la promessa.»

"Sì, probabile!" «Sta dicendo che il presidente è talmente superiore da rifiutarsi di rivelare la storia perché darebbe un'immagine negativa del senatore?»

«Un'immagine negativa del paese. Coinvolgerebbe decine di aziende private, molte delle quali composte da persone oneste. Infangherebbe il Senato degli Stati Uniti e la moralità della nazione. I politici disonesti sono dannosi per *tutta* la classe politica. Gli americani hanno bisogno di potersi fidare dei loro leader. Questa sarebbe un'indagine sgradevole e con ogni probabilità farebbe finire in prigione un senatore e numerosi alti dirigenti di società aerospaziali.»

Il ragionamento filava, ma Gabrielle non credeva ancora alle accuse. «Ma io che c'entro in tutto questo?»

«In poche parole, signora Ashe, se noi mettiamo in circolazione questi documenti, il suo candidato sarà incriminato per avere accettato finanziamenti illeciti per la campagna elettorale, perderà il seggio senatoriale e sarà condannato a un periodo di detenzione.» La Tench fece una pausa. «A meno che...»

Gabrielle notò un guizzo da serpente negli occhi del consigliere. «A meno che, cosa?»

La Tench aspirò una lunga boccata di fumo. «A meno che non decida di aiutarci a evitare tutto questo.»

Un pesante silenzio calò nella stanza.

La Tench tossì rumorosamente. «Gabrielle, mi ascolti. Ho deciso di rivelarle questa incresciosa situazione per tre buoni motivi. Primo, per dimostrarle che Zach Herney è un uomo perbene che antepone l'interesse del governo al suo interesse personale. Secondo, per farle sapere che il suo candidato non è degno di fiducia come lei lo ritiene. E, terzo, per convincerla ad accettare l'offerta che sto per proporle.»

«E sarebbe?»

«Darle la possibilità di fare la cosa giusta per una persona che ami il proprio paese. Non so se si rende conto che lei è in una posizione unica per evitare a Washington un odioso scandalo. Se farà quello che le chiedo, potrebbe addirittura guadagnarsi un posto nella squadra del presidente.»

"Un posto nella squadra del presidente?" Gabrielle stentava a credere di avere udito quelle parole. «Signora Tench, qualunque cosa lei abbia in mente, non mi piace essere ricattata o forzata, né sentirmi trattare con un atteggiamento di superiorità. Io lavoro per la campagna del senatore perché credo nella sua politica. E se *questo* è indicativo di come Zach Herney esercita il proprio potere, non mi interessa avere a che fare con lui! Se lei ha da dire qualcosa sul senatore Sexton, le suggerisco di contattare la stampa. Io, in tutta sincerità, ritengo che la questione sia solo una montatura.»

La Tench sospirò con tristezza. «Gabrielle, che il suo candidato riceva finanziamenti illeciti è un dato di fatto. Mi dispiace, perché so che si fida di lui.» Abbassò la voce. «Senta, questo è il punto. Il presidente e io tireremo fuori la questione dei finanziamenti solo se costretti, ma la cosa avrebbe conseguenze molto negative. Questo scandalo travolgerebbe grandi corporazioni statunitensi, e ne pagherebbero il prezzo molti innocenti.» Aspirò una lunga boccata e soffiò fuori il fumo. «Quello che il presidente e io speriamo... è che ci sia qualche altro modo per screditare la moralità del senatore. Un modo meno dirompente... che non travolga persone perbene.» Posò la sigaretta e si strinse le mani. «In poche parole, vorremmo che lei ammettesse pubblicamente di avere avuto una relazione con il senatore.»

Gabrielle sentì il corpo irrigidirsi. La Tench sembrava assolutamente sicura di quello che sosteneva. "Impossibile" si disse Gabrielle. Non c'erano prove. Erano andati a letto insieme una sola volta, nell'ufficio senatoriale ben chiuso a chiave. "La Tench non ha in mano nulla. Sta bluffando." Gabrielle si sforzò di mantenere un tono di voce tranquillo. «Lei fa troppe supposizioni, signora Tench.»

«A proposito di cosa? Che avete avuto una relazione? O che lei sia disposta ad abbandonare il suo candidato?»

«Entrambe le cose.»

La Tench abbozzò un sorriso mentre si alzava. «Bene, tagliamo corto e chiariamo subito una questione.» Andò di nuovo alla cassaforte a parete e tornò con una cartellina rossa con il sigillo della Casa Bianca. Tolse l'elastico, la aprì e versò il contenuto sulla scrivania, davanti a Gabrielle.

Mentre decine di fotografie a colori si sparpagliavano sul piano, Gabrielle vide con i propri occhi la sua carriera andare in fumo.

46

Fuori dall'habisfera, il vento catabatico che soffiava impetuoso giù per il ghiacciaio non assomigliava affatto ai venti oceanici ben noti a Tolland. In mare, il vento deriva dalle maree e dai fronti di pressione e arriva a raffiche. Il catabatico, invece, è assoggettato soltanto alle leggi della fisica: forte aria fredda che scende lungo il fianco del ghiacciaio come un'onda di marea. Era il vento più teso che Tolland avesse mai sperimentato. Se avesse soffiato a venti nodi, sarebbe stato il sogno di ogni velista, ma alla velocità di ottanta nodi, come in quel momento, poteva diventare un incubo anche per chi aveva i piedi ben piantati a terra. Fermandosi inclinato all'indietro, Tolland si sentiva sollevare.

A rendere ancora più snervante quell'impetuoso fiume d'aria era la leggera inclinazione della banchisa. Il ghiacciaio digradava leggermente fino all'oceano, distante tre chilometri. Malgrado le punte aguzze dei ramponi Pitbull Rapido, Tolland aveva la fastidiosa sensazione che bastasse un passo falso per essere trascinato dalla burrasca giù per l'interminabile pendio gelato. In quel momento, i due minuti dedicati da Norah Mangor alla lezione di sicurezza sui ghiacciai sembrarono pericolosamente insufficienti.

«Piccozza da ghiaccio Piranha» aveva detto Norah, fissando un leggero attrezzo a forma di T alla cintura di ciascuno, mentre si vestivano nell'habisfera. «Lama standard, lama a banana, martello e ascia. Ricordate soltanto una cosa: se qualcuno scivola o viene colpito da una raffica, afferrate la piccozza con una mano sulla testa e una sul manico, piantate la lama a banana nel ghiaccio e lasciatevi cadere sopra, puntando i ramponi.»

Con quelle parole rassicuranti, Norah Mangor li aveva imbracati e aveva fatto indossare a tutti degli occhialini prima di portarli nel buio del pomeriggio.

In quel momento, le quattro sagome procedevano in fila indiana giù per il ghiacciaio, separate una dall'altra da dieci metri di fune di sicurezza. Norah guidava la cordata, seguita da Corky, Rachel e poi Tolland, che fungeva da ancora.

Allontanandosi dall'habisfera, Tolland avvertì una crescente apprensione. Dentro la tuta gonfiata e calda, si sentiva una sorta di cosmonauta dai movimenti scoordinati che camminasse su un lontano pianeta. La luna era scomparsa dietro pesanti nuvole temporalesche, immergendo la lastra di ghiaccio in un'impenetrabile oscurità. Il vento catabatico sembrava rinforzare di minuto in minuto, esercitando una costante pressione sulla sua schiena. Mentre sforzava gli occhi per vedere la grande distesa deserta attorno a sé, cominciò a percepire la pericolosità del luogo. Quali che fossero le normative di sicurezza della NASA, non si capacitava che il direttore avesse messo a rischio quattro vite anziché due, tanto più che erano coinvolti la figlia di un senatore e un famoso astrofisico. Non fu sorpreso di provare quell'ansia protettiva nei confronti di Rachel e Corky. Abituato a essere il capitano della nave, si sentiva responsabile per chi aveva intorno.

«State dietro di me» gridò Norah, ma la sua voce venne inghiottita dal vento. «Fatevi guidare dalla slitta.»

La slitta di alluminio su cui Norah trasportava l'attrezzatura assomigliava a una gigantesca slitta per bambini. Conteneva gli strumenti diagnostici e gli accessori di sicurezza da lei usati sul ghiacciaio nei giorni precedenti, il tutto – batterie, torce di segnalazione e un potente riflettore montato sul davanti – assicurato sotto un'incerata. Malgrado il peso, la slitta scivolava senza sforzo in avanti, per tratti lunghi e dritti. Anche su inclinazioni quasi impercettibili, continuava a scendere, e Norah la teneva senza rallentarla troppo, quasi permettendole di guidarli sulla strada.

Tolland si guardò alle spalle, percependo la distanza crescente tra il gruppo e l'habisfera. La pallida cupola arcuata era stata inghiottita dal buio, malgrado si trovasse soltanto a una quarantina di metri da loro.

«Non ti preoccupa come faremo a ritrovare la strada del ritorno?» gridò Tolland. «L'habisfera è quasi invi...» Le sue parole furono interrotte dal forte sibilo di una torcia accesa nella mano di Norah. L'improvvisa luce bianca e rossa illuminò la banchisa per un raggio di dieci metri. Con il tallone, Norah scavò un piccolo buco nella neve, formò una barriera di protezione sul lato controvento e piantò la torcia nella rientranza.

«Briciole di pane ad alta tecnologia» gridò.

«Briciole di pane?» chiese Rachel riparandosi gli occhi dall'improvviso chiarore.

«Hansel e Gretel» urlò Norah. «Queste torce resteranno accese un'ora, tutto il tempo per ritrovare la strada del ritorno.»

Detto questo, riprese a guidarli sul ghiacciaio, di nuovo nel buio.

47

Gabrielle Ashe uscì come una furia dall'ufficio di Marjorie Tench e quasi travolse una segretaria. Davanti a sé, soltanto le immagini mortificanti di un groviglio di braccia e gambe. Visi in estasi.

Non aveva idea di come avessero potuto scattarle, ma non c'erano dubbi sul fatto che fossero vere. Forse erano state riprese dall'alto, da una telecamera nascosta nell'ufficio del senatore Sexton. "Dio mi aiuti." In una foto, Gabrielle e Sexton erano impegnati in un atto sessuale proprio sopra la scrivania del senatore, i corpi abbandonati su una quantità di documenti dall'aria ufficiale.

Marjorie Tench la raggiunse fuori dalla Sala delle mappe, con in mano la cartellina rossa. «Dalla sua reazione deduco che le ritiene autentiche.» Il consigliere del presidente aveva tutta l'aria di divertirsi un mondo. «Spero solo che servano a persuaderla che anche gli altri dati in nostro possesso sono veri. Provengono dalla stessa fonte.»

Gabrielle si sentì avvampare in tutto il corpo mentre percorreva il corridoio a lunghi passi. "Dove diavolo è l'uscita?"

La Tench, con le sue lunghe gambe, non aveva difficoltà a starle dietro. «Il senatore Sexton ha giurato al mondo intero che tra voi due non c'è assolutamente nulla di fisico. La dichiarazione rilasciata alla televisione è stata decisamente convincente.» La Tench indicò verso il suo ufficio con aria compiaciuta. «A proposito, ho anche un nastro registrato, se ha voglia di rinfrescarsi la memoria.»

Gabrielle non ne aveva bisogno. Ricordava fin troppo bene

la conferenza stampa e Sexton che negava con sentita indignazione.

«Purtroppo» continuò la Tench, in tono tutt'altro che dispiaciuto «il senatore Sexton ha mentito spudoratamente agli americani guardandoli negli occhi. Il pubblico ha diritto di saperlo, e lo saprà. La sola questione da decidere, ora, è come deve scoprirlo. Noi riteniamo preferibile che sia lei a parlarne.»

Gabrielle apparve esterrefatta. «Davvero mi ritiene disposta a contribuire al linciaggio del mio candidato?»

Il viso della Tench si indurì. «Sto cercando di fare la scelta migliore, Gabrielle. Risparmierà a tutti molto imbarazzo se lei, a testa alta, confesserà la verità. Per me è sufficiente che firmi una dichiarazione in cui ammette la relazione.»

Gabrielle si fermò di colpo. «Cosa?»

«Certo. Una dichiarazione firmata darà a noi la possibilità di trattare con il senatore in modo *discreto*, risparmiando così al paese questa brutta storia. La mia proposta è semplice: firmi la dichiarazione e queste foto non saranno mai tirate fuori.»

«Vuole una dichiarazione?»

«Tecnicamente mi servirebbe una confessione giurata, ma poiché qui non abbiamo un notaio...»

«Lei è pazza.» Gabrielle aveva ripreso a camminare.

La Tench proseguì al suo fianco, ormai spazientita. «Gabrielle, il senatore cadrà, in un modo o nell'altro, e io le sto offrendo la possibilità di tirarsi fuori da questa storia senza vedere il suo culo nudo sui giornali del mattino! Il presidente è una persona perbene e *non* vuole che queste foto siano pubblicate. Se lei confesserà per iscritto, con parole sue, di avere avuto una relazione con Sexton, salveremo almeno un briciolo di dignità.»

«Non sono in vendita.»

«Be', il suo candidato lo è di sicuro. È un uomo pericoloso, e viola la legge.»

«Lui viola la legge? Siete stati voi a penetrare di nascosto nel suo ufficio e a riprendere immagini illecite! Mai sentito parlare di Watergate?»

«Noi non abbiamo niente a che fare con queste foto disgustose, che ci sono arrivate dalla stessa fonte che ci ha informato sui finanziamenti illeciti della SFF. Evidentemente, qualcuno vi marca stretto.»

Gabrielle arrivò al banco della sicurezza dove aveva ricevuto il pass. Se lo strappò dal collo e lo sbatté davanti all'agente sbalordito.

La Tench la stava ancora tallonando. «Deve decidere in fretta, signora Ashe» la incalzò in prossimità dell'uscita. «Mi porti una dichiarazione firmata in cui ammette di essere andata a letto con il senatore, o stasera alle venti il presidente sarà costretto a mettere tutto in piazza: finanziamenti illeciti, fotografie di voi due. Mi creda, quando i telespettatori vedranno che lei non ha fiatato, lasciando che Sexton mentisse sui vostri rapporti, sarà trascinata nel fango insieme a lui.»

Gabrielle si diresse alla porta.

«Sulla mia scrivania entro stasera alle venti, Gabrielle. Agisca con intelligenza.» Le lanciò la cartella con le fotografie. «Le tenga, cara. Abbiamo un sacco di copie.»

48

Rachel avvertì un crescente terrore mentre si avventurava sul lastrone di ghiaccio nel buio sempre più fondo. Immagini inquietanti turbinavano nella sua mente: il meteorite, il plancton luminescente, le possibili conseguenze di un errore di Norah Mangor con i carotaggi.

Norah aveva sostenuto che si trattasse di una solida matrice di ghiaccio d'acqua dolce, ricordando a tutti di avere praticato carotaggi direttamente sopra il meteorite e nella zona circostante. Se il ghiacciaio avesse contenuto interstizi di acqua di mare pieni di plancton, li avrebbe certamente notati. Ciononostante, l'intuito di Rachel continuava a suggerirle la soluzione più semplice.

"C'è plancton congelato dentro questo ghiacciaio."

Dieci minuti e quattro torce di segnalazione dopo, Rachel e gli altri si trovavano a circa duecento metri dall'habisfera.

Senza preavviso, Norah si fermò. «Ci siamo» disse, simile a una rabdomante che misticamente individui il punto perfetto per scavare un pozzo.

Rachel si voltò a guardare il pendio alle loro spalle. L'habisfera era da tempo scomparsa nel fioco riverbero lunare, ma la linea di torce di segnalazione era chiaramente visibile e la più lontana brillava rassicurante come una pallida stella. Le torce erano disposte in linea retta, come una strada progettata con cura. Rachel era molto colpita dall'abilità di Norah.

«Un'altra ragione per cui abbiamo lasciato andare avanti la slitta» gridò Norah, nell'accorgersi che Rachel ammirava la fila di torce. «I solchi sono dritti. Se facciamo in modo che sia la gravità a guidare la slitta e non interferiamo, abbiamo la sicurezza di procedere in linea retta.»

«Ottimo trucco» gridò Tolland. «Mi piacerebbe che ci fosse una possibilità del genere anche in mare aperto.»

"Ma questo è il mare aperto" pensò Rachel, raffigurandosi l'oceano sotto di loro. Per un decimo di secondo, la fiamma più lontana attirò la sua attenzione. Era scomparsa per un attimo, come se qualcuno vi fosse passato davanti. Ma tornò visibile quasi subito. Rachel avvertì un senso di disagio. «Norah» urlò, per sovrastare il rumore del vento «ha detto che ci sono orsi polari quassù?»

La glaciologa stava preparando l'ultima torcia e non la sentì oppure la ignorò.

«Gli orsi polari si nutrono di foche. Attaccano l'uomo solo quando questi invade il loro spazio» spiegò Tolland.

«Ma qui vive l'orso polare, vero?» Rachel non ricordava mai in quale polo stessero gli orsi e in quale i pinguini.

«Sì» gridò Tolland. «Anzi, è proprio l'orso polare ad avere dato il nome all'Artico. In greco, *arktos* significa orso.»

"Splendido." Rachel scrutò nel buio con nervosismo.

«In Antartide non esistono orsi, invece. Per questo si chiama *Anti-arktos*.»

«Grazie, Mike» gridò Rachel. «Però ora smettiamola di parlare di orsi.»

Tolland scoppiò a ridere. «Giusto. Scusa.»

Norah infilò l'ultima torcia nella neve. Come prima, un bagliore rossastro avvolse i quattro, che sembravano gonfi dentro le tute nere. Oltre il cerchio di luce che emanava dalla torcia, il resto del mondo divenne totalmente invisibile e parve che un manto scuro li avvolgesse.

Mentre Rachel e gli altri restavano a guardare, Norah piantò i piedi e con abili movimenti spinse la slitta indietro di parecchi metri, verso di loro. Poi, tenendo tesa la corda, si accovacciò per azionarne i freni: quattro punte angolate che si incastravano nel ghiaccio. Infine si rialzò scuotendosi di dosso la neve. La corda che le circondava la vita pendeva allentata.

«Bene» gridò. «Al lavoro.»

La glaciologa passò dalla parte sottovento della slitta e prese a svitare i dadi a farfalla che assicuravano l'incerata. Rachel, temendo di essere stata dura con Norah, cercò di liberare la parte posteriore del telone.

«Gesù, no!» strillò Norah, alzando la testa di scatto. «*Mai fare una cosa del genere.*»

Rachel fece un passo indietro, avvilita.

«Mai liberare il lato sopravento! Si creerebbe una manica a vento! La slitta decollerebbe come un ombrello in una galleria del vento!»

«Chiedo scusa. Io...»

Norah era furibonda. «Lei e il figlio dello spazio non dovreste essere qui.»

"Nessuno di noi dovrebbe" pensò Rachel.

"Dilettanti." Norah schiumava di rabbia e imprecava contro il direttore che aveva insistito per mandare anche Corky e la Sexton. "Questi pagliacci faranno morire qualcuno." L'ultima cosa al mondo che Norah voleva era fare da baby sitter. «Mike» disse «devi darmi una mano a prendere il GPR dalla slitta.»

Tolland l'aiutò a tirare fuori il Ground Penetrating Radar – un georadar a penetrazione per analizzare il terreno – e a posizionarlo sul ghiaccio. Lo strumento era costituito da tre minuscole lame da spazzaneve parallele tra loro e fissate a un telaio d'alluminio. Era lungo in tutto meno di un metro e collegato con dei cavi a un riduttore di corrente e a una batteria marina posti sulla slitta.

«È quello il radar?» si informò Corky, cercando di sovrastare il vento.

Norah annuì in silenzio. Il georadar era molto meglio attrezzato del PODS per individuare il ghiaccio formato da acqua di mare. Il trasmettitore del GPR inviava nel ghiaccio impulsi elettromagnetici che rimbalzavano differentemente a seconda della struttura cristallina delle sostanze attraversate. L'acqua dolce pura congela in un reticolo piatto, formato da piccole placche, mentre l'acqua di mare congela in un reticolo più irregolare a causa del suo contenuto di sodio, che fa rimbalzare i segnali del GPR in modo casuale, diminuendo notevolmente il numero degli echi di ritorno.

Norah accese il macchinario. «Otterrò una specie di immagine ecografica della sezione trasversale dello strato di ghiaccio intorno al pozzo di estrazione» gridò. «Il software interno fornirà una sezione trasversale del ghiacciaio e poi la stamperà. Eventuali ombre rivelerebbero la presenza di ghiaccio di origine marina.»

«Una stampa?» Tolland parve sorpreso. «Puoi *stampare* qui?»

Norah indicò un cavo che collegava il GPR a uno strumento ancora coperto dall'incerata. «Non abbiamo altra scelta. Gli schermi dei computer consumano troppa batteria, quindi i glaciologi da campo stampano i dati su stampanti a infrarossi. I colori non sono brillanti, ma il toner tende a raggrumarsi a temperature inferiori a meno venti. L'ho imparato a mie spese in Alaska.»

Norah ordinò a tutti di stare a valle del GPR mentre lei si preparava ad allineare il trasmettitore in modo che potesse scansire la zona del pozzo del meteorite, a quasi due campi di calcio di distanza. Mentre guardava nella notte verso la direzione da cui erano arrivati, non riusciva a vedere un accidenti. «Mike, devo allineare il trasmettitore GPR con il punto in cui si trovava il meteorite, ma questa torcia mi acceca. Torno indietro un poco per uscire dalla luce. Terrò le braccia in linea con le torce, mentre tu regoli l'allineamento sul GPR.»

Tolland annuì e si inginocchiò di fianco al radar.

Norah piantò i ramponi nel ghiaccio e si chinò in avanti per contrastare la forza del vento mentre risaliva il pendio in direzione dell'habisfera. Il vento catabatico era più forte del previsto e preannunciava l'arrivo di una tempesta. Non importava. In pochi minuti avrebbero finito. "Vedranno che ho ragione." Percorse faticosamente una ventina di metri verso l'habisfera. Raggiunse il limite della zona buia proprio quando la sua corda di sicurezza entrò in tensione.

Alzò lo sguardo verso il ghiacciaio. Mentre i suoi occhi si adattavano all'oscurità, riuscì a intravedere la linea delle torce, parecchi gradi alla sua sinistra. Si spostò fino a essere perfettamente allineata con esse. Poi alzò le braccia come un compasso, voltando il corpo per indicare l'esatta direzione. «Sono in linea, adesso!» gridò.

Tolland regolò il GPR e segnalò con le braccia. «A posto!»

Norah lanciò un'ultima occhiata al pendio, rassicurata dal

sentiero luminoso che li avrebbe riportati in salvo. Tuttavia, in quel momento accadde una cosa strana. Per un attimo, una delle torce più vicine scomparve completamente alla sua vista. Non ebbe il tempo di preoccuparsi che si fosse spenta che la luce riapparve. Se non avesse saputo che era impossibile, avrebbe creduto che qualcuno fosse passato tra lei e la torcia. Ma di certo nessuno si sarebbe mai avventurato fin lì... a meno che il direttore, colto dai sensi di colpa, non li avesse fatti seguire da una squadra della NASA. Ma Norah ne dubitava. "Non ha importanza" si disse. "Forse una raffica ha fatto vacillare la fiamma."

Norah tornò al GPR. «Allineato?»

Tolland si strinse nelle spalle. «Credo di sì.»

La glaciologa si avvicinò al quadro di controllo e premette un pulsante. Il GPR emise un breve ronzio, poi tacque. «Okay, fatto.»

«Tutto qui?»

«Il lavoro grosso consiste nella preparazione. Il rilevamento richiede soltanto un secondo.»

A bordo della slitta, la stampante a infrarossi aveva già cominciato a frusciare e ticchettare. Era racchiusa in una custodia di plastica trasparente e stava lentamente espellendo un pesante foglio arrotolato. Norah attese che terminasse la stampa, poi infilò la mano sotto la plastica per prendere il foglio. "Lo vedranno" si disse, avvicinando la carta alla torcia perché tutti potessero guardare. "Non ci sarà neppure una goccia di acqua di mare."

Tutti si strinsero intorno a Norah che, accanto alla torcia, impugnava con forza il foglio tra i guanti. Fece un profondo respiro e lo srotolò per esaminare i dati. L'immagine stampata la fece arretrare con orrore.

«Oddio!» Norah non riusciva a credere ai proprio occhi. Come previsto, la stampata rivelava una nitida sezione trasversale del pozzo del meteorite colmo d'acqua. Ma quel che mai si sarebbe aspettata di vedere era una sagoma umana, grigiastra e appannata, che fluttuava a metà del pozzo. Sentì ghiacciare il sangue nelle vene. «Oddio... c'è un cadavere nel pozzo di estrazione.»

Tutti la fissarono sgomenti.

Il corpo spettrale era riverso a testa in giù nello stretto pozzo. Intorno al cadavere c'era una sorta di sinistro sudario, come una lugubre aura. Norah comprese cos'era. Il GPR aveva catturato una debole traccia del pesante giaccone della vittima, che poteva essere soltanto pelo di cammello, lungo e fitto.

«È... Ming» disse con un filo di voce. «Deve essere scivolato...»

Norah Mangor non avrebbe mai immaginato che vedere il corpo di Ming dentro il pozzo di estrazione sarebbe stato il minore dei due choc provocati dalla stampata. Mentre i suoi occhi percorrevano la parte inferiore del pozzo, notò un'altra cosa.

"Il ghiaccio sotto il pozzo di estrazione..."

Norah fissava il foglio. Il suo primo pensiero fu che la scansione fosse imprecisa. Poi, studiando l'immagine più attentamente, un'idea sconvolgente prese forma nella sua mente, come la tempesta che si stava avvicinando. I bordi del foglio sbattevano furiosamente nel vento quando si voltò per esaminarlo meglio.

"Ma... è impossibile!"

All'improvviso, la verità si abbatté con forza su di lei. Ebbe la sensazione di venirne schiacciata. Dimenticò Ming.

A quel punto comprese. "Acqua marina nel pozzo!" Cadde in ginocchio sulla neve, accanto alla torcia. Riusciva a stento a respirare. Stringendo il foglio tra le mani, cominciò a tremare.

"Dio mio... non mi era neppure passato per la mente!"

Poi, in un improvviso scatto di collera, voltò la testa verso l'habisfera della NASA. «Bastardi!» gridò, la voce trasportata dal vento. «Maledetti bastardi!»

Nel buio, a soli cinquanta metri di distanza, Delta-Uno avvicinò il dispositivo CrypTalk alla bocca e disse due sole parole al suo capo. «Lo sanno.»

49

Norah Mangor era ancora inginocchiata sul ghiaccio quando Michael Tolland, sgomento, le sfilò il foglio dalle mani trementi. Profondamente scosso alla vista del corpo di Ming, cercò di raccogliere le idee per decifrare l'immagine davanti a lui.

La sezione trasversale del pozzo del meteorite scendeva settanta metri sotto la superficie. Percorrendo con gli occhi la parte sottostante il cadavere sospeso, percepì che qualcosa non quadrava. Immediatamente oltre il pozzo, una colonna scura di ghiaccio marino, larga quanto il canale d'estrazione, andava dritta fino al mare aperto.

«Dio mio!» esclamò Rachel, guardando sopra la spalla di Tolland. «Il pozzo attraversa tutta la banchisa!»

Tolland appariva pietrificato, incapace di accettare quella che pareva l'unica spiegazione logica. Corky era altrettanto allarmato.

«Qualcuno ha trivellato la banchisa dal basso! Hanno intenzionalmente *inserito* il meteorite da sotto!» gridò Norah, folle di rabbia.

L'idealista in Tolland avrebbe voluto negare quelle parole, ma lo scienziato sapeva che probabilmente Norah aveva ragione. Sotto la banchisa di Milne c'era ampio spazio per il passaggio di un sommergibile e, poiché sott'acqua tutto pesa molto meno, anche un piccolo batiscafo non più grande del Triton monoposto di Tolland avrebbe potuto trasportare agevolmente il meteorite nel braccio meccanico. Forse si era avvicinato dal mare aperto, si era immerso sotto la banchisa e poi aveva trivellato verso l'alto. In seguito, poteva avere usato un braccio estensibile o palloni gonfiabili per spingere il meteorite nel pozzo. A quel punto, l'acqua di mare aveva riempito lo spazio sotto il meteorite cominciando a gelare. Non appena il pozzo si era chiuso abbastanza da bloccare il meteorite, il sommergibile aveva ritirato il braccio ed era scomparso, lasciando a madre natura il compito di sigillare il resto del tunnel e cancellare ogni traccia dell'inganno.

«Ma *perché*?» chiese Rachel, prendendo il foglio per studiarlo. «Perché fare una cosa del genere? È sicura che il suo GPR funzioni?»

«Certo che lo sono! E questa immagine spiega perfettamente la presenza di protozoi fosforescenti nell'acqua!»

Tolland dovette ammettere che purtroppo la logica di Norah era inattaccabile. I dinoflagellati fosforescenti, seguendo l'istinto, potevano aver risalito il pozzo e, intrappolati proprio sotto il meteorite, avevano finito per congelare. Poi, quando Norah aveva riscaldato la roccia, il ghiaccio sottostante si era sciolto rilasciando il plancton, che era risalito a nuoto fino alla superficie, dentro l'habisfera, dove alla fine era morto per mancanza di acqua marina.

«Ma è pazzesco!» gridò Corky. «La NASA ha scoperto un meteorite che contiene fossili extraterrestri. Che importanza può avere *dove* è stato trovato? Perché avrebbe dovuto prendersi la briga di seppellirlo dentro la banchisa?»

«Che cavolo ne so» replicò Norah. «Ma il georadar non mente. Siamo stati ingannati. Il meteorite non c'entra nulla con la meteora Jungersol. È stato inserito nel ghiaccio di recente, nell'ultimo anno, altrimenti il plancton sarebbe morto.» Aveva cominciato a riporre il GPR e ad assicurarlo sulla slitta. «Dobbiamo tornare indietro e dirlo a qualcuno! Il presidente sta per rilasciare una dichiarazione ufficiale basata su dati sbagliati! La NASA l'ha fregato!»

«Un momento!» intervenne Rachel. «Dovremmo fare un'altra prova per essere sicuri. Questa storia non ha senso. Chi ci crederebbe?»

«Tutti» ribatté Norah, continuando a sistemare la slitta. «Aspetti che entri nell'habisfera, faccia un altro carotaggio in fondo al pozzo del meteorite e tiri fuori un ghiacciolo di acqua di mare, e le garantisco che *tutti* mi crederanno!»

Norah tolse il freno alla slitta, la voltò nella direzione dell'habisfera e la trascinò su per il pendio con sorprendente facilità, affondando i ramponi nel ghiaccio. Era una donna con una missione precisa. «Andiamo!» gridò agli altri, tirando la cordata mentre si dirigeva verso il perimetro rischiarato dal cono di luce. «Non so che cosa stia combinando la NASA, ma di sicuro io non ho alcunà intenzione di venire usata come pedina per...»

La testa di Norah Mangor scattò all'indietro, come se fosse stata colpita alla fronte da una forza invisibile. Emise un grido gutturale, vacillò e cadde di schiena sul ghiaccio. Un attimo dopo, Corky urlò voltandosi, come se lo avessero spinto all'indietro. Anche lui cadde, contorcendosi dal dolore.

Rachel dimenticò all'istante il foglio che aveva in mano, Ming, il meteorite e lo strano tunnel sotto il ghiaccio. Aveva appena sentito un piccolo proiettile sfiorarle l'orecchio e mancare di poco la tempia. D'istinto cadde in ginocchio, trascinando Tolland con sé.

«Cosa succede?» gridò Mike.

Rachel pensò che si trattasse di una grandinata – palle di ghiaccio che precipitavano dal ghiacciaio – eppure, dalla violenza con cui erano stati colpiti Norah e Corky, quei chicchi ghiacciati avrebbero dovuto viaggiare a centinaia di chilometri l'ora. Stranamente, l'improvvisa raffica di biglie sembrò a quel punto concentrarsi su lei e Tolland. Piovevano intorno a loro, sollevando schegge di ghiaccio. Rachel rotolò sulla pancia, affondò la punta dei ramponi e si slanciò verso l'unico riparo disponibile, la slitta. Tolland, un momento dopo, corse a rannicchiarsi accanto a lei.

Vedendo Norah e Corky allo scoperto, gridò a Rachel: «Trasciniamoli verso di noi!». Afferrò la corda e tirò con forza.

Ma l'imbracatura era impigliata nella slitta.

Rachel infilò il foglio stampato nella tasca di velcro della tuta e si avvicinò carponi alla slitta, cercando di liberare la corda dai pattini. Tolland era alle sue spalle.

La grandinata piovve loro addosso come un fuoco di fila. Un proiettile colpì l'incerata, la strappò e rimbalzò atterrando sulla manica di Rachel.

Lei raggelò nel vedere di che cosa si trattava. In un istante, lo stupore si tramutò in panico. Quei "chicchi di grandine" erano di produzione umana. La pallina gelata sulla sua manica era una sfera perfetta delle dimensioni di una grossa ciliegia. La superficie era levigata e liscia, segnata soltanto da una linea precisa intorno alla circonferenza, come una vecchia palla di piombo da moschetto, fabbricata con la pressa. Quelle palline erano senza dubbio costruite dall'uomo.

"Proiettili di ghiaccio..."

Avendo accesso ai documenti militari, Rachel conosceva bene le nuove armi sperimentali, le cosiddette IM, Improvised Munitions: fucili che compattano la neve in palline durissime, fucili da deserto che sciolgono la sabbia per creare proiettili di vetro, armi ad acqua che sparano getti con una tale violenza da rompere le ossa. Le armi IM avevano un enorme vantaggio rispetto a quelle convenzionali perché usavano le materie disponibili sul posto per fabbricare proiettili, offrendo all'esercito una riserva praticamente illimitata di munizioni senza dover trasportare quelle pesanti convenzionali. Rachel sapeva che i proiettili di ghiaccio che in quel momento piovevano su di loro venivano creati nel calcio del fucile "secondo necessità".

Come spesso avviene nel mondo dell'intelligence, meglio si conosce una cosa, più lo scenario diventa terrificante. Rachel avrebbe preferito una beata ignoranza, perché la sua conoscenza delle armi IM la portava a una sola, raggelante conclusione: i loro aggressori dovevano appartenere a qualche unità operativa speciale statunitense, le uniche forze nel paese autorizzate a usare sul campo le armi sperimentali IM.

La presenza di un'unità militare segreta portò una seconda consapevolezza, ancora più terrificante: le probabilità di sopravvivere a quell'attacco erano praticamente nulle.

Quei pensieri raccapriccianti svanirono di colpo quando una delle pallottole di ghiaccio si aprì un varco tra l'attrezzatura della slitta per fermarsi contro il suo stomaco. Malgrado l'imbottitura della tuta Mark IX, Rachel ebbe la sensazione di essere stata colpita alle viscere da un invisibile pugile professionista. Mentre nella zona periferica della sua vista apparivano le stelle, cadde all'indietro e, per non perdere l'equilibrio, si aggrappò agli attrezzi sulla slitta. Michael Tolland lasciò cadere la corda che legava Norah e si lanciò a sostenerla, ma troppo tardi. Rachel precipitò all'indietro, trascinando con sé vari macchinari. Cadde insieme a Tolland tra una pila di apparecchi elettronici.

«Sono... proiettili...» ansimò, senza quasi più aria nei polmoni. «Scappiamo!»

50

Il treno della Washington MetroRail che in quel momento lasciava la stazione di Federal Triangle non si sarebbe allontanato mai troppo in fretta per Gabrielle Ashe. La donna sedeva rigida in un angolo deserto della metropolitana senza vedere le forme indistinte che le passavano accanto. La cartellina rossa di Marjorie Tench, sul suo grembo, sembrava pesare dieci tonnellate.

"Devo dirlo a Sexton!" pensò, mentre il treno accelerava in direzione dell'ufficio del senatore. "Immediatamente!"

Nel chiarore fioco e mutevole del treno, ebbe la sensazione di essere sotto l'effetto di un allucinogeno. Luci smorzate correvano sopra la sua testa simili a fari intermittenti da discoteca. Il grande tunnel la avvolse come un canyon abissale.

"Ditemi che è solo un incubo."

Abbassò gli occhi sulla cartellina. Tolse l'elastico e pescò all'interno una foto. Le luci fredde dentro il treno lampeggiarono di scatto illuminando un'immagine sconvolgente: Sedgewick Sexton sdraiato nudo nel suo ufficio, il viso compiaciuto rivolto all'obiettivo, la sagoma nuda di Gabrielle distesa accanto a lui.

Con un brivido si affrettò a riporre la foto e a richiudere la cartellina.

"È finita."

Non appena il treno uscì dalla galleria e riemerse in superficie, vicino a L'Enfant Plaza, prese il cellulare e chiamò il senatore sul suo numero privato. Rispose la casella vocale. Stupita, telefonò in ufficio. La voce della segretaria.

«Sono Gabrielle. Lui c'è?»

La segretaria pareva indispettita. «Ma dove sei stata? Ti cercava.»

«Una riunione che è andata per le lunghe. Ho bisogno di parlargli subito.»

«Dovrai aspettare fino a domattina. È a Westbrooke.»

Westbrooke Place Apartments era il nome del palazzo in cui risiedeva Sexton quando si trovava a Washington. «Ma non risponde sulla linea privata» osservò Gabrielle.

«Ha segnato la serata come IP» le ricordò la segretaria. «È uscito presto.»

Gabrielle si incupì. "Incontro personale." Frastornata com'era, aveva scordato che Sexton aveva programmato una serata da solo a casa. Teneva molto a non essere disturbato nei suoi momenti IP. "Bussa alla mia porta soltanto se il palazzo va a fuoco" le diceva. "Tutto il resto può aspettare fino al mattino." Gabrielle decise che il palazzo di Sexton stava decisamente andando a fuoco. «Devi assolutamente rintracciarmelo.»

«Impossibile.»

«È una cosa seria, davvero...»

«No, intendo dire che è *letteralmente* impossibile. Mentre usciva, ha lasciato il pager sulla mia scrivania e mi ha detto di non disturbarlo per nessun motivo. Era molto deciso.» Fece una pausa. «Più del solito.»

"Merda." «Va bene, grazie.» Gabrielle chiuse la comunicazione.

«L'Enfant Plaza» annunciò una voce registrata dentro la carrozza della metropolitana. «Coincidenze con tutte le stazioni.»

Gabrielle chiuse gli occhi, cercando di sgomberare la mente, ma immagini angoscianti continuavano a tormentarla... le vergognose foto di lei con il senatore... la pila di documenti che attestavano i finanziamenti illeciti di Sexton. Risentì ancora una volta le ignobili richieste della Tench. "Faccia la cosa giusta. Firmi la dichiarazione. Ammetta la relazione."

Mentre il treno arrivava stridendo in stazione, si costrinse a immaginare che cosa avrebbe fatto il senatore se quelle foto fossero finite in mano alla stampa. La prima idea che le venne in mente la stupì e la fece vergognare.

"Sexton negherebbe."

Era davvero quello il suo primo istinto riguardo al candidato che appoggiava?

"Sì. Mentirebbe... in modo estremamente convincente."

Se le foto fossero arrivate ai media senza che Gabrielle confessasse la relazione, il senatore avrebbe dichiarato con fermezza che erano un vergognoso falso. Nell'epoca del fotomontaggio digitale, basta navigare in rete per vedere dozzine di fotografie abilmente ritoccate di teste di personaggi celebri inserite sul corpo di altre persone, spesso divi della pornografia ripresi in atti osceni. Gabrielle aveva già visto di persona la capacità del senatore di fissare la telecamera e mentire con convinzione sul loro rapporto, e non dubitava che sarebbe riuscito a persuadere il mondo intero che quelle foto erano un vile tentativo per distruggergli la carriera. Sexton avrebbe reagito con stizzosa indignazione, forse arrivando al punto di insinuare che era stato il presidente in persona a ordinare la contraffazione.

"Non c'è da meravigliarsi che la Casa Bianca non le abbia rese pubbliche." Capì che quelle foto avrebbero potuto ritorcersi contro il presidente, proprio com'era successo con l'accusa iniziale. Per quanto apparissero autentiche, non costituivano una prova conclusiva.

D'un tratto, sentì crescere la speranza.

"La Casa Bianca non è in grado di dimostrare nulla!"

Il gioco della Tench era stato spietato quanto semplice: "Confessa la relazione se non vuoi che Sexton finisca in prigione". All'improvviso, il quadro si compose davanti ai suoi occhi. La Casa Bianca *aveva bisogno* che lei ammettesse la storia, perché altrimenti quelle foto non valevano nulla. Un barlume di ottimismo le migliorò l'umore.

Mentre il treno si fermava e si aprivano le porte, un'altra porta lontana si dischiuse nella sua mente, rivelando una possibilità nuova e rassicurante.

"Forse è falsa anche tutta la storia dei finanziamenti illeciti."

In fin dei conti, che cosa aveva visto? Anche in quel caso, nulla di definitivo: copie di estratti conto bancari, una foto sgranata di Sexton in un garage. Roba facilmente falsificabile. Forse la Tench, astutamente, nella stessa seduta le aveva mostrato una documentazione finanziaria fasulla insieme alle autentiche fotografie degli atti sessuali, nella speranza che lei avrebbe preso per buono l'*intero* pacchetto. Veniva definita "autenticazione per associazione", e i politici la usavano in continuazione per far passare concetti dubbi.

"Sexton è innocente" si disse Gabrielle. La Casa Bianca, in grande difficoltà, aveva deciso di giocare pesante costringendo lei a confessare in pubblico la relazione con il senatore. C'era bisogno che lei abbandonasse Sexton ufficialmente, e in seguito a uno scandalo. "Se ne vada finché può" le aveva raccomandato la Tench. "Ha tempo fino a stasera alle otto." La scadenza ultima dei saldi. "Tutto quadra" pensò.

"Tranne una cosa..."

Il solo elemento discordante del mosaico era rappresentato dalle e-mail anti-NASA inviatele dalla Tench. Facevano pensare che l'agenzia spaziale volesse costringere Sexton a consolidare la sua posizione anti-NASA per poterla poi usare contro di lui. Ma era proprio così? Gabrielle si rese conto che anche le e-mail potevano avere una spiegazione logica.

E se non fosse stata la Tench a scriverle?

La Tench poteva avere scoperto che un traditore dello staff aveva mandato quei dati a Gabrielle, l'aveva licenziato, poi si era inserita nel gioco inviando l'ultimo messaggio lei stessa e convocando Gabrielle per una riunione. "Può aver finto di essere stata lei a lasciar trapelare i dati sulla NASA per avere modo di incastrarmi."

Il sistema idraulico della metropolitana sibilò in L'Enfant Plaza.

Gabrielle fissò il marciapiede, la mente presa in un vortice di pensieri. Non sapeva se i suoi fossero sospetti fondati o soltanto pie illusioni ma, comunque stessero le cose, era certa di dover parlare con il senatore al più presto, fosse o non fosse una serata IP.

Afferrò la cartella delle foto e si scaraventò giù dal treno, proprio mentre le porte si chiudevano. Aveva una nuova destinazione.

Westbrooke Place Apartments.

51

Combatti o fuggi.

Come biologo, Tolland conosceva le trasformazioni fisiologiche che intervengono quando un organismo percepisce il pericolo. L'adrenalina invade la corteccia cerebrale, aumentando il ritmo cardiaco e ordinando al cervello di fare la scelta più antica e intuitiva: combattere o fuggire.

L'istinto gli suggeriva di fuggire, ma la ragione gli diceva che era ancora legato a Norah Mangor, e che, comunque, non c'era nessun posto in cui rifugiarsi. L'unico riparo era costituito dall'habisfera, ma gli aggressori, chi diavolo mai fossero, si erano posizionati in alto sul ghiacciaio, escludendo quella possibilità. Alle sue spalle, la landa di ghiaccio si apriva in un pianoro lungo tre chilometri per terminare con una scarpata a picco sul mare gelido. Fuggire in quella direzione significava soccombere alla furia degli elementi. A parte le barriere concrete, sapeva di non poter abbandonare gli altri. Norah e Corky erano ancora allo scoperto, anche se legati a loro.

Tolland rimase vicino a Rachel mentre i proiettili di ghiaccio continuavano a colpire il fianco della slitta capovolta. Frugò tra l'attrezzatura sparsa, in cerca di un'arma, una pistola lanciarazzi, una radio... qualsiasi cosa.

«Corri!» gli gridò Rachel, ancora ansimante.

Poi, inaspettatamente, la gragnola di proiettili cessò. Malgrado il vento impetuoso, la serata parve tornare tranquilla... come se la tempesta si fosse allontanata.

Fu allora che, guardando con cautela intorno alla slitta, Tolland scorse una delle immagini più raggelanti che avesse mai visto.

Scivolando senza sforzo fuori dal perimetro scuro verso la luce, emersero tre figure spettrali che si avvicinavano sugli sci. Indossavano tute bianche per climi estremi. Non avevano racchette, ma fucili piuttosto grandi, che Tolland non aveva mai visto. Anche gli sci erano strani, futuristici e corti, più simili a Rollerblade.

Con calma, quasi sapessero di avere già vinto la battaglia, le figure si fermarono a fianco della vittima più vicina a loro, Norah Mangor, che giaceva in stato di incoscienza. Tolland, terrorizzato, si mise in ginocchio e sbirciò oltre la slitta, verso gli aggressori, che gli restituirono lo sguardo attraverso strani occhialini elettronici. Non si dimostravano interessati a lui.

Almeno per il momento.

Delta-Uno non provò alcun rimorso nel guardare la donna che giaceva priva di conoscenza davanti a lui. Era stato addestrato a eseguire gli ordini, senza chiederne ragione.

La donna indossava una spessa tuta termica nera. Aveva una ferita su un lato del viso e il respiro corto e stentato. Uno dei fucili da ghiaccio IM aveva colpito il bersaglio, facendole perdere i sensi.

A quel punto, occorreva terminare il lavoro.

Mentre Delta-Uno si inginocchiava accanto alla donna, i compagni puntavano i fucili sugli altri bersagli: uno sul piccoletto svenuto, disteso lì accanto, e l'altro sulla slitta rovesciata, dietro cui stavano nascoste le altre due vittime. I suoi uomini avrebbero potuto tranquillamente proseguire per concludere l'operazione, ma le altre tre persone non erano armate e non potevano scappare. Era imprudente affrettarsi a farle fuori subito. "Non distogliere mai l'attenzione a meno che non sia strettamente necessario. Concentrarsi su un avversario alla volta." Gli uomini della Delta Force si sarebbero attenuti alle istruzioni, uccidendo quelle persone una alla volta. Le avrebbero fatte fuori senza lasciare alcuna traccia, come per magia.

Accovacciandosi vicino alla donna svenuta, Delta-Uno sfilò i guanti termici e raccolse una manciata di neve. La premette bene, poi, spalancata la bocca alla sua vittima, gliela spinse in gola. Le riempì la bocca, calcandogliela fin nella trachea. Sarebbe morta nel giro di tre minuti.

Quella tecnica, inventata dalla mafia russa, si chiamava *"byelaya smert"*, la morte bianca. La vittima sarebbe soffocata prima che la neve si sciogliesse, ma il suo corpo sarebbe rimasto caldo abbastanza a lungo per far fondere il blocco gelato. Anche se qualcuno avesse avuto dei sospetti, non avrebbe trovato alcuna arma del delitto, né segni di violenza. Le pallottole di ghiaccio si sarebbero confuse con l'ambiente, sepolte nella neve, e la ferita sulla testa di quella donna sarebbe stata attribuita a una brutta caduta sul ghiaccio, più che naturale con quel vento impetuoso. Prima o poi, forse, il gioco sarebbe stato scoperto, ma intanto loro avrebbero guadagnato tempo.

Gli altri tre sarebbero stati resi inoffensivi e uccisi nello stesso modo. Poi Delta-Uno li avrebbe caricati sulla slitta e trascinati tutti qualche centinaio di metri fuori rotta, avrebbe riallacciato le corde che li legavano e sistemato i corpi, destinati a essere ritrovati congelati nella neve, vittime apparenti dell'ipotermia, nel giro di qualche ora. I soccorritori si sarebbero chiesti come mai si trovassero lontani dalla loro destinazione, ma nessuno sarebbe stato più di tanto sorpreso della loro morte, viste le torce ormai esaurite e il tempo inclemente. Perdersi sulla banchisa di Milne poteva rappresentare una trappola micidiale.

Delta-Uno aveva finito di riempire di neve la gola della donna. Prima di volgere l'attenzione agli altri, sganciò la corda della vittima. L'avrebbe riallacciata agli altri in un secondo momento. Non voleva che i due dietro la slitta la tirassero verso di loro per prestarle soccorso.

Michael Tolland aveva appena assistito al più efferato atto criminale che il lato oscuro della sua mente avesse mai potuto concepire. Dopo avere sciolto Norah Mangor dalla cordata, i tre aggressori stavano per dirigersi verso Corky.

"Devo fare qualcosa!"

Corky era rinvenuto e si lamentava, cercando di mettersi a sedere, quando uno dei soldati lo spinse giù di schiena, si mise a cavalcioni su di lui e gli inchiodò le braccia sul ghiaccio poggiandovi sopra le ginocchia. Corky emise un grido di dolore, immediatamente inghiottito dalla furia del vento.

Preso da un folle terrore, Tolland frugò tra il contenuto sparso della slitta rovesciata. "Deve pur esserci qualcosa! Un'arma! Qualsiasi cosa!" Non vide altro che l'attrezzatura scientifica, quasi tutta spaccata dai proiettili di ghiaccio. Al suo fianco, Rachel, stordita, cercava di mettersi seduta usando la piccozza come appoggio. «Scappa... Mike...»

Tolland vide la piccozza legata al polso di Rachel. Poteva essere un'arma. Si chiese con quali possibilità di successo poteva attaccare tre uomini armati con una minuscola piccozza.

Un suicidio.

Dopo che Rachel si fu messa a sedere, Tolland scorse qualcosa dietro di lei. Una voluminosa sacca di vinile. Pregando disperatamente che contenesse una pistola lanciarazzi o una radio, strisciò fino ad afferrarla. Dentro trovò un grande telo ben ripiegato di tessuto Mylar. Inservibile. Aveva qualcosa di simile sulla sua nave oceanografica. Era un piccolo pallone meteorologico, progettato per trasportare strumenti di osservazione non più pesanti di un personal computer. Non sarebbe servito a nulla in quel posto, tanto più senza una bombola di elio.

Udendo i rumori crescenti della lotta di Corky, Tolland avvertì una sensazione di impotenza che non provava da anni. Cupa disperazione. Sconfitta finale. Come si dice accada poco prima della morte, nella sua mente sfilò una serie di immagini dell'infanzia, da lungo tempo dimenticate. Per un istante si ritrovò in barca a San Pedro, a imparare il vecchio passatempo dei marinai, volare attaccati allo spinnaker: appesi a una cima annodata, si volava sull'acqua e si cadeva dentro tra le risate, come bambini aggrappati alla corda di una campana, il destino determinato dallo spinnaker gonfio di vento e dai capricci della brezza.

I suoi occhi scattarono all'istante sul pallone di Mylar nella sua mano e comprese allora che la mente, lungi dall'essersi arresa, gli suggeriva la soluzione. "Volare attaccati a uno spinnaker."

Corky continuava a lottare contro il suo aggressore quando Tolland strappò la custodia del pallone. Non si faceva illusioni; il suo era un tentativo disperato, ma restare lì significava morte certa per tutti. Afferrò il telo di Mylar. Sulla fibbia, un avvertimento: ATTENZIONE. NON USARE CON VENTO SUPERIORE AI DIECI NODI.

"Al diavolo!" Stringendolo con forza perché non si aprisse, avanzò verso Rachel, appoggiata su un fianco. Lesse lo stupore nei suoi occhi quando le gridò: «Tieni!».

Le porse il tessuto piegato e finalmente, con le mani libere, assicurò la fibbia del pallone a uno dei moschettoni appesi alla sua imbracatura. Rotolò sul fianco e lo agganciò anche a un moschettone di Rachel.

A quel punto erano uniti.

"Legati per l'anca."

In mezzo a loro, la corda molle si estendeva sulla neve fino a Corky che si dibatteva... e poi, dieci metri oltre, al moschettone sganciato al fianco di Norah Mangor.

"Norah è già morta" si disse. "Per lei, non si può più fare nulla."

Gli aggressori erano accovacciati sul corpo di Corky che continuava a lottare, e stavano prendendo una manciata di neve, pronti a cacciargliela in gola. Tolland capì che non c'era più tempo da perdere.

Prese il pallone piegato dalle mani di Rachel. Il tessuto era leggero come carta e praticamente indistruttibile. "Non c'è altro da fare." «Reggiti forte!»

«Mike?» Rachel non capiva. «Cosa...?»

Tolland lanciò il telo di Mylar in aria, sopra le loro teste. Il vento ululante lo trascinò in alto e lo allargò come un paracadute catturato dall'uragano. L'involucro si riempì all'istante, spalancandosi con un rumore secco.

Tolland sentì strattonare l'imbracatura e capì all'istante di avere sottovalutato la violenza del vento catabatico. Nel giro di un secondo, lui e Rachel furono quasi sollevati da terra, trascinati giù per il ghiacciaio. Un momento dopo, un altro strattone: era entrata in tensione la corda che lo legava a Corky Marlinson. Venti metri dietro, il suo amico terrorizzato sgusciò via da sotto i suoi sbalorditi aggressori, mandandone uno a gambe all'aria. Corky lanciò un urlo di terrore quando cominciò ad accelerare sul ghiaccio, mancando di poco la slitta rovesciata e poi procedendo a zigzag. Una seconda corda pendeva molle al fianco di Corky... quella che lo aveva legato a Norah Mangor.

"Non potevi fare nulla per lei" ripeté Tolland fra sé.

Come una massa aggrovigliata di marionette umane, i tre corpi scivolarono giù per la banchisa, inseguiti da proiettili di ghiaccio. Ma Tolland comprese che gli aggressori avevano perduto la loro occasione. Dietro di lui, i soldati vestiti di bianco scomparvero alla vista, rimpicciolendo fino a diventare puntini illuminati dal bagliore delle torce.

Tolland sentiva il ghiaccio lacerare l'imbottitura della tuta, e il sollievo della fuga durò poco. A tre chilometri davanti a loro, la banchisa di Milne terminava bruscamente in una ripida scogliera e, al di là di quella, un salto di trenta metri giù tra le onde furiose e letali del mare Artico.

52

Marjorie Tench scese con aria soddisfatta all'ufficio comunicazioni della Casa Bianca, la struttura computerizzata che diffondeva gli annunci predisposti al piano superiore, nell'ufficio stampa. L'incontro con Gabrielle Ashe era andato bene. Non era sicura di ottenere da lei una confessione firmata, ma era valsa la pena tentare.

"Gabrielle farebbe meglio a mollarlo" si disse. Quella povera ragazza non aveva idea di quanto sarebbe stata rovinosa la caduta di Sexton.

Ancora poche ore, poi il presidente avrebbe annunciato il ritrovamento del meteorite, mettendo in ginocchio il senatore. Ormai era fatta. Se Gabrielle Ashe avesse collaborato, avrebbe assestato a Sexton un colpo tale da farlo strisciare via pieno di vergogna. L'indomani mattina, lei avrebbe consegnato alla stampa la dichiarazione di Gabrielle insieme alla registrazione della smentita del senatore.

Gancio destro, gancio sinistro.

In politica, il problema non era tanto vincere le elezioni, quanto vincerle con ampio margine. Solo così si aveva lo slancio per portare avanti le proprie idee. Nella storia, i presidenti insediati alla Casa Bianca con uno scarto minimo di voti erano riusciti a combinare ben poco, indeboliti già in partenza, e il Congresso aveva fatto di tutto perché non lo scordassero.

L'ideale sarebbe stato attaccare la campagna del senatore su due fronti, linea politica e profilo morale. Questa strategia, nota a Washington come "alto-basso", era ripresa dalla tattica militare. Un'aggressione da due lati era più efficace, soprat-

221

tutto quando era sferrata contro due diversi aspetti della campagna elettorale: la politica del candidato e il suo carattere. Respingere un attacco *politico* richiedeva capacità logiche, mentre respingere un attacco *personale* richiedeva passione: per contrastare entrambi contemporaneamente occorreva un equilibrismo quasi impossibile.

Quella sera, il senatore Sexton si sarebbe ritrovato ad annaspare per uscire dall'incubo di una straordinaria vittoria della NASA, con la sua situazione ulteriormente aggravata se costretto a difendere le prese di posizione contro l'agenzia spaziale mentre veniva pubblicamente accusato da un'esponente di primo piano del suo staff di avere mentito.

Sulla soglia dell'ufficio comunicazioni, la Tench avvertì l'eccitazione dello scontro imminente. La politica era guerra. Fece un profondo respiro e controllò l'ora: diciotto e quindici. Stava per partire la prima bordata.

Entrò.

L'ufficio comunicazioni della Casa Bianca disponeva di uno spazio piccolo, ma più che sufficiente. Era una delle postazioni più efficienti del mondo, malgrado lo staff di solo cinque persone. Al momento, tutti e cinque gli addetti erano davanti ai loro strumenti elettronici, come nuotatori in attesa dello sparo di inizio gara.

"Sono pronti." La Tench lo leggeva nei loro occhi vigili.

La stupiva sempre che quel minuscolo ufficio, con solo due ore di preavviso, riuscisse a contattare più di *un terzo* della popolazione del mondo civile. Collegato per via elettronica a decine di migliaia di fonti di informazione – dalle maggiori reti televisive ai più piccoli quotidiani locali – poteva, premendo solo alcuni tasti, raggiungere il mondo intero.

I computer spedivano comunicati a radio, televisioni, giornali e siti internet dal Maine a Mosca. Programmi di gestione di posta elettronica per liste di grandi dimensioni coprivano i siti di notiziari online. Telefoni automatici mandavano messaggi vocali preregistrati a migliaia di caporedattori. Una pagina web forniva costanti aggiornamenti e notizie preconfezionate. Le fonti di informazione capaci di comunicare in tempo reale – CNN, NBC, ABC, CBS e le agenzie di stampa straniere – venivano prese d'assalto da ogni angolazione con la promessa di servizi gratuiti. Qualsiasi cosa stessero trasmettendo sarebbe stata bruscamente interrotta per mandare in onda l'annuncio speciale del presidente.

"Penetrazione totale."

Come un generale che passa in rassegna le truppe, la Tench si avvicinò in silenzio al tavolo delle copie e prese il foglio della "notizia flash" già caricato in tutte le macchine per la trasmissione, quasi fosse la cartuccia in un fucile.

Nel leggerlo, le venne da ridere. Come di prammatica, il comunicato pronto per essere inviato era di grande effetto – più un messaggio pubblicitario che un annuncio – ma il presidente aveva ordinato all'ufficio comunicazioni di non risparmiarsi. Gli avevano ubbidito. Il testo era perfetto, ricco di parole chiave e leggero nel contenuto. Una combinazione letale. Perfino le agenzie che usavano "rilevatori automatici di parole chiave" per selezionare la posta in arrivo, ne avrebbero visto molte evidenziate.

Da: Ufficio comunicazioni della Casa Bianca
Oggetto: Messaggio speciale del presidente
Il presidente degli Stati Uniti terrà una conferenza stampa straordinaria questa sera alle venti, fuso orario della costa orientale, dalla sala stampa della Casa Bianca. Per il momento l'argomento dell'annuncio è coperto dal massimo riserbo. I collegamenti audiovisivi saranno disponibili attraverso i consueti canali.

Marjorie Tench posò il foglio, si guardò intorno e con un cenno del capo comunicò allo staff, in palese stato di tensione, la sua completa approvazione.

Si accese una sigaretta e tirò qualche boccata, alimentando l'attesa. Infine sorrise. «Signore e signori, accendete i motori.»

53

Ogni capacità logica era svanita dalla mente di Rachel Sexton. Non c'era più spazio per il meteorite, la misteriosa immagine del GPR, Ming, il terrificante attacco sulla banchisa. Una sola idea.

"Sopravvivere."

Il ghiaccio scorreva sotto di lei come un'interminabile strada liscia e nebbiosa. Non capiva se il suo corpo fosse anestetizzato dal panico o semplicemente protetto dalla tuta imbottita, ma di certo non avvertiva dolore.

Eppure...

Sul fianco, legata per la vita a Tolland, si trovava a faccia a faccia con lui in uno scomodo abbraccio. Davanti a loro il pallone ondeggiava, gonfio di vento, come un paracadute tirato da un'automobile da corsa. Corky, dietro di loro, sbandava in ogni direzione, un rimorchio privo di controllo. Le luci che segnavano il luogo dell'aggressione erano quasi scomparse in lontananza.

Il sibilo delle tute di nailon sul ghiaccio cresceva con l'aumentare dell'accelerazione. Impossibile capire a che velocità procedevano, ma il vento soffiava a un centinaio di chilometri l'ora e la mancanza di attrito velocizzava la loro corsa di minuto in minuto. Il resistentissimo pallone Mylar non dava segno di volersi strappare o di mollare il suo carico.

"Dobbiamo lasciarlo" pensò lei. Stavano fuggendo da un pericolo mortale... direttamente verso un altro. "Il mare deve essere a non più di un chilometro e mezzo, ormai!" L'idea dell'acqua gelida le riportò ricordi spaventosi.

Una violenta raffica fece aumentare ulteriormente la velocità. Dietro di loro, Corky urlava di paura. Rachel si rese conto che nel giro di pochi minuti sarebbero precipitati dalla scogliera.

Evidentemente Tolland stava pensando la stessa cosa, perché tentava disperatamente di sganciare l'anello del pallone attaccato al loro corpo.

«Non riesco ad aprirlo» gridò. «Troppa tensione!»

Rachel sperò che una momentanea tregua del vento gli desse qualche possibilità di manovra, ma il catabatico continuava a soffiare incessante. Nel tentativo di aiutarlo, si voltò per piantare nel ghiaccio la punta di un rampone, mandando in aria una sventagliata di schegge gelate. La velocità diminuì leggermente. «Ora!» urlò, sollevando il piede.

Per un istante, la fune del pallone si allentò e Tolland la tirò verso il basso, cercando di approfittare della minor tensione per fare uscire l'anello dal moschettone. Tentativo fallito.

«Di nuovo!» gridò a Rachel.

Questa volta, si voltarono entrambi l'uno contro l'altra per conficcare le punte chiodate nel ghiaccio, sollevando un doppio pennacchio. L'operazione rallentò più sensibilmente il congegno.

«Ora!»

Al comando di Tolland, mollarono entrambi. Il pallone balzò di nuovo in avanti, Tolland ficcò il pollice nella chiusura del moschettone e ruotò l'anello, cercando di liberarlo. C'era andato vicino, ma aveva bisogno che la tensione diminuisse ancora. Norah si era vantata di usare moschettoni con ghiera di prima qualità, di tipo Joker, disegnati specificamente per resistere anche a un'enorme tensione.

"Uccisi dai moschettoni di sicurezza" pensò Rachel, senza trovare affatto divertente l'ironia della situazione.

«Ancora una volta!» gridò Tolland.

Chiamando a raccolta il suo desiderio di sopravvivere e tutte le sue forze, Rachel si voltò indietro più che poté e piantò entrambi i piedi nel ghiaccio. Inarcando la schiena, cercò di buttare tutto il peso sulle punte. Tolland seguì il suo esempio finché entrambi furono praticamente piegati ad angolo retto, mentre la corda che li legava alla vita tirava sull'imbracatura. Mentre anche lui piantava i ramponi, Rachel si chinò ulteriormente. Le vibrazioni si ripercossero sulle sue gambe, e temette di spezzarsi le caviglie.

«Resisti... resisti...» Tolland fece una contorsione per sganciare il moschettone non appena percepì la decelerazione. «Quasi...»

I ramponi di Rachel si aprirono di scatto, saltarono via dagli scarponi e ruzzolarono all'indietro nella notte, rimbalzando su Corky. Il pallone diede uno strattone in avanti, sbattendo Rachel e Tolland su un fianco. Tolland perse la presa sul moschettone.

«Merda!»

Il pallone di Mylar, come reazione per essere stato momentaneamente trattenuto, riprese a filare con maggiore forza, trascinandoli verso il mare. Si stavano avvicinando in fretta alla scogliera, anche se erano già in pericolo prima ancora di raggiungere il salto di trenta metri verso il mare Artico: tre enormi berme di neve si paravano di fronte a loro. Malgrado le tute imbottite, l'idea di sbattere ad alta velocità su quegli argini ghiacciati li riempiva di terrore.

Lottando disperatamente con l'imbracatura, Rachel cercava il modo per staccare il pallone. Fu allora che udì un ticchettio ritmico sul ghiaccio, lo staccato veloce del metallo leggero sulla lastra gelata.

La piccozza.

In preda al panico, aveva completamente dimenticato l'attrezzo di alluminio leggero appeso alla cintura che le rimbalzava contro la gamba. Guardò la fune del pallone: spessa, di nailon intrecciato, molto resistente. Trovata a tentoni la piccozza, ne afferrò il manico e lo tirò verso di sé, tendendo la corda elastica. Sempre sul fianco, cercò di sollevare il braccio sopra la testa per colpire con la lama dentellata la spessa fune. A fatica, cominciò a segare il cavo teso.

«Sì!» le gridò Tolland, anche lui in cerca della sua piccozza.

Rachel scivolava lateralmente, le braccia in alto, e continuava a segare. La fune era resistente e i fili di nailon stentavano a cedere. Tolland, con la sua piccozza, cercò di tagliare da sotto nello stesso punto. Le lame a banana cozzavano l'una contro l'altra mentre lavoravano in tandem come tagliaEegna. La fune cominciò a sfrangiarsi su entrambi i lati.

"Ce la faremo" pensò Rachel. "Riusciremo a tagliarla."

All'improvviso, la bolla argentata di Mylar davanti a loro si levò in alto, come investita da una corrente ascensionale. Rachel comprese con orrore che stava semplicemente seguendo il contorno del terreno.

Erano arrivati.

Le berme.

La parete bianca si profilò per un solo istante prima che vi fossero spinti contro. Rachel urtò il fianco con violenza e rimase senza fiato. Nel colpo, le sfuggì di mano la piccozza. Come uno sciatore d'acqua trainato su un salto, sentì il proprio corpo risalire la parete della berma e prendere il volo. Insieme a Tolland fu proiettata all'improvviso verso l'alto. L'avvallamento tra le berme si estendeva sotto di loro, ma la fune del pallone li tenne sollevati. Per un istante, videro cosa si stendeva davanti: altre due berme, un piccolo altopiano e poi il dirupo a picco sul mare.

Come a dar voce al muto terrore di Rachel, l'urlo acuto di Corky Marlinson lacerò l'aria. Dietro di loro, superò la prima berma, e a quel punto rimasero tutti e tre sospesi in aria, mentre il pallone continuava ad arrancare come un animale selvaggio che cerchi di liberarsi dei lacci del cacciatore.

D'un tratto, come uno sparo nella notte, un colpo secco echeggiò in alto. La fune sfibrata cedette e il capo sfilacciato colpì il viso di Rachel. Sopra le loro teste il pallone Mylar rigonfio, finalmente libero dal suo carico, volteggiò verso il mare.

In un groviglio di moschettoni e imbracature, Rachel e Tolland si sentirono precipitare al suolo. Davanti si ergeva il cumulo bianco della seconda berma e Rachel si preparò all'impatto, ma riuscirono a superarla per precipitare nel successivo avvallamento. Il colpo fu parzialmente attutito dalle tute e dal contorno discendente della berma. Mentre il mondo circostante si trasformava in una confusione di braccia, gambe e ghiaccio, Rachel si sentì scivolare giù fino alla parte centrale del solco. Istintivamente aprì gambe e braccia, cercando di rallentare prima di urtare contro la berma successiva. Sentì che perdevano velocità, ma solo leggermente, e qualche secondo dopo si ritrovò con Tolland a risalire un piano inclinato. In cima, vi fu un altro istante di assenza di peso mentre oltrepassavano la cresta. Poi, in preda al terrore, Rachel sentì che scendevano di nuovo verso l'ultimo pianoro... gli ultimi trenta metri della banchisa di Milne.

In volo verso la scogliera, Rachel si accorse che venivano rallentati dal peso di Corky, ma troppo poco e troppo tardi. Il bordo del ghiacciaio correva loro incontro. Rachel emise un grido disperato.

Poi accadde.

Precipitarono. L'ultima cosa che Rachel avvertì fu la caduta.

54

I Westbrooke Place Apartments, situati al 2201 di N Street NW, sono reclamizzati come uno dei pochi indirizzi indiscutibilmente "in" di Washington. Gabrielle superò di corsa la porta girevole dorata ed entrò nell'atrio, dove echeggiava un'assordante cascata.

Il portiere al banco della reception parve sorpreso di vederla. «Signora Ashe? Non mi hanno informato che sarebbe passata, oggi.»

«Sono in ritardo.» Gabrielle firmò il registro dei visitatori. L'orologio alla parete segnava le diciotto e ventidue.

Il portiere si grattò la testa. «Il senatore mi ha dato un elenco, ma lei non...»

«Dimenticano sempre la gente più vicina a loro.» Gli rivolse un sorriso veloce e si avviò di buon passo verso l'ascensore.

Il portiere appariva a disagio. «Meglio che chiami su.»

«Grazie» disse Gabrielle, salendo in ascensore. "Tanto il telefono è staccato."

Al nono piano, si inoltrò nell'elegante corridoio. In fondo, davanti alla porta di Sexton, uno dei corpulenti addetti alla sicurezza – le beneamate guardie del corpo – sedeva con aria annoiata. Non la sorprese vederlo in servizio, mentre lui sembrò molto stupito di vedere lei. Balzò in piedi.

«Lo so» lo anticipò Gabrielle, ancora a metà del corridoio. «È una serata IP e non vuole essere disturbato.»

La guardia annuì con enfasi. «Mi ha dato ordine di non fare entrare assolutamente...»

«È un'emergenza.»

L'uomo le bloccò la strada. «È impegnato in un incontro privato.»

«Davvero?» Gabrielle prese la cartellina che teneva sottobraccio e gli sbatté in faccia il sigillo della Casa Bianca. «Vengo adesso dallo Studio Ovale. Devo fare avere queste informazioni al senatore. I vecchi amici con cui spettegola stasera, di chiunque si tratti, dovranno fare a meno di lui per qualche minuto. Ora mi faccia entrare.»

La guardia sembrò intimidita alla vista del sigillo presidenziale.

"Non farmela aprire" pensò Gabrielle.

«Me la lasci. Gliela porto io.»

«Neanche per sogno. Ho ordini precisi di consegnargliela personalmente. Se non gli parlo al più presto, domattina dovremo cercarci tutti un altro lavoro. Mi ha capito?»

L'uomo parve profondamente dibattuto e Gabrielle si rese conto che Sexton doveva avere impartito direttive severe di sbarrare la porta a chiunque. Tentò il tutto per tutto. Tenendogli la cartellina davanti al viso, abbassò la voce e mormorò le cinque parole che tutti gli addetti alla sicurezza temevano di più: «Lei non capisce la situazione».

I responsabili della protezione dei politici non capivano *mai* la situazione e la cosa li mandava su tutte le furie. Erano guardie del corpo private, tenute all'oscuro di tutto, e non sapevano se attenersi rigidamente agli ordini o se avrebbero rischiato il posto ignorando testardamente un'evidente emergenza.

La guardia deglutì rumorosamente, lanciando un'altra occhiata alla cartellina della Casa Bianca. «D'accordo, ma dovrò far presente al senatore che lei mi ha costretto a lasciarla entrare.»

Aprì la porta e Gabrielle lo spinse di lato prima che cambiasse idea. Entrò nell'appartamento e la chiuse a chiave alle sue spalle, senza far rumore.

Nell'ingresso, udì provenire dal salotto di Sexton voci attutite: voci maschili. Quella serata IP non era il genere di incontro privato che lui aveva lasciato intuire nella sua telefonata.

Mentre si avvicinava alla sala, notò che in un armadio aperto era appesa una mezza dozzina di cappotti maschili molto costosi, cachemire e tweed. C'erano parecchie cartelle sul pavimento. Evidentemente, quella sera avevano lasciato fuori il lavoro. Stava per proseguire, quando una delle ventiquattrore attirò la sua attenzione. Una targhetta riportava il logo di una nota compagnia, un missile rosso fiamma.

Si inginocchiò per leggere.

SPACE AMERICA, INC.

Interdetta, esaminò le altre.

BEAL AEROSPACE. MICROCOSM, INC. ROTARY ROCKET COMPANY. KISTLER AEROSPACE.

Riecheggiò nella sua mente la voce rauca di Marjorie Tench. "È al corrente che il senatore Sexton accetta sottobanco enormi somme di denaro per la sua campagna da parte di società aerospaziali private?"

Gabrielle sentì il polso accelerare nel guardare in fondo al corridoio buio l'arco che conduceva al salotto del senatore. Sapeva che avrebbe dovuto parlare ad alta voce, annunciare la sua presenza, ma qualcosa la spinse ad avanzare in silenzio. Arrivò a pochi metri dall'arco e rimase nell'ombra... e ascoltò.

55

Delta-Tre rimase indietro a recuperare il corpo di Norah Mangor e la slitta, mentre i due compagni scendevano rapidi lungo il ghiacciaio per inseguire i fuggitivi. Portavano ai piedi sci ElektroTread azionati da batterie. Creati sul modello degli sci a motore Fast Trax in commercio, gli ElektroTread, coperti da segreto militare, erano sostanzialmente sci da neve su cui erano applicati cingoli, come minuscole motoslitte calzate ai piedi. La velocità veniva controllata premendo i sensori posti sul pollice e l'indice del guanto destro. Una potente batteria a gelatina, modellata intorno al piede, svolgeva la doppia funzione di isolamento e di avanzamento silenzioso degli sci. L'energia cinetica generata dalla gravità e dai cingoli rotanti dello sciatore nelle discese era ingegnosamente sfruttata per ricaricare le batterie per il pendio successivo.

Lasciandosi sospingere dal vento, Delta-Uno buttò tutto il peso in avanti e scrutò il ghiacciaio con gli occhiali per la visione notturna, l'ultima evoluzione del modello Patriot in dotazione al corpo dei marine. La montatura aveva lenti da quaranta millimetri per novanta, un duplicatore di focale e un illuminatore a infrarossi a lungo raggio. Anziché del solito verde, il mondo esterno appariva colorato di un azzurro freddo, colore specificamente scelto per le zone con grande riflesso luminoso come l'Artide.

Mentre si avvicinava alla prima berma, Delta-Uno notò parecchie strisce recenti sulla neve; nel buio risaltavano come una freccia al neon. Evidentemente i tre fuggitivi non avevano pensato di sganciare l'improvvisata vela, oppure non c'erano riusciti. In entrambi i casi, se non l'avevano mollata prima dell'ultima berma, erano ormai finiti in mare. Delta-Uno sapeva che con gli abiti protettivi avrebbero prolungato la loro sopravvivenza in acqua ma, trasportati al largo dalle impetuose correnti, avrebbero finito inevitabilmente per annegare.

Malgrado confidasse in tale esito, era stato addestrato a non accontentarsi delle supposizioni. Si abbassò sugli sci e premette le dita per accelerare sul primo pendio.

Michael Tolland, immobile, si contava le ammaccature. Era malconcio, ma non sentiva nulla di rotto. La tuta Mark IX, con l'imbottitura di gelatina, gli aveva certamente risparmiato traumi gravi. Aprì gli occhi, faticando a concentrare la mente. Tutto sembrava più facile... più tranquillo. Il vento continuava a ululare, ma con minore violenza.

"Siamo volati di sotto?"

Mise a fuoco e si trovò sdraiato sopra Rachel Sexton, di traverso rispetto a lei. I moschettoni che li univano erano contorti. La sentiva respirare, ma non ne vedeva il viso. Faticò a rotolare via perché i muscoli parevano non rispondere. «Rachel?» Non era sicuro che la voce gli fosse uscita davvero.

Ricordò gli ultimi secondi della loro corsa straziante, il pallone che li tirava in alto, lo strappo del cavo, i corpi che precipitavano giù per la berma e poi risalivano sull'ultimo cumulo per scivolare verso il precipizio, senza più il ghiaccio sotto i piedi. La caduta era stata stranamente breve. Anziché finire in mare, come si era aspettato, erano piombati per circa tre metri prima di colpire un altro lastrone di ghiaccio e venire fermati dal peso morto di Corky, che si trascinavano dietro.

Ora, sollevando la testa, Tolland guardò in direzione del mare. Non lontano, il ghiaccio terminava in una scogliera a picco, dalla quale arrivava il rumore delle onde. Si voltò verso il ghiacciaio, cercando di scorgere qualcosa nel buio. A sei o sette metri, gli occhi incontrarono un'alta parete che sembrava sospesa sopra di loro. Allora si rese conto di ciò che era successo: erano scivolati dal ghiacciaio principale su un lastrone più basso. Grande come una pista da hockey, era in parte crollato, pronto a staccarsi e precipitare in mare da un momento all'altro.

"Il fenomeno del *calving*" pensò Tolland, osservando la precaria piattaforma su cui era disteso. Era un ampio lastrone quadrato che si protendeva dal ghiacciaio come un gigantesco balcone, circondato sui tre lati da pareti a picco sul mare. La sola parte unita alla banchisa di Milne era tutt'altro che solida, segnata da una profonda crepa larga più di un metro. La forza di gravità avrebbe presto vinto la battaglia.

Ancora più terrificante della crepa era il corpo immobile di Corky Marlinson, che giaceva scomposto a dieci metri di distanza, a un capo della corda che lo univa a loro.

Tolland cercò di alzarsi, ma era ancora legato a Rachel. Cambiò posizione per sganciare i moschettoni che li univano.

Rachel, frastornata, fece per mettersi a sedere. «Non... non siamo finiti giù?» Appariva sbalordita.

«Siamo caduti su un blocco di ghiaccio più in basso» disse Tolland, che finalmente era riuscito a sganciarsi. «Vado ad aiutare Corky.»

Cercò di mettersi in piedi, ma le gambe non lo reggevano, quindi afferrò la fune e tirò. Corky cominciò a scivolare sul ghiaccio verso di loro. Dopo una decina di tentativi, riuscì ad avvicinarlo.

Corky Marlinson appariva distrutto. Aveva perso gli occhiali, presentava un brutto taglio sulla guancia e perdeva sangue dal naso. La paura che fosse morto svanì in fretta quando Corky rotolò su un fianco e lo guardò con un'espressione furibonda. «Gesù» balbettò. «Che cazzo di trovata ti è venuta in mente?»

Tolland avvertì un profondo sollievo.

Rachel, seduta, sbatté le palpebre e si guardò intorno. «Dobbiamo... fuggire da qui. Questo blocco di ghiaccio sta per crollare.»

Tolland era pienamente d'accordo. Unico problema, come fare.

Non ebbero il tempo di trovare una soluzione. Un fruscio familiare arrivò dall'alto, sempre più vicino. Tolland alzò di scatto la testa: due figure vestite di bianco avanzarono senza sforzo sugli sci e si fermarono contemporaneamente. I due uomini rimasero un attimo a fissare le loro prede in difficoltà come giocatori di scacchi che assaporano la mossa finale.

Delta-Uno fu sorpreso di vedere i tre fuggitivi ancora vivi, ma sapeva che non lo sarebbero stati per molto. Erano caduti su una parte di ghiacciaio che aveva già iniziato l'inarrestabile caduta in mare. Quei tre potevano essere ridotti all'impotenza e uccisi come l'altra donna, ma gli venne in mente una soluzione molto più pulita per far sparire i corpi.

Guardando oltre il bordo, Delta-Uno mise a fuoco il crepaccio che aveva iniziato ad aprirsi tra la parete e il blocco di ghiaccio sospeso. La zona su cui si trovavano i tre fuggitivi era in equilibrio precario... pronta a staccarsi e precipitare nel mare sottostante in qualsiasi momento.

"Perché non adesso, allora?"

Sulla banchisa, spesso nella notte si sentiva un boato assordante, il rumore del ghiaccio che si staccava per cadere in acqua. Chi se ne sarebbe accorto?

Avvertendo la nota scarica di adrenalina che accompagnava la preparazione di un omicidio, Delta-Uno pescò nello zaino un oggetto pesante, a forma di limone. In dotazione a tutte le squadre militari di assalto, la cosiddetta "flash-bang" era una granata a percussione non letale che disorientava temporaneamente il nemico con un lampo accecante e un'assordante onda sonora. Ma Delta-Uno sapeva che quel giorno si sarebbe rivelata sicuramente letale.

Si posizionò vicino al bordo chiedendosi quanto fosse profondo il crepaccio. Dieci o quindici metri? Poco importava. Il suo piano sarebbe riuscito comunque.

Con la calma che gli veniva dall'esperienza di innumerevoli esecuzioni, Delta-Uno impostò il selettore perché la detonazione avvenisse dieci secondi dopo il lancio, tolse la sicura e lanciò la granata nella fenditura. L'ordigno scomparve nell'oscurità.

Delta-Uno e il compagno rimasero in attesa in cima alla berma. Quello era uno spettacolo che non volevano perdersi.

Rachel, per quanto confusa, aveva un'idea molto precisa di quello che gli inseguitori avevano appena buttato nel crepaccio. Forse lo comprese anche Michael Tolland, oppure lesse il panico nei suoi occhi, perché lo vide impallidire, lanciare un'occhiata terrorizzata oltre il lastrone su cui si erano arenati e rendersi conto dell'inevitabile conclusione.

Come una nuvola temporalesca rischiarata all'interno da un lampo, il ghiaccio sotto Rachel si illuminò dal basso. Lo spettrale bagliore si riverberò in ogni direzione. Per una trentina di metri intorno a loro, il ghiacciaio mandò un lampo bianco, subito seguito dal rumore: non un boato come quello del terremoto, ma un'assordante onda d'urto di spaventosa forza che dal ghiaccio penetrava nel suo corpo.

Un istante dopo, come se vi fosse stato inserito un cuneo, il blocco di ghiaccio che li sosteneva si staccò dalla banchisa con un rumore terrificante. Rachel e Tolland si fissarono con un'espressione di orrore. Corky lanciò un urlo.

Sentirono mancare il terreno sotto i piedi.

A Rachel parve di essere priva di peso, sospesa su un blocco gelido di milioni di quintali, prima di precipitare dall'iceberg nel mare gelido.

56

Il rumore assordante del ghiaccio contro il ghiaccio aggredì le orecchie di Rachel quando il massiccio lastrone scivolò lungo la parete della banchisa di Milne, sollevando enormi spruzzi. Rachel, che poco prima si era sentita priva di peso, atterrò violentemente, seguita da Tolland e Corky.

Quando il blocco, acquistata velocità durante la caduta, si immerse in acqua, Rachel vide il mare spumeggiante avanzare verso di lei con una specie di assurdo rallentamento, come il terreno sotto un bungee-jumper con una corda troppo lunga. Saliva... saliva... e poi eccolo. Stava rivivendo l'incubo della sua infanzia. "Il ghiaccio... l'acqua... l'oscurità." Un terrore primordiale l'assalì.

Il bordo superiore del lastrone scivolò sotto il livello dell'acqua, e il gelido mare Artico vi si riversò come un torrente. Circondata da tutte le parti, a Rachel parve di essere risucchiata dalle onde. La pelle del viso era tesa e bruciante. Il basamento di ghiaccio scomparve sotto di lei, che si trovò a lottare per riemergere, aiutata dalla gelatina dentro la tuta. Nel risalire, inghiottì una boccata d'acqua. Vedeva gli altri nuotare vicini, intralciati dall'imbracatura.

Tolland gridò. «Sta risalendo!»

Mentre le sue parole riecheggiavano al di sopra del rumore, Rachel si sentì sollevare. Come una gigantesca locomotiva che sforzi per cambiare direzione, il blocco di ghiaccio si era fermato un momento sotto la superficie e ora ricominciava a riemergere.

Nelle profondità, un boato a bassa frequenza risuonò nell'acqua quando il gigantesco lastrone sommerso prese ad avanzare su per la parete del ghiacciaio.

Emerse in fretta, accelerando sempre più nel buio. Rachel si sentì sospingere in alto. Il mare gorgogliava rabbioso quando il ghiaccio urtò contro il suo corpo. Si dibatté invano, cercando di trovare l'equilibrio, ma fu spinta verso il cielo insieme a milioni di ettolitri di acqua di mare. La spessa lamina sobbalzava, alzandosi e abbassandosi, in cerca del suo centro di gravità. Rachel si affannò, immersa fino alla vita, per trovare un appiglio, ma quando l'acqua cominciò a scorrere via, fu inghiottita dalla corrente e trasportata verso il bordo. Scivolò di stomaco, sempre più vicina al limite.

"Non mollare!" La voce di sua madre le ripeteva le parole che le aveva detto quando, da bambina, era caduta in una pozza gelata. "Non mollare! Non andare sotto!"

Un forte strattone alla sua imbracatura le fece espellere la poca aria che le rimaneva nei polmoni. Si fermò di botto a pochi metri dal bordo. Si voltò. A dieci metri di distanza, anche il corpo inerte di Corky, ancora legato a lei, si era arrestato. Erano scivolati giù per il lastrone in direzioni opposte, e il peso di Corky l'aveva frenata. L'acqua cominciò a scorrere via, e allora un'altra forma scura apparve vicino a Corky: carponi, aggrappato all'imbracatura dell'amico, Michael Tolland stava vomitando acqua salata.

Quando tutta l'acqua ebbe lasciato l'iceberg, Rachel, paralizzata dal terrore, rimase in silenzio ad ascoltare il rumore del mare. Si sentì aggredire da un freddo spaventoso e si mise carponi. L'iceberg continuava a sobbalzare, come un gigantesco cubetto di ghiaccio. Dolorante, sconvolta, arrancò verso gli altri.

In alto, sulla banchisa, Delta-Uno guardò attraverso il visore notturno le onde rabbiose intorno al neonato iceberg tabulare del mare Artico. Non vide corpi nell'acqua, ma non ne fu sorpreso. Il mare era scurissimo e le tute con cappuccio delle sue prede erano nere.

Passò in rassegna la superficie dell'enorme lastra di ghiaccio fluttuante ed ebbe difficoltà a tenerla a fuoco. Si stava allontanando velocemente verso il mare aperto, spinta dalle forti correnti di terra. Stava per rivolgere lo sguardo verso il mare quando notò qualcosa di inatteso. Tre macchie nere sul ghiaccio. "Sono cadaveri?" Cercò di mettere a fuoco.

«Vedi qualcosa?» chiese Delta-Due.

Delta-Uno non rispose, concentrato sulla regolazione del duplicatore di focale. Nella luce pallida dell'iceberg, lo stupì vedere tre forme umane immobili sull'isola di ghiaccio. Non aveva idea se quei tre fossero vivi o morti, ma non importava. Anche con quelle tute per climi estremi, sarebbero deceduti nel giro di un'ora. Si stava avvicinando una tempesta, erano bagnati, alla deriva su uno dei mari più infidi del pianeta. I loro corpi non sarebbero mai stati ritrovati.

«Soltanto ombre» disse Delta-Uno, voltandosi. «Torniamo alla base.»

57

Nell'appartamento di Westbrooke, il senatore Sedgewick Sexton posò il bicchiere di Courvoisier sulla mensola del camino e attizzò il fuoco per qualche momento, raccogliendo le idee. I sei ospiti sedevano in silenzio... e aspettavano. Le chiacchiere di cortesia erano finite e a quel punto toccava a Sexton parlare. Lo sapevano loro e lo sapeva anche lui.

La politica è commercio.

"Stabilisci un rapporto di fiducia. Fai capire che comprendi i loro problemi."

«Come forse sapete» esordì Sexton, rivolto verso di loro «negli ultimi mesi ho parlato con molte persone nella vostra stessa situazione.» Con un sorriso si sedette per mettersi al loro livello. «Ma voi siete i soli che io abbia mai invitato a casa mia. Siete uomini straordinari, ed è per me un onore incontrarvi.»

Intrecciò le mani e percorse con gli occhi tutta la stanza, stabilendo un contatto visivo con ciascuno. Poi si concentrò sul suo primo bersaglio, un tipo corpulento con un cappello da cowboy.

«Space Industries di Houston» disse. «Sono lieto che lei sia venuto.»

«Io detesto questa città» grugnì il texano.

«La capisco. Washington non l'ha trattata bene.»

Il texano lo guardò da sotto la tesa del cappello senza dire nulla.

«Dodici anni fa, lei ha fatto un'offerta al nostro governo. Ha proposto di costruire una stazione spaziale per soli cinque miliardi di dollari.»

«Infatti. Ho ancora la documentazione.»

«Eppure la NASA ha convinto il governo che toccava all'agenzia progettarla.»

«Esatto. Hanno cominciato a costruirla quasi dieci anni fa.»

«Dieci anni, e non solo questa stazione spaziale non è ancora pienamente operativa, ma il progetto, fino a oggi, è costato *venti* volte più della sua offerta. Come contribuente, provo un profondo disgusto.»

Un mormorio di assenso circolò per la stanza. Sexton fissò i presenti a uno a uno.

«Sono pienamente consapevole» disse il senatore, rivolto a tutti «che parecchie delle vostre compagnie hanno proposto di lanciare nello spazio navette private per soli cinquanta milioni di dollari a missione.»

Altri cenni di assenso.

«Ma la NASA gioca al ribasso facendo pagare soltanto trentotto milioni di dollari a missione... anche se il costo *reale* ammonta a oltre centocinquanta milioni!»

«È così che ci tagliano fuori dallo spazio» disse uno. «Il settore privato non riesce a competere con un ente che può permettersi di far volare le navicelle con una perdita del quattrocento per cento continuando a restare sul mercato.»

«E neppure dovreste» commentò Sexton.

Tutti si mostrarono concordi.

Sexton si rivolse allora all'austero imprenditore che gli sedeva al fianco, un uomo di cui aveva letto il curriculum con grande interesse. Come molti finanziatori della sua campagna, era un ex ingegnere dell'esercito che, frustrato dallo stipendio modesto e dalla burocrazia governativa, aveva abbandonato il posto per cercare fortuna nel settore privato.

«Kistler Aerospace» disse Sexton, scuotendo la testa sgomento. «La sua società ha progettato e prodotto un missile che può lanciare carico utile per soli cinquemila dollari al chilo, di fronte ai costi della NASA di *ventisettemila* dollari al chilo.» Fece una pausa teatrale. «Eppure, voi non avete clienti.»

«E come facciamo ad averli?» replicò l'interpellato. «La settimana scorsa la NASA ha giocato al ribasso facendo pagare alla Motorola un costo di duemiladuecento dollari al chilo per lanciare un satellite per le telecomunicazioni. Il governo ha operato con una perdita del novecento per cento!»

Sexton annuì. I contribuenti stavano involontariamente finanziando un'agenzia dieci volte meno efficiente dei suoi concorrenti. «Ormai è purtroppo evidente» disse con voce tetra «che la NASA è pronta a tutto pur di impedire la competizione nello spazio. Taglia fuori le piccole aziende private offrendo servizi sottocosto.»

«La strategia Wal-Mart applicata allo spazio» commentò il texano.

"Ottima analogia" pensò Sexton. "Dovrò ricordarla." La Wal-Mart era famosa perché si installava in una zona nuova e vendeva i suoi prodotti al di sotto del valore di mercato, costringendo i concorrenti a chiudere i battenti.

«Sono arcistufo che la mia azienda paghi milioni di tasse perché lo zio Sam possa usare quei soldi per rubarmi i clienti!» esclamò il texano.

«Capisco benissimo» affermò Sexton.

«È la mancanza di pubblicità che sta uccidendo la Rotary Rocket» asserì un tipo molto azzimato. «Le leggi contro le sponsorizzazioni sono assurde!»

«Sono assolutamente d'accordo con lei.» Sexton aveva appreso con stupore di un altro modo in cui la NASA stabiliva il suo monopolio sullo spazio: fare passare direttive federali che impedissero qualsiasi forma di propaganda sui veicoli spaziali. Anziché permettere alle compagnie private di assicurarsi risorse attraverso sponsorizzazioni e pubblicità – come fanno per esempio i corridori automobilistici professionisti – sui veicoli spaziali potevano apparire solo la parola "USA" e il nome della società. In un paese che spendeva centottantacinque miliardi di dollari l'anno per la pubblicità, neppure uno di quei dollari finiva nelle casse delle aziende spaziali private.

«È un ladrocinio» sbottò uno dei presenti. «La mia società spera di restare in affari fino al prossimo maggio, quando lancerà il prototipo di una navicella per turisti. Ci aspettiamo una larga eco sui media. La Nike Corporation ci ha appena offerto una sponsorizzazione di sette milioni di dollari per riprodurre il suo marchio e la scritta *"Just do it!"* sul fianco dello shuttle. La Pepsi ci ha offerto il doppio per *"Pepsi: the choice of a new generation"*. Eppure, la legge federale ci vieta di lanciare una navicella su cui compaiano slogan pubblicitari!»

«Proprio così» disse Sexton. «Se sarò eletto, mi impegnerò ad abolire questa legislazione che proibisce le sponsorizzazioni. È una promessa. Lo spazio dovrà essere aperto alla pubblicità come lo è ogni centimetro quadrato della Terra.»

Sexton fissò i presenti a uno a uno, poi assunse un tono solenne. «Peraltro, dobbiamo tutti essere consapevoli che l'ostacolo maggiore alla privatizzazione della NASA è rappresentato non dalla legge, ma dal modo in cui l'agenzia viene percepita dalla gente. La maggior parte degli americani continua ad avere una visione sentimentale del programma spaziale, seguita a ritenere la NASA un'agenzia governativa *necessaria*.»

«Tutta colpa di quei maledetti film di Hollywood!» esclamò uno. «Ma, dico io, quanti film riescono a fare con la NASA che salva il mondo da un asteroide killer? È tutta propaganda!»

Sexton sapeva bene che la sovrabbondante produzione di film sulla NASA era una semplice questione economica. Dopo l'enorme successo di *Top Gun* – il superpilota Tom Cruise impegnato per due ore a fare pubblicità all'aeronautica militare statunitense –, la NASA aveva compreso il vero potenziale di Hollywood per promuovere la propria immagine. A quel punto aveva cominciato a offrire alle case di produzione cinematografiche accesso *gratuito* a tutte le strutture: rampe di lancio, sale di controllo, centri addestramento. I produttori, abituati a pagare enormi somme per le riprese sui luoghi reali, avevano acchiappato al volo l'opportunità di risparmiare milioni di dollari girando thriller sulla NASA su set gratuiti. Ovviamente, Hollywood guadagnava l'accesso solo se la NASA approvava il copione.

«Un vero e proprio lavaggio del cervello» brontolò un tipo di origine ispanica. «E poi, ancora più negative dei film sono le trovate pubblicitarie. Mandare un anziano nello spazio? E ora stanno progettando di lanciare una navicella con un equipaggio solo femminile! Tutta propaganda!»

Sexton sospirò con un'espressione tragica. «Verissimo, e so che è inutile ricordarvi cosa è accaduto negli anni Ottanta, quando il dipartimento dell'Educazione era in bancarotta e ha sostenuto che i molti milioni sprecati dalla NASA avrebbero potuto essere impiegati per l'istruzione. La nostra agenzia spaziale se ne è uscita con una bella trovata per dimostrare la propria sensibilità verso il problema: ha mandato nello spazio un'insegnante di scuola pubblica.» Sexton fece una pausa. «Ricordate tutti Christa McAuliffe.»

Nella stanza piombò il silenzio.

«Signori» continuò Sexton, fermandosi davanti al fuoco «è giunto il momento che gli americani comprendano la verità perché tutti abbiano un futuro migliore. L'America deve sapere che la NASA non ci sta portando nei cieli, anzi, di fatto impedisce l'esplorazione dello spazio. Lo spazio non è diverso dalle altre industrie e bloccare il settore privato rasenta un atto criminale. Pensiamo all'industria dei computer, ai suoi costanti progressi così sensazionali che è quasi impossibile tenere il passo da una settimana all'altra! Come mai? Per la semplice ragione che opera in un sistema di libero mercato, premia l'efficienza e la creatività con il profitto. Immaginiamo che cosa accadrebbe se fosse gestita dal governo. Saremmo ancora al Medioevo. Nello spazio regna la stagnazione. Dobbiamo mettere l'esplorazione spaziale nelle mani del settore privato, com'è giusto. Gli americani resteranno stupefatti dai progressi, dalla creazione di nuovi posti di lavoro e dalla realizzazione di tanti sogni. Dobbiamo lasciare che il libero mercato ci spinga sempre più in alto nello spazio. Se verrò eletto, mi impegno personalmente ad aprire le porte di quell'ultima frontiera e lasciarle ben spalancate.»

Sexton sollevò il bicchiere di cognac.

«Amici miei, siete qui, stasera, per decidere se sono degno della vostra fiducia. Mi auguro di essere sulla buona strada per conquistarla. Proprio come occorrono investitori per costituire una società, occorrono investitori anche per creare un presidente. E proprio come gli azionisti si aspettano dei ritorni, li aspettate anche voi, che investite nella politica. Il mio messaggio è chiaro: investite su di me, e io non lo scorderò mai. Mai. Siamo tutti impegnati nella stessa missione.»

Protese il bicchiere verso di loro per un brindisi.

«Con il vostro aiuto, amici, presto sarò alla Casa Bianca... e voi potrete realizzare i vostri sogni.»

A soli cinque metri di distanza, Gabrielle Ashe rimase in penombra, paralizzata. Dalla stanza adiacente le giungevano l'armonioso tintinnio di bicchieri di cristallo e il crepitio del fuoco.

58

Preso dal panico, il giovane tecnico della NASA attraversò di volata l'habisfera.

"È successa una cosa terribile!"

Trovò il direttore Ekstrom solo, vicino all'area stampa. «Signore» ansimò «c'è stato un incidente!»

Ekstrom si voltò a guardarlo con aria assente, come se la sua mente fosse già turbata da altri problemi. «Che ha detto? Un incidente? Dove?»

«Nel pozzo di estrazione è appena riemerso un corpo. Il dottor Wailee Ming.»

Il viso di Ekstrom non lasciò trapelare alcuna emozione. «Il dottor Ming? Ma...»

«L'abbiamo tirato fuori, ma era troppo tardi. È morto.»

«Santo Iddio. Da quanto era lì?»

«Più o meno un'ora, crediamo. Sembra che sia caduto, precipitato fino in fondo, e poi il cadavere si è gonfiato ed è risalito a galla.»

La carnagione rosea di Ekstrom assunse un colorito acceso. «Maledizione! Chi altri lo sa?»

«Nessuno, signore. Solo due di noi. Dopo averlo ripescato, abbiamo ritenuto opportuno avvertire lei, prima...»

«Avete fatto benissimo.» Ekstrom sospirò rumorosamente. «Rimuovete immediatamente il corpo del dottor Ming. Non dite nulla.»

Il tecnico parve perplesso. «Ma, signore, io...»

Ekstrom posò la grande mano sulla spalla del giovane. «Mi ascolti bene. È un tragico incidente che mi addolora molto, ed è ovvio che me ne occuperò come si deve, ma questo non è il momento giusto.»

«Vuole che *nasconda* il cadavere?»

I freddi occhi nordici di Ekstrom si fecero molto penetranti. «Rifletta un attimo. Potremmo dirlo a tutti, ma con quale risultato? Manca un'ora alla conferenza stampa, e annunciare questa terribile disgrazia offuscherebbe la scoperta e avrebbe un impatto molto negativo sul morale di tutti. Il dottor Ming è rimasto vittima di una drammatica disattenzione e non deve essere la NASA a pagarla. Questi scienziati civili hanno già ottenuto molta pubblicità e non voglio che un loro errore proietti un'ombra di tristezza sul nostro momento di gloria. L'incidente del dottor Ming deve restare segreto fino a dopo la conferenza stampa. Mi sono spiegato?»

L'uomo, pallido, annuì. «Vado a stivare il corpo.»

59

Michael Tolland conosceva troppo bene il mare per non sapere che prendeva le sue vittime senza scrupoli né esitazioni. Mentre giaceva esausto sulla distesa di ghiaccio riusciva appena a intravedere in distanza lo spettrale profilo della gigantesca banchisa di Milne. La forte corrente artica che proveniva dalle isole Regina Elisabetta creava un enorme gorgo intorno alla calotta polare che avrebbe poi finito per lambire la Russia settentrionale. Non che importasse molto, peraltro. Ci sarebbero voluti mesi.

"E a noi restano solo trenta o quaranta minuti al massimo."

Sarebbero stati già morti senza la protezione delle tute imbottite. Per fortuna, le Mark IX li avevano tenuti asciutti, la cosa più importante per sopravvivere al freddo. La gelatina termica che isolava il loro corpo non solo aveva attutito la caduta, ma in quel momento li aiutava a mantenere il poco calore che ancora conservavano.

Presto sarebbe intervenuta l'ipotermia. Sul principio, un vago intorpidimento delle membra quando il sangue si fosse ritirato nel centro del corpo per proteggere gli organi interni più critici. Poi allucinazioni deliranti e rallentamento del polso e della respirazione, con conseguente scarso afflusso di ossigeno al cervello. A quel punto, nell'estremo tentativo di mantenere il calore, il corpo avrebbe bloccato tutte le funzioni tranne il battito cardiaco e la respirazione. Di seguito, vi sarebbe stata la perdita di coscienza. Da ultimo, l'arresto contemporaneo dei centri cerebrali che controllano cuore e respirazione.

Tolland volse lo sguardo verso Rachel, augurandosi di poter fare qualcosa per salvarla.

Il torpore che si stava diffondendo nel corpo di Rachel Sexton era meno penoso di quanto avrebbe immaginato, quasi un gradito anestetico. "La morfina della natura." Nella caduta aveva perso gli occhiali, e riusciva a malapena ad aprire gli occhi per il freddo.

Vide Tolland e Corky vicini. Tolland la stava guardando con un'espressione addolorata. Corky si muoveva, ma stava chiaramente soffrendo. Aveva una brutta ferita sanguinante sullo zigomo destro.

Rachel tremava come una foglia mentre la sua mente cercava qualche risposta. "Chi? Perché?" I pensieri erano confusi. Avvertiva un peso crescente dentro di sé. Non riusciva a dare un senso all'accaduto. Sentiva che il suo corpo si arrendeva lentamente, cullato da una forza invisibile che induceva il sonno. Si sforzò di resistere. Cercò di alimentare la collera furibonda che stava accendendosi dentro di lei. "Hanno tentato di ucciderci!" Un'occhiata al mare minaccioso le fece comprendere che gli aggressori erano riusciti nel loro intento. "Siamo già morti." Pur consapevole che non sarebbe sopravvissuta abbastanza per scoprire la verità sul gioco mortale che si stava svolgendo sulla banchisa di Milne, sospettò di intuirne il colpevole.

La persona che più aveva da guadagnare era il direttore Ekstrom. Era stato lui a mandarli fuori, sul ghiacciaio, era lui che aveva legami con il Pentagono e i corpi speciali. "Ma che cosa avrebbe guadagnato inserendo il meteorite sotto il ghiaccio? E chi altri ne avrebbe ricavato qualcosa?"

Le venne in mente Zach Herney, e si chiese se fosse un cospiratore o una pedina inconsapevole. "Il presidente non sa nulla. È innocente." Sicuramente era stato ingannato dalla NASA. E di lì a meno di un'ora avrebbe fatto l'annuncio della scoperta, armato di un documentario corroborato dalla testimonianza di quattro scienziati civili.

Quattro scienziati civili *morti*.

Ormai, lei non poteva fare nulla per fermare la conferenza stampa, ma si augurò che il responsabile di quell'aggressione non la facesse franca.

Chiamando a raccolta le forze, cercò di mettersi a sedere. Le pareva di avere le membra di marmo; le giunture gridarono di dolore quando tentò di piegare braccia e gambe. Lentamente si mise in ginocchio, appoggiandosi sul lastrone piatto. Le girava la testa. Intorno a lei, il mare ribolliva. Tolland la osservava con attenzione; forse pensava che si stesse inginocchiando per pregare. Ma non era quello che voleva, anche se forse la preghiera aveva la stessa possibilità di salvarli di ciò che stava per tentare.

Frugò con la mano destra sulla cintura e trovò la piccozza da ghiaccio ancora appesa. Afferrò il manico con le dita intorpidite. La voltò, disponendola come una T capovolta. Poi, con tutte le sue forze, abbatté una punta sul ghiaccio. *Bong*. Di nuovo. *Bong*. Le sembrava che le scorresse melassa nelle vene. *Bong*. Tolland la guardava interdetto. Un altro colpo. *Bong*.

Tolland cercò di sollevarsi sul gomito. «Ra... chel?»

Lei non rispose. Doveva risparmiare le forze. *Bong. Bong.*

«Non credo... che così a nord la SAA... possa sentire.»

Lei si voltò sorpresa. Aveva scordato che Tolland, in quanto oceanografo, avesse idea di quello che stava facendo. "Buona intuizione, ma non sto chiamando la SAA."

Continuò a battere.

SAA stava per Suboceanic Acoustic Array, una reliquia della guerra fredda usata poi dagli oceanografi di tutto il mondo per ascoltare le balene. Poiché il suono sott'acqua si propaga per centinaia di chilometri, la rete SAA, costituita da cinquantanove microfoni sottomarini sparsi per il mondo, poteva controllare una percentuale sorprendentemente alta dei mari del pianeta. Purtroppo, quella parte remota dell'Artico non rientrava in tale percentuale, ma Rachel sapeva che c'erano altri intenti ad ascoltare il fondo dell'oceano, altri di cui pochi, sulla Terra, conoscevano l'esistenza. Continuò a picchiare. Il suo messaggio era semplice e chiaro.

BONG. BONG. BONG.

BONG... BONG... BONG...

BONG. BONG. BONG.

Non si illudeva che la sua iniziativa potesse salvarli, avvertendo la gelida morsa che già le serrava il corpo. Probabilmente non le restava neppure mezz'ora di vita. Ormai, la salvezza era al di fuori del regno del possibile. Ma non si trattava soltanto di quello.

BONG. BONG. BONG.

BONG... BONG... BONG...

BONG. BONG. BONG.

«Non... c'è tempo...» disse Tolland.

"Non è per... noi, ma per l'informazione che ho in tasca." Rachel pensò all'immagine del GPR custodita dentro il velcro della tuta Mark IX. "Devo mettere questo foglio nelle mani del National Reconnaissance Office... e presto."

Anche in quello stato delirante, sapeva con certezza che il suo messaggio sarebbe stato ricevuto. A metà degli anni Ottanta, l'NRO aveva sostituito la SAA con un sistema trenta volte più potente. Copertura globale: l'orecchio da dodici milioni di dollari dell'NRO sul fondo degli oceani si chiamava Classic Wizard. Nelle ore che sarebbero seguite i supercomputer Cray dei posti di controllo NRO/NSA situati a Menwith Hill, in Inghilterra, avrebbero rivelato una sequenza anomala da uno degli idrofoni situati nel mare Artico e, decifrati i colpi come SOS, avrebbero triangolato le coordinate e inviato un aereo di salvataggio dalla base aerea di Thule in Groenlandia. L'aereo avrebbe trovato tre corpi su un iceberg. Congelati. Morti. Uno, di una dipendente dell'NRO... con uno strano foglio di carta termica in tasca.

"La stampa di un GPR. L'ultimo lascito di Norah Mangor."

Studiando il documento, i soccorritori avrebbero notato il misterioso tunnel scavato sotto il meteorite. Rachel ignorava che cosa sarebbe accaduto dopo, ma almeno quel segreto non sarebbe morto insieme a loro, nel ghiaccio.

60

Ogni nuovo insediamento di un presidente alla Casa Bianca comporta il giro privato di tre magazzini, protetti da un folto stuolo di custodi, in cui sono riposte collezioni di inestimabile valore: scrittoi, argenteria, bureau, letti e altri articoli usati dai precedenti inquilini fin dai tempi di George Washington. Durante il giro, il nuovo presidente è invitato a scegliere i cimeli che preferisce per arredare la residenza durante la sua permanenza in carica. Soltanto il letto nella camera di Lincoln è un arredo fisso, e il paradosso è che Lincoln non vi ha mai dormito.

La scrivania a cui era seduto Zach Herney nello Studio Ovale era appartenuta un tempo al suo idolo, Harry Truman. Anche se piccola per gli standard moderni, gli serviva a ricordare ogni giorno che tutti gli "oneri" arrivavano lì e che era lui a dover rispondere delle eventuali deficienze della sua amministrazione. Herney accettava gli oneri come un onore e faceva tutto il possibile per motivare il proprio staff ad agire per il meglio.

«Signor presidente?» La segretaria fece capolino dalla porta dell'ufficio. «È in linea.»

Herney la ringraziò con un cenno della mano.

Sollevò la cornetta. Avrebbe preferito fare quella telefonata in privato, ma non era proprio possibile in quel momento. Due truccatori gli giravano intorno come zanzare per sistemargli viso e capelli. Di fronte alla scrivania stava prendendo posto la troupe televisiva, e un interminabile stuolo di consiglieri e addetti alle pubbliche relazioni affollava l'ufficio, discutendo animatamente la strategia.

"Manca un'ora..."

Herney premette il pulsante illuminato sul telefono privato. «Pronto, Lawrence?»

«Ci sono.» La voce del direttore appariva affaticata e distante.

«Tutto bene lì?»

«Sta per arrivare una tempesta, ma i miei sostengono che non disturberà il collegamento via satellite. Siamo pronti a partire. Un'ora al via.»

«Ottimo. Il morale è alto, spero.»

«Può giurarci. Lo staff è al settimo cielo, anzi, per la verità abbiamo appena brindato con la birra.»

Herney commentò con una risata. «Ne sono lieto. Senta, volevo ringraziarla prima dell'evento. Stasera ci sarà una confusione bestiale.»

Il direttore fece una pausa, stranamente esitante. «Non c'è dubbio, signore. Abbiamo aspettato a lungo questo momento.»

«Sembra molto stanco.»

«Ho bisogno di un po' di sole e di un letto vero.»

«Resista ancora un'ora. Sorrida alle telecamere, si goda il momento e poi manderemo lassù un aereo per riportarla a Washington.»

«Non vedo l'ora.» Il direttore ripiombò nel silenzio.

Abile negoziatore, Herney era molto bravo ad ascoltare e percepire le cose non dette, nascoste tra le righe. Nel tono del direttore della NASA, qualcosa non andava. «Sicuro che vada tutto bene, lassù?»

«Certo. Nessun problema con i collegamenti.» Sembrò ansioso di cambiare argomento. «Ha visto l'ultima versione del documentario di Michael Tolland?»

«Poco fa. Un lavoro fantastico.»

«Infatti. È stata una buona idea coinvolgerlo.»

«È ancora arrabbiato con me per aver chiamato i civili?»

«Certo, per la miseria!» Il direttore parve recuperare il buonumore; la voce era tornata ferma e decisa come al solito.

Herney se ne rallegrò. "Ekstrom sta bene, è solo un po' stanco" si disse. «Okay, ci vediamo tra un'ora via satellite. Daremo a tutti qualcosa di cui parlare.»

«Giusto.»

«Ehi, Lawrence!» Il tono di Herney si fece basso e solenne. «È stato veramente in gamba. Non lo dimenticherò mai.»

Fuori dall'habisfera investita dal vento, Delta-Tre faticò per raddrizzare la slitta di Norah Mangor. Risistemata a bordo la strumentazione, assicurò l'incerata e vi legò sopra il corpo della donna. Mentre si preparava a trainare la slitta fuori rotta, vide sopraggiungere i compagni che avevano risalito il ghiacciaio.

«Il piano è cambiato» gridò Delta-Uno, cercando di sovrastare il rumore del vento. «Gli altri tre sono precipitati dalla banchisa.»

Delta-Tre non ne fu sorpreso, ma capì anche che cosa significava. Il loro progetto di inscenare un incidente sistemando i quattro cadaveri sulla banchisa non era più praticabile e lasciare soltanto un corpo avrebbe sollevato interrogativi più che dare risposte. «Ripuliamo?»

Delta-Uno annuì. «Io recupero le torce, voi vi liberate della slitta.»

Ripercorse a ritroso il tragitto degli scienziati per cancellare ogni segno del loro passaggio, mentre Delta-Tre e il compagno scesero per il ghiacciaio con la slitta carica. Faticarono non poco a superare le berme, quindi raggiunsero il limite della banchisa. Una spinta, e Norah Mangor e la sua slitta scivolarono silenziosamente oltre il bordo, a capofitto nel mare Artico.

"Un'azione pulita" pensò Delta-Tre.

Di ritorno alla base, si compiacque nel notare che il vento stava cancellando le tracce dei loro sci.

61

Il sottomarino nucleare *Charlotte* era appostato da cinque giorni nel mare Artico. La sua presenza in quel luogo era assolutamente top secret.

Il sommergibile, della classe Los Angeles, è progettato per "ascoltare e non essere ascoltato". I motori a turbina da quarantadue tonnellate poggiano su martinetti per attutire eventuali vibrazioni. Malgrado la necessità di passare inosservato, è uno dei più grandi sottomarini da ricognizione esistenti al mondo. Con i suoi centodieci metri da prua a poppa, se posto su un campo da football americano toccherebbe entrambe le linee di meta. Sette volte più lungo del primo sottomarino della marina statunitense, classe Holland, il *Charlotte* ha un dislocamento in immersione di 6927 tonnellate e può viaggiare alla stupefacente velocità di trentacinque nodi.

Normalmente la profondità di crociera è appena al di sotto del termoclino, un gradiente termico naturale che distorce i riflessi dei sonar e rende lo scafo invisibile ai radar di superficie. Con un equipaggio di centoquarantotto uomini, può raggiungere la profondità massima di quasi cinquecento metri e rappresenta l'ultima generazione in fatto di sottomarini, il "mulo" della marina degli Stati Uniti. Il sistema di ossigenazione a elettrolisi evaporativa, due reattori nucleari e l'elevata autonomia gli consentono di circumnavigare il globo ventun volte senza riemergere. I rifiuti organici dell'equipaggio, come sulla maggior parte delle navi da crociera, vengono compressi in blocchi di trenta chili ed espulsi in mare, enormi mattoni di feci definiti scherzosamente "stronzi di balena".

Il tecnico seduto davanti allo schermo dell'oscilloscopio nel locale del sonar era uno dei migliori del mondo, la sua mente un archivio di suoni e onde sonore. Poteva distinguere i rumori di decine di eliche di sottomarini russi, centinaia di animali marini e individuare vulcani sommersi addirittura in Giappone.

In quel momento, però, era all'ascolto di un rumore ripetitivo, sordo. Anche se chiaramente identificabile, era del tutto inatteso. «Stenterai a credere alle tue orecchie» disse al suo vice, porgendogli le cuffie.

Indossate le cuffie, l'assistente assunse un'espressione incredula. «Mio Dio. Chiaro come il sole. Che possiamo fare?»

Quando il comandante arrivò nel locale del sonar, il tecnico gli trasmise il rumore dal vivo attraverso un piccolo set di altoparlanti.

Il comandante ascoltò, il volto privo di espressione.

BONG. BONG. BONG.

BONG... BONG... BONG...

BONG. BONG. BONG.

Sempre più lento. Lo schema diveniva meno preciso, più debole.

«Quali sono le coordinate?» chiese il comandante.

Il tecnico si schiarì la gola. «Per la verità, signore, proviene dalla superficie, circa tre miglia a dritta.»

62

Nel corridoio buio fuori dal salotto del senatore Sexton, Gabrielle Ashe sentiva tremare le gambe, non per essere rimasta tanto a lungo immobile, ma per la disillusione provocata dai discorsi che stava ascoltando. Anche se la riunione nella stanza accanto era ancora in corso, lei aveva sentito a sufficienza. La penosa verità era più che ovvia.

"Il senatore Sexton riceve soldi in nero dalle agenzie spaziali private." Marjorie Tench non aveva mentito.

Ciò che più la disgustava era il tradimento. Aveva creduto in Sexton, lottato per lui. "Come può fare una cosa del genere?" L'aveva visto mentire in pubblico, di tanto in tanto, per proteggere la sua vita privata, ma qui si trattava di politica, questo significava infrangere la legge.

"Non è stato ancora eletto, e già vende la Casa Bianca!"

Gabrielle sapeva di non poter più sostenere il senatore. Promettere di approvare l'atto sulla privatizzazione della NASA implicava un arrogante disprezzo per la legge e il sistema democratico. Anche se lui riteneva che fosse nell'interesse della collettività, vendere quella decisione in anticipo significava chiudere la porta ai controlli e agli equilibri del governo, ignorando le argomentazioni potenzialmente persuasive del Congresso, dei consiglieri, degli elettori e delle lobby. Soprattutto, promettendo la privatizzazione della NASA, Sexton lastricava la strada agli innumerevoli abusi che sarebbero derivati da tale conoscenza anticipata, a cominciare dall'insider trading, palesemente favorevole a quel manipolo di ricconi a spese degli onesti investitori pubblici.

Con un senso di nausea, Gabrielle si chiese che fare.

Lo squillo acuto di un telefono, alle sue spalle, ruppe il silenzio in corridoio. Gabrielle si voltò, spaventata. Il suono proveniva dall'armadio nell'ingresso, evidentemente il cellulare nella tasca del cappotto di un ospite.

«Scusatemi, amici» disse una voce dal forte accento texano. «È il mio.»

Gabrielle sentì che l'uomo si alzava. "Viene da questa parte!" Risalì di volata il corridoio e, a metà strada, svoltò a sinistra, infilandosi nella cucina buia proprio nel momento in cui il texano usciva dal salotto. Gabrielle rimase immobile nell'ombra.

Il texano le passò accanto senza accorgersi di lei.

Malgrado il rimbombo del cuore che le martellava in petto, sentì l'uomo frugare nell'armadio. Finalmente rispose.

«Sì? Quando...? Davvero? Accendiamo subito. Grazie.» Chiuse la comunicazione e, mentre tornava in salotto, chiamò gli altri. «Ehi! Accendete il televisore! Pare che Zach Herney abbia convocato una conferenza stampa urgente per stasera alle otto. A reti unificate. O dichiariamo guerra alla Cina, oppure la stazione spaziale internazionale è appena caduta in mare.»

«Be', questo sì che meriterebbe un brindisi!» gridò qualcuno.

Tutti risero.

Gabrielle sentì vorticare intorno a sé le pareti della cucina. "Una conferenza stampa alle otto?" La Tench non aveva bluffato, allora. Le aveva dato tempo fino alle venti per consegnarle la dichiarazione in cui confessava la relazione, consigliandole di prendere le distanze dal senatore prima che fosse troppo tardi. Gabrielle aveva pensato che quella scadenza fosse stata fissata per dare modo alla Casa Bianca di lasciar trapelare la notizia ai giornali l'indomani, ma evidentemente era stato deciso di rendere comunque pubblica la cosa.

"Una conferenza stampa urgente?" Più ci rifletteva, più le pareva strano. "Herney che parla in diretta di questo casino? Lui in persona?"

Dal soggiorno, il televisore risuonò a tutto volume. Il tono del presentatore era molto eccitato. «La Casa Bianca non ha fatto alcuna anticipazione sull'argomento del comunicato a sorpresa del presidente, e le illazioni abbondano. Alcuni analisti politici ritengono che, data la recente assenza dalla scena elettorale, Zach Herney stia per annunciare che rinuncia a ripresentarsi per il secondo mandato.»

Un applauso di speranza si levò nel salotto.

"Assurdo" pensò Gabrielle. Con tutte le cose sporche che la Casa Bianca aveva in mano su Sexton, non c'era una possibilità al mondo che il presidente gettasse la spugna, quella sera. "Questa conferenza stampa riguarda qualcos'altro." Gabrielle aveva l'angosciante presentimento di sapere di che cosa si trattasse.

Con ansia crescente guardò l'orologio. Mancava meno di un'ora. Doveva prendere una decisione e sapeva esattamente con chi parlare. Stringendo sotto il braccio la cartellina delle foto, uscì dall'appartamento senza fare rumore.

La guardia del corpo parve sollevata nel vederla. «Ho sentito voci allegre, dentro. A quanto pare è stata accolta calorosamente.»

Gabrielle gli rivolse un sorriso veloce prima di dirigersi verso l'ascensore.

In strada, al tramonto, l'aria pareva insolitamente fresca. Chiamò un taxi con la mano, salì e cercò di rassicurarsi. Aveva chiaro in mente che cosa fare.

«Studi televisivi ABC» disse all'autista. «E in fretta.»

63

Sdraiato di fianco sul ghiaccio, Michael Tolland posò la testa sul braccio disteso, ormai privo di sensibilità. Si sforzò di tenere aperte le palpebre, pesanti come piombo. Da quella strana angolazione, osservò le ultime immagini del suo mondo, ormai ridotto solo a mare e ghiaccio. La conclusione più naturale di una giornata in cui nulla era andato come previsto.

Una calma sinistra era scesa sulla zattera di ghiaccio. Rachel e Corky non parlavano più e i colpi erano cessati. Il vento soffiava con minore violenza a mano a mano che si allontanavano dalla banchisa. Sentì che anche il suo corpo si calmava. Col cappuccio stretto in testa, udiva il proprio respiro amplificato, sempre più lento... e sempre più lieve. L'organismo non era più in grado di contrastare il senso di oppressione indotto dal sangue che lascia le estremità – come un equipaggio che abbandona una nave in difficoltà – per fluire verso gli organi vitali nell'estremo tentativo di mantenere le funzioni essenziali.

Una battaglia persa.

Stranamente, non avvertiva più alcun dolore. Aveva già superato quello stadio. La sensazione prevalente era di gonfiore. Intorpidimento. Fluttuazione. Iniziò a fermarsi il primo dei riflessi automatici, il battito delle palpebre, e la vista si fece confusa. L'umor acqueo tra la cornea e il cristallino stava congelando. Si voltò verso la banchisa di Milne, ormai soltanto una debole forma bianca illuminata dalla luna.

In cuor suo accettava ormai la sconfitta. In stato di semincoscienza, fissò le onde in lontananza. Il vento ululava intorno a lui.

Fu allora che cominciò l'allucinazione. Negli ultimi secondi prima di perdere i sensi non gli si presentò l'immagine dei soccorsi, non provò sensazioni di calore né di conforto. La sua ultima illusione fu terrificante.

Un leviatano si levò dall'acqua vicino all'iceberg, rompendo la superficie con un minaccioso sibilo. Come un mitico mostro marino, snello, nero e letale, comparve tra l'acqua spumeggiante. Tolland riuscì a fatica a battere gli occhi per rischiarare la vista. La bestia era vicina e urtava contro il ghiaccio come un mastodontico squalo che colpisca a testate una barchetta. Enorme, torreggiò davanti a lui, con la pelle bagnata e lucente.

L'immagine sfocata si oscurò e restarono soltanto i suoni. Metallo contro metallo. Denti che mordevano il ghiaccio. Sempre più vicini. I corpi trascinati via.

"Rachel..."

Si sentì afferrare bruscamente.

Poi, buio totale.

64

Gabrielle Ashe entrò a passo veloce nella redazione del notiziario, al terzo piano del palazzo dell'ABC. Tutti i presenti, peraltro, si muovevano più in fretta di lei. Lì l'attività era febbrile ventiquattr'ore al giorno, ma in quel momento ricordava il salone delle grida della Borsa. I redattori in preda all'agitazione si urlavano a vicenda dalle loro postazioni, i cronisti brandivano fax e passavano da una scrivania all'altra raffrontando le note, mentre frenetici praticanti mandavano giù Snickers e Mountain Dew tra una corsa e l'altra.

Gabrielle era andata alla ABC per parlare con Yolanda Cole.

Di solito la si trovava nei quartieri alti della produzione, negli uffici chiusi da vetrate riservati a chi deve prendere decisioni importanti e ha bisogno di quiete per riflettere. Quella sera, invece, anche Yolanda era nel salone, nel mezzo della calca. Quando vide Gabrielle, la salutò con la consueta esuberanza.

«Gabs!» Indossava un ampio abito di batik e occhiali di tartaruga. Come al solito esibiva chili di bigiotteria appariscente. Avanzò ancheggiando, sbracciandosi. «Un bacio!»

Da sedici anni Yolanda Cole era l'appagata caporedattrice del telegiornale della ABC nella sede di Washington. Polacca, viso lentigginoso, corpulenta e con pochi capelli, veniva chiamata affettuosamente "la mamma". La presenza matronale e il buonumore mascheravano la smaliziata grinta con cui si avventava sulle notizie. Gabrielle l'aveva conosciuta al seminario sulle donne in politica che aveva frequentato per qualche tempo subito dopo il suo arrivo a Washington. Avevano parlato della formazione di Gabrielle, della difficoltà di essere donna a Washington e infine avevano scoperto una passione comune per Elvis Presley. Yolanda l'aveva presa sotto l'ala e introdotta tra i suoi conoscenti, e lei almeno una volta al mese passava a salutarla.

Gabrielle abbracciò l'amica con calore, già contagiata dal suo entusiasmo.

Yolanda fece un passo indietro per osservarla. «Ehi, ragazza, sembri invecchiata di cent'anni! Che ti è successo?»

Gabrielle abbassò la voce. «Sono nei casini.»

«Non è quello che si dice in giro. Pare che il tuo uomo sia in rimonta.»

«Possiamo parlare in privato da qualche parte?»

«È un brutto momento, tesoro. Il presidente farà una conferenza stampa tra mezz'ora, e non abbiamo la più pallida idea dell'argomento. Devo preparare un commento ragionato, ma volo alla cieca.»

«Io so di che cosa parlerà.»

Yolanda abbassò gli occhiali e le rivolse un'occhiata scettica. «Gabrielle, il nostro corrispondente alla Casa Bianca brancola nel buio, e tu mi vieni a dire che lo staff elettorale di Sexton invece ha avuto qualche anticipazione?»

«No, non è questo. Dammi cinque minuti e ti spiego tutto.»

Yolanda osservò la cartellina rossa con lo stemma della Casa Bianca tra le mani di Gabrielle. «Quello è un documento interno. Come hai fatto ad averlo?»

«Un incontro privato con Marjorie Tench, questo pomeriggio.»

Yolanda la fissò sbalordita. «Seguimi.»

Nel cubicolo dalle pareti di vetro Gabrielle raccontò tutto all'amica fidata. Confessò la storia di una notte con Sexton e il fatto che la Tench aveva una documentazione fotografica dell'episodio.

Yolanda scosse la testa con una risata. Evidentemente era nel giornalismo di Washington da così tanto tempo da non stupirsi più di nulla. «Oh, Gabs, me lo sentivo che tu e Sexton avevate scopato. Niente di strano. Lui ha una fama in proposito, e tu sei una bella ragazza. Peccato per le foto, ma non è il caso di preoccuparsi, comunque.»

"Non è il caso di preoccuparsi?"

Gabrielle le spiegò che, secondo la Tench, Sexton accettava finanziamenti in nero da imprese spaziali e che lei stessa aveva appena assistito a una riunione segreta con la SFF a conferma del fatto. Ancora una volta, l'espressione di Yolanda non lasciò trapelare sorpresa o apprensione, almeno finché Gabrielle non le rivelò le sue intenzioni.

A quel punto parve davvero turbata. «Senti, se vuoi dichiarare per iscritto che sei andata a letto con un senatore degli Stati Uniti e che sei stata zitta quando lui ha mentito in proposito, sono fatti tuoi. Ma lasciami dire che la ritengo una mossa molto sbagliata. Devi riflettere bene e a lungo su quelle che saranno le conseguenze per te.»

«Ma allora non mi ascolti. Io non ho tempo!»

«Certo che ti ascolto, cara, ma anche se l'orologio continua a ticchettare, certe cose proprio non si fanno. Non puoi *vendere* un senatore per uno scandalo sessuale. È un suicidio. Ti dico una sola cosa, ragazza. Se lo trascini nella polvere, meglio che sali in macchina e ti allontani da Washington il più in fretta possibile perché sarai una donna segnata. Tante persone spendono un sacco di soldi per portare in alto un candidato. Ci sono in ballo interessi colossali e molto potere, il genere di potere per cui alcuni sono disposti a uccidere.»

Gabrielle ammutolì.

«Personalmente» continuò Yolanda «credo che la Tench ti abbia fatto pressione con la speranza che tu, in preda al panico, facessi un gesto sconsiderato, come saltar su a confessare la storia.» Indicò la cartellina rossa tra le mani di Gabrielle. «Le foto di te con Sexton non significano un accidente a meno che uno di voi due non ammetta che sono vere. La Casa Bianca sa che, se le mette in circolazione, Sexton proclamerà che sono state ritoccate ad arte e farà fare una pessima figura al presidente.»

«L'ho pensato, ma la questione dei finanziamenti illeciti alla campagna...»

«Tesoro, pensaci bene. Se la Casa Bianca non l'ha ancora resa nota, significa che non ha intenzione di farlo. Il presidente è molto determinato a non impostare la campagna sulla denigrazione dell'avversario. A mio parere, ha deciso di evitare uno scandalo sull'industria aerospaziale e ha spinto la Tench a bluffare con te nella speranza di spaventarti al punto da farti ammettere di avere avuto rapporti intimi con il senatore. Vorrebbero che tu pugnalassi alla schiena il tuo candidato.»

Gabrielle considerò l'ipotesi. Era ragionevole, ma qualcosa non tornava. Indicò la redazione in piena attività al di là del vetro. «Yolanda, voi vi state preparando per la conferenza stampa di questa sera. Se il presidente non intende parlare di finanziamenti illeciti o di vicende sessuali, quali altri argomenti dovrebbe toccare, secondo te?»

Yolanda parve sbalordita. «Aspetta un attimo. Credi che la conferenza stampa possa riguardare te e Sexton?»

«O i soldi che riceve sottobanco. Oppure entrambe le cose. La Tench mi ha detto che avevo tempo fino alle otto di stasera per firmare una confessione, altrimenti il presidente avrebbe annunciato...»

La fragorosa risata di Yolanda scosse i vetri del piccolo locale. «Oh, ti prego! Aspetta! Mi farai morire dal ridere!»

Gabrielle non era in vena di ilarità. «Come?»

«Ascolta» disse Yolanda tra le risate «fidati di me. Ho a che fare con la Casa Bianca da sedici anni, ed è assolutamente inconcepibile che Zach Herney abbia convocato i media mondiali per raccontare che il senatore Sexton riceve denaro sottobanco o che viene a letto con te. Informazioni di questo genere si lasciano trapelare. I presidenti non acquistano consensi interrompendo i programmi televisivi per spettegolare di fatti sessuali o di ipotetici oscuri finanziamenti illeciti.»

«Oscuri?» sbottò Gabrielle. «Vendere l'approvazione di un decreto sullo spazio in cambio di milioni di dollari di finanziamenti non lo definirei una questione oscura.»

«Ma sei proprio *certa* di quello che dici?» Il tono di Yolanda era diventato aggressivo. «Sei tanto sicura da calarti le braghe alla televisione nazionale? Pensaci bene. Per fare qualunque cosa, oggigiorno, sono necessarie molte alleanze, e gli aiuti economici ai candidati sono una materia complessa. Può darsi che la riunione di Sexton non avesse nulla di losco.»

«Sta infrangendo la legge.» "Oppure no?"

«Quanto meno, questo è ciò che la Tench vuole farti credere. I candidati accettano spesso donazioni sottobanco dalle grandi corporazioni. Forse non è elegante, ma non è necessariamente un reato. In effetti, la maggior parte delle questioni legali non riguarda la provenienza del denaro ma il suo uso da parte del candidato.»

Gabrielle cominciava a sentirsi meno sicura di sé.

«Gabs, la Casa Bianca ti ha preso in giro, oggi pomeriggio. Hanno cercato di metterti contro il tuo candidato, e fino a questo momento tu sei stata al gioco. Se cercassi qualcuno di cui fidarmi, penso che rimarrei incollata a Sexton piuttosto che abbandonare la nave per un tipo come Marjorie Tench.»

Squillò il telefono. Yolanda rispose, annuì, emise molti "uh uh", prese appunti. «Interessante» disse infine. «Procedo subito. Grazie.»

Chiuse la comunicazione e guardò Gabrielle inarcando le sopracciglia. «Gabs, a quanto pare sei fuori dai guai, come previsto.»

«Che succede?»

«Di preciso ancora non lo so, ma posso dirti che la conferenza stampa del presidente non ha niente a che vedere con scandali sessuali o finanziamenti elettorali.»

Gabrielle avvertì un'ondata di speranza e desiderò disperatamente crederle. «Come lo sai?»

«Qualcuno, dall'interno della Casa Bianca, ha appena fatto trapelare la voce che la conferenza stampa sarà sulla NASA.»

Gabrielle scattò a sedere. «La NASA?»

Yolanda assentì con un cenno del capo. «Questa potrebbe essere la tua sera fortunata. Scommetto che Herney, messo sotto pressione dal senatore Sexton, ha deciso che la Casa Bianca non ha altra scelta che staccare la spina della stazione spaziale internazionale. Il che spiegherebbe il risalto mondiale che vuole dare alla notizia.»

"Una conferenza stampa per annunciare la chiusura della stazione spaziale?" A Gabrielle sembrò improbabile.

Yolanda si alzò. «La mossa della Tench di oggi pomeriggio è stata probabilmente l'estremo tentativo di trovare un appiglio contro Sexton prima che Herney dia al pubblico la brutta notizia. Non c'è nulla come uno scandalo sessuale per distogliere l'attenzione dall'ennesimo insuccesso della Casa Bianca. Comunque, Gabs, ora ho da fare. Ti consiglio di prendere una tazza di caffè, sederti qui a guardare la mia trasmissione e cavalcare l'evento come tutti noi. Mancano venti minuti, ormai, e ti dico con sicurezza che è impensabile che il presidente intenda pescare nel torbido, stasera. Va in mondovisione. Quello che ha da dire è sicuramente una notizia di gran peso.» Le ammiccò con fare rassicurante. «Ora dammi quella cartellina.»

«Cosa?»

Yolanda le tese la mano con aria decisa. «Queste foto resteranno chiuse nella mia scrivania finché tutto non sarà finito. Voglio essere sicura che tu non commetta un'idiozia.»

Gabrielle le porse la cartellina con una certa riluttanza.

Yolanda chiuse le foto in un cassetto e mise in tasca la chiave. «Mi ringrazierai, Gabs. Ne puoi star certa.» Prima di uscire, le arruffò i capelli con gesto affettuoso. «Tieniti forte. Credo che stiano per arrivare buone notizie.»

Gabrielle, rimasta sola nel cubicolo di vetro, si sforzò di condividere l'ottimismo dell'amica, ma l'unica cosa che le venne in mente fu il ghigno compiaciuto di Marjorie Tench, quel pomeriggio. Ignorava che cosa stesse per annunciare al mondo il presidente, ma di certo non sarebbe stato niente di buono per il senatore Sexton.

65

Rachel Sexton aveva la sensazione di bruciare viva.

"Piove fuoco!"

Aprì gli occhi a fatica, ma non riuscì a vedere altro che forme indistinte e luci accecanti. Cadeva su di lei una pioggia bollente. Sdraiata sul fianco, sentiva mattonelle incandescenti sotto il corpo. Si rannicchiò in posizione fetale, cercando di proteggersi dal liquido ustionante che cadeva dall'alto. Un odore chimico, forse di cloro. Tentò di strisciare via, ma senza successo. Mani forti le premevano le spalle, inchiodandola.

"Lasciatemi andare! Sto bruciando!"

D'istinto, si divincolò nel tentativo di fuggire, ma ancora una volta fu bloccata da quelle mani possenti. «Stia ferma» ordinò una voce maschile e professionale dall'accento americano. «Non durerà ancora molto.»

"Che cosa non durerà? Il dolore, la mia vita?" Cercò di mettere a fuoco. C'erano luci violente in quella stanza che sentiva piccola, limitata. Il soffitto era basso.

«Sto bruciando!» L'urlo uscì come un mormorio.

«Lei sta bene» disse la voce. «L'acqua è tiepida, si fidi.»

Rachel si accorse di indossare soltanto la biancheria bagnata, ma non provò imbarazzo: la mente era piena di ben altre domande.

I ricordi si susseguivano incessanti. La banchisa. Il GPR. L'aggressione. "Chi erano? E adesso dove mi trovo?" Cercò di ricomporre i pezzi, ma la mente era intorpidita come uno strumento inceppato. In quella nebbiosa confusione, un solo pensiero: "Michael e Corky... dove sono?".

Cercò di mettere a fuoco, ma non vide che gli uomini chini su di lei, tutti vestiti con identiche tute blu. Voleva parlare, però la bocca rifiutava di articolare le parole. La sensazione di bruciore sulla pelle stava cedendo a improvvise ondate di dolore che le percorrevano i muscoli come scosse sismiche.

«Si rilassi» disse l'uomo vicino a lei. «Il sangue deve rifluire nella muscolatura.» Parlava come un medico. «Cerchi di muovere gli arti più che può.»

Un dolore straziante, la sensazione che ogni muscolo fosse preso a martellate. Distesa sulle piastrelle, il torace contratto, riusciva a malapena a respirare.

«Muova braccia e gambe» insisteva l'uomo. «Si sforzi.»

Rachel tentò, ma ogni movimento era come una coltellata alle giunture. I getti d'acqua divennero più caldi. Di nuovo l'ustione. Una sofferenza straziante. Nel preciso istante in cui pensò di non poter resistere un altro momento, sentì che qualcuno le praticava un'iniezione. Il dolore si attenuò, sempre meno violento; il tremito si placò. Riusciva a respirare.

Una nuova sensazione si diffuse per il suo corpo, uno strano formicolio. Ovunque, piccole punture, sempre più fitte. Milioni di minuscole punture d'ago che si intensificavano appena si spostava. Cercò di restare immobile, ma i getti d'acqua continuavano a schiaffeggiarla. L'uomo le reggeva le braccia per fargliele muovere.

"Dio, se fa male!" Troppo debole per lottare, il viso rigato da lacrime di dolore e di spossatezza, serrò gli occhi per escludere il mondo.

Finalmente, il formicolio cominciò a diminuire. La pioggia dall'alto cessò. Aprì gli occhi: la visione si era schiarita.

Fu allora che li vide.

Corky e Tolland erano vicini a lei, bagnati e tremanti. Rachel comprese dall'espressione angosciata dei loro volti che dovevano aver sopportato un'esperienza analoga alla sua. Michael la guardò con occhi vitrei, iniettati di sangue, e abbozzò uno stentato sorriso con le labbra bluastre.

Rachel provò a mettersi seduta per guardarsi intorno. Erano tutti e tre vicini in un groviglio di membra tremanti, mezzi nudi, sul pavimento di una minuscola area docce.

66

Braccia forti la sorressero. Energici sconosciuti l'asciugarono per poi avvolgerla in una coperta. Venne distesa su una specie di lettino e massaggiata con vigore su braccia, gambe e piedi. Un'altra iniezione nel braccio.

«Adrenalina» disse qualcuno.

Rachel avvertì la droga scorrere nelle vene come una forza vitale che rinvigoriva i muscoli. Sentì il sangue riaffluire lentamente nelle membra, mentre le viscere erano ancora strette da una gelida morsa.

"Ritorno dal regno dei morti."

Sforzò gli occhi. Tolland e Corky, tremanti malgrado le coperte, venivano massaggiati vicino a lei. Anche a loro fu praticata un'iniezione. Capì con chiarezza che quel misterioso gruppo di uomini aveva appena salvato loro la vita. Molti erano fradici: evidentemente erano entrati sotto la doccia completamente vestiti per soccorrerli. Rachel non si capacitava che fossero riusciti a recuperare in tempo lei e i compagni. Ma non importava, in quel momento. "Siamo vivi."

«Dove... dove ci troviamo?» riuscì a dire, ma l'articolazione di quelle poche parole le provocò lancinanti fitte alla testa.

Le rispose l'uomo che la stava massaggiando. «Nell'infermeria di un sottomarino classe Los Angeles...»

«Attenti!» gridò qualcuno.

Rachel avvertì un improvviso trambusto intorno a lei. Si mise a sedere, sostenuta da uno degli uomini in tuta blu, che si affrettò a coprirla. Si strofinò gli occhi e vide qualcuno entrare a passo deciso nel locale.

Il nuovo arrivato era un imponente afroamericano, bello e imperioso, in divisa color cachi. «Riposo!» ordinò, mentre si avvicinava a Rachel e la osservava con attenzione. «Sono Harold Brown» disse con voce profonda e autoritaria. «Comandante del sottomarino statunitense *Charlotte*. Lei come si chiama?»

"Charlotte." Il nome le suonò vagamente familiare. «Sexton» rispose. «Sono Rachel Sexton.»

L'uomo parve perplesso. Si accostò per studiarla meglio. «Per la miseria! Ma allora è proprio lei!»

Rachel era smarrita. "Mi conosce?" Lei era certa di non averlo mai visto anche se, quando abbassò lo sguardo dal viso alla mostrina che aveva sul petto, riconobbe il noto emblema dell'aquila con l'ancora tra gli artigli circondato dalle parole US NAVY.

Allora comprese perché il nome *Charlotte* le evocava qualcosa.

«Benvenuta a bordo, signora Sexton» disse il comandante. «Lei ha sintetizzato parecchi rapporti sulle ricognizioni di questa nave. So bene chi è.»

«Ma che ci fate in queste acque?» balbettò Rachel.

Il viso si indurì. «Francamente, stavo per rivolgerle la stessa domanda.»

Tolland si mise lentamente a sedere. Stava per parlare, quando Rachel lo zittì con un cenno deciso del capo. "Non qui. Non ora." Era più che sicura che lui e Corky avrebbero voluto raccontare subito del meteorite e dell'aggressione, ma non erano argomenti da trattare davanti all'equipaggio di un sottomarino militare. Nel mondo dell'intelligence, a prescindere da quale fosse il problema del momento, valeva sempre il livello di "autorizzazione all'accesso di informazioni riservate". La storia del meteorite era per il momento top secret.

«Devo parlare con il direttore dell'NRO, William Pickering» disse lei. «In privato, e immediatamente.»

Il comandante si mostrò perplesso, chiaramente non abituato a ricevere ordini a bordo della sua nave.

«Ho bisogno di comunicargli dati riservati» insistette Rachel.

Brown la studiò per qualche momento. «Lasciamo che il suo corpo riacquisti la temperatura normale, poi la metterò in contatto con il direttore dell'NRO.»

«È urgente, signore. Io...» Rachel si interruppe. Aveva appena visto l'orologio sulla parete sopra l'armadio dei medicinali. 19:51.

Batté gli occhi, stupita. «Funziona quell'orologio?»

«Lei si trova su una nave della marina americana, signora. I nostri orologi sono sempre esatti.»

«E quello è... regolato sul fuso orario della costa orientale?»

«Certo, 19:52, fuso orientale. Siamo al largo di Norfolk.»

"Dio mio! Sono solo le otto meno dieci?" Aveva l'impressione di essere rimasta svenuta per ore, e invece non erano neppure le venti. "Il presidente non ha ancora annunciato ufficialmente la scoperta del meteorite. Forse riesco a fermarlo!" Scivolò giù dal lettino, stringendosi nella coperta, malferma sulle gambe. «Devo parlare immediatamente con il presidente.»

Il comandante parve confuso. «Il presidente di che?»

«Degli Stati Uniti!»

«Avevo capito che volesse William Pickering.»

«Non c'è tempo. Ho bisogno del presidente.»

Il comandante le bloccò la strada con l'imponente corporatura. «A quel che so, il presidente sta per iniziare un'importante conferenza stampa, che verrà trasmessa in diretta. Dubito che accetti telefonate personali.»

Rachel si drizzò in tutta la sua altezza e fissò gli occhi in quelli scuri del comandante. «Signore, lei non ha l'autorizzazione per il tipo di informazioni di cui dispongo, ma sappia che il presidente sta per compiere un errore madornale. Devo assolutamente comunicargli una cosa. Subito. Si fidi di me.»

Il comandante la squadrò a lungo, poi, aggrottando la fronte, controllò di nuovo l'ora. «In nove minuti? Non posso stabilire un collegamento sicuro con la Casa Bianca in così poco tempo. La sola cosa che sono in grado di offrirle è un radiotelefono. Non sicuro. E inoltre dobbiamo raggiungere la quota periscopio, che richiede...»

«Lo faccia! E subito!»

67

Il centralino della Casa Bianca era situato al piano terra dell'ala Est. Vi erano sempre tre operatori in servizio. Al momento, soltanto due erano seduti davanti alla console, la terza stava correndo a perdifiato verso la sala stampa con un cordless in mano. Aveva cercato di passare la telefonata nello Studio Ovale, ma il presidente era già uscito, allora aveva chiamato i cellulari dei suoi assistenti, ma erano staccati, come sempre prima dei messaggi televisivi.

Portare un cordless direttamente al presidente in un momento del genere sembrava quanto meno poco opportuno, ma quando la referente dell'NRO presso la Casa Bianca le aveva detto che si trattava di un'informazione che il presidente doveva assolutamente avere prima di andare in onda, la centralinista era partita in quarta. Il problema, a quel punto, era arrivare in tempo.

Nella piccola infermeria a bordo del *Charlotte*, Rachel Sexton stringeva all'orecchio il ricevitore, ansiosa di parlare con il presidente. Tolland e Corky le stavano vicino, ancora stravolti. Corky aveva sullo zigomo cinque punti e un'enorme ecchimosi. Erano stati aiutati a indossare biancheria termica in Thinsulate e pesanti tute della marina, calzini di lana sovradimensionati e stivali. Con una tazza di caffè bollente in mano, Rachel cominciava a sentirsi di nuovo in forze.

«Ma cosa aspettano?» disse Tolland, angosciato. «Sono le sette e cinquantasei!»

Rachel non capiva. Era riuscita a contattare una centralinista della Casa Bianca, si era presentata e le aveva spiegato che si trattava di un'emergenza. Era parsa comprendere, l'aveva messa in attesa e, in quel momento, presumibilmente stava facendo il possibile per metterla in comunicazione con il presidente.

"Quattro minuti! Sbrigati!"

Rachel chiuse gli occhi e cercò di raccogliere le idee. Era stata una giornata infernale. "Mi trovo su un sottomarino nucleare" si disse, conscia di essere maledettamente fortunata a trovarsi da qualche parte. A detta del comandante, il *Charlotte* pattugliava il mare di Bering quando, due giorni prima, aveva recepito suoni anomali sott'acqua nella zona della banchisa di Milne: trivellazioni, rumore di un jet, intenso traffico radio criptato. Aveva ricevuto ordine di spostarsi e rimanere in ascolto. Un'ora prima, udito un boato sulla banchisa, si erano avvicinati per controllare. Era stato allora che avevano captato l'SOS di Rachel.

«Mancano tre minuti!» esclamò Tolland con ansia.

Rachel sentiva crescere la tensione. Perché impiegavano tanto? Perché il presidente non prendeva la sua chiamata? Se Zach Herney avesse diffuso quei dati...

Rachel si costrinse a scacciare quel pensiero e scosse il ricevitore. "Rispondi!"

Quando la centralinista si precipitò verso la porta che dava sul palco della sala stampa, incontrò un folto stuolo di persone in grande agitazione, prese dagli ultimi preparativi. Il presidente, a pochi metri da lei, era pronto a fare il suo ingresso. I truccatori erano ancora all'opera.

«Lasciatemi passare!» gridò la centralinista, cercando di farsi strada tra la ressa. «Una telefonata per il presidente. Scusate. Permesso!»

«Due minuti alla messa in onda!» gridò il coordinatore.

Stringendo il telefono, la centralinista si spinse avanti. «Telefonata per il presidente!» ansimò. «Permesso!»

Una figura torreggiante si parò davanti a lei: Marjorie Tench. Il lungo viso del consigliere la squadrò dall'alto in basso con aria di disapprovazione. «Cosa succede?»

«Un'emergenza!» Era senza fiato. «Telefonata urgente per il presidente!»

La Tench parve incredula. «Ma per piacere, la smetta!»

«È Rachel Sexton. Dice che è urgente.»

La smorfia che distorse i lineamenti della Tench parve più di perplessità che di collera. Posò gli occhi sul cordless. «Quella è una linea interna. Non è sicura.»

«Infatti, signora, ma comunque la chiamata in entrata arriva da un radiotelefono. Una comunicazione urgente per il presidente.»

«In onda tra novanta secondi!»

La Tench le rivolse un'occhiata gelida prima di tendere una mano da ragno. «Mi passi quel telefono.»

La centralinista sentì accelerare il battito cardiaco. «La signora Sexton vuole parlare direttamente con il presidente Herney. Mi ha detto di far rinviare la conferenza stampa a dopo la telefonata. Le ho assicurato...»

La Tench mosse un passo verso la donna. «Lasci che le spieghi come funzionano le cose» le sibilò. «Lei non prende ordini dalla figlia dell'avversario del presidente, ma da me. Posso assicurarle che non si avvicinerà a lui se prima io non scopro che cosa diavolo sta succedendo.»

La centralinista lanciò un'occhiata al presidente, circondato da tecnici dei microfoni, parrucchieri e vari membri dello staff che gli comunicavano le ultime modifiche al suo discorso.

«Sessanta secondi!» gridò il regista.

A bordo del *Charlotte*, Rachel Sexton camminava avanti e indietro nel piccolo locale quando finalmente sentì un *clic* sulla linea del telefono.

Fu una voce rauca a rispondere. «Pronto?»

«Presidente Herney?»

«Sono Marjorie Tench, consigliere del presidente. Chiunque lei sia, devo avvertirla che gli scherzi telefonici alla Casa Bianca violano...»

"Ma per l'amor del cielo!" «Questo non è uno scherzo! Sono Rachel Sexton, la vostra referente all'NRO, e...»

«So benissimo chi è Rachel Sexton, signora, e dubito che sia lei. Chiama la Casa Bianca su una linea non sicura e mi dice di interrompere un importantissimo comunicato presidenziale: decisamente un comportamento poco professionale per una...»

«Ascolti» gridò Rachel, furibonda «poche ore fa ho informato tutto il suo staff del ritrovamento di un meteorite, e lei era seduta in prima fila. Ha seguito il mio discorso su un televisore posto sulla scrivania del presidente. Qualche domanda?»

La Tench rimase per un attimo in silenzio. «Signora Sexton, che significa tutto questo?»

«Significa che deve fermare il presidente! I dati sul meteorite non sono corretti! Abbiamo appena saputo che è stato inserito da *sotto* la banchisa. Non so chi sia stato e perché l'abbia fatto, ma le cose non sono come appaiono, quassù! Il presidente sta per diffondere informazioni profondamente errate e io le consiglio vivamente...»

«Aspetti un minuto, per la miseria!» La Tench abbassò la voce. «Ma si rende conto di ciò che dice?»

«Sì! Sospetto che il direttore della NASA abbia orchestrato una messinscena su grande scala e intenda mettere in mezzo il presidente Herney. Deve almeno rinviare di dieci minuti, così che io gli possa spiegare che cos'è successo quassù. Accidenti, qualcuno ha cercato di uccidermi!»

Il tono della Tench divenne gelido. «Signora Sexton, una sola parola di avvertimento. Per quanto riguarda il suo coinvolgimento nella campagna della Casa Bianca, se ci ha ripensato, avrebbe dovuto decidersi prima di assicurare personalmente al presidente che i dati sono corretti.»

«Cosa?» "Ma mi ascolta, almeno?"

«La sua uscita mi disgusta. Usare una linea telefonica non sicura è una trovata penosa. Lasciare intendere che i dati sul meteorite sono falsi! Ma quale agente dell'intelligence usa un radiotelefono per chiamare la Casa Bianca e dare informazioni riservate? Evidentemente lei *spera* che qualcuno intercetti il messaggio.»

«Norah Mangor è stata uccisa per questa storia! E anche il dottor Ming è morto. Deve avvisare...»

«La smetta subito! Non so a che gioco stia giocando, ma ricordo a lei – e a chiunque stia intercettando questa telefonata – che la Casa Bianca possiede la registrazione delle dichiarazioni ufficiali dei migliori scienziati della NASA, di parecchi scienziati civili di chiara fama e anche le *sue*, signora Sexton. Tutti voi avete confermato che i dati sul meteorite sono esatti. Perché al-

275

l'improvviso ha cambiato versione posso soltanto immaginarlo. Ma quale che sia la ragione, si consideri sollevata dall'incarico che le è stato affidato dalla Casa Bianca a partire da adesso, e se cerca di gettare un'ombra su questa scoperta con altre assurde accuse di imbrogli, le assicuro che la Casa Bianca e la NASA la citeranno in giudizio per diffamazione tanto in fretta che finirà in prigione prima di avere avuto il tempo di fare la valigia.»

Rachel fece per ribattere, ma non riuscì a spiccicare parola.

«Zach Herney è stato generoso con lei» la aggredì la Tench «e, francamente, questo mi puzza di meschina trovata pubblicitaria di Sexton. La pianti, oppure la denunciamo. Lo giuro.»

La comunicazione fu interrotta.

Rachel era ancora a bocca aperta quando il comandante bussò alla porta.

«Signora Sexton?» disse, facendo capolino dalla fessura. «Riceviamo un debole segnale dalla radio nazionale canadese. Il presidente Zach Herney ha appena iniziato la conferenza stampa.»

68

Zach Herney, salito sul podio, sentì su di sé il calore dei riflettori e capì che il mondo lo stava guardando. Il blitz mirato messo a segno dall'ufficio stampa della Casa Bianca aveva acceso l'interesse dei media. Chi non aveva saputo del messaggio presidenziale da televisione, radio, o notiziari online, invariabilmente ne aveva sentito parlare da vicini, colleghi o familiari. Alle otto in punto di sera, chiunque non vivesse in una grotta faceva illazioni sull'oggetto dell'imminente discorso del presidente. Nei bar e nei salotti, in ogni parte del pianeta, milioni di persone si protendevano verso il televisore in ansiosa aspettativa.

In momenti come quelli, quando affrontava il mondo intero, Zach Herney percepiva il peso della propria carica. Chi sostiene che il potere non crea dipendenza non l'ha mai sperimentato davvero. Peraltro, quando iniziò a parlare, provò una sensazione di disagio. Non era il tipo da lasciarsi intimorire dalla ribalta, e quindi lo stupì quel lieve senso di apprensione.

"È per la risonanza dell'evento" si disse, ma l'istinto gli suggeriva che c'era dell'altro. Qualcosa che aveva visto.

Una piccola cosa, eppure...

Si impose di non pensarci. Non era niente di importante, però continuava a tornargli in mente.

"Tench."

Pochi minuti prima, mentre si preparava a salire sul palco, l'aveva vista nel corridoio intenta a parlare al cordless. Era già strano di per sé, ma ancora più inconsueta era la presenza, accanto a lei, di una centralinista in stato di agitazione. Herney non aveva potuto udire la conversazione, ma aveva capito che la Tench era molto alterata. Discuteva con veemenza e una rabbia che raramente aveva riscontrato, perfino in lei. Herney catturò i suoi occhi e le rivolse uno sguardo interrogativo. La Tench gli mostrò il pollice sollevato. Non le aveva mai visto fare quel gesto. Fu l'ultima immagine che si stampò nella mente del presidente prima che gli venisse data la battuta d'entrata.

Sul tappeto blu nell'area stampa all'interno dell'habisfera, sull'isola di Ellesmere, il direttore Lawrence Ekstrom e alcuni dei più eminenti ufficiali e scienziati della NASA sedevano al lungo tavolo da conferenze. Su un grande monitor seguivano in diretta il discorso di apertura del presidente. Il resto del personale si accalcava eccitato intorno agli altri schermi quando il comandante in capo diede inizio alla conferenza stampa.

«Buonasera ai miei connazionali, e ai nostri amici di tutto il mondo...» stava dicendo Herney, in un tono insolitamente teso.

Ekstrom lanciò un'occhiata all'enorme meteorite in bella mostra davanti a sé. Poi fissò un monitor in standby e si osservò, affiancato dai suoi più autorevoli colleghi, contro lo sfondo di un'enorme bandiera americana e il logo della NASA. L'illuminazione a effetto faceva apparire la scena come un quadro postmoderno: i dodici apostoli all'Ultima Cena. Zach Herney aveva trasformato quella storia in uno show politico. "Ma non aveva scelta." Ekstrom si sentiva ancora come un predicatore televisivo che rifili Dio alle masse.

Nel giro di cinque minuti il presidente avrebbe presentato Ekstrom e il suo staff. Poi, con un teatrale collegamento dai confini del mondo, la NASA si sarebbe unita a Herney per rivelare la notizia. Un breve resoconto della scoperta, il significato per la scienza spaziale, qualche reciproca pacca sulle spalle, quindi la NASA e il presidente avrebbero passato la mano al celebre scienziato Michael Tolland e al suo documentario di quasi quindici minuti. Alla fine, con la credibilità e l'entusiasmo di tutti al culmine, Ekstrom e il presidente avrebbero augurato la buonanotte, promettendo ulteriori informazioni nei giorni successivi attraverso una serie di conferenze stampa della NASA.

Mentre attendeva la battuta di ingresso, sentì insinuarsi dentro di sé un oscuro senso di vergogna. Sapeva che l'avrebbe provato. Lo aspettava.

Aveva mentito...

Eppure, in quel momento, quelle menzogne sembravano irrilevanti. Un peso ben più grande lo opprimeva.

Nella caotica redazione dell'ABC, Gabrielle Ashe si trovò gomito a gomito con decine di estranei, tutti con il collo proteso verso la fila di monitor che pendevano dal soffitto. Quando arrivò il momento, calò il silenzio. Gabrielle chiuse gli occhi, pregando di non vedere immagini del proprio corpo nudo.

Nel salotto del senatore Sexton, l'atmosfera era festosa. Tutti gli ospiti si erano alzati in piedi, gli occhi incollati al megaschermo del televisore.

Zach Herney si era presentato davanti al mondo e, incredibilmente, aveva salutato con un certo imbarazzo.

"Sembra scosso" pensò Sexton. "Che cosa insolita."

«Guardate» mormorò qualcuno «devono essere brutte notizie.»

"La stazione spaziale?" si chiese il senatore.

Herney guardò dritto nella telecamera e trasse un profondo respiro. «Amici, mi sono chiesto per molti giorni come fare questo annuncio...»

"Tre parole soltanto" gli suggerì Sexton. "L'abbiamo chiusa."

Herney si soffermò un momento a deprecare che la NASA fosse diventata un argomento tanto scottante in quelle elezioni e a dichiarare che, stando così le cose, lui sentiva di dover far precedere da scuse l'imminente annuncio.

«Avrei preferito darvi questa notizia in un qualunque altro momento. La tensione politica che è nell'aria tende a trasformare in scettici i sognatori, eppure io, come vostro presidente, non ho altra scelta che condividere con voi quanto ho appreso di recente.» Sorrise. «A quanto pare, la magia del cosmo non rispetta gli ordini del giorno degli esseri umani... neppure quelli del presidente.»

Tutti, nel salotto di Sexton, sembrarono fare un balzo indietro. "Cosa?"

«Due settimane fa, il nostro scanner orbitante per la rilevazione della densità polare, il cosiddetto PODS, è passato sopra la banchisa di Milne, vicino all'isola di Ellesmere, una terra remota situata oltre l'ottantesimo parallelo, nel mare Artico settentrionale.»

Sexton e gli altri si scambiarono occhiate perplesse.

«Questo satellite della NASA ha individuato una grande roccia molto compatta sepolta sotto settanta metri di ghiaccio.» Herney sorrise per la prima volta, prendendo l'abbrivio. «Alla ricezione dei dati, la NASA ha immediatamente sospettato che si trattasse di un meteorite.»

«Un meteorite?» farfugliò Sexton. «E che razza di notizia sarebbe?»

«La NASA ha inviato una squadra sulla banchisa per eseguire alcuni carotaggi. È allora che è stata fatta...» seguì una pausa «... insomma, la scoperta del secolo.»

Sexton, incredulo, mosse un passo verso il televisore. "No..." Gli ospiti cambiarono posizione, a disagio.

«Signore e signori» annunciò Herney «alcune ore fa, la NASA ha estratto dal ghiaccio artico un meteorite di otto tonnellate che contiene...» il presidente fece un'altra pausa, dando a tutto il mondo il tempo di incollarsi allo schermo «... un meteorite che contiene *fossili* di organismi viventi, a decine. Prova inequivocabile dell'esistenza della vita extraterrestre.»

Come da programma, sullo schermo alle spalle del presidente comparve l'immagine luminosa e chiara di un fossile: una sorta di enorme insetto incastonato in una roccia carbonizzata.

Nel salotto di Sexton, sei imprenditori sobbalzarono sgomenti. Il senatore era pietrificato.

«Amici» continuò il presidente «il fossile dietro di me ha centonovanta milioni di anni. È stato scoperto nel frammento di un meteorite noto come meteora Jungersol, caduta nel mare Artico quasi tre secoli fa. Il nuovo satellite PODS della NASA ha rinvenuto questo frammento sepolto in una banchisa. Nelle ultime due settimane, la NASA e il suo direttore si sono preoccupati di controllare ogni aspetto di questa straordinaria scoperta prima di renderla pubblica. Nella prossima mezz'ora sentirete le conclusioni di numerosi scienziati, sia della NASA sia civili, e vedrete un breve documentario preparato da un viso a tutti voi ben noto. Prima di proseguire, tuttavia, voglio dare il benvenuto in diretta via satellite, dal Circolo polare artico, all'uomo che con la sua capacità manageriale, con la sua determinazione e il grande impegno è il vero artefice di questo momento storico. È per me un onore presentarvi Lawrence Ekstrom, direttore della NASA.»

Herney si voltò verso lo schermo con perfetto tempismo.

L'immagine del meteorite si dissolse per cedere il posto all'inquadratura di un gruppo di compunti scienziati della NASA seduti a un lungo tavolo, al centro del quale si stagliava l'imponente figura di Lawrence Ekstrom.

«Grazie, signor presidente.» Ekstrom si alzò per fissare la telecamera con un'espressione seria e compiaciuta. «Sono molto orgoglioso di condividere con tutti voi questo momento stupendo per la NASA.»

Ekstrom parlò con grande fervore dell'agenzia e della scoperta. Con sfoggio di patriottismo e di fierezza, commentò in modo impeccabile il documentario presentato dal celebre scienziato Michael Tolland.

Il senatore Sexton cadde in ginocchio davanti al televisore, le dita tra i folti capelli brizzolati. "Dio, no!"

69

Marjorie Tench, furibonda, si allontanò dalla gioiosa confusione che regnava fuori dalla sala stampa per rifugiarsi nel suo angolo privato nell'ala Ovest. Non era in vena di festeggiamenti. La telefonata di Rachel Sexton le era giunta del tutto inattesa.

E molto sgradita.

Sbatté la porta alle sue spalle, corse alla scrivania e chiamò il centralino della Casa Bianca. «William Pickering, NRO.»

Accese una sigaretta e camminò avanti e indietro per la stanza in attesa che gli trovassero Pickering. A quell'ora, in genere, era già tornato a casa ma, data l'importante conferenza stampa di quella sera, la Tench immaginò che fosse rimasto in ufficio incollato al teleschermo, curioso di sapere che cosa potesse essere successo nel mondo a sua insaputa.

La Tench imprecò contro se stessa per non avere dato retta al proprio istinto quando il presidente aveva manifestato la volontà di mandare Rachel Sexton a Milne. A lei era parso un rischio inutile ma Herney, molto convincente, le aveva fatto presente che il personale della Casa Bianca era diventato assai cinico nelle ultime settimane e che avrebbe messo in dubbio la scoperta della NASA se la notizia fosse arrivata dall'interno. Come previsto dal presidente, la spiegazione di Rachel Sexton aveva fugato ogni sospetto, evitato dibattiti e scetticismi, e tutto lo staff aveva fatto fronte comune. Ottimo risultato, aveva dovuto ammettere la Tench. Ma, a quel punto, Rachel Sexton aveva cambiato registro.

"La stronza mi ha chiamato su una linea non sicura."

Evidentemente, la Sexton era intenzionata a distruggere la credibilità della scoperta. L'unica consolazione era sapere che il presidente aveva registrato il discorso della Sexton al suo staff. Per lo meno si era procurato quella piccola assicurazione. Ne avrebbero avuto bisogno, forse.

Al momento, comunque, la Tench stava cercando di arrestare l'emorragia in altri modi. Rachel Sexton era intelligente e, se davvero voleva fare un testa a testa con la Casa Bianca e la NASA, avrebbe avuto bisogno di alleati potenti. La prima scelta sarebbe ricaduta su William Pickering. La Tench conosceva la posizione di Pickering sulla NASA e doveva assolutamente mettersi in contatto con lui prima di Rachel.

«Signora Tench?» disse una voce limpida sulla linea. «Sono William Pickering. A cosa devo l'onore?»

La Tench sentiva la televisione sullo sfondo, i commenti della NASA. Percepì dal tono dell'interlocutore che aveva ancora in testa la conferenza stampa. «Ha un minuto, direttore?»

«La pensavo tutta presa dai festeggiamenti. Una gran serata, per voi. A quanto pare, la NASA e il presidente sono di nuovo in pista.»

La Tench percepì nella sua voce uno stupore venato di acrimonia: era risaputo che quell'uomo non sopportava di venire a conoscenza di notizie importanti contemporaneamente al resto del mondo. «Mi scuso se la Casa Bianca e la NASA sono state costrette a non informarla prima» esordì, cercando di stabilire un ponte fra loro.

«Lei sa che l'NRO ha scoperto l'attività della NASA lassù un paio di settimane fa e ha svolto un'indagine?»

Lei aggrottò la fronte. "È incazzato." «Sì, certo, ma...»

«La NASA ci ha detto che non era niente di importante, che stavano facendo delle prove di adattamento a condizioni estreme, che testavano l'attrezzatura e roba del genere.» Pickering fece una pausa. «Una menzogna a cui noi abbiamo creduto.»

«Non definiamola una menzogna, ma piuttosto un'indicazione fuorviante, peraltro necessaria. Data la portata della scoperta, confido che lei comprenda il bisogno di segretezza della NASA.»

«Rispetto al pubblico, forse.»

Le recriminazioni non erano nello stile di un uomo come

William Pickering, e la Tench percepì che non avrebbe detto altro. «Ho soltanto un minuto» gli disse, cercando di ristabilire la sua posizione di superiorità «ma ho ritenuto opportuno chiamare per avvisarla.»

«Avvisarmi?» Il tono era diffidente. «Zach Herney ha deciso di nominare un nuovo direttore dell'NRO, più favorevole alla NASA?»

«Assolutamente no. Il presidente comprende bene che le sue critiche alla NASA si appuntano soprattutto sulla sicurezza, e sta lavorando per tappare quelle falle. In realtà l'ho chiamata per parlarle di una sua dipendente.» Fece una pausa. «Rachel Sexton. L'ha già sentita stasera?»

«No. L'ho mandata alla Casa Bianca questa mattina su richiesta del presidente, ma evidentemente le avete dato parecchio da fare. Deve ancora rientrare.»

La sollevò sapere di essere arrivata per prima a Pickering. Aspirò una boccata dalla sigaretta e parlò con la massima calma. «Ho l'impressione che riceverà una telefonata da lei da un momento all'altro.»

«Bene, l'aspettavo. Devo dirle che, quando è iniziata la conferenza stampa, temevo che il presidente l'avesse convinta a intervenire. Mi fa piacere che abbia resistito alla tentazione.»

«Zach Herney è una persona perbene, cosa che non si può dire di Rachel Sexton.»

Lungo silenzio sulla linea. «Spero di non avere sentito bene.»

La Tench fece un lungo sospiro. «No, signore, temo che abbia sentito benissimo. Preferirei non scendere in particolari al telefono, ma a quanto pare Rachel Sexton ha deciso di minare la credibilità dell'annuncio della NASA. Non ne conosco il motivo, ma dopo che lei stessa ha controllato i dati e li ha confermati questo pomeriggio, all'improvviso, con un incredibile voltafaccia, rivolge alla NASA accuse farneticanti di imbrogli e frodi.»

Pickering sembrò molto attento. «Come dice?»

«Molto seccante, davvero. Mi dispiace essere proprio io a dirglielo, ma la signora Sexton mi ha contattata due minuti prima della conferenza stampa per convincermi ad annullarla.»

«Su quali basi?»

«Assurde, per la verità. Sostiene di avere riscontrato gravi inesattezze nei dati.»

Il lungo silenzio di Pickering impensierì la Tench. «Inesattezze?»

«Davvero ridicolo, dopo che per due intere settimane la NASA ha fatto esperimenti e...»

«Trovo difficile credere che una persona come Rachel Sexton le abbia detto di rinviare la conferenza stampa senza ottime ragioni.» Pickering appariva turbato. «Forse avrebbe fatto meglio a darle retta.»

«Ma per favore!» esplose la Tench, tra colpi di tosse. «Ha seguito anche lei la conferenza stampa. I dati sul meteorite sono stati confermati e riconfermati da innumerevoli specialisti, anche civili. Non le sembra sospetto che Rachel Sexton – la figlia del solo uomo danneggiato da questo annuncio – all'improvviso cambi tono?»

«Mi sembra sospetto solo perché in effetti so che la signora Sexton e il padre a malapena si rivolgono la parola. Ritengo improbabile che, dopo anni al servizio del presidente, di punto in bianco Rachel Sexton passi al campo avversario e menta per aiutare il padre.»

«Ambizione, forse? Non ne ho idea. Magari l'opportunità di diventare la figlia del presidente degli Stati Uniti...»

Il tono di Pickering si fece duro. «Ghiaccio sottile, signora Tench. Molto sottile.»

La Tench si accigliò. C'era da aspettarselo: aveva accusato di tradimento un membro importante dello staff di Pickering. Ovvio che lui si mettesse sulla difensiva.

«Me la passi» chiese Pickering. «Vorrei parlare con la signora Sexton direttamente.»

«Temo sia impossibile. Non si trova alla Casa Bianca.»

«Dov'è?»

«Il presidente l'ha mandata a Milne stamattina perché esaminasse personalmente i dati. Non è ancora rientrata.»

Pickering andò su tutte le furie. «Non sono stato informato...»

«Senta, non ho tempo per problemi di lesa maestà, direttore. Ho chiamato semplicemente come gesto di cortesia, per metterla in guardia sul fatto che Rachel Sexton ha deciso di fare di testa sua riguardo all'annuncio di questa sera. Cercherà alleati. E, se la contatta, meglio che lei sappia che la Casa Bianca è in possesso di un video, registrato quest'oggi, in cui la

Sexton ha sostenuto davanti al presidente, ai consiglieri e all'intero staff che tutti i dati concernenti il meteorite sono esatti. Se adesso, per ragioni sue, cerca di infangare il buon nome di Zach Herney o della NASA, le giuro che la Casa Bianca farà di tutto per farla cadere, e male.» La Tench attese un momento per lasciare il tempo all'interlocutore di comprendere appieno le sue parole. «Mi aspetto che lei contraccambi questa mia telefonata di cortesia informandomi immediatamente se Rachel Sexton la chiama. Sta attaccando direttamente il presidente, e la Casa Bianca intende interrogarla prima che faccia qualche serio danno. Aspetto la sua telefonata, direttore. È tutto. Buonanotte.»

Marjorie Tench chiuse la comunicazione, certa che nessuno avesse mai parlato in quel modo a William Pickering. Almeno si sarebbe reso conto che lei faceva sul serio.

All'ultimo piano dell'NRO, William Pickering, alla finestra, guardava il cielo notturno sulla Virginia. La telefonata di Marjorie Tench l'aveva profondamente turbato. Si morse il labbro, cercando di mettere insieme tutti i pezzi nella sua mente.

«Direttore?» lo chiamò la segretaria, bussando educatamente alla porta. «Un'altra telefonata.»

«Non ora» rispose lui con aria assente.

«È Rachel Sexton.»

Pickering si voltò di scatto. Evidentemente la Tench aveva il dono della preveggenza. «Okay, me la passi subito.»

«Per la verità, signore, è una comunicazione audiovisiva criptata. Vuole prenderla in sala conferenze?»

"Una comunicazione criptata?" «Da dove chiama?»

La segretaria glielo disse.

Pickering la fissò sbalordito, poi attraversò di corsa il corridoio per andare in sala conferenze. Doveva assolutamente vedere.

70

La "camera afona" del *Charlotte* – progettata sul modello di un'analoga struttura nei Bell Laboratories – è quella che formalmente viene definita una camera anecoica: insonorizzata, priva di superfici parallele o riflettenti, assorbe il 99,4 per cento dei suoni. A causa della conducibilità acustica del metallo e dell'acqua, le conversazioni a bordo dei sottomarini sono facilmente intercettabili da parte di spie appostate nelle vicinanze o di microfoni parassiti sistemati sullo scafo esterno. La camera afona è, in effetti, un minuscolo locale da cui non può sfuggire alcun suono. All'interno di questa scatola isolata le conversazioni sono assolutamente sicure.

Assomiglia a una stanza-armadio, con soffitto, pareti e pavimento completamente coperti di coni di gommapiuma protesi all'interno da tutte le direzioni. A Rachel ricordava una grotta sommersa con formazioni impazzite di stalattiti su ogni superficie. La cosa più fastidiosa, peraltro, era l'assenza di pavimento.

Il pavimento delle camere anecoiche, infatti, è costituito da una rigida rete metallica tesa orizzontalmente nella stanza come una rete da pesca, che dà al visitatore la sensazione di essere sospeso a metà parete. Le maglie della rete erano rivestite di gomma resistente. Guardando attraverso il reticolato, Rachel ebbe la sensazione di attraversare un ponte sospeso su un paesaggio surreale, tutto frammentato. Un metro sotto di lei, una foresta di aghi di schiuma puntati minacciosamente verso l'alto.

Appena entrata, Rachel aveva percepito la disorientante immobilità dell'aria, come se ogni energia fosse stata risucchiata. Le pareva di avere le orecchie imbottite di cotone. Udiva soltanto il suono del proprio respiro. Gridò, e l'effetto fu quello di parlare dentro un cuscino. I muri assorbivano ogni riflessione, rendendo percepibili solo le vibrazioni all'interno della testa.

Il comandante uscì chiudendo la porta imbottita dietro di sé. Rachel, Michael e Corky erano seduti al centro della stanza, a un piccolo tavolo a U appoggiato su lunghe gambe metalliche che scendevano sotto la rete. Sul piano, parecchi microfoni snodati, cuffie e una console audiovisiva sormontata da una telecamera con un grandangolo tipo fish-eye. Sembrava una miniconferenza delle Nazioni Unite.

Lavorando nella comunità dell'intelligence statunitense – il più famoso produttore mondiale di microfoni laser, parabole acustiche sommerse e altri dispositivi ipersensibili di ascolto –, Rachel era ben consapevole che erano pochi i posti sulla terra in cui si poteva avere una conversazione davvero sicura: la camera afona era uno di quelli. I microfoni e le cuffie sul tavolo consentivano una "chiamata in teleconferenza" durante la quale le persone potevano parlare liberamente, consapevoli che le vibrazioni delle loro parole non sarebbero uscite da quel locale. Le voci entrate nei microfoni sarebbero state pesantemente criptate prima del loro lungo viaggio nell'atmosfera.

«Controllo dei livelli.» La voce si materializzò all'improvviso in cuffia, facendo sobbalzare Rachel, Tolland e Corky. «Mi sente, signora Sexton?»

Rachel si sporse verso il microfono. «Sì, grazie.» "Chiunque tu sia."

«Ho in linea il direttore Pickering per lei, dice che accetta il collegamento audiovisivo. Io mi stacco, ora. Avrà la connessione tra un attimo.»

Rachel percepì un'interruzione, una lontana scarica di elettricità statica e poi una rapida serie di *bip* e *clic* in cuffia. Il monitor davanti a loro si animò, e Rachel vide con stupefacente chiarezza il direttore nella sala conferenze dell'NRO. Era solo. Alzò di scatto la testa e la fissò negli occhi.

Lei provò uno strano sollievo nel vederlo.

«Signora Sexton» disse lui, perplesso e turbato. «Cosa diavolo succede?»

«Il meteorite, signore. Credo ci sia un problema serio.»

71

Nella camera afona del *Charlotte*, Rachel presentò Michael Tolland e Corky Marlinson a Pickering. Poi si lanciò in un veloce resoconto dell'incredibile successione di eventi della giornata. Il direttore dell'NRO l'ascoltò senza fiatare.

Rachel gli parlò del plancton bioluminescente nel pozzo di estrazione, della loro spedizione sulla banchisa, della scoperta di una perforazione sotto il meteorite e infine dell'aggressione subita per mano di una squadra militare che, secondo lei, doveva appartenere ai corpi speciali.

William Pickering era noto per la sua capacità di ascoltare notizie sconvolgenti senza battere ciglio, eppure la sua espressione si alterò sempre più a mano a mano che Rachel proseguiva nel racconto. Lei percepì la sua incredulità e poi la collera quando gli disse dell'assassinio di Norah Mangor e della loro fuga disperata. Gli avrebbe voluto accennare i suoi sospetti su un coinvolgimento del direttore della NASA, ma conosceva il suo capo abbastanza da sapere che era meglio non puntare il dito senza prove. Si limitò a riferire i fatti. Quando ebbe finito, Pickering rimase in silenzio per parecchi secondi.

«Signora Sexton» disse infine «voi...» Li passò in rassegna con lo sguardo. «Se quello che dice è vero, e non vedo perché dovrebbe mentire, voi tre siete molto fortunati a essere ancora vivi.»

Tutti annuirono in silenzio. Il presidente aveva coinvolto quattro scienziati civili... e due di loro erano morti.

Pickering sospirò con aria affranta, come se fosse rimasto senza parole. Quella storia non aveva senso. «È possibile» chiese infine «che il pozzo di inserimento che risulta dal GPR sia un fenomeno naturale?»

Rachel scosse la testa. «È troppo regolare.» Distese il foglio stropicciato del GPR e lo piazzò davanti alla telecamera. «Assolutamente perfetto.»

Pickering studiò l'immagine, sempre più cupo. «Non ne parli con nessuno.»

«Ho telefonato a Marjorie Tench per avvertirla di fermare il presidente, ma non mi è stata a sentire.»

«Lo so, me l'ha detto.»

Rachel alzò lo sguardo, sbalordita. «Marjorie Tench le ha telefonato?» "Accidenti se è stata rapida."

«Proprio adesso. È molto preoccupata; teme che lei stia tentando qualche acrobatico colpo mancino per screditare il presidente e la NASA, forse allo scopo di aiutare suo padre.»

Rachel scattò in piedi. Sventolò il rapporto del GPR e indicò i due compagni. «Per poco non ci hanno ucciso! Sarebbe un colpo mancino, questo? Perché mai dovrei...»

Pickering sollevò le mani. «Calma. Quello che la signora Tench ha omesso di dirmi è che eravate in tre.»

Rachel non ricordava se la Tench le avesse dato il tempo di accennare a Corky e Tolland.

«E non mi ha neppure parlato di prove concrete. Ero già scettico sulle sue teorie prima di parlare con lei, ma ora sono più che mai convinto che sbaglia. Il problema, a questo punto, è che cosa significa tutto questo.»

Seguì un lungo silenzio.

Di rado William Pickering si mostrava confuso, ma in quel momento scosse la testa, disorientato. «Supponiamo per un momento che qualcuno abbia effettivamente inserito il meteorite sotto il ghiaccio. La domanda è: *perché*? Se la NASA ha un meteorite che contiene fossili, perché dovrebbe preoccuparsi di dove è stato ritrovato?»

«A quanto pare, l'inserimento è stato effettuato in modo tale che il PODS facesse la scoperta e che il meteorite apparisse come un frammento di una meteora molto nota.»

«La meteora Jungersol» intervenne Corky.

«Ma che importanza può avere associare i due fenomeni?»

Pickering sembrava molto alterato. «Questi fossili non costituiscono in ogni caso una scoperta stupefacente, comunque e in qualsiasi posto siano stati ritrovati, a prescindere dall'evento meteoritico con cui sono collegati?»

Seguirono energici cenni di assenso da parte di tutti e tre.

Pickering esitava, amareggiato. «A meno che... naturalmente...»

Rachel avvertì le rotelle girare all'impazzata dietro gli occhi del direttore. Aveva trovato la spiegazione più semplice a quella sottolineata concomitanza del meteorite con la meteora Jungersol, ma purtroppo la spiegazione più semplice era anche la più inaccettabile.

«A meno che» continuò Pickering «lo spostamento non avesse lo scopo di fornire credibilità a dati completamente falsi.» Con un sospiro, si voltò vero Corky. «Dottor Marlinson, quante possibilità ci sono che questo meteorite sia un falso?»

«Un falso, signore?»

«Sì, una contraffazione. Una montatura.»

«Un *falso* meteorite?» Corky fece un risolino imbarazzato. «È assolutamente fuori discussione! È stato esaminato da innumerevoli professionisti, tra cui io. Analisi chimiche, spettrografie, datazione al rubidio-stronzio. È diverso da qualunque altra roccia mai vista sulla Terra. Il meteorite è autentico, e qualsiasi astrogeologo può confermarlo.»

Pickering si lisciò delicatamente la cravatta mentre rifletteva su quell'affermazione. «Eppure, considerato quanto ha da guadagnare la NASA da questa scoperta, i segni di manomissione delle prove e l'attacco da voi subito... la prima conclusione logica che mi viene in mente è che questo meteorite sia una messinscena bene architettata.»

«Impossibile!» esclamò Corky, seccato. «Con tutto il rispetto, signore, un meteorite non è un effetto speciale hollywoodiano che si può creare in laboratorio per ingannare un manipolo di ingenui astrofisici. È una roccia molto complessa con struttura cristallina e rapporto tra componenti assolutamente unici!»

«Non sto mettendo in discussione *lei*, dottor Marlinson; seguo semplicemente un filo logico. Visto che qualcuno voleva uccidervi per impedirvi di rivelare che il meteorite è stato inserito sotto il ghiaccio, ritengo utile prendere in esame tutti gli scenari, anche i più assurdi. Che cosa in particolare la rende sicuro che quella roccia è effettivamente un meteorite?»

«In particolare?» La voce di Corky gracchiò in cuffia. «Una crosta di fusione impeccabile, la presenza di condri, una concentrazione di nichel diversa da quella che si trova nelle rocce terrestri. Se la sua ipotesi è che qualcuno ci ha imbrogliato producendo questo masso in laboratorio, la sola cosa che posso dirle è che quel laboratorio deve avere almeno centonovanta milioni di anni.» Corky si frugò in tasca e ne estrasse una pietra con la forma di un CD. «Abbiamo datato campioni come questo con numerosi metodi chimici. La datazione al rubidio-stronzio non è cosa che si inventa!»

Pickering parve sorpreso. «Lei ha un campione?»

Corky si strinse nelle spalle. «La NASA ne ha decine.»

«Vuol dire che la NASA ha scoperto un meteorite che ritiene contenga prove di attività biologica e lascia che la gente se ne vada in giro con dei campioni?»

«Il punto è che il campione che ho in mano è autentico.» Avvicinò la pietra alla telecamera. «Qualunque petrografo, geologo o astronomo, fatti i vari test, le direbbe due cose: primo, che ha centonovanta milioni di anni; secondo, che è chimicamente dissimile da qualsiasi roccia presente sulla Terra.»

Pickering si sporse in avanti per studiare il fossile incastonato nella pietra. Per un momento, parve ipnotizzato. Poi sospirò. «Non sono uno scienziato e posso soltanto dire che se quel meteorite è autentico, come pare, mi piacerebbe sapere perché mai la NASA non l'ha presentato al mondo per quel che è. Perché qualcuno ha pensato di metterlo sotto il ghiaccio per *persuaderci* della sua autenticità?»

In quel momento, alla Casa Bianca, un addetto alla sicurezza stava digitando il numero di Marjorie Tench.

Il consigliere rispose al primo squillo. «Sì?»

«Signora Tench, ho l'informazione che mi ha richiesto sulla chiamata via radiotelefono di Rachel Sexton. L'abbiamo rintracciata.»

«Mi dica.»

«Secondo i servizi segreti il segnale ha avuto origine a bordo del sottomarino *Charlotte*.»

«Cosa?»

«Non hanno le coordinate, signora, ma sono certi del codice della nave.»

«Cristo santo!» La Tench sbatté giù la cornetta senza aggiungere altro.

72

La strana acustica della camera afona del *Charlotte* cominciava a procurare un senso di nausea a Rachel. Sul monitor, lo sguardo pensieroso di William Pickering si fermò su Michael Tolland. «Lei è silenzioso, signor Tolland.»

Michael alzò gli occhi come uno studente chiamato a sorpresa. «Come?»

«Lei ha presentato un documentario molto convincente alla televisione. Che ne pensa del meteorite, a questo punto?»

«Be', devo concordare con il dottor Marlinson.» Tolland era chiaramente a disagio. «Sono convinto dell'autenticità dei fossili e del meteorite. Conosco bene le tecniche di datazione e l'età di quella pietra è stata confermata da molteplici test. Lo stesso per il contenuto di nichel. Quei dati non possono essere falsificati. Non c'è dubbio che la roccia, formatasi centonovanta milioni di anni fa, mostra un rapporto tra il nichel e gli altri componenti che non esiste in nessun'altra roccia terrestre e contiene decine di fossili la cui formazione data sempre a centonovanta milioni di anni. Non mi viene in mente altra possibile spiegazione: la NASA ha trovato un meteorite autentico.»

Pickering appariva perplesso, un'espressione che Rachel non gli aveva mai letto in volto.

«Che dobbiamo fare, signore?» gli chiese. «Di certo è importante avvertire il presidente che ci sono problemi con i dati.»

Pickering si accigliò. «Speriamo che il presidente non lo sappia *già*.»

Rachel sentì salire un nodo alla gola. Il sottinteso di Pickering era chiaro. "Herney potrebbe essere coinvolto." Lei ne dubitava fortemente, eppure, come la NASA, anche il presidente aveva molto da guadagnare da quella vicenda.

«Purtroppo, a eccezione del rapporto del GPR che rivela un pozzo di inserimento, tutti i dati scientifici confermano la validità della scoperta. Ma questa vostra aggressione...» Alzò gli occhi su Rachel. «Lei ha accennato ai corpi speciali.»

«Infatti.» Gli raccontò delle munizioni improvvisate e delle tattiche di assalto.

Pickering appariva di minuto in minuto sempre più desolato. Rachel sentiva che il suo capo stava calcolando quante persone potevano avere accesso a una piccola squadra militare con licenza di uccidere. Certamente il presidente, e Marjorie Tench in quanto consigliere. Forse anche Lawrence Ekstrom, il direttore della NASA, dati i suoi legami con il Pentagono. Purtroppo, nel considerare la miriade di possibilità, Rachel si rese conto che dietro quell'attacco poteva esserci qualunque politico di alto livello dotato delle giuste conoscenze.

«Potrei telefonare subito al presidente» disse Pickering «ma non la ritengo una mossa saggia, almeno finché non sappiamo chi è coinvolto. Le mie possibilità di proteggervi sono limitate, una volta tirata in ballo la Casa Bianca. Inoltre, non saprei bene che cosa dirgli. Se il meteorite è autentico, cosa di cui tutti voi siete convinti, allora non hanno senso il pozzo di inserimento e l'aggressione. Il presidente avrebbe ogni diritto di mettere in dubbio la mia affermazione.» Indugiò a calcolare le varie opzioni. «Comunque... quali che siano la verità e i giocatori, ad alcuni personaggi influenti verrà un colpo se questa informazione sarà resa pubblica. Meglio che vi portiamo in salvo prima di sollevare il polverone.»

Portarli in salvo. La frase sorprese Rachel. «Direi che siamo perfettamente al sicuro in un sottomarino nucleare.»

Pickering parve scettico. «La vostra presenza a bordo non resterà a lungo segreta. Vi porto via subito. In tutta sincerità, mi sentirò meglio quando vi avrò tutti e tre qui nel mio ufficio.»

73

Il senatore Sexton, sdraiato scompostamente sul divano, si sentiva un sopravvissuto. L'appartamento di Westbrooke Place, fino a un'ora prima pieno di nuovi amici e finanziatori, era un disastro: ovunque, bicchieri e biglietti da visita lasciati dagli ospiti che si erano letteralmente dileguati fuori dalla porta.

Sexton, completamente solo davanti al televisore, desiderava soltanto spegnerlo, eppure non riusciva a strapparsi dalle interminabili dissertazioni dei commentatori. Quella era Washington, e gli analisti non impiegavano molto a lanciarsi nelle loro iperboli pseudoscientifiche e filosofiche quando trattavano della "cosa sporca", la politica. Come esperti torturatori che versano acido sulle ferite, i giornalisti continuavano a ribadire ovvietà.

«Soltanto poche ore fa la campagna di Sexton volava alta e adesso, con la scoperta della NASA, è precipitata a terra.»

Disgustato, Sexton allungò una mano verso il Courvoisier e ne prese un sorso direttamente dalla bottiglia. Sapeva che quella sarebbe stata la notte più lunga e solitaria della sua vita. Odiava Marjorie Tench che l'aveva beffato. Odiava Gabrielle Ashe, la prima a tirare fuori la questione NASA. Odiava il presidente per la sua stramaledetta fortuna. E odiava il mondo intero perché si faceva beffe di lui.

«È un colpo terribile per il senatore» affermava il commentatore. «Questa scoperta costituisce una splendida vittoria per il presidente e la NASA. Una notizia del genere infonderebbe comunque nuovo vigore alla campagna di Herney, a prescindere dalla posizione di Sexton sulla NASA, ma l'affermazione del senatore che, in caso di necessità, si sarebbe spinto ad annullare completamente i finanziamenti all'agenzia spaziale... be', l'annuncio del presidente costituisce un destro-sinistro dal quale Sexton non può riprendersi.»

"Sono stato incastrato. Quegli stronzi della Casa Bianca mi hanno fottuto."

L'analista sorrise. «La NASA ha rapidamente riconquistato quella credibilità che di recente aveva perduto presso il pubblico americano. Nelle strade si respira un vero senso di orgoglio nazionale. Come è giusto che sia, peraltro. La gente, che pure ama Zach Herney, cominciava a distaccarsi da lui. Si deve ammettere che il presidente negli ultimi tempi è rimasto in secondo piano, e ha subito qualche duro colpo, ma ne è venuto fuori alla grande.»

Ripensando al dibattito di quel pomeriggio alla CNN, Sexton lasciò cadere la testa in avanti, assalito da un senso di nausea. La storia dell'inerzia della NASA, costruita con cura negli ultimi mesi, non solo era bruscamente crollata, ma diventava per lui una pietra al collo. Giocato con astuzia dalla Casa Bianca, aveva fatto la figura del cretino. Già immaginava le vignette sui giornali dell'indomani. Le battute su di lui si sarebbero sprecate. Niente più finanziamenti segreti da parte della SFF. Tutto era cambiato. Gli uomini poco prima presenti in casa sua avevano visto i loro sogni finire nel cesso in un attimo. La privatizzazione dello spazio si era appena scontrata con un muro di mattoni.

Dopo un altro sorso di cognac, il senatore si alzò per incamminarsi con passo malfermo verso la scrivania. Posò gli occhi sulla cornetta staccata. Pur sapendo che era un'autoflagellazione masochistica, rimise il ricevitore nel suo alloggiamento e cominciò a contare i secondi.

"Uno... due..." Squillò il telefono. Lasciò che fosse la segreteria a rispondere.

«Senatore Sexton, sono Judy Oliver della CNN. Vorrei raccogliere una sua reazione alla scoperta della NASA annunciata questa sera. Mi chiami, per favore.» Fine della comunicazione.

Sexton riprese a contare. "Uno..." Altro squillo, che ignorò di nuovo per lasciar partire la segreteria, e altro cronista.

Stringendo la bottiglia, Sexton si incamminò verso la porta

a vetri scorrevole che dava sul balcone. La spinse di lato per uscire nell'aria fresca. Appoggiato alla ringhiera, osservò la città, spingendo lo sguardo fino alla facciata illuminata della Casa Bianca che si stagliava in lontananza. Le luci sembravano brillare allegre nel vento.

"Bastardi" pensò. "Per secoli abbiamo cercato una fottuta prova della vita nei cieli, e la troviamo proprio lo stesso anno della mia corsa alla presidenza? Qui non c'entra la fortuna, qui si tratta quasi di chiaroveggenza." Notò che in tutte le case c'era il televisore acceso. Si chiese dove fosse Gabrielle Ashe, quella sera. Era tutta colpa sua. Era stata lei a propinargli un fiasco della NASA dopo l'altro.

Sollevò la bottiglia per bere un altro sorso.

"Maledetta Gabrielle... è per causa sua se mi trovo nella merda fino al collo."

Dalla parte opposta della città, in mezzo al caos della redazione dell'ABC, Gabrielle Ashe si sentiva inebetita. L'annuncio del presidente era giunto del tutto inaspettato, lasciandola sospesa in un torpore semicatatonico. Al centro della sala, fissava uno dei monitor appesi in alto mentre intorno a lei infuriava il pandemonio.

Immediatamente dopo l'annuncio c'erano stati alcuni secondi di silenzio totale, sfociato poi in un'assordante baldoria. Quelli erano professionisti delle notizie e dovevano lasciare da parte le riflessioni personali, per le quali ci sarebbe stato tempo appena concluso il lavoro. Al momento, il mondo voleva saperne di più e l'ABC doveva provvedere. La vicenda coinvolgeva molti aspetti – scienza, storia, dramma politico – ed era destinata a scatenare emozioni di ogni genere. La notte sarebbe stata insonne per gli operatori dei media.

«Gabs?» Yolanda si avvicinò con fare protettivo. «Torniamo nel mio ufficio prima che qualcuno ti riconosca e ti metta sulla graticola per sapere le conseguenze di questa notizia sulla campagna di Sexton.»

Gabrielle, stordita, si lasciò guidare verso l'ufficio a vetri dell'amica. Yolanda la fece sedere e le porse un bicchiere d'acqua. «Considera la cosa dal lato positivo, Gabs. La campagna del tuo candidato è fottuta, ma almeno non lo sei tu.»

«Grazie, splendido.»

Yolanda si fece seria. «So che ti senti una merda. Il tuo candidato è appena stato investito da un camion e, secondo me, non si rialzerà, quanto meno non in tempo per capovolgere la situazione, ma almeno nessuna televisione trasmette la tua fotografia in primo piano. È una buona notizia, sul serio. Herney farà volentieri a meno di uno scandalo sessuale, in questo momento: ha un'aria troppo presidenziale per parlare di sesso.»

A Gabrielle sembrò una magra consolazione.

«Quanto alle accuse della Tench sui finanziamenti illeciti...» Yolanda scosse la testa. «Io ho i miei dubbi. Certo, Herney non vuole assolutamente fondare la campagna sulla denigrazione e, senza dubbio, un'indagine sulla corruzione sarebbe un duro colpo per il paese. Ma davvero Herney è tanto patriottico da non cogliere l'opportunità di schiacciare il suo avversario solo per proteggere il morale della nazione? La mia opinione è che la Tench abbia forzato la verità sulle sovvenzioni nel tentativo di spaventarti. Ha giocato d'azzardo, con la speranza di indurti ad abbandonare la nave e offrire gratis al presidente uno scandalo sessuale. Devi ammettere che stasera sarebbe stata un'occasione pazzesca per mettere in discussione la moralità di Sexton!»

Gabrielle annuì distrattamente. Uno scandalo sessuale sarebbe stato una botta dalla quale la carriera di Sexton non si sarebbe ripresa... mai più.

«L'hai battuta sulla resistenza, Gabs. Marjorie Tench ti ha buttato l'esca, ma tu non hai abboccato. Sei libera. Ci saranno altre elezioni.»

Gabrielle non sapeva più a cosa credere. Si limitò a un breve cenno di assenso.

«Devi ammettere che la Casa Bianca ha fregato Sexton in modo brillante: l'ha costretto a scoprirsi sulla NASA, ad assumere un impegno ufficiale, inducendolo a scommettere tutto sul fallimento dell'agenzia.»

"Colpa mia" pensò Gabrielle.

«E questo annuncio a cui abbiamo appena assistito, poi... Un vero colpo di genio! A parte la rilevanza della scoperta, la regia è stata di alta qualità. Collegamenti in diretta con l'Artide, il documentario di Michael Tolland! Dio mio, come si fa a competere con professionisti del genere? Zach Herney ha dato il massimo, stasera. C'è pure una ragione se quel tizio è presidente.»

"E lo sarà per altri quattro anni..."

«Adesso devo tornare al lavoro, Gabs. Tu resta qui quanto vuoi. Rimettiti in sesto.» Yolanda si diresse alla porta. «Torno a darti un'occhiata tra qualche minuto, tesoro.»

Rimasta sola, Gabrielle sorseggiò l'acqua, ma aveva un sapore orribile. Come ogni altra cosa, del resto. "È colpa mia" si ripeteva, nel tentativo di scaricarsi la coscienza ricordando tutte le tetre conferenze stampa della NASA nell'ultimo anno: le battute d'arresto nella costruzione della stazione spaziale, il rinvio dell'X-33, le tante missioni fallite su Marte, i continui sforamenti del budget. Si chiese che cosa avrebbe potuto fare di diverso.

"Niente. Hai fatto tutto giusto."

E tutto si era ritorto contro di lei.

74

Il SeaHawk, un rombante elicottero della marina, era decollato segretamente dalla base aerea di Thule, nella Groenlandia settentrionale. A bassa quota per sfuggire ai radar, aveva percorso cento chilometri sul mare aperto sotto una vera bufera. Poi, eseguendo gli strani ordini ricevuti, i piloti, contrastando il vento, portarono il velivolo su una serie di coordinate. Sotto di loro, l'oceano deserto.

«Dov'è l'appuntamento?» gridò il copilota, confuso. Eseguendo le istruzioni di usare un elicottero dotato di verricello di salvataggio, si era aspettato un'operazione di ricerca e soccorso. «Sicuro che siano le coordinate giuste?» Puntò il riflettore sui cavalloni, ma sotto di loro non c'era nulla, tranne...

«Per la miseria!» Il pilota tirò indietro la barra per sollevare il mezzo velocemente.

La nera montagna di acciaio si erse improvvisa tra i marosi. Un gigantesco sottomarino senza alcuna dicitura aveva svuotato le casse di zavorra per alzarsi tra una nuvola di spuma.

I piloti scoppiarono a ridere, imbarazzati. «Devono essere loro.»

Come ordinato, l'operazione procedette nel più totale silenzio radio. Il doppio portello in cima alla torretta si aprì e un marinaio fece loro alcuni segnali luminosi. L'elicottero, allora, si spostò sul sottomarino e calò un'imbracatura di salvataggio per tre persone, sostanzialmente costituita da tre anelli rivestiti di gomma su un cavo retrattile. Nel giro di sessanta secondi, tre "trapezisti" sconosciuti ondeggiarono sotto il velivolo e salirono lentamente contro la corrente discendente del rotore.

Quando il copilota li tirò a bordo – due uomini e una donna – il pilota segnalò con la torcia al sottomarino l'avvenuto recupero. L'enorme mezzo navale sparì immediatamente sotto il mare spazzato dal vento, senza lasciare tracce della sua presenza.

Con i passeggeri a bordo, il pilota guardò avanti, abbassò il muso dell'elicottero e puntò verso sud per portare a termine la missione. La tempesta era ormai vicina e i tre sconosciuti dovevano essere condotti sani e salvi alla base aerea di Thule per essere poi caricati a bordo di un jet in partenza per una destinazione ignota. Sapeva soltanto che gli ordini erano arrivati dall'alto, e che stava trasportando un carico molto prezioso.

75

Quando infine la burrasca esplose, scatenò tutta la sua forza sull'habisfera della NASA. La cupola si scosse come se fosse stata pronta a sollevarsi dal ghiaccio per precipitare in mare. I cavi stabilizzatori di acciaio, tesi sui picchetti, vibravano come enormi corde di chitarra emettendo un sinistro lamento. All'esterno, i generatori a intermittenza facevano tremolare le luci e minacciavano di precipitare nel buio totale l'enorme locale.

Il direttore della NASA attraversò l'habisfera a passo veloce. Avrebbe voluto levare le tende da lì quella sera stessa, ma non era possibile. Doveva restare un altro giorno per presenziare alle conferenze stampa programmate il mattino dopo e seguire i preparativi per il trasporto del meteorite a Washington. In quel momento non desiderava altro che qualche ora di sonno: i problemi inattesi che erano sorti quel giorno l'avevano sfibrato.

I suoi pensieri tornarono di nuovo a Wailee Ming, Rachel Sexton, Norah Mangor, Michael Tolland e Corky Marlinson. Qualcuno, tra il personale della NASA, aveva cominciato a notare l'assenza dei civili.

"Rilassati" si disse Ekstrom. "È tutto sotto controllo."

Fece un respiro profondo e ricordò a se stesso che in quel momento tutto il pianeta era entusiasta della NASA e dello spazio. La vita extraterrestre non era più un argomento emozionante dal famoso "incidente di Roswell" del 1947, quando una presunta navicella spaziale aliena si era schiantata a Roswell, nel New Mexico. Ancora oggi quel posto era meta del pellegrinaggio di milioni di teorici della cospirazione degli UFO.

Negli anni in cui lavorava al Pentagono, Ekstrom aveva saputo che l'incidente di Roswell non era altro che una fallita missione militare avvenuta durante un'operazione segreta chiamata "progetto Mogul": il collaudo di un pallone sonda per spiare i test atomici russi. Un prototipo, durante il volo di prova, era finito fuori rotta per poi schiantarsi nel deserto del New Mexico. Purtroppo un civile aveva rinvenuto il relitto prima dei militari.

William Brazel, un tranquillo allevatore, notati in un campo del suo ranch alcuni brandelli di neoprene e lamine metalliche che non aveva mai visto in vita sua, immediatamente si era premurato di avvertire lo sceriffo. I giornali avevano pubblicato la notizia di quello strano ritrovamento, e l'interesse del pubblico si era acceso in fretta, alimentato dalla dichiarazione dei militari che il relitto non apparteneva a loro. I reporter si erano lanciati allora nelle indagini, mettendo seriamente a repentaglio la segretezza del progetto Mogul. Proprio quando sembrava che la questione delicata del pallone spia sarebbe stata svelata, era successo un fatto incredibile.

I media erano arrivati a una conclusione inattesa. Avevano deciso che quei frammenti di sostanze futuristiche potevano essere soltanto di origine extraterrestre, dovevano appartenere a creature più progredite dell'uomo. La smentita dei militari che si fosse trattato di un incidente interno doveva essere interpretata in un solo modo: la copertura dell'avvenuto contatto con gli alieni! Anche se sconcertata da quella nuova ipotesi, l'aeronautica aveva scelto di non guardare in bocca al caval donato. Aveva colto al volo la storia degli alieni e l'aveva assecondata: il sospetto che gli alieni visitassero il New Mexico era molto meno pericoloso per la sicurezza nazionale della possibilità che i russi subodorassero l'esistenza del progetto Mogul.

Per avvalorare la storia di copertura sugli extraterrestri, la comunità dell'intelligence aveva avvolto nella segretezza l'incidente di Roswell e aveva cominciato a organizzare "fughe di notizie" su contatti con alieni, recupero di navicelle spaziali e addirittura un misterioso "Hangar 18" nella base aerea Wright-Patterson di Dayton, dove il governo avrebbe conservato nel ghiaccio i corpi degli extraterrestri. Tutto il mondo aveva creduto a quella storia e la febbre di Roswell aveva spazzato il globo. Da quel momento in poi, ogni volta che un civile individuava per sbaglio un velivolo militare molto avanzato, la comunità dell'intelligence rispolverava la vecchia cospirazione.

"Quello non è un aereo, ma una navicella spaziale!"

Ekstrom si meravigliava che quel semplice inganno funzionasse ancora. Quando i media parlavano di un'improvvisa raffica di avvistamenti di UFO, al direttore della NASA veniva da ridere. Con tutta probabilità, un civile aveva avuto la fortuna di avvistare per un attimo uno dei cinquantasette veloci aerei da ricognizione privi di equipaggio dell'NRO, noti come Global Hawk: oblunghi, telecomandati, diversi da qualsiasi velivolo mai visto in cielo.

Ekstrom trovava patetico che innumerevoli turisti andassero in pellegrinaggio nel deserto del New Mexico per puntare sul cielo notturno la loro videocamera. Occasionalmente qualcuno, baciato dalla sorte, catturava "prove concrete" di un UFO: punti luminosi che fluttuavano in cielo con manovrabilità e velocità maggiori di qualsiasi apparecchio mai costruito dall'uomo. Ciò che queste persone non comprendevano, ovviamente, era che esisteva uno scarto di dodici anni tra quel che il governo costruiva e quel che il pubblico sapeva. Gli osservatori di UFO avevano semplicemente visto di sfuggita uno degli aerei statunitensi di prossima generazione prodotti nell'Area 51, molti dei quali erano frutto delle brillanti menti degli ingegneri della NASA. Naturalmente le autorità dell'intelligence non rettificavano mai questi equivoci; era di certo preferibile che il mondo leggesse di un altro avvistamento di UFO anziché scoprisse gli ultimi ritrovati dell'aeronautica militare.

"Ma tutto è cambiato, adesso" pensò Ekstrom. In poche ore, il mito della vita extraterrestre sarebbe diventato per sempre una realtà confermata.

«Direttore?» Un tecnico lo aveva seguito di corsa. «Una chiamata urgente nel PSC.»

Ekstrom si voltò con un sospiro. "Chi diavolo sarà, adesso?" Si diresse verso la cabina per le comunicazioni.

Il tecnico si affrettò al suo fianco. «I tizi che manovrano il radar nel PSC si erano incuriositi...»

«Ah, sì?» disse il direttore distrattamente.

«Ha presente il grosso sottomarino appostato qui al largo? Ci chiedevamo perché non ce ne avesse parlato.»

Ekstrom alzò lo sguardo. «Prego?»

«Il sottomarino. Avrebbe potuto dirlo almeno agli operatori del radar. È più che comprensibile il rafforzamento della sicurezza costiera, ma li ha colti di sorpresa.»

Ekstrom si bloccò sui suoi passi. «Quale sottomarino?»

Anche il tecnico si fermò: evidentemente non si aspettava la reazione del direttore. «Non fa parte della nostra operazione?»

«No! Dove si trova?»

Il tecnico deglutì rumorosamente. «Circa tre miglia al largo. L'abbiamo visto sul radar solo per caso, quando è emerso per un paio di minuti. Un segnale di ritorno decisamente potente, per cui si è capito che doveva essere di dimensioni notevoli. Abbiamo immaginato che lei avesse chiesto alla marina di controllare da lontano l'operazione senza dirlo a nessuno di noi.»

Ekstrom lo fissò. «Neanche per idea!»

A quel punto, il tecnico parve molto perplesso. «Be', signore, allora devo informarla che un sottomarino si è appena incontrato con un velivolo a poca distanza dalla costa. Sembrava un cambio di personale. Per la verità ci ha colpito che qualcuno tentasse un recupero mare-aria con questo vento.»

Ekstrom sentì i muscoli irrigidirsi. "Che diavolo ci fa un sottomarino davanti alla costa dell'isola di Ellesmere a mia insaputa?" «Avete visto in che direzione si è allontanato il velivolo?»

«Verso la base aerea di Thule. Per un successivo trasferimento sulla terraferma, immagino.»

Ekstrom percorse in silenzio il resto del tragitto verso il PSC. Entrato nella fitta oscurità, sentì una voce rauca e familiare in linea.

«Abbiamo un problema» esordì la Tench tra colpi di tosse. «Si tratta di Rachel Sexton.»

76

Il senatore Sexton non sapeva quanto fosse rimasto a guardare nel vuoto quando sentì battere ripetutamente. Rendendosi conto che non erano le pulsazioni nelle orecchie dovute all'alcol ma qualcuno che bussava alla porta, si alzò dal divano, nascose la bottiglia di Courvoisier e si avviò verso l'atrio.

«Chi è?» gridò, per niente in vena di visite.

La voce della guardia del corpo gridò il nome dell'inatteso ospite. Sexton riacquistò lucidità all'istante. "Che velocità." Aveva sperato di rinviare all'indomani quel colloquio.

Inspirò profondamente, si ravviò i capelli e aprì. Il viso che si ritrovò davanti gli era fin troppo noto: duro e coriaceo malgrado quell'uomo non avesse che una settantina d'anni. Si erano incontrati solo quel mattino sulla monovolume Ford Windstar nel garage di un albergo. "Davvero è stato soltanto stamattina?" Dio, quanto erano cambiate le cose, da allora.

«Posso entrare?» chiese l'uomo dai capelli scuri.

Sexton si fece da parte per lasciar accomodare il capo della Space Frontier Foundation.

«L'incontro è andato bene?» domandò questi, mentre Sexton chiudeva la porta.

"Se è andato bene?" Il senatore si chiese se quel tizio vivesse sulla luna. «A gonfie vele fino all'apparizione del presidente in televisione.»

L'altro annuì con aria dispiaciuta. «Già, un successo incredibile che danneggerà non poco la nostra causa.»

"Danneggiare la causa? Accidenti, che ottimismo." Con il trionfo della NASA, quell'uomo sarebbe stato morto e sepolto prima che la Space Frontier Foundation raggiungesse l'obiettivo della privatizzazione.

«Da anni sospettavo che avremmo avuto le prove. Non sapevo quando o come, ma ero sicuro che prima o poi ne avremmo avuto la certezza.»

Sexton era sbalordito. «Non ne è sorpreso?»

«L'economia del cosmo impone virtualmente la presenza di altre forme di vita» spiegò l'uomo, avanzando verso il salotto. «Non mi sorprende che si sia arrivati a questa scoperta, che dal punto di vista intellettuale mi emoziona e spiritualmente mi sgomenta. Ma sul piano politico provo un profondo fastidio. Il momento non poteva essere peggiore.»

Sexton si chiese la ragione della visita, che non era certo quella di tirarlo su di morale.

«Come sa, le aziende associate alla SFF hanno speso milioni di dollari per aprire ai privati le frontiere dello spazio. Di recente, molto di quel denaro è finito nella sua campagna elettorale.»

Sexton si mise subito sulla difensiva. «Non avevo idea di quanto sarebbe accaduto stasera. La Casa Bianca mi ha spinto ad attaccare la NASA!»

«Già. Il presidente ha giocato con astuzia.» Negli occhi dell'uomo brillò uno strano barlume di speranza.

"È rimbecillito" pensò Sexton. Tutto era ormai perduto. In quel momento, le stazioni televisive dell'intera nazione sostenevano che la sua campagna elettorale non aveva alcun futuro.

Il capo della SFF entrò in salotto, sedette sul divano e fissò gli occhi stanchi in quelli del senatore. «Ha presente i problemi incontrati inizialmente dalla NASA con il software a bordo del satellite PODS?»

Sexton non capiva dove volesse andare a parare. "Che cazzo c'entra, ormai? Il PODS ha trovato un maledetto meteorite contenente dei fossili!"

«Se ricorda, il software a bordo non funzionava bene. Lei ha sollevato un gran clamore sulla stampa.»

«E se lo meritavano!» esclamò Sexton, sedendosi di fronte all'ospite. «L'ennesimo insuccesso della NASA!»

L'uomo annuì. «Concordo con lei. Tuttavia, poco dopo, la NASA ha convocato una conferenza stampa per annunciare di aver trovato un modo per aggirare il problema, una specie di toppa per il software.»

Pur non avendo seguito la conferenza stampa, Sexton sapeva che era stata breve, noiosa e di scarso rilievo: il capoprogetto del PODS aveva fatto una pedante descrizione tecnica di come la NASA aveva risolto un piccolo errore nel software per la rilevazione delle anomalie e ripristinato il perfetto funzionamento.

«Da quel momento, ho tenuto sotto controllo il PODS con grande attenzione» continuò il capo della SFF. Tirò fuori una cassetta e la inserì nel videoregistratore di Sexton. «Questo dovrebbe interessarla.»

Partì il nastro. Nella sala stampa della sede centrale della NASA, a Washington, un uomo elegante saliva sul podio e salutava i presenti.

Nella didascalia in basso si leggeva:

CHRIS HARPER, capoprogetto
Polar Orbiting Density Scanner (PODS)

Chris Harper era alto, raffinato e parlava con la tranquilla dignità di un americano di origine europea ancora orgogliosamente attaccato alle proprie radici. L'accento era impeccabile. Si rivolgeva ai giornalisti con fare autorevole per dare qualche brutta notizia sul PODS.

«Il satellite PODS è in orbita e funziona bene, anche se i computer di bordo ci hanno dato qualche problema. Un lieve errore di programmazione del quale mi assumo la completa responsabilità. Nello specifico, il filtro FIR ha un indice di voxel difettoso, il che significa che il software per la rilevazione delle anomalie non funziona bene. Ci stiamo lavorando.»

Il pubblico di giornalisti sospirò, evidentemente abituato agli insuccessi della NASA. «Che conseguenze può avere sull'efficienza del satellite?»

Harper la prese da professionista, sicuro di sé e concreto. «Immaginate un paio di occhi perfetti privi di un cervello funzionante. In sostanza, il satellite PODS ha dieci decimi di vista, ma non ha idea di che cosa stia guardando. Lo scopo della missione è scoprire sacche di ghiaccio fuso nella calotta polare, ma senza il computer che analizzi i dati sulla densità ricevuti dagli scanner il PODS non può rilevare i punti di interesse. Riusciremo a ovviare all'inconveniente nella prossima missione di uno shuttle, quando si potrà aggiornare il computer di bordo.»

Un mormorio di disapprovazione si levò nella sala.

Il capo della SFF guardò Sexton. «È in gamba a comunicare cattive notizie, vero?»

«È della NASA. È la loro specialità.»

Dopo un breve stacco, iniziò una seconda conferenza stampa della NASA.

«Risale a poche settimane fa. È stata fatta a tarda notte, e pochi l'hanno vista. In questa occasione il dottor Harper annuncia *buone* notizie.»

Chris Harper appariva turbato, a disagio. «Sono lieto di annunciare» disse, in tono tutt'altro che compiaciuto «che la NASA ha trovato una soluzione al problema di software del satellite PODS.» Si avventurò nella spiegazione: i dati grezzi del PODS venivano inoltrati a computer sulla Terra anziché essere analizzati da quelli sul satellite. Tutti apparvero favorevolmente colpiti dalla notizia. Sembrava una soluzione valida, brillante. Quando Harper terminò il discorso, i presenti lo applaudirono fragorosamente.

«Quindi possiamo aspettarci presto i dati?» chiese qualcuno.

Harper annuì, madido di sudore. «Tra un paio di settimane.»

Altri applausi. Una selva di mani alzate.

«Per ora è tutto» concluse Harper raccogliendo le sue carte con un'espressione nauseata. «Il PODS è in orbita e funziona. Presto avremo i dati.» Lasciò il palco quasi di corsa.

Sexton aggrottò la fronte. Doveva ammettere che era strano. Perché Chris Harper appariva tanto a suo agio nel dare cattive notizie e tanto a disagio nel comunicarne di buone? Sexton non aveva visto quella conferenza stampa quando era stata trasmessa, ma aveva letto della soluzione del problema di software che, peraltro, era apparsa come un salvataggio in extremis della NASA privo di conseguenze: nella percezione del pubblico, il PODS era un ennesimo progetto dell'agenzia spaziale che aveva rivelato delle pecche e che veniva rattoppato alla bell'e meglio con un escamotage tutt'altro che ideale.

Il capo della SFF spense il televisore. «Secondo la NASA, Harper non stava bene, quella notte.» Fece una pausa. «Io, invece, sono convinto che stesse mentendo.»

«Mentendo?» Sexton lo fissò. I suoi pensieri confusi non riuscivano a trovare una spiegazione logica del perché Harper avrebbe dovuto dire il falso riguardo al software. Eppure, lui stesso aveva mentito tante volte in vita sua da riconoscere un bugiardo poco convinto quando ne vedeva uno. Doveva ammettere che Harper appariva realmente imbarazzato.

«Non capisce?» chiese l'altro. «L'annuncio che ha appena sentito costituisce la conferenza stampa più importante nella storia della NASA. È stata proprio quella opportuna modifica del software a permettere al PODS di trovare il meteorite.»

Sexton era perplesso. "E tu credi che abbia mentito al riguardo?" «Ma se Harper mentiva e il software del PODS davvero non funziona, allora come diavolo ha fatto la NASA a trovare il meteorite?»

Il capo della SFF sorrise. «Appunto.»

77

La flotta militare statunitense di aerei "sequestrati" a trafficanti di droga consisteva in oltre una dozzina di jet privati, fra cui tre G4 riconvertiti usati per trasportare i VIP delle forze armate. Mezz'ora prima, uno di quei G4 era decollato dalla pista di Thule, aveva preso faticosamente quota malgrado la tempesta ed era ormai diretto a sud, nella notte canadese, in rotta per Washington. A bordo, Rachel Sexton, Michael Tolland e Corky Marlinson avevano la cabina a otto posti tutta per loro. Con quelle tute blu e i berretti intonati del *Charlotte* sembravano una squadra sportiva un po' scombinata.

Malgrado il rombo dei motori, Corky Marlinson si era addormentato nella parte posteriore. Tolland, esausto, sedeva davanti e guardava il mare dal finestrino. Rachel era accanto a lui e sapeva che non sarebbe riuscita a dormire neppure sotto sedativi. Tornò con la mente al mistero del meteorite, poi alla conversazione con Pickering dalla camera afona. Prima di interrompere la telefonata, Pickering le aveva comunicato due notizie assai preoccupanti.

In primo luogo, Marjorie Tench sosteneva di essere in possesso della registrazione di un discorso privato fatto da Rachel al personale della Casa Bianca. La Tench minacciava di usarla come prova nel caso che Rachel si fosse rimangiata i dati sul meteorite, fatto tanto più sgradevole perché Rachel aveva detto in modo esplicito a Zach Herney che desiderava venisse fatto un uso esclusivamente interno della sua comunicazione allo staff. Evidentemente il presidente aveva ignorato la richiesta.

La seconda brutta notizia riguardava un dibattito alla CNN, a cui il padre di Rachel aveva partecipato nel pomeriggio insieme a Marjorie Tench, in una delle sue rare apparizioni televisive. La Tench aveva teso una trappola micidiale al senatore costringendolo a estremizzare la sua posizione contraria alla NASA. In particolare, l'aveva spinto con astuzia a dichiarare apertamente il suo scetticismo sull'esistenza di forme di vita extraterrestre.

Pickering le aveva raccontato che il senatore aveva giurato che si sarebbe mangiato il cappello se la NASA avesse trovato tracce di vita su altri pianeti. Rachel si chiese come avesse fatto la Tench a indurlo a scoprirsi fino a quel punto. Era chiaro che la Casa Bianca aveva allestito accuratamente la scena: sistemati tutti i pezzi, era stato preparato il grande crollo di Sexton. Herney e Marjorie Tench, come una coppia di lottatori di wrestling in combutta, avevano orchestrato la mossa finale. Mentre la Tench aveva raggirato il senatore con astuzia e l'aveva spinto nell'angolo, il presidente era rimasto dignitosamente fuori dal ring per assestargli infine il colpo di grazia.

Herney aveva detto a Rachel di avere chiesto alla NASA di rinviare l'annuncio della scoperta a dopo che i dati fossero stati confermati. Ma l'attesa si era rivelata positiva anche da altri punti di vista. Quel lasso di tempo in più aveva offerto alla Casa Bianca l'opportunità di apprestare il cappio con cui il senatore si sarebbe impiccato.

Rachel non provava solidarietà per il padre e tuttavia si rendeva conto che, sotto la facciata cordiale e vaga, il presidente nascondeva la ferocia di uno squalo. Non si diventa l'uomo più potente del mondo senza avere l'istinto del killer. Il problema, a quel punto, era se lo squalo risultava un innocente spettatore o un protagonista.

Rachel si alzò per sgranchirsi le gambe. Percorse il corridoio avanti e indietro con un senso di frustrazione: sembrava impossibile sistemare i pezzi di quel mosaico. Pickering, con la sua tipica logica cristallina, aveva concluso che il meteorite era fasullo, ma Corky e Tolland, con la sicurezza degli scienziati, ne sostenevano l'autenticità. Rachel sapeva soltanto quello che aveva visto: un masso carbonizzato estratto dal ghiaccio, contenente dei fossili.

Passando di fianco a Corky, abbassò gli occhi sull'astrofisico, stremato dall'avventura sulla banchisa. Il gonfiore sulla guancia stava diminuendo e i punti sembravano a posto. Russava, profondamente addormentato, stringendo tra le mani grassocce il disco di meteorite come fosse un feticcio.

Rachel si chinò e delicatamente gli sfilò il campione per esaminare ancora una volta i fossili. "Lascia perdere le ipotesi" si disse, sforzandosi di riorganizzare i pensieri. "Ristabilisci la successione dei dati." Era un vecchio trucco dell'NRO. Ricostruire una prova dall'inizio era un procedimento noto come "partenza da zero", che tutti gli analisti di dati praticavano quando mancava qualche pezzo.

"Riorganizza i dati."

Riprese a camminare avanti e indietro.

"Questa pietra rappresenta davvero la conferma che esiste la vita extraterrestre?"

Sapeva che le prove erano conclusioni costruite su una piramide di fatti, un'ampia base di informazioni accettate su cui venivano fatte asserzioni più specifiche.

"Lascia da parte tutte le ipotesi. Ricomincia da capo. Che cosa abbiamo?"

Una roccia.

Rifletté un momento. "Una roccia. Una roccia con creature fossili." Tornò verso la parte anteriore dell'aereo e riprese posto accanto a Michael Tolland.

«Mike, facciamo un gioco.»

Tolland distolse lo sguardo dal finestrino e la fissò con aria distratta, perso nei suoi pensieri. «Un gioco?»

Gli porse il campione di meteorite. «Facciamo finta che tu veda per la prima volta questa pietra fossile. Io non ti ho raccontato da dove viene o com'è stata trovata. Che mi diresti?»

Tolland sospirò sconsolato. «Buffo che tu me lo chieda, perché mi è appena venuto in mente un pensiero molto strano...»

Centinaia di chilometri dietro Rachel e Tolland, un aereo dall'aspetto insolito sorvolava a bassa quota, velocissimo, l'oceano deserto. A bordo, gli uomini della Delta Force erano silenziosi. Era già capitato che fossero evacuati all'improvviso da un posto, ma mai tanto frettolosamente.

Il loro capo era furibondo.

Delta-Uno aveva dovuto informarlo che eventi imprevisti sulla banchisa non avevano dato loro altra scelta che ricorrere alla violenza, una violenza che si era conclusa con l'uccisione di quattro civili, tra cui Rachel Sexton e Michael Tolland.

Il capo ne era rimasto sconvolto. L'omicidio, anche se consentito come ultima risorsa, non era assolutamente previsto dal suo piano.

In seguito, il suo scontento si era tramutato in collera nell'apprendere che gli omicidi non erano andati a segno.

«La sua squadra ha fallito!» aveva inveito. Il suo tono androgino non riusciva a mascherare la rabbia. «Tre dei suoi cinque bersagli sono ancora vivi!»

"Impossibile" aveva pensato Delta-Uno. «Abbiamo visto personalmente...»

«Hanno stabilito un contatto con un sottomarino e in questo momento sono in rotta per Washington.»

«Cosa?»

Il tono del capo era diventato feroce. «Ascolti con attenzione. Sto per impartirle nuovi ordini, e questa volta veda bene di non fallire.»

315

78

Il senatore Sexton avvertì un barlume di speranza mentre accompagnava all'ascensore l'inatteso visitatore. Il capo della SFF non era andato da lui per redarguirlo, ma piuttosto per fargli la paternale e spiegargli che la battaglia non era ancora persa.

Un possibile punto debole nell'armatura della NASA.

Il video della strana conferenza stampa aveva convinto Sexton che quell'uomo aveva ragione: Chris Harper, il direttore della missione PODS, stava mentendo. "Ma perché? Se la NASA non aveva riparato il software del PODS, come ha fatto a trovare il meteorite?"

«A volte basta un esile filo per scoprire qualcosa» disse il capo della SFF mentre raggiungevano l'ascensore. «Forse troviamo il modo di minare dall'interno la vittoria della NASA, gettando un'ombra di sospetto. Chissà dove potrà portare.» L'uomo fissò gli occhi stanchi su Sexton. «Non sono ancora pronto a gettare la spugna, senatore, e spero non lo sia nemmeno lei.»

«Certo che no» rispose Sexton, sforzandosi di assumere un tono determinato. «Siamo andati troppo avanti.»

«Chris Harper ha mentito sulla soluzione del problema del PODS. Dobbiamo capire perché.» Entrò in ascensore.

«Lo scoprirò al più presto.» "Ho per l'appunto la persona giusta."

«Ottimo. Da questo dipende il suo futuro.»

Mentre si dirigeva verso la porta di casa, Sexton sentì il passo più leggero, la mente più lucida. "La NASA ha mentito sul PODS." L'unico problema era come dimostrarlo.

Tornò col pensiero a Gabrielle Ashe. Ovunque fosse, doveva

sentirsi da schifo. Senza dubbio aveva seguito la conferenza stampa e forse in quel momento si trovava su una rupe, pronta a lanciarsi nel vuoto. La sua proposta di trasformare la NASA in un argomento chiave della campagna elettorale si era rivelata il più grosso errore di tutta la carriera politica di Sexton.

"È in debito con me e lo sa."

Gabrielle aveva già dimostrato di essere in grado di ottenere informazioni segrete sulla NASA. "Ha un contatto" pensò Sexton. Da settimane riceveva dati riservati. Evidentemente aveva un informatore di cui non voleva parlare, uno a cui avrebbe potuto spremere notizie sul PODS. Inoltre, quella sera Gabrielle avrebbe avuto una motivazione in più. Doveva ripagare un debito e probabilmente sarebbe stata pronta a tutto pur di riconquistare il favore del senatore.

Quando arrivò alla porta, la guardia del corpo lo salutò con un cenno del capo. «'Sera, Senatore. Spero di avere fatto bene a lasciare entrare Gabrielle, prima. Mi ha detto che doveva parlarle con la massima urgenza.»

Sexton si fermò sui suoi passi. «Prego?»

«La signora Ashe! Aveva delle informazioni importanti, per questo l'ho fatta entrare.»

Sexton si sentì irrigidire. Guardò la porta di casa. "Ma di che diavolo parla questo tizio?"

L'espressione della guardia divenne ansiosa, confusa. «Senatore, tutto bene? Ricorda, vero, che Gabrielle è arrivata durante la riunione? Le ha parlato, no? Deve averlo fatto per forza, perché si è trattenuta parecchio.»

Sexton lo fissò per qualche istante, sentendo il cuore accelerare. "Questo imbecille ha lasciato entrare Gabrielle durante un incontro privato con la SFF? E lei è rimasta dentro a lungo e poi è uscita senza dire una parola?" Immaginava bene che cosa potesse aver sentito. Cercando di tenere a bada la collera, rivolse un sorriso forzato alla guardia. «Oh, sì! Scusi, ma sono esausto, e forse ho anche bevuto un paio di bicchieri di troppo. Certo che ho parlato con la signora Ashe, e lei ha fatto bene a lasciarla entrare.»

La guardia parve sollevata.

«Ha detto dov'era diretta, dopo?»

L'uomo scosse la testa. «Andava di fretta.»

«Bene, grazie.»

Sexton entrò in casa fumante di rabbia. "Per la miseria, ma era tanto complicato ubbidire ai miei ordini? Niente visite!" Se Gabrielle era rimasta a lungo per poi sgattaiolare via senza una parola, significava che aveva ascoltato cose che non avrebbe dovuto sentire. "Proprio stasera, poi."

Il senatore sapeva che non poteva permettersi di perdere l'appoggio di Gabrielle Ashe: le donne tendono a diventare vendicative e a commettere stupidaggini quando si sentono ingannate. Doveva riconquistare la sua fiducia. Quella sera più che mai aveva bisogno che lei fosse in campo con lui.

79

Al quarto piano degli studi televisivi della ABC, Gabrielle Ashe, sola nell'ufficio di Yolanda, fissava la moquette logora. Si era sempre vantata del proprio istinto e della capacità di riconoscere al volo le persone degne di fiducia. In quel momento, per la prima volta da anni, si sentì insicura. Non sapeva che decisione prendere.

Il suono del cellulare le fece sollevare gli occhi dalla moquette. Riluttante, rispose. «Gabrielle Ashe.»

«Gabrielle, sono io.»

Riconobbe subito la voce del senatore, che peraltro appariva stranamente tranquilla malgrado ciò che era appena accaduto.

«È stata una serata pazzesca, qui, quindi lasciami parlare. Di sicuro hai visto la conferenza stampa del presidente, e Dio solo sa se abbiamo giocato le carte sbagliate. Mi viene la nausea, al pensiero. Tu probabilmente accuserai te stessa, ma non è il caso. Chi poteva immaginare? Non è colpa tua e, comunque, ascoltami. Credo ci sia una possibilità di rimetterci in piedi.»

Gabrielle si alzò, incapace di immaginare a che cosa si riferisse. Non era quella la reazione che si aspettava da lui.

«Stasera ho avuto una riunione con i rappresentanti delle industrie spaziali private, e...»

«Davvero?» si lasciò sfuggire lei, sbalordita di sentirglielo ammettere. «Voglio dire... non ne avevo idea...»

«Sì, ma niente di importante. Ti avrei chiesto di partecipare, ma questi tizi sono maniaci della privacy. Alcuni di loro hanno fatto una donazione per la mia campagna elettorale, e non è cosa che vogliono pubblicizzare.»

Gabrielle si sentì totalmente disarmata. «Ma... non è illegale?»

«Illegale? No, accidenti. Tutte le donazioni sono sotto il limite legale dei duemila dollari. Briciole. Questi tizi non contano granché, ma io sto a sentire comunque le loro lamentele. Diciamo che è un investimento per il futuro. Preferisco mantenere la cosa riservata perché, in tutta franchezza, potrebbe fare cattiva impressione. Se la Casa Bianca ne avesse sentore, scatenerebbe un inferno. Comunque, non è questo il punto. Ti ho chiamata per dirti che, dopo la riunione di stasera, ho avuto un colloquio con il capo della SFF...»

Malgrado Sexton continuasse a parlare, per alcuni secondi Gabrielle sentì solo il sangue che le affluiva al viso per la vergogna. Senza la minima sollecitazione da parte sua, il senatore aveva ammesso con la massima calma la riunione di quella sera con le aziende spaziali private. "Perfettamente legale." E pensare che cosa stava per fare lei! Grazie al cielo Yolanda l'aveva fermata. "Per poco non saltavo sul carro di Marjorie Tench!"

«... così ho detto al capo della SFF che forse sei in grado di procurarci quella informazione» stava dicendo Sexton.

Gabrielle tornò a prestargli attenzione. «D'accordo.»

«La persona che negli ultimi mesi ti ha fornito quei dati riservati sulla NASA... è ancora disponibile, vero?»

"Marjorie Tench." Gabrielle rabbrividì al pensiero che mai avrebbe potuto rivelare al senatore che il suo contatto non aveva fatto che manipolarla per tutto quel tempo. «Ehm... credo di sì» mentì.

«Ottimo, perché c'è qualcosa che ho bisogno di sapere subito.»

Mentre ascoltava, Gabrielle si rese conto di quanto, negli ultimi tempi, avesse sottovalutato Sedgewick Sexton. Da quando aveva iniziato a seguirne la carriera, un po' del carisma del senatore era svanito, ma ora l'aveva riacquistato per intero. Davanti a quello che appariva il colpo mortale alla sua campagna, Sexton stava già preparando il contrattacco. E malgrado fosse stata lei a condurlo per quella strada infausta, non la puniva, anzi, le offriva la possibilità di redimersi.

E lei si sarebbe redenta.

A qualunque costo.

80

William Pickering guardò dalla finestra dell'ufficio la lontana
fila di fari sulla Leesburg Pike. Pensava spesso a lei quando si
trovava lassù, in cima al mondo.

"Tanto potere... e non sono stato capace di salvarla."

Sua figlia, Diana, era morta nel mar Rosso, su un piccolo av-
viso della marina, mentre faceva il tirocinio per diventare ufficiale di rotta. Un pomeriggio di sole, la sua nave era ancorata
in un porto sicuro quando una chiatta improvvisata imbottita
di esplosivo, con due kamikaze a bordo, aveva attraversato
lentamente lo specchio d'acqua per esplodere a contatto con lo
scafo. Quel giorno, Diana Pickering era morta insieme ad altri
tredici giovani soldati americani.

Un colpo devastante per William Pickering. Per settimane
era stato schiacciato da un'angoscia intollerabile, poi, quando
l'attacco era stato attribuito a una nota cellula terroristica che
la CIA da anni cercava di inchiodare, la sua disperazione si era
tramutata in rabbia. Si era precipitato nel quartier generale
della CIA e aveva preteso delle risposte.

Ma le risposte che aveva ricevuto erano difficili da digerire.

La CIA era pronta da mesi ad annientare la cellula, aspettava
solo le fotografie satellitari ad alta risoluzione per poter programmare un attacco preciso al covo dei terroristi, sui monti
dell'Afghanistan. Quelle foto avrebbero dovuto essere scattate
dal satellite dell'NRO chiamato in codice Vortex 2 e costato un
miliardo e duecento milioni di dollari: quello stesso satellite
esploso sulla piattaforma per un difetto del veicolo di lancio
della NASA. A causa di quell'incidente, la missione della CIA era

stata rinviata e Diana era morta. La ragione gli suggeriva che la NASA non ne era direttamente responsabile, ma il cuore trovava difficile perdonare. L'indagine sull'esplosione del missile aveva rivelato che gli ingegneri della NASA responsabili dei sistemi di iniezione del combustibile erano stati costretti a usare materiali di seconda qualità per cercare di non sforare il budget.

«Quando si tratta di missioni prive di equipaggio» aveva spiegato Lawrence Ekstrom in una conferenza stampa «la NASA è molto attenta al rapporto costi-benefici. In questo caso, i risultati non sono stati ottimali. Esamineremo con attenzione il problema.»

"Non ottimali." Diana era morta.

Inoltre, poiché il satellite spia era top secret, la gente non era mai venuta a conoscenza del fatto che la NASA aveva distrutto un progetto dell'NRO da più di un miliardo di dollari e, con esso, indirettamente, la vita di numerosi giovani americani.

«Signore?» La voce della segretaria, dall'interfono, lo fece sobbalzare. «Linea uno, Marjorie Tench.»

Pickering si riscosse dai suoi pensieri e guardò il telefono. "Di nuovo?" La luce lampeggiante sulla linea uno pulsava con rabbiosa urgenza. Pickering, accigliato, prese la chiamata. «Pickering.»

«Che cosa le ha detto?» Dalla voce, la Tench sembrava folle di rabbia.

«Prego?»

«Rachel Sexton l'ha contattata. Che cosa le ha detto? Era su un sottomarino, per la miseria! Mi spieghi come mai!»

Pickering comprese al volo che non era il caso di negare; la Tench aveva fatto i compiti a casa. Aveva già scoperto del *Charlotte*, evidentemente sfruttando la sua posizione per ottenere le risposte. «Sì, la signora Sexton mi ha chiamato.»

«E lei ha organizzato un recupero senza contattarmi?»

«Sì, le ho fornito un mezzo di trasporto.» Nel giro di due ore Rachel Sexton, Michael Tolland e Corky Marlinson sarebbero arrivati alla vicina base aerea di Bolling.

«E ha deciso di non informarmi?»

«Rachel Sexton ha fatto accuse molto pesanti.»

«Sull'autenticità del meteorite... e su un'ipotetica aggressione?»

«Tra le altre cose.»

«È chiaro che mente.»

«Lei sa che si trova con altre due persone pronte a confermare la sua versione?»

La Tench fece una pausa. «Sì. Assai sgradevole. La Casa Bianca è molto preoccupata per queste affermazioni.»

«La Casa Bianca, o lei personalmente?»

Il tono divenne affilato come un rasoio. «Per quanto la riguarda, direttore, non fa differenza, questa sera.»

Pickering rimase imperturbato. Aveva una lunga esperienza dei politici e dei loro collaboratori che cercavano di imporsi con la prepotenza sulla comunità dell'intelligence, anche se pochi lo facevano con l'arroganza di Marjorie Tench. «Il presidente sa di questa sua telefonata?»

«Francamente, direttore, mi sbalordiscono questi suoi sospetti deliranti.»

"Però non ha risposto alla mia domanda." «Non vedo alcuna ragione logica per cui queste persone dovrebbero mentire, e quindi devo supporre che dicano la verità, oppure che sbaglino in buonafede.»

«In buonafede? Accuse di aggressioni? Errori nei dati relativi al meteorite non rilevati dalla NASA? Ma per favore! È evidente che si tratta di un complotto politico.»

«In questo caso, me ne sfugge la motivazione.»

La Tench fece un profondo respiro, poi continuò a bassa voce: «Direttore, qui ci sono in campo forze di cui forse lei non è a conoscenza. Ne parleremo meglio più avanti, ma al momento ho bisogno di sapere dove si trovano la signora Sexton e gli altri. Devo andare a fondo prima che facciano danni irreparabili. Dove sono?».

«È un'informazione che preferirei non dare a nessuno. La contatterò non appena saranno arrivati.»

«Sbagliato. Io sarò là ad accoglierli quando arriveranno.»

"Lei e quanti agenti dei servizi segreti?" «Se la informo dell'ora e del luogo, ci sarà un colloquio amichevole fra tutti noi o ha intenzione di farli portare sotto custodia da un esercito privato?»

«Quelle persone costituiscono una minaccia per il presidente. La Casa Bianca ha pieno diritto di fermarle per interrogarle.»

Pickering sapeva che la Tench aveva ragione. In base al titolo 18, sezione 3056 del Codice degli Stati Uniti, agli agenti dei servizi segreti è consentito portare armi da fuoco, ricorrere alla violenza estrema e procedere ad arresti "non autorizzati" se c'è il sospetto che una persona abbia commesso o intenda commettere un crimine o un atto di aggressione nei confronti del presidente. I servizi segreti hanno carta bianca. Infatti coloro che si aggirano senza una ragione precisa nei dintorni della Casa Bianca e gli studentelli che mandano per scherzo e-mail minacciose vengono regolarmente fermati.

Pickering era certo che i servizi segreti avrebbero trovato una giustificazione per trascinare Rachel Sexton e gli altri negli scantinati della Casa Bianca e trattenerli a tempo indeterminato. Sarebbe stata una mossa pericolosa, ma la Tench sapeva che la posta in gioco era altissima e, se le avessero permesso di assumere il controllo della situazione, sarebbe stato difficile prevedere che cosa sarebbe accaduto. Pickering non aveva intenzione di scoprirlo.

«Farò tutto quanto è necessario» dichiarò la Tench «per proteggere il presidente da false accuse. Anche una minima insinuazione di gioco sporco getterebbe pesanti ombre sulla Casa Bianca e la NASA. Rachel Sexton ha abusato della fiducia riposta in lei dal presidente, e io non voglio che sia lui a pagarne il prezzo.»

«E se facessi in modo che la signora Sexton esprima il suo pensiero davanti a una commissione di inchiesta ufficiale?»

«Ignorerebbe un ordine diretto del presidente e le offrirebbe una ribalta dalla quale imbastire un maledetto casino politico! Glielo chiedo un'ultima volta, direttore. Dove li farà atterrare?»

Pickering emise un lungo sospiro. Che lui le dicesse o no che l'aereo era diretto alla base aerea di Bolling, lei aveva comunque modo di venirlo a sapere; il problema era capire se si sarebbe spinta a tanto. Ma, a giudicare dal tono determinato, quella donna non si sarebbe fermata davanti a nulla. Marjorie Tench era spaventata.

«Marjorie» affermò Pickering con voce decisa. «Qualcuno mi sta mentendo, non c'è dubbio. Forse si tratta di Rachel Sexton e dei due scienziati civili, oppure di lei. Io credo che sia lei.»

La Tench esplose. «Come osa...»

«La sua indignazione mi lascia indifferente, quindi se la risparmi. Meglio che la informi che ho prove certe che la NASA e la Casa Bianca hanno trasmesso dati falsi, stasera.»

La Tench si zittì all'improvviso.

Pickering la lasciò riflettere per un momento. «Non desidero una crisi politica proprio come non la desidera lei, ma sono state dette cose non vere, e quelle non le sopporto. Se vuole il mio aiuto, dev'essere sincera con me.»

La Tench sembrò tentata, ma circospetta. «Se è tanto sicuro che qualcuno ha mentito, perché non si è fatto avanti?»

«Io non interferisco nelle questioni politiche.»

La Tench mormorò qualcosa che assomigliava molto a "stronzate".

«Marjorie, vuole forse dirmi che l'annuncio del presidente di stasera era tutto veritiero?»

Un lungo silenzio sulla linea.

Pickering capì di averla in pugno. «Ascolti, sappiamo entrambi che questa è una bomba a orologeria pronta a esplodere, ma siamo ancora in tempo. Possiamo arrivare a un compromesso.»

La Tench non disse nulla per parecchi secondi, poi sospirò. «Meglio che ci incontriamo.»

"Meta."

«Le mostrerò una cosa che ritengo possa fare luce sulla questione.»

«Vengo nel suo ufficio.»

«No» disse lei in fretta. «È tardi e la sua presenza qui non passerebbe inosservata. Preferisco che non si venga a sapere.»

Pickering lesse tra le righe. "Il presidente non ne è al corrente." «Venga lei qui, allora. È la benvenuta.»

La Tench sembrava diffidente. «Incontriamoci in un posto discreto.»

Pickering se l'aspettava.

«Vediamoci al Roosevelt Memorial: è vicino alla Casa Bianca e a quest'ora di notte sarà deserto.»

Pickering rifletté un attimo. Il Roosevelt Memorial si trovava a metà strada tra il monumento a Jefferson e quello a Lincoln, in una parte della città assolutamente tranquilla. Si dichiarò d'accordo.

«Tra un'ora» disse la Tench, prima di chiudere la comunicazione. «E venga solo.»

Subito dopo questa conversazione, Marjorie Tench telefonò al direttore della NASA. Gli diede le cattive notizie con un tono carico di tensione. «Pickering potrebbe rappresentare un problema.»

81

Gabrielle Ashe, illuminata da nuova speranza, chiamò il servizio elenco abbonati dalla scrivania di Yolanda Cole, nella redazione dell'ABC.

I sospetti di cui Sexton le aveva appena parlato, se confermati, avevano un potenziale sconvolgente. "La NASA ha mentito sul PODS?" Gabrielle aveva seguito la conferenza stampa in questione e ricordava di averla trovata strana, al momento. Poi, però, non ci aveva più pensato, visto che il PODS non era un argomento critico poche settimane prima. Quella sera, invece, rappresentava *il problema* per eccellenza.

Sexton aveva bisogno di informazioni riservate, e in fretta, e contava sul "contatto" di Gabrielle. Lei gli aveva assicurato che avrebbe fatto del suo meglio, ma il problema, ovviamente, era l'informatore: Marjorie Tench non era certo disposta a collaborare. Non le restava che cercare di ottenere quelle notizie da un'altra fonte.

«Informazioni elenco abbonati» disse la voce al telefono.

Gabrielle chiese ciò che le occorreva. L'operatrice trovò tre nominativi corrispondenti a Chris Harper a Washington. Gabrielle li provò tutti.

Il primo numero era di uno studio legale. Al secondo, nessuna risposta. Compose allora il terzo.

Rispose una donna al primo squillo. «Casa Harper.»

«Signora Harper?» chiese Gabrielle in tono gentile. «Spero di non averla svegliata!»

«Neanche per sogno! Credo che non dorma nessuno, stanotte!» Sembrava entusiasta. Gabrielle sentiva un televisore in sottofondo. Un servizio sui meteoriti. «Lei chiama per Chris, presumo!»

Gabrielle sentì le pulsazioni accelerare. «Sì, signora.»

«Spiacente, ma non c'è. È corso al lavoro non appena è finito il discorso del presidente.» Una risatina. «Certo, dubito che stiano proprio lavorando. Più che altro festeggeranno. L'annuncio è stato una sorpresa per lui, come per chiunque. Il telefono non ha fatto che squillare tutta la notte. Scommetto che il personale della NASA è là al gran completo.»

«In E Street?» chiese Gabrielle, pensando che la donna si riferisse alla sede centrale della NASA.

«Esatto. Metta un cappellino da party.»

«Senz'altro. Grazie. Lo rintraccerò là.»

Chiusa la comunicazione, Gabrielle si precipitò a cercare Yolanda, che aveva appena finito di dare le ultime istruzioni a un gruppo di esperti dello spazio che avrebbero fatto commenti entusiastici sul meteorite.

Yolanda sorrise nel vederla arrivare. «Hai un aspetto migliore, ora. Cominci a vedere il bordo dorato della nuvola nera?»

«Ho appena parlato con il senatore. La riunione di questa sera non è stata quello che pensavo.»

«Te l'avevo detto che la Tench si stava prendendo gioco di te. Come ha preso la notizia del meteorite il senatore?»

«Meglio del previsto.»

Yolanda parve stupita. «Credevo si fosse già buttato sotto un autobus.»

«Pensa che i dati della NASA non siano del tutto corretti.»

Yolanda sbuffò con aria dubbiosa. «Ha seguito la stessa conferenza stampa che ho appena visto io? Quante conferme e riconferme servono per convincersi di qualcosa?»

«Sto andando alla NASA a controllare.»

Yolanda inarcò le sopracciglia disegnate a matita. «Il braccio destro del senatore Sexton fa irruzione nella sede della NASA? Stasera? Hai voglia di farti lapidare?»

Gabrielle le raccontò dei sospetti di Sexton che il caproprogetto del PODS, Chris Harper, avesse mentito sulla riparazione del software.

Yolanda era chiaramente molto perplessa. «Abbiamo trasmesso anche noi la conferenza stampa, Gabs, e ammetto che

Harper non era lui, quella sera, e in effetti la NASA ha poi confermato che stava da cani.»

«Il senatore Sexton è convinto che mentisse. Ne sono convinti anche altri. Persone importanti.»

«Se il software del PODS per la rilevazione delle anomalie non è stato aggiustato, come ha fatto a individuare il meteorite?»

"Proprio la domanda di Sexton" pensò Gabrielle. «Non lo so, ma il senatore vuole che io gli trovi qualche risposta.»

Yolanda scosse la testa. «Sexton ti manda nella tana del lupo per una sua illusione disperata. Non andare. Non gli devi nulla.»

«Gli ho mandato a puttane la campagna elettorale.»

«Casomai è la sfortuna che gliel'ha mandata a puttane.»

«Però se il senatore ha ragione e il capoprogetto del PODS ha davvero mentito...»

«Tesoro, se il direttore ha mentito al mondo intero, cosa ti fa credere che dirà la verità a te?»

Gabrielle ci aveva già pensato e aveva un piano in proposito. «Se trovo qualcosa di interessante, ti chiamo.»

Yolanda fece una risata scettica. «Se trovi qualcosa di interessante, mi mangio il cappello.»

82

"Cancella tutto ciò che sai su questo campione di roccia."

Michael Tolland aveva lottato con i propri inquietanti dubbi sul meteorite e le domande assillanti di Rachel non avevano fatto che accrescere il suo disagio. Osservò la roccia che aveva in mano.

"Fai finta che ti sia stata data senza spiegazioni su quel che è e su dov'è stata trovata. Che ne penseresti?"

La domanda di Rachel era capziosa, Michael lo sapeva bene, eppure costituiva un esercizio di analisi molto efficace. Lasciando da parte tutti i dati che gli erano stati comunicati al suo arrivo nell'habisfera, Tolland doveva ammettere che la sua analisi dei fossili era profondamente influenzata dalla premessa iniziale, e cioè che la roccia in cui erano stati rinvenuti fosse un meteorite.

"E se *non* me lo avessero rivelato?" Pur non riuscendo a vagliare altre spiegazioni, Tolland si concesse il lusso di scartare il presupposto del meteorite. I risultati furono alquanto inquietanti. In quel momento stava discutendo le sue idee insieme a Rachel e Corky, ancora frastornato.

«Dunque, Mike, stai dicendo che se qualcuno ti porgesse questa pietra fossile senza alcuna spiegazione tu concluderesti che viene dalla Terra» ripeté Rachel in tono vibrante.

«Certo. Che altro dovrei concludere? È molto più straordinario asserire che hai trovato prove di vita extraterrestre piuttosto che un fossile di una specie terrestre ancora sconosciuta. Gli scienziati scoprono decine di nuove specie ogni anno.»

«Un pidocchio lungo mezzo metro?» chiese Corky, evidentemente incredulo. «Potresti pensare che un insetto di quelle dimensioni viene dalla Terra?»

«Non oggi, forse, ma non necessariamente deve trattarsi di una specie ancora vivente. È un fossile di centonovanta milioni di anni, più o meno dell'epoca del nostro giurassico. Molti fossili preistorici appartengono a creature di dimensioni che lasciano stupefatti quando se ne scoprono i resti: rettili alati, dinosauri, uccelli, tutti giganteschi.»

«Non per tirarmela da fisico, Mike» disse Corky «ma nel tuo ragionamento c'è qualcosa che non funziona. Le creature preistoriche di cui parli – dinosauri, rettili, uccelli – hanno tutte uno scheletro interno, che consente loro di diventare di grandi dimensioni malgrado la gravità terrestre. Ma questo fossile...» Prese il campione e lo sollevò. «Questi qui hanno *esoscheletri*. Sono artropodi, insetti. Hai detto anche tu che un insetto del genere potrebbe svilupparsi soltanto in un ambiente con bassa gravità, altrimenti lo scheletro esterno crollerebbe sotto il proprio peso.»

«Esatto. È quello che sarebbe accaduto a questa specie se fosse andata in giro sulla Terra.»

Corky corrugò la fronte, infastidito. «Allora, Mike, a meno che qualche cavernicolo non gestisse un allevamento di pidocchi antigravità, non vedo come tu possa concludere che un insetto lungo mezzo metro abbia vissuto sulla Terra.»

Tolland era divertito che a Corky sfuggisse una cosa tanto banale. «Per la verità, c'è un'altra possibilità.» Fissò l'amico. «Corky, tu sei abituato a guardare in *alto*. Guarda in *basso*. C'è un grande ambiente con bassa gravità qui sulla Terra, ed esiste dall'epoca preistorica.»

Corky appariva dubbioso. «Ma di che cavolo parli?»

Anche Rachel sembrava sorpresa.

Tolland indicò fuori dal finestrino l'oceano illuminato dalla luna. «Il mare.»

Rachel emise un fischio. «Certo.»

«L'acqua è un ambiente a bassa gravità. Tutto pesa meno sott'acqua. L'oceano ospita enormi strutture fragili che non potrebbero sopravvivere sulla terraferma: meduse, seppie giganti, murene a nastro.»

Corky assentì lievemente con il capo. «D'accordo, ma nel mare preistorico non hanno mai vissuto insetti giganteschi.»

«Certo che sì, e ci sono ancora, in effetti. Li mangiamo ogni giorno, e in quasi tutto il mondo costituiscono una vera prelibatezza.»

«Mike, ma chi diavolo mangia giganteschi insetti marini?»

«Chiunque ami aragoste, granchi e gamberi.»

Corky era esterrefatto.

«I crostacei sono sostanzialmente giganteschi insetti marini. Sono un subordine del *phylum* artropodi: pidocchi, granchi, ragni, insetti, cavallette, scorpioni, aragoste sono tutti apparentati. Creature con arti articolati e scheletri esterni.»

Corky appariva nauseato.

«Dal punto di vista della classificazione, assomigliano molto agli insetti» spiegò Tolland. «Gli xifosuri ricordano giganteschi trilobiti, mentre le chele dell'aragosta assomigliano a quelle di un grande scorpione.»

Corky sbiancò. «Non mangerò mai più un sandwich di aragosta.»

Rachel appariva affascinata. «Dunque, gli artropodi sulla Terra hanno dimensioni ridotte perché la gravità seleziona naturalmente i piccoli, mentre nell'acqua i corpi fluttuano, quindi possono diventare molto grandi.»

«Esatto» confermò Tolland. «Un granchio gigante dell'Alaska potrebbe essere erroneamente classificato come un ragno gigante, in presenza di poche prove fossili.»

L'entusiasmo di Rachel sembrò cedere all'ansietà. «Mike, lasciando ancora da parte la questione dell'autenticità del meteorite, dimmi una cosa: ritieni che i fossili che abbiamo visto a Milne possano venire dal mare? Da un mare della *Terra*?»

Tolland percepì l'intensità del suo sguardo e tutto il peso della domanda. «Teoricamente, dovrei dire di sì. Il pavimento oceanico, in alcune zone, ha centonovanta milioni di anni, la stessa età dei fossili. E, sempre in linea teorica, il mare potrebbe avere ospitato forme di vita come queste.»

«Ti prego!» esclamò Corky, impaziente. «Stento a credere alle mie orecchie. "Lasciando da parte l'autenticità del meteorite?" Ma il meteorite è irrefutabile. Anche se il pavimento oceanico ha la stessa età del meteorite, possiamo scommetterci le palle che non presenta crosta di fusione, contenuto di nichel anomalo e condri. Ti stai arrampicando sui vetri.»

Tolland sapeva che Corky aveva ragione, e in effetti immaginare i fossili come creature marine li rendeva in certo qual modo assai meno affascinanti, più consueti.

«Mike» intervenne Rachel «come mai nessuno degli scienziati della NASA ha pensato che quei fossili potessero essere creature marine? Anche, eventualmente, di mari di altri pianeti?»

«Per due ragioni, credo. I campioni di fossili pelagici, quelli cioè del pavimento oceanico, presentano invariabilmente una mescolanza di molte specie. Tutto ciò che vive nei milioni di metri cubi di acqua che ricoprono il fondo degli oceani finisce per morire e precipitare, il che significa che il pavimento oceanico diventa una sorta di cimitero per specie che vivono a ogni profondità, pressione e temperatura. Il campione di Milne, invece, era pulito, una sola specie. Ricordava, semmai, gli esemplari che si rinvengono nei deserti. Una nidiata di animali sepolti da una tempesta di sabbia, per esempio.»

Rachel annuì. «E la seconda ragione che ha fatto loro ipotizzare la terra piuttosto che il mare?»

Tolland si strinse nelle spalle. «Istinto. Gli scienziati hanno sempre creduto che lo spazio, se popolato, sarebbe stato popolato da *insetti*. E, da quanto abbiamo osservato, c'è molta più polvere e roccia che acqua.»

Rachel divenne silenziosa.

«Anche se...» aggiunse Tolland «ammetto che ci sono parti profonde del pavimento oceanico che gli oceanografi chiamano "zone morte". Non le conosciamo bene, ma sono aree in cui le correnti e le fonti di cibo sono tali che non vi sopravvive praticamente nulla, solo pochissime specie di saprofagi. Quindi, da questo punto di vista, immagino che non si possa neppure escludere un fossile di una sola specie.»

Corky era chiaramente spazientito. «Ehi, hai presente la crosta di fusione? Il livello medio di contenuto di nichel? I condri? Ma perché perdiamo tempo a discutere?»

Tolland non rispose.

Rachel si rivolse a Corky. «A proposito del contenuto di nichel, spiegami di nuovo una cosa. La concentrazione di nichel nelle rocce terrestri è molto alta oppure molto bassa, mentre nei meteoriti si presenta a livello medio.»

Corky accennò di sì con il capo. «Esatto.»

«E in questo campione rientra esattamente nei valori previsti.»

«Molto vicino, sì.»

Rachel era sbalordita. «Un momento! *Vicino?* Che significa?»

Corky appariva esasperato. «Come ho già spiegato, la composizione minerale dei meteoriti è molto varia. Quando vengono trovati nuovi meteoriti, noi scienziati dobbiamo regolarmente aggiornare i calcoli riguardo a quello che viene considerato un contenuto di nichel accettabile.»

Rachel osservava il campione con occhi sgranati. «Dunque, questo meteorite vi ha costretto a riconsiderare quello che voi giudicate un contenuto di nichel accettabile per un meteorite perché cadeva al di fuori della finestra media stabilita?»

«Solo per poco» replicò Corky.

«Come mai nessuno ne ha parlato?»

«È irrilevante. L'astrofisica è una scienza dinamica, continuamente aggiornata.»

«Durante un'analisi di importanza eccezionale?»

«Senti» sbottò infine Corky «posso assicurarti che il contenuto di nichel in quel campione è molto più vicino a quello che si ritrova in qualunque altro meteorite rispetto a quello che si ritrova in una qualsiasi roccia terrestre.»

Rachel si rivolse a Tolland. «Tu lo sapevi?»

Michael annuì con riluttanza. Al momento, non era parsa una questione degna di nota. «Mi è stato detto che questo meteorite mostrava un contenuto di nichel leggermente più alto, ma la cosa non sembrava preoccupare gli specialisti della NASA.»

«E a buona ragione!» intervenne Corky. «La prova mineralogica, in questo caso, è costituita non dal fatto che il contenuto di nichel è sicuramente coerente con quello di un meteorite, ma piuttosto dal fatto che è sicuramente diverso da quello che si riscontra sulla Terra.»

Rachel scosse la testa. «Scusa tanto, ma nel mio lavoro questa è proprio la logica fallace che finisce per far morire la gente. Sostenere che una roccia non è simile a quelle terrestri significa non che è un meteorite, ma soltanto che è diversa da tutte quelle finora trovate sulla Terra.»

«Che diamine di differenza c'è?»

«Nessuna, se hai visto tutte le rocce della Terra.»

Corky fece una breve pausa. «Okay» disse infine «lascia perdere il contenuto di nichel, se ti rende nervosa. Abbiamo pur sempre una crosta di fusione impeccabile e i condri.»

«Certo. Due su tre non è male» affermò Rachel, impassibile.

83

La sede centrale della NASA, un mastodontico parallelepipedo di vetro, era situata al numero 300 di E Street, a Washington. L'edificio era percorso da una rete di oltre trecento chilometri di cavi per trasmissione dati e conteneva migliaia di tonnellate di computer. Vi lavoravano millecentotrentaquattro dipendenti pubblici che controllavano il budget annuo dell'agenzia, quindici miliardi di dollari, e le operazioni quotidiane delle dodici basi NASA disseminate per la nazione.

Malgrado l'ora tarda, Gabrielle non fu sorpresa di vedere l'atrio del palazzo pieno di gente: una convergenza di giornalisti e inviati dei media entusiasti e personale NASA ancora più entusiasta. L'entrata sembrava un museo, dominata da modelli di enormi dimensioni di navicelle spaziali e satelliti appesi all'alto soffitto. Le troupe televisive, disseminate per tutto il pavimento di marmo, riprendevano i dipendenti NASA che arrivavano con gli occhi sbarrati dalla meraviglia.

Gabrielle passò in rassegna la folla ma non vide nessuno che assomigliasse al direttore della missione PODS, Chris Harper. Metà delle persone nell'atrio aveva il pass della stampa e l'altra metà portava al collo il badge con fotografia dei dipendenti della NASA. Gabrielle non aveva né l'uno né l'altro. Individuò una giovane con il cartellino NASA e le corse incontro.

«Salve, sto cercando Chris Harper!»

La donna la guardò in modo strano, come se il suo viso le risultasse familiare ma non riuscisse a collocarlo con precisione. «Ho visto passare il dottor Harper parecchio tempo fa. Credo che stesse per salire. Ma ci conosciamo?»

«Non credo. Come si arriva di sopra?» chiese Gabrielle, voltando la testa.

«Lei lavora per la NASA?»

«No.»

«Allora non può salire.»

«Ah. C'è per caso un telefono...»

«Ehi» disse la donna, d'un tratto aggressiva «so chi è lei. L'ho vista in tivù con il senatore Sexton. Stento a credere che abbia il coraggio...»

Gabrielle si era già dileguata nella folla. Sentiva alle sue spalle che la tizia rivelava a tutti la sua presenza.

"Splendido. Arrivata da due secondi, sono già sulla lista dei ricercati speciali."

Tenne la testa bassa e si diresse in fondo all'atrio. Sulla parete c'era una targa con l'elenco degli uffici. Scorse la lista, con la speranza di leggere il nome di Chris Harper, ma non c'erano nomi, solo i settori.

"Il PODS." Cercò qualcosa che ricordasse il Polar Orbiting Density Scanner. Nulla. Non si voltò nel timore di vedere una folla di furibondi dipendenti della NASA pronti a lapidarla. L'unico ufficio che le parve vagamente promettente era situato al quarto piano.

PROGETTO SCIENZE DELLA TERRA, FASE II
Earth Observing System (EOS)

Per evitare di fronteggiare la folla, si infilò in un andito su cui si affacciavano una fila di ascensori e una fontanella. Cercò il pulsante di chiamata, ma vide solo fessure. "Accidenti!" Per ragioni di sicurezza, l'uso degli ascensori era consentito esclusivamente ai dipendenti muniti di tesserino elettronico.

Un gruppo di giovani con il badge al collo arrivò di gran passo verso gli ascensori. Parlavano animatamente. Gabrielle finse di bere alla fontanella, guardandoli di sottecchi.

Un tizio brufoloso inserì il tesserino nella fessura e l'ascensore si aprì. Rideva e scuoteva la testa stupito. «Quelli del SETI devono essere impazziti!» esclamò, quando tutti furono saliti. «Da vent'anni sono lì con le antenne tese per cogliere qualunque segnale elettromagnetico al di sotto dei duecento milliJansky, quando la prova era sepolta qui sulla Terra, nel ghiaccio!»

Le porte si richiusero, inghiottendo quegli uomini.

Gabrielle si raddrizzò, chiedendosi che fare. Si guardò intorno in cerca di un citofono. Nulla. Forse avrebbe potuto rubare un cartellino, ma qualcosa le diceva che non sarebbe stato saggio. Comunque, la cosa essenziale era agire in fretta, perché la ragazza con cui aveva parlato stava già fendendo la folla insieme a una guardia di sicurezza.

Un uomo calvo e azzimato svoltò l'angolo e si diresse a grandi falcate verso gli ascensori. Gabrielle si chinò di nuovo sulla fontanella. L'uomo non parve notarla. Lei lo vide infilare il tesserino nella fessura. Un ascensore si aprì, e l'uomo vi salì.

"Vaffanculo" pensò lei, decidendo al momento. "Ora o mai più."

Si precipitò verso le porte che cominciavano a chiudersi e vi infilò la mano, poi il viso. Si riaprirono e lei entrò, sfoderando un sorriso. «Mai vista una cosa del genere» commentò eccitata, rivolta al calvo. «Dio mio, è pazzesco!»

L'uomo le lanciò un'occhiata perplessa.

«Quelli del SETI devono essere impazziti! Da vent'anni sono lì con le antenne tese per cogliere qualunque segnale elettromagnetico al di sotto dei duecento milliJansky, quando la prova era sepolta qui sulla Terra, nel ghiaccio!»

Il tipo parve sorpreso. «Be'... in effetti... è alquanto...» Notò che lei non portava il tesserino. «Scusi, ma...»

«Quarto piano, per favore. Sono venuta talmente di corsa che per poco non arrivavo in pigiama!» Scoppiò a ridere, e intanto lesse di sottecchi il nome del tizio: "JAMES THEISEN, amministrazione e finanza".

«Lei lavora qui?» Pareva a disagio. «Signorina...?»

Gabrielle spalancò la bocca. «Jim! Sono proprio offesa. Non c'è niente di peggio per una donna che sentirsi dimenticata!»

L'uomo impallidì lievemente, imbarazzato, e si passò la mano sulla testa. «Chiedo scusa, ma tutte queste emozioni! In effetti, lei ha un viso familiare. In che programma lavora?»

"Merda." Gabrielle gli sorrise con aria sicura. «EOS.»

L'uomo indicò sulla bottoniera il pulsante illuminato del quarto piano. «Ovvio, ma intendevo su che progetto specifico.»

Gabrielle sentì accelerare il cuore. Gliene veniva in mente uno solo. «Il PODS.»

Espressione sorpresa. «Davvero? Credevo di conoscere tutti quelli della squadra del dottor Harper.»

Lei annuì con imbarazzo. «Chris mi tiene nascosta perché sono la stupida programmatrice che ha incasinato l'indice voxel nel software per le anomalie.»

A quel punto fu l'uomo a restare a bocca aperta. «È stata *lei*?»

Gabrielle divenne seria. «Non ci dormo da settimane.»

«Ma il dottor Harper si è assunto tutta la colpa!»

«Lo so. Chris è quel tipo d'uomo. Per fortuna è riuscito a risistemare le cose. Che annuncio, stasera, eh? Il meteorite! Sono ancora sbalordita!»

L'ascensore si fermò al quarto piano e Gabrielle balzò fuori. «Mi ha fatto piacere vederla, Jim. Mi saluti gli amici dell'amministrazione!»

«Certo» balbettò l'uomo, mentre le porte si richiudevano. «A presto!»

84

Zach Herney, come quasi tutti i presidenti prima di lui, andava avanti dormendo quattro o cinque ore per notte. Nelle ultime settimane, peraltro, si era accontentato di molto meno.
Quando l'eccitazione per gli eventi della serata cominciò a
placarsi, sentì piombargli addosso una grande stanchezza.

Insieme ai suoi collaboratori più stretti, riuniti nella sala
Roosevelt, brindava con lo champagne e guardava alla televisione il notiziario ripetuto a ciclo continuo con brani della
conferenza stampa, del documentario di Tolland ed eruditi
riepiloghi. In quel momento, sullo schermo, un'esuberante
corrispondente impugnava il microfono davanti alla Casa
Bianca.

«Al di là delle stupefacenti ripercussioni per il genere umano» annunciò «la scoperta della NASA avrà anche notevoli conseguenze politiche, qui a Washington. Il rinvenimento dei fossili meteoritici non poteva capitare in un momento migliore
per il presidente.» Il tono divenne cupo. «E in un momento
peggiore per il senatore Sexton.» Fu mandato di nuovo in onda il famigerato dibattito alla CNN di quel pomeriggio.

«Dopo trentacinque anni» dichiarava Sexton «mi pare assolutamente ovvio che non troveremo tracce di vita extraterrestre!»

«E se si sbagliasse?» chiedeva Marjorie Tench.

Sexton alzava gli occhi al cielo. «Oh, per l'amor di Dio,
Tench! Se mi sbaglio, sono pronto a mangiarmi il cappello.»

Tutti scoppiarono a ridere nella sala Roosevelt. In retrospet-
tiva, la messa alle corde del senatore da parte della Tench po-

teva apparire crudele e pesante, eppure gli spettatori non lo notavano: era tale l'arroganza di quell'uomo che sembrava aver ricevuto proprio ciò che si meritava.

Il presidente si guardò intorno in cerca della Tench. Non la vedeva da prima della conferenza stampa, e non era lì neppure in quel momento. "Strano" pensò. "Questa è anche la sua festa."

Il telegiornale continuava sottolineando per l'ennesima volta il balzo in avanti della Casa Bianca e il disastroso scivolone del senatore Sexton.

"Come possono cambiare le cose in un solo giorno" pensava il presidente. "In politica, poi, il mondo cambia in un attimo."

Prima dell'alba avrebbe avuto la conferma di quanto ciò fosse vero.

85

"Pickering potrebbe rappresentare un problema" aveva detto la Tench.

Il direttore Ekstrom era troppo preoccupato da quella notizia per accorgersi della bufera che imperversava con crescente violenza fuori dall'habisfera. I cavi, in tensione, vibravano rumorosamente e il personale della NASA si muoveva avanti e indietro nervosamente e chiacchierava anziché andare a dormire. I pensieri di Ekstrom erano in balia di una bufera più forte, una tempesta esplosiva che si stava preparando a Washington. Nelle ultime ore si erano presentati molti problemi, che lui aveva regolarmente affrontato e risolto, ma uno in particolare si profilava più minaccioso di tutti gli altri messi insieme.

"Pickering potrebbe rappresentare un problema."

Non c'era nessuno sulla terra con il quale avesse meno desiderio di scontrarsi che con William Pickering, che assillava Ekstrom e la NASA da anni, cercando di controllare le procedure sulla segretezza, facendo azione di lobbying per definire le priorità delle diverse missioni e stigmatizzando l'agenzia per i troppi insuccessi.

Ekstrom sapeva bene che la sua avversione per la NASA aveva ragioni ben più profonde della recente perdita del satellite SIGINT dell'NRO, costato miliardi di dollari, esploso sulla rampa di lancio della NASA, o della fuga di notizie riservate, o della battaglia per l'assunzione di personale specializzato. Pickering non faceva che sfogare sulla NASA delusione e risentimento.

L'aereo spaziale X-33, che avrebbe dovuto sostituire lo shuttle, era in ritardo di cinque anni, il che significava la cancellazione o il rinvio di decine di programmi per la manutenzione e il lancio dei satelliti dell'NRO. Negli ultimi tempi, la frustrazione di Pickering per gli X-33 era arrivata al culmine quando aveva scoperto che la NASA aveva annullato il progetto, bruciando un investimento stimato in novecento milioni di dollari.

Ekstrom si diresse verso il suo ufficio, tirò la tenda ed entrò. Sedette alla scrivania e si strinse la testa tra le mani. Doveva prendere alcune decisioni. Quello che era iniziato come un giorno meraviglioso stava diventando un incubo. Cercò di mettersi nei panni di William Pickering. Che avrebbe fatto, a quel punto? Un uomo della sua intelligenza si era certo reso conto dell'importanza di quella scoperta, e avrebbe compreso scelte compiute per disperazione. Non gli sarebbe sfuggito che inquinare quel momento di trionfo avrebbe causato danni irreparabili.

Che cos'avrebbe fatto Pickering con le informazioni di cui disponeva? Avrebbe lasciato perdere, oppure avrebbe fatto pagare alla NASA i suoi errori?

Ekstrom si aggrondò, certo della risposta.

Dopotutto, William Pickering aveva profondi motivi di rancore verso l'agenzia spaziale... un'amarezza personale che andava ben oltre la politica.

86

Rachel, tranquilla, fissava distrattamente la cabina del G4 diretto a sud, lungo la costa canadese del golfo di San Lorenzo. Tolland, seduto vicino a lei, chiacchierava con Corky. Malgrado i tanti elementi a favore dell'autenticità del meteorite, l'ammissione dell'astrofisico che il contenuto di nichel "eccedeva i valori medi prestabiliti" aveva riacceso i sospetti iniziali di Rachel. Sistemare in segreto un meteorite sotto il ghiaccio avrebbe avuto senso soltanto se fosse rientrato in un piano fraudolento architettato con cura. Peraltro, le altre prove scientifiche accreditavano la roccia come meteorite.

Rachel abbassò gli occhi sul campione che aveva tra le mani. I condri brillavano sulla superficie del disco. Tolland e Corky parlavano di quei condri metallici da un bel po', con termini scientifici del tutto nuovi per Rachel: livelli equilibrati di olivina, matrici vetrose metastabili, riomogeneizzazione metamorfica. Tuttavia, il succo era chiaro: Corky e Tolland concordavano sull'origine meteoritica dei condri. Nessun dubbio in proposito.

Rachel ruotò il campione e fece correre un dito lungo il bordo del disco, dove era visibile parte della crosta di fusione. La carbonizzazione pareva relativamente fresca – certamente non vecchia di trecento anni – ma Corky aveva spiegato che il meteorite era rimasto ermeticamente sigillato nel ghiaccio e quindi non aveva subito l'erosione degli agenti atmosferici. Sembrava logico. Rachel aveva visto un programma televisivo sul recupero di resti umani rimasti sepolti nel ghiaccio per quattromila anni: la pelle era quasi intatta.

Mentre studiava la crosta di fusione, le venne in mente che mancava un dato ovvio: forse una svista o una dimenticanza quando le avevano esposto i dati.

Si rivolse a Corky. «Qualcuno ha datato la crosta di fusione?»

Corky parve stupito. «Come?»

«Ho chiesto se qualcuno ha datato lo strato carbonizzato. Voglio dire, sappiamo per certo che la bruciatura è esattamente contemporanea alla meteora Jungersol?»

«Ma è impossibile datarla. L'ossidazione modifica tutti gli indicatori isotopici e, inoltre, i ritmi di decadimento degli isotopi radioattivi sono troppo lenti per misurare qualsiasi cosa che abbia meno di cinquecento anni.»

Rachel rifletté un momento, senza capire perché la data della crosta non rientrava nei dati. «Dunque, per quanto ne sappiamo, questa roccia può essersi carbonizzata nel Medioevo o lo scorso weekend, giusto?»

Tolland rise. «Nessuno sostiene che la scienza possegga tutte le risposte.»

Rachel rifletté ad alta voce. «In sostanza, la crosta di fusione non è altro che una bruciatura ad altissima temperatura. Tecnicamente parlando, quella presente sulla pietra potrebbe risalire a un momento qualsiasi degli ultimi cinquant'anni, ed essere avvenuta in mille modi diversi.»

«Sbagliato» affermò Corky. «Può essere bruciata soltanto durante la caduta attraverso l'atmosfera.»

«Nessun'altra possibilità? Una fornace, per esempio?»

«Una fornace? Questi esemplari sono stati esaminati al microscopio elettronico. Anche la fornace più pulita del mondo avrebbe lasciato residui di combustibile, nucleare, chimico o fossile. Neanche a parlarne. E poi, le striature provocate nel passaggio nell'atmosfera? Impossibile ottenerle in una fornace.»

Rachel aveva dimenticato le striature di orientamento sul meteorite. In effetti, pareva proprio che fosse precipitato attraverso l'atmosfera. «Un vulcano, forse» arrischiò. «Materiale eiettato con violenza durante un'eruzione?»

Corky scosse la testa. «La bruciatura è troppo pulita.»

Rachel guardò Tolland.

L'oceanografo annuì. «Mi dispiace, ma ho abbastanza esperienza di vulcani, sia sopra sia sotto l'acqua. Corky ha ragione. I prodotti piroclastici vengono penetrati da decine di tossine – diossido di carbonio, anidride solforosa, acido solfidrico, acido idrocloridrico – che si sarebbero evidenziate durante la scansione elettronica. La crosta di fusione, che ci piaccia o no, è il risultato di una bruciatura pulita, causata dall'attrito con l'atmosfera.»

Con un sospiro, Rachel tornò a guardare fuori dal finestrino. "Una bruciatura pulita." La frase continuò a girarle in testa. Si voltò verso Tolland. «Cosa intendi, quando parli di "bruciatura pulita"?»

«Soltanto che, sotto il microscopio elettronico, non vediamo resti di combustibile, da cui si deduce che il riscaldamento è stato causato da energia cinetica e attrito e non da agenti chimici o nucleari.»

«Se non sono stati trovati elementi estranei, cosa c'era? Insomma, nello specifico, qual è la composizione della crosta di fusione?»

Fu Corky a rispondere. «Abbiamo trovato esattamente quello che prevedevamo, e cioè elementi atmosferici puri: azoto, ossigeno, idrogeno. Nessuna traccia di petrolio, zolfo o acidi di origine vulcanica. Niente di particolare. Le solite cose che si riscontrano nei meteoriti precipitati attraverso l'atmosfera.»

Rachel si appoggiò allo schienale, concentrata.

Corky si sporse a guardarla. «Ti prego, non dirmi che la tua nuova teoria è che la NASA ha caricato sullo shuttle una roccia fossile, l'ha portata nello spazio e poi l'ha spedita sulla Terra nella speranza che la palla di fuoco, il grande cratere e l'esplosione passassero inosservati.»

Rachel non ci aveva pensato, anche se l'idea non era poi così peregrina. Non facile da praticare, forse, ma interessante. I suoi pensieri, in realtà, erano più vicini a casa. "Tutti elementi atmosferici naturali. Una bruciatura pulita. Striature create dall'attrito durante la caduta." Una debole luce si era accesa in un angolo remoto della sua mente. «I rapporti tra gli elementi atmosferici sono esattamente gli stessi riscontrati in tutti gli altri meteoriti dotati di crosta di fusione?»

Corky sembrò lievemente infastidito dalla domanda. «Perché lo chiedi?»

Vedendolo esitare, Rachel sentì accelerare il battito cardiaco. «I rapporti erano diversi, vero?»

«C'è una spiegazione scientifica.»

A quel punto, il cuore le martellava in petto. «Per caso hai notato un contenuto insolitamente alto di un elemento particolare?»

Tolland e Corky si scambiarono un'occhiata sbalordita. «Sì» disse Corky «ma...»

«Idrogeno ionizzato, forse?»

L'astrofisico sbarrò gli occhi. «Come fai a saperlo?»

Anche Tolland appariva sconcertato.

Rachel li fissò entrambi. «Perché nessuno me ne ha parlato?»

«Perché c'è una spiegazione scientifica assolutamente inattaccabile» ribatté Corky.

«Sono tutta orecchi.»

«L'eccedenza di idrogeno ionizzato è dovuta al fatto che il meteorite ha attraversato l'atmosfera nella zona del polo Nord, dove il campo magnetico terrestre causa una concentrazione più alta del normale di ioni di idrogeno» affermò Corky.

«Purtroppo c'è un'altra spiegazione.»

Il quarto piano della sede centrale della NASA era meno maestoso dell'atrio: lunghi corridoi asettici con una serie di porte a intervalli regolari. Era deserto. Insegne smaltate indicavano in ogni direzione.

← LANDSAT 7

TERRA →

← ACRIMSAT

← JASON 1

AQUA →

PODS →

Gabrielle seguì l'indicazione PODS. Si inoltrò lungo una serie di tortuosi passaggi e incroci prima di arrivare davanti a pesanti porte d'acciaio. Sulla targa, una scritta:

POLAR ORBITING DENSITY SCANNER (PODS)
Capoprogetto, Chris Harper

Per aprire le porte occorreva inserire la chiave elettronica nella fessura e digitare un codice sul tastierino numerico. Gabrielle avvicinò l'orecchio al freddo metallo. Per un momento ebbe l'impressione di sentir parlare, discutere. Ma forse no. Si chiese se bussare, ma poi decise che per trattare con Chris Harper doveva ricorrere a tattiche più sottili. Si guardò intorno in cerca di un'altra entrata, ma non ne vide. Vicino alla porta, notò uno sgabuzzino poco illuminato. Gabrielle vi cercò una chiave o un passe-partout elettronico. Niente. Soltanto scope e spazzoloni.

Tornò a origliare alla porta. Questa volta udì distintamente alcune voci, sempre più forti, e poi rumore di passi. Qualcuno aprì dall'interno.

Non ebbe il tempo di nascondersi. Balzò di lato, incollandosi al muro dietro la porta spalancata mentre alcune persone uscivano di corsa, parlando animatamente. Parevano seccate.

«Ma che diavolo ha Harper? Pensavo che sarebbe stato al settimo cielo!»

«In una notte come questa vuole stare solo?» ribadì un altro. «Dovrebbe festeggiare!»

Mentre il gruppo si allontanava, la massiccia porta cominciò a richiudersi sui cardini pneumatici, lasciando Gabrielle allo scoperto. Restò immobile il più a lungo possibile mentre quelli percorrevano il corridoio e poi, quando rimaneva solo un varco di pochi centimetri, afferrò la maniglia. Aspettò che gli uomini svoltassero l'angolo, troppo presi dalla conversazione per guardarsi alle spalle.

Con il batticuore, entrò nel locale poco illuminato e richiuse la porta dietro di sé.

Si trovò in un ampio spazio aperto che le ricordò il laboratorio di fisica dell'università: computer, postazioni di lavoro, apparecchi elettronici. Quando gli occhi si abituarono alla penombra, vide sparsi ovunque grafici e fogli di calcolo. L'intera area era buia tranne un ufficio in fondo, sotto la cui porta filtrava una luce. Gabrielle vi si diresse senza fare rumore. La porta era chiusa, ma dal vetro vide un uomo seduto al computer.

Lo riconobbe: era quello della conferenza stampa della NASA. Sulla targa, una scritta:

CHRIS HARPER
CAPOPROGETTO PODS

Arrivata a quel punto, si chiese con ansia se sarebbe riuscita a portare il piano fino in fondo. Ricordò a se stessa che Sexton era sicuro che Chris Harper avesse mentito. Le aveva detto che era pronto a scommetterci la sua campagna elettorale. Altri, convinti della stessa cosa, attendevano che lei scoprisse la verità per poter attaccare la NASA e riguadagnare terreno dopo gli sconvolgenti sviluppi di quella sera. La Tench e l'amministrazione Herney l'avevano giocata, quel pomeriggio, e Gabrielle era ansiosa di rifarsi.

Alzò la mano per bussare, ma le risuonò nella mente la voce di Yolanda. "Se il direttore ha mentito al mondo intero, cosa ti fa credere che dirà la verità a te?"

"La paura" si disse, quella paura di cui per poco non era caduta vittima lei stessa, quel giorno. Il suo piano comportava l'uso di una tattica adottata a volte dal senatore per spaventare gli avversari politici e costringerli a rivelargli informazioni preziose. Gabrielle aveva assorbito molto lavorando a stretto contatto con lui, non sempre cose moralmente ineccepibili. Ma quella sera aveva bisogno di mettersi in posizione di vantaggio. Se avesse persuaso Chris Harper a confessare che aveva mentito – per qualunque ragione –, avrebbe riaperto uno spiraglio per la campagna del senatore. E Sexton era un uomo a cui bastava un margine minimo di manovra per cavarsi da qualsiasi impiccio.

Il piano per affrontare Harper era quello che Sexton definiva "sparare alto": una tecnica di interrogatorio inventata dagli antichi romani per estorcere confessioni a sospetti criminali. Un metodo semplicissimo.

Asserire un fatto che si desidera venga confessato.

Poi, accusare l'interlocutore di qualcosa di molto più grave.

L'obiettivo consiste nell'offrire all'avversario la possibilità di scegliere tra il minore dei due mali, in questo caso la verità.

Il trucco stava nell'esibire una grande sicurezza, proprio quella che Gabrielle era lungi dal provare. Fece un profondo respiro, ripassò mentalmente il copione, quindi bussò con decisione.

«Ho detto che ho da fare!» gridò Harper, con un accento familiare.

Bussò di nuovo, più forte.

«Non ho voglia di scendere!»

Bussò con il pugno.

Chris Harper spalancò la porta. «Che diavolo, ma...» Si interruppe di botto, chiaramente sorpreso.

«Dottor Harper» lo salutò lei in tono cordiale.

«Com'è arrivata fin qui?»

Il viso di Gabrielle era serio. «Sa chi sono?»

«Certo. Il suo capo da mesi non fa che attaccare il mio progetto. Come ha fatto a entrare?»

«Mi manda il senatore Sexton.»

Harper percorse con gli occhi il laboratorio. «Chi l'ha accompagnata qui?»

«Non sono affari suoi. Il senatore ha conoscenze importanti.»

«In questo palazzo?» Harper sembrava dubbioso.

«Lei è stato disonesto e Sexton ha istituito una commissione senatoriale per indagare sulle sue menzogne.»

Un'espressione di disgusto si dipinse sul viso di Harper. «Ma di che sta parlando?»

«Le persone intelligenti come lei non possono concedersi il lusso di far finta di non capire, dottor Harper. Lei è nei guai, e il senatore mi ha mandato per proporle un patto. La sua campagna elettorale ha subito un brutto colpo, stasera, e lui non ha più niente da perdere, per cui è pronto a trascinarla nel fango con sé, se necessario.»

«Ma di cosa diavolo parla?»

Gabrielle fece un profondo respiro prima di lanciarsi nella scena madre. «Nella conferenza stampa sul software del PODS per la rilevazione delle anomalie, lei ha mentito; lo sappiamo bene noi, come lo sanno molti altri. Ma non è questo il problema.» Non gli lasciò neppure il tempo di aprire bocca per negare. «Il senatore potrebbe renderlo noto subito, ma non gli interessa. Gli preme una questione più importante. Credo che lei sappia a cosa mi riferisco.»

«No, io...»

«La proposta del senatore è la seguente: terrà la bocca chiusa sulle panzane riguardo al software se gli rivela il nome del dirigente della NASA con cui è in combutta per l'appropriazione indebita di fondi.»

Per un attimo, Chris Harper sbarrò gli occhi. «Cosa? Ma io non mi sono appropriato di un bel niente!»

«Attenzione a quel che dice, signore. La commissione senatoriale raccoglie documentazione da mesi, ormai. Credevate davvero di poterla fare franca, voi due? Manipolare i dati sul PODS e dirottare fondi NASA su conti privati? Le menzogne e la malversazione possono farla finire in prigione, dottor Harper.»

«Io non ho fatto nulla del genere!»

«Sostiene di aver detto la verità sul PODS?»

Harper la fissò interdetto.

«Lasci perdere le bugie» continuò Gabrielle, liquidando la cosa con un gesto della mano. «Al senatore Sexton non interessano le balle raccontate durante la conferenza stampa. Ci siamo abituati. Voialtri avete trovato un meteorite, e a nessuno frega come ci siete riusciti. Ma la questione della malversazione è un altro paio di maniche. A lui occorre distruggere qualcuno di importante all'interno della NASA. Gli dica con chi è in società, e lui la lascerà fuori dall'indagine. Gli faciliti le cose e riveli chi è l'altro, oppure il senatore la metterà giù dura e comincerà a parlare del software per la ricerca delle anomalie e delle altre imposture.»

«Lei bluffa. Non c'è stata alcuna malversazione.»

«Lei è negato a mentire, dottor Harper. Ho visto le carte, e il suo nome compare più e più volte su documenti incriminanti.»

«Giuro che non so nulla di malversazioni!»

Gabrielle sospirò delusa. «Si metta nei miei panni, dottor Harper. A questo punto, posso trarre soltanto due conclusioni. O lei mi sta mentendo, come ha mentito nella conferenza stampa, oppure dice la verità, e qualcuno nell'agenzia cerca di coprire le proprie malefatte facendo di lei il capro espiatorio.»

Harper scosse la testa. «Tutte bugie.»

«È pronto a sostenerlo in tribunale?»

«Certo. Negherei tutto.»

«Sotto giuramento?» Gabrielle emise un suono disgustato. «Sarebbe pronto anche a giurare di aver detto la verità sul software del PODS?» Lo fissò dritto negli occhi con il batticuore. «Ci rifletta bene, dottor Harper. Le prigioni americane possono essere assai sgradevoli.»

Harper le rispose con un'occhiataccia e Gabrielle lo costrinse ad abbassare lo sguardo. Per un momento ebbe l'impressione di leggere in lui un moto di resa, ma quando Harper parlò, il tono era duro come l'acciaio.

«Signora Ashe, lei si arrampica sugli specchi. Sappiamo tutti e due che non c'è alcuna malversazione all'interno della NASA. Se qualcuno mente, in questa stanza, si tratta di *lei*.»

Gabrielle sentì i muscoli irrigidirsi. Lo sguardo dell'uomo

era furibondo, tagliente. Lei sarebbe voluta fuggire al più presto. "Hai cercato di fregare uno scienziato spaziale. Che cavolo ti aspettavi?" Si costrinse a tenere la testa alta. «So soltanto una cosa» disse, fingendosi molto sicura di sé e indifferente alla posizione di Harper «e cioè che i documenti incriminanti che ho visto provano senza ombra di dubbio che lei e un'altra persona state distraendo fondi della NASA. Il senatore mi ha semplicemente chiesto di venire qui stasera per offrirle la possibilità di denunciare il suo socio invece di affrontare l'inchiesta da solo. Gli dirò che preferisce correre il rischio e presentarsi davanti al giudice. Potrà dire alla corte ciò che ha detto a me, che non si è appropriato di fondi della NASA e che non ha mentito sul software del PODS.» Girò sui tacchi e attraversò a passo veloce il laboratorio semibuio. Si chiese se sarebbe stata lei, anziché Harper, a vedere i muri interni di una prigione.

Si allontanò a testa alta, sperando di essere richiamata. Silenzio. Aprì la porta metallica e uscì in corridoio, augurandosi che a quel piano non fosse necessario il tesserino per accedere agli ascensori. Aveva perduto. Malgrado gli sforzi, Harper non aveva abboccato. "Forse ha detto la verità nella conferenza stampa."

Si udì un forte rumore, nel corridoio, quando la porta metallica venne spalancata. «Signora Ashe» gridò Harper. «Giuro che non so nulla di malversazioni! Sono una persona onesta!»

Gabrielle sentì il cuore mancare un colpo. Si costrinse a proseguire. Scrollò le spalle e, girando appena la testa verso l'uomo, disse: «Però ha mentito nella conferenza stampa».

Silenzio. Gabrielle procedette lungo il corridoio.

«Un momento!» Harper la raggiunse a grandi falcate, pallido in volto. «Questa storia della malversazione» disse abbassando la voce «penso di sapere chi mi ha incastrato.»

Gabrielle si fermò di botto, chiedendosi se avesse sentito bene. Si voltò adagio, ostentando un'indifferenza che non provava. «Vuol farmi credere che qualcuno l'ha incastrata?»

Harper sospirò. «Giuro di non sapere niente della sottrazione di fondi, ma se ci sono prove contro di me...»

«A bizzeffe.»

«Allora è tutto un raggiro per screditarmi. E c'è una sol persona che può aver fatto una cosa del genere.»

«Chi?»

Harper la guardò negli occhi. «Lawrence Ekstrom mi odia.»

Gabrielle era sbalordita. «Il *direttore* della NASA?»

Harper annuì con aria cupa. «È stato lui a costringermi a mentire durante quella conferenza stampa.»

88

A bordo dell'Aurora, anche con il sistema di propulsione a metano nebulizzato a mezzo regime, gli uomini della Delta Force volavano nella notte a una velocità tripla di quella del suono, oltre tremila chilometri l'ora. Il rumore ripetitivo dei motori a onda di detonazione imprimeva al viaggio un ritmo ipnotico. Trenta metri sotto di loro, l'oceano, risucchiato dal vuoto lasciato dall'Aurora, lanciava verso il cielo veli d'acqua paralleli alti quindici metri.

"Per questa ragione è stato ritirato il Blackbird SR-71" pensò Delta-Uno.

L'Aurora era uno di quegli aerei di cui nessuno avrebbe dovuto conoscere l'esistenza, peraltro nota a tutti. Perfino Discovery Channel aveva mandato in onda un servizio sul velivolo e sulle prove di collaudo avvenute a Groom Lake, nel Nevada. Impossibile sapere se l'indiscrezione fosse trapelata per via dei ripetuti "cielomoti" uditi fino a Los Angeles, o per l'increscioso avvistamento avvenuto da una piattaforma petrolifera nel mare del Nord, o per la gaffe dell'amministrazione che aveva lasciato una descrizione dell'Aurora in una copia del bilancio ufficiale del Pentagono. Ma non aveva importanza, tanto ormai era ampiamente risaputo che le forze armate statunitensi disponevano di un aereo capace di viaggiare a Mach 6: non era più soltanto un progetto sulla carta, ma solcava già i cieli.

Costruito dalla Lockheed, l'Aurora sembrava una palla da rugby schiacciata. Lungo trentatré metri e largo diciotto, era rivestito di uno strato cristallino di ceramica termica, simile a quello delle navette spaziali. La velocità era dovuta sostanzialmente al nuovo sistema di propulsione a impulsi esplosivi in sequenza, alimentato da idrogeno nebulizzato non inquinante, la cui traccia in cielo era una scia caratteristica assai rivelatrice. Per questo volava soltanto di notte.

In quel momento, con il lusso dell'enorme velocità, la Delta Force stava compiendo il lungo viaggio di ritorno sul mare aperto. Malgrado la rotta più lunga, avrebbero superato la preda. Sarebbero arrivati sulla costa orientale in meno di un'ora, con due ore buone d'anticipo. Si era parlato di rintracciare e abbattere l'aereo in questione, ma il capo giustamente temeva che l'incidente fosse captato dai radar o che il relitto incendiato potesse scatenare un'indagine approfondita. Meglio lasciare che arrivasse dove programmato, aveva deciso il capo. Una volta chiarita la destinazione, gli sarebbe piombata addosso la Delta Force.

Mentre l'Aurora sorvolava il desolato mare del Labrador, il CrypTalk di Delta-Uno segnalò una chiamata in arrivo. Rispose.

«La situazione è cambiata» li informò la voce elettronica. «Avete un altro obiettivo prima dell'atterraggio di Rachel Sexton e degli scienziati.»

"Un altro obiettivo." Le cose procedevano rapide, evidentemente. La nave del capo aveva rivelato un'altra falla, e bisognava rappezzarla al più presto. "La nave non farebbe acqua se noi avessimo colpito l'obiettivo sulla banchisa di Milne" si disse. Sapeva bene che stava cercando di porre rimedio a un pasticcio che lui stesso aveva fatto.

«È stata coinvolta una quarta persona» comunicò il capo.

«Chi è?»

Una breve pausa, poi un nome.

I tre uomini si scambiarono occhiate esterrefatte. Conoscevano bene quel nome.

"Ovvio che il capo sembrasse riluttante!" Malgrado l'operazione fosse stata inizialmente concepita come "zero vittime", il conto dei cadaveri e l'importanza degli obiettivi stavano salendo rapidamente. Sentì i muscoli entrare in tensione quando il capo indicò come e dove eliminare il nuovo bersaglio.

«La posta in gioco è notevolmente aumentata. Ascoltate con attenzione, perché vi comunicherò soltanto una volta le istruzioni.»

89

Sopra il Maine settentrionale, un jet G4 solcava veloce il cielo in direzione di Washington. A bordo, Michael Tolland e Corky Marlinson ascoltavano Rachel Sexton, intenta a illustrare la sua teoria sul motivo per cui poteva esserci un aumento degli ioni di idrogeno nella crosta di fusione del meteorite.

«La NASA ha una struttura segreta per i collaudi, chiamata Plum Brook Station» spiegò, stupita di affrontare l'argomento. Non aveva mai rivelato un'informazione classificata fuori dal protocollo ma, considerate le circostanze, Tolland e Corky avevano il diritto di sapere. «Plum Brook è in sostanza un laboratorio di collaudo dei motori più avanzati. Due anni fa ho scritto una sintesi per un nuovo progetto che la NASA stava sperimentando, il motore a espansione ciclica, il cosiddetto ECE, Expander Cycle Engine.»

Corky si mostrò diffidente. «L'ECE è ancora in fase di progettazione, sulla carta. Se ne parlerà tra decenni.»

Rachel scosse la testa. «Mi spiace contraddirti, Corky, ma in realtà la NASA ha già i prototipi e li sta testando.»

«Cosa?» Marlinson appariva scettico. «Gli ECE funzionano a idrogeno e ossigeno liquidi, che nello spazio congelano, rendendo inutilizzabili i motori. Ho saputo che non avrebbero neppure cercato di costruirli finché non avessero risolto il problema del congelamento del combustibile.»

«Ci sono riusciti. Hanno abbandonato l'ossigeno per passare a una miscela di "idrogeno semiliquido", una sorta di combustibile criogenico che consiste in idrogeno puro allo stato semicongelato. Molto potente, brucia senza lasciare scorie. È candidato a essere usato anche nei sistemi di propulsione della NASA per eventuali missioni su Marte.»

«Non può essere vero» commentò Corky stupefatto.

«Più che vero. Ho scritto una nota per il presidente. Il mio direttore aveva già imbracciato le armi perché la NASA voleva annunciare pubblicamente l'idrogeno semiliquido come un grosso successo, ma Pickering ha preteso che la Casa Bianca costringesse l'agenzia a tenere segreta la notizia.»

«Perché?»

«Non ha importanza.» Rachel non intendeva rivelare più dello stretto necessario. La verità era che Pickering desiderava tenere nascosto il successo dell'idrogeno semiliquido perché c'era una crescente preoccupazione per la sicurezza nazionale, nota a pochi, che riguardava gli allarmanti progressi della Cina nel settore della tecnologia spaziale. I cinesi stavano mettendo a punto una piattaforma di lancio "da affittare" al migliore offerente, con ogni probabilità un nemico degli Stati Uniti. Le conseguenze per la sicurezza potevano essere devastanti. Per fortuna, l'NRO sapeva che la Cina, per la sua piattaforma di lancio, puntava su un combustibile di propulsione destinato all'insuccesso e Pickering non vedeva la ragione di far sapere che la NASA aveva trovato nell'idrogeno semiliquido un propellente più efficace.

«Dunque» intervenne Tolland, alquanto perplesso «sostieni che la NASA possiede un sistema di propulsione pulito alimentato a idrogeno puro?»

Rachel annuì. «Non ho le cifre, ma le temperature degli scarichi di questi motori sono parecchie volte più alte di tutto quanto sia mai stato sviluppato fino a oggi, per cui richiedono la messa a punto di nuovi materiali per gli ugelli. Una grossa pietra, posta dietro uno di questi motori a idrogeno semiliquido, verrebbe scaldata da una vampata di fuoco di scarico ricco di idrogeno a una temperatura senza precedenti, con la conseguente formazione di una crosta di fusione notevole.»

«Ma per piacere!» esclamò Corky. «Siamo tornati di nuovo ai sospetti sull'autenticità del meteorite?»

All'improvviso, Tolland parve molto interessato. «Per la verità, è un'idea. Sarebbe più o meno come lasciare un masso sulla rampa di lancio durante il decollo di una navetta spaziale.»

«Dio mi salvi» mormorò Corky. «Sono in aereo con degli idioti.»

«Corky, una pietra ipoteticamente posta in un getto di gas di scarico mostrerebbe una bruciatura simile a quella di una pietra precipitata attraverso l'atmosfera, no?» chiese Tolland. «Con le stesse striature direzionali del materiale fuso.»

«Suppongo di sì» bofonchiò Corky.

«E il combustibile pulito a base di idrogeno di cui parla Rachel non lascerebbe residui chimici, solo idrogeno, un livello superiore di ioni di idrogeno nella zona di ignizione.»

Corky alzò gli occhi al cielo. «Insomma, se davvero esiste uno di questi motori ECE, ed è alimentato a idrogeno semiliquido, immagino che quello che dite sia possibile, anche se assolutamente improbabile.»

«Perché? Il processo sembrerebbe semplice» commentò Tolland.

Rachel annuì. «Occorre soltanto una roccia fossilizzata di centonovanta milioni di anni. La si piazza nella zona di scarico di un motore a idrogeno e la si seppellisce nel ghiaccio. Meteorite pronto.»

«Per un turista, forse, ma non per uno scienziato della NASA! Ancora non avete chiarito la presenza dei condri!»

Rachel si sforzò di ricordare la teoria di Corky sulla formazione dei condri. «Tu hai detto che i condri sono causati da una rapida successione di riscaldamento e raffreddamento che avviene nello spazio, giusto?»

Corky sospirò. «I condri si formano quando una roccia, congelata nello spazio, all'improvviso si surriscalda fino alla fusione parziale, intorno ai 1550 gradi centigradi. A quel punto, se si raffredda molto in fretta, le sacche liquide si consolidano dando luogo ai condri.»

Tolland osservò l'amico. «E questo processo non può avvenire sulla Terra?»

«Impossibile. Su questo pianeta non esiste una variazione di temperatura in grado di provocare quel rapido cambiamento. Qui si parla di calore del nucleo terrestre e di zero assoluto dello spazio. Estremi che semplicemente non esistono sulla Terra.»

Rachel era assorta nei suoi pensieri. «Per lo meno non in *natura*.»

Corky si voltò. «Cosa vorresti dire?»

«Il riscaldamento e il raffreddamento non potrebbero essere stati creati artificialmente sulla Terra?» chiese Rachel. «La roccia potrebbe essere stata investita dal getto incandescente di un motore a idrogeno semiliquido e poi subito raffreddata da un refrigerante criogenico.»

Corky la guardò a bocca aperta. «Condri fabbricati ad arte?»

«Un'idea.»

«Sì, e assurda.» Le mostrò il campione di meteorite. «Hai per caso dimenticato che questi condri sono stati datati con certezza a centonovanta milioni di anni fa?» Il tono divenne condiscendente. «A quanto mi risulta, signora Sexton, centonovanta milioni di anni fa nessuno possedeva motori a idrogeno semiliquido e refrigeranti criogenici.»

"Condri o non condri, le prove continuano ad aumentare" pensò Tolland. Taceva da parecchi minuti, turbato dalla nuova rivelazione di Rachel sulla crosta di fusione. La sua ipotesi, per quanto sconcertante e azzardata, sollevava una serie di dubbi che lo impensierivano. "Se la crosta di fusione è spiegabile... quali altre possibilità introduce?"

«Sei silenzioso» osservò Rachel, al suo fianco.

Tolland le lanciò un'occhiata. Per un istante, nella fioca illuminazione della cabina, lesse nel suo sguardo una dolcezza che gli ricordò Celia. Cercando di scacciare i ricordi, sospirò con stanchezza. «Oh, stavo solo pensando...»

Lei sorrise. «Ai meteoriti?»

«Che altro?»

«Passi in rassegna le varie prove e cerchi di immaginare cosa ci sia sfuggito?»

«Qualcosa del genere.»

«Conclusione?»

«Non saprei, ma mi turba pensare quanti dati non hanno retto alla scoperta del pozzo di inserimento sotto il ghiaccio.»

«Le prove gerarchiche sono un castello di carte» osservò Rachel. «Se togli il presupposto di partenza, traballa tutto. Proprio la collocazione del meteorite era in effetti un presupposto di partenza.»

"Puoi dirlo." «Al mio arrivo a Milne, il direttore mi ha spie-

360

gato che il meteorite era stato trovato in una matrice integra di ghiaccio vecchia di trecento anni e che era più denso di qualsiasi altra roccia trovata nella zona. Io l'ho presa come la prova logica che era arrivato dallo spazio.»

«Come tutti noi.»

«Il contenuto di nichel medio non è un argomento conclusivo, anche se convincente.»

«Ma il valore è molto simile» commentò Corky, che evidentemente stava seguendo la conversazione.

«Però non è esatto.»

Corky assentì con una certa riluttanza.

«E queste specie mai viste di creature spaziali, anche se davvero strane, in realtà potrebbero non essere altro che primordiali crostacei di acque profonde» continuò Tolland.

Rachel annuì. «E ora, la crosta di fusione...»

«Detesto ammetterlo» dichiarò Tolland «ma comincio a pensare che ci siano più prove negative che positive.»

«La scienza non si occupa di sensazioni ma di fatti. I condri in questa roccia sono sicuramente di origine meteoritica. Concordo con voi che tutto quello che abbiamo visto dà da pensare, ma non si possono ignorare i condri. La prova a favore è conclusiva, mentre quella contraria è circostanziale.»

Rachel aggrottò la fronte. «E questo dove ci porta?»

«Da nessuna parte» fu la risposta di Corky. «I condri dimostrano che abbiamo a che fare con un meteorite. L'unica domanda è perché qualcuno l'ha ficcato sotto il ghiaccio.»

Tolland avrebbe voluto accettare in pieno la logica concreta dell'amico, ma percepiva qualcosa di stonato.

«Non sembri convinto, Mike» osservò Corky.

Tolland sospirò, perplesso. «Non so. Due su tre era accettabile, Corky, ma adesso siamo a uno su tre. Ho l'impressione che ci sfugga qualcosa.»

90

"Sono fregato" pensò Chris Harper, raffigurandosi con orrore la cella di una prigione americana. "Il senatore Sexton sa che ho mentito sul software del PODS."

Mentre scortava Gabrielle nel suo ufficio e chiudeva la porta, Harper sentì crescere all'istante l'odio verso il direttore della NASA. Quella sera aveva capito quanto potesse spingersi in basso quell'uomo. Oltre ad averlo costretto a mentire sulla riparazione del software, si era precostituito una sorta di assicurazione nel caso in cui lui, spaventato, decidesse di sottrarsi al gioco di squadra.

"Prove di appropriazione indebita" pensò Harper. "Ricatto. Molto astuto." Dopotutto, nessuno avrebbe creduto a una persona capace di sottrarre soldi all'agenzia se avesse cercato di screditare il momento più bello nella storia spaziale americana. Harper aveva già avuto modo di verificare che cosa fosse disposto a fare il direttore della NASA per salvare l'agenzia e, a quel punto, dopo l'annuncio del rinvenimento dei fossili nel meteorite, la posta in gioco era aumentata a dismisura.

Harper camminò avanti e indietro intorno al grande tavolo su cui era posato un modello del satellite PODS, un cilindro munito di molte antenne e lenti dietro scudi riflettenti. Gabrielle si sedette e lo osservò con gli occhi scuri attenti. Harper avvertì quel senso di nausea già provato durante l'infausta conferenza stampa. Aveva fatto una figura pietosa, quella sera, e tutti lo avevano interrogato in proposito. Era stato costretto a mentire di nuovo accampando la scusa di non essersi sentito bene. Colleghi e giornalisti avevano liquidato con un'alzata di spalle quella penosa performance per poi scordarsene in fretta.

Ora, quella menzogna era tornata a tormentarlo.

Gabrielle Ashe sembrò ammorbidirsi. «Dottor Harper, con il direttore come nemico, avrà bisogno di un alleato potente. Il senatore Sexton potrebbe essere il suo unico amico, a questo punto. Partiamo dalla menzogna sul software del PODS. Mi racconti cos'è successo.»

Harper sospirò, consapevole che era giunto il momento di dire la verità. "Avrei dovuto dirla subito, maledizione!" «Il lancio del PODS andò liscio» esordì. «Il satellite entrò nell'orbita polare, proprio come previsto.»

Gabrielle Ashe parve annoiata. Evidentemente sapeva già tutto questo. «Prosegua.»

«Poi cominciarono i problemi. Quando ci preparammo a esaminare il ghiaccio in cerca di densità anomale, il software di bordo non funzionò.»

«Già.»

Harper si mise a parlare in fretta. «Quel software avrebbe dovuto esaminare rapidamente migliaia di ettari e individuare parti di ghiaccio con densità diversa dai valori normali, indicatori quindi del riscaldamento del globo, ma era stato programmato anche per rilevare altre incongruenze di densità incontrate casualmente. Secondo il progetto, il PODS avrebbe dovuto scansire il Circolo artico per parecchie settimane in modo da identificare eventuali anomalie utili a misurare il surriscaldamento del globo.»

«Ma se il software non funzionava» intervenne Gabrielle «il PODS non serviva a nulla. La NASA avrebbe dovuto esaminare manualmente le immagini di ogni centimetro quadrato dell'Artide, in cerca di zone atipiche.»

Harper annuì, rivivendo l'incubo di quel suo errore di programmazione. «Ci sarebbero voluti decenni. La situazione era terribile. A causa della mia svista, il PODS era sostanzialmente inutilizzabile. Con l'imminenza delle elezioni e il senatore Sexton tanto critico nei confronti della NASA...» Sospirò.

«Il suo errore ha avuto conseguenze disastrose per la NASA e per il presidente.»

«Non sarebbe potuto capitare in un momento peggiore. Il

direttore era livido. Gli promisi di risolvere il problema durante la successiva missione dello shuttle: si trattava semplicemente di sostituire il chip che conteneva il software del PODS. Ma era troppo tardi. Mi mandò a casa in permesso, però in sostanza mi licenziò. Questo accadde un mese fa.»

«Eppure, due settimane or sono lei è apparso in televisione per annunciare che aveva trovato un sistema per aggirare il problema.»

Harper deglutì rumorosamente. «Un errore terribile. È stato il giorno in cui ricevetti la telefonata disperata del direttore. Mi confidò che era emerso qualcosa, una possibilità di redimermi. Tornai immediatamente in ufficio per incontrarlo. Mi chiese di presentarmi alla stampa per dire che avevo trovato una soluzione al problema del software del PODS e che nel giro di poche settimane avremmo avuto i dati. Mi avrebbe spiegato meglio in seguito, disse.»

«E lei acconsentì.»

«No, rifiutai, ma un'ora dopo me lo ritrovai di nuovo in ufficio... con il consigliere della Casa Bianca!»

«Cosa?» Gabrielle parve realmente esterrefatta. «Marjorie Tench?»

"Creatura orribile" pensò Harper, annuendo. «Lei e il direttore mi dissero che il mio errore aveva messo la NASA e il presidente in una situazione disastrosa. La Tench parlò dei piani del senatore di privatizzare la NASA. Mi disse che toccava a me rimediare: lo dovevo al presidente e all'agenzia spaziale. Poi mi spiegò come fare.»

Gabrielle si sporse in avanti. «Proceda.»

«Marjorie Tench mi informò che la Casa Bianca, per un inaspettato colpo di fortuna, aveva intercettato consistenti prove geologiche di un meteorite sepolto nella banchisa di Milne. Uno dei più grandi mai rinvenuti. Un meteorite di quelle dimensioni sarebbe stato di considerevole importanza per la NASA.»

Gabrielle era allibita. «Un momento. Dunque lei mi sta dicendo che qualcuno sapeva della presenza del meteorite *prima* che il PODS lo individuasse?»

«Sì. Il PODS non c'entra affatto con la scoperta. Il direttore sapeva dell'esistenza del meteorite: si limitò a darmi le coordinate e mi ordinò di riposizionare il PODS sopra la banchisa e *fingere* che fosse il PODS a fare la scoperta.»

«Lei scherza.»

«È stata la mia stessa reazione quando mi chiesero di prendere parte alla messinscena. Rifiutarono di dirmi come avessero scoperto la presenza del meteorite, e la signora Tench insistette che non aveva importanza e che quella era l'occasione ideale per rimediare al fiasco del PODS. Se avessi sostenuto che era stato il satellite a localizzare il meteorite, la NASA avrebbe potuto vantare il PODS come un successo molto atteso e imprimere una spinta positiva alla campagna elettorale del presidente.»

«E ovviamente lei non poteva proclamare che il PODS aveva scoperto un meteorite se non avesse prima annunciato che il software per la rilevazione delle anomalie era di nuovo in funzione.»

Harper annuì. «Da qui la bugia in occasione della conferenza stampa. Ci sono stato costretto. La Tench e il direttore mi hanno ricordato brutalmente che avevo danneggiato tutti, il presidente che aveva finanziato il mio progetto PODS e la NASA che ci aveva dedicato anni. Io avevo mandato tutto all'aria con un errore di programmazione.»

«Così ha acconsentito a collaborare.»

«Non avevo scelta. La mia carriera sarebbe finita, altrimenti. E la verità è che se io non avessi incasinato il software, il PODS avrebbe davvero trovato il meteorite da solo. Quindi mi parve una bugia irrilevante, al momento. Cercai di razionalizzare dicendo a me stesso che il software sarebbe stato riparato nel giro di qualche mese, alla successiva missione dello shuttle, e che quindi io, in realtà, non facevo che anticipare di poco la riparazione.»

Gabrielle emise un fischio. «Una piccola bugia per approfittare dell'occasione del meteorite.»

Harper stava male solo a parlarne. «Così... l'ho fatto. Seguendo gli ordini del direttore, ho organizzato una conferenza stampa per annunciare di aver trovato il modo di aggirare il problema del software. Aspettai alcuni giorni, poi riposizionai il PODS sulle coordinate del meteorite indicate dal direttore. Quindi, rispettando la scala gerarchica, chiamai il direttore dell'EOS per riferirgli che il PODS aveva localizzato una zona di grande densità nella banchisa di Milne. Nel comunicargli le coordinate, precisai che la densità faceva pensare a un meteorite. La NASA, entusiasta, inviò a Milne una piccola squadra per praticare alcuni carotaggi. Da quel momento, l'operazione procedette nella massima riservatezza.»

«Quindi lei ignorava, fino a questa sera, che il meteorite contenesse fossili?»

«Certo, come chiunque, qui. Siamo sotto choc. A questo punto, tutti mi danno dell'eroe perché ho trovato le prove di bioforme extraterrestri, e io non so cosa rispondere.»

Gabrielle, in silenzio, studiò a lungo Harper con sguardo penetrante. «Ma se non è stato il PODS a scoprire il meteorite nel ghiaccio, come faceva il direttore a sapere che si trovava lì?»

«Qualcun altro l'aveva trovato per primo.»

«Qualcun altro? Chi?»

Harper fece un profondo respiro. «Un geologo canadese, un certo Charles Brophy, che conduceva ricerche sull'isola di Ellesmere. Pare che stesse scandagliando il ghiaccio sulla banchisa di Milne quando scoprì per caso la presenza di quello che appariva un enorme meteorite. Trasmise per radio la notizia, casualmente intercettata dalla NASA.»

Gabrielle rimase a bocca aperta. «Ma questo canadese non è furibondo con la NASA, che si è presa tutto il merito della scoperta?»

«No» rispose Harper, percorso da un brivido. «Molto opportunamente, ha pensato bene di morire.»

91

Michael Tolland chiuse gli occhi e ascoltò il monotono ronzio del motore del jet. Aveva deciso di non pensare più al meteorite fino al ritorno a Washington. I condri, secondo Corky, erano la prova conclusiva che la roccia rinvenuta nella banchisa di Milne non poteva essere altro che un meteorite. Rachel aveva sperato di trovare prima dell'atterraggio una risposta definitiva da dare a William Pickering, ma le sue teorie erano arrivate a un punto morto davanti ai condri. Per quanto i dati destassero sospetti, il meteorite pareva autentico.

"E così sia."

Era rimasta molto scossa dall'avventura traumatica in mare, ma la sua capacità di recupero aveva sbalordito Tolland. A quel punto era concentrata sulle questioni più urgenti: trovare il modo di ridimensionare o autenticare il meteorite, e cercare di capire chi aveva tentato di ucciderli.

Per la maggior parte del viaggio, Rachel era rimasta seduta accanto a Tolland e a lui aveva fatto piacere parlarle, malgrado la difficoltà della situazione. Parecchi minuti prima, Rachel era andata in bagno, e Tolland si era sorpreso del fatto che non vedeva l'ora che tornasse. Si era chiesto quanto tempo era passato da quando aveva sentito la mancanza di una donna, una donna che non fosse Celia.

«Signor Tolland?»

Lui alzò lo sguardo.

Il pilota faceva capolino dalla porta. «Mi aveva chiesto di avvertirla quando fossimo arrivati a portata di telefono dalla sua nave. Ora posso collegarla, se vuole.»

«Grazie.» Tolland si fece strada lungo il corridoio.

Dalla cabina dei piloti, telefonò al suo equipaggio. Voleva comunicare che sarebbe tornato nel giro di un paio di giorni, ma senza raccontare le sue traversie.

Il telefono squillò parecchie volte e lo sorprese sentire che a rispondere era il sistema automatico di comunicazione della nave, il SHINCOM 2100. Il messaggio in uscita non aveva il solito tono professionale, ma piuttosto quello chiassoso di un membro dell'equipaggio, il burlone di bordo.

«Ehilà, qui è la *Goya*» annunciava. «Purtroppo nessuno può rispondere alla vostra chiamata, in questo momento, siamo stati rapiti da un enorme pidocchio! A dire la verità, siamo sbarcati tutti quanti per festeggiare la grande notte di Mike. Dio, quanto siamo orgogliosi di lui! Lasciate nome e numero di telefono, e forse vi richiameremo domani, quando torneremo sobri. Ciao. Forza, ET!»

Tolland si mise a ridere. Aveva già nostalgia del suo equipaggio. Evidentemente avevano visto la conferenza stampa e gli faceva piacere che fossero scesi a terra. Li aveva lasciati all'improvviso dopo la telefonata del presidente e non aveva molto senso che rimanessero in mare senza nulla da fare. Anche se la segreteria telefonica diceva che erano sbarcati tutti, Tolland era più che sicuro che non avessero lasciato la nave incustodita, tanto più nella zona di forti correnti dove si trovava ancorata.

Tolland digitò il codice numerico per ascoltare eventuali messaggi registrati per lui. Sentì un *bip*. Un solo messaggio. La stessa voce di prima.

«Ciao, Mike. Accidenti che figurone! Se ascolti questo, probabilmente stai controllando la tua casella vocale da qualche sciccoso ricevimento alla Casa Bianca e ti chiedi dove diavolo siamo finiti. Scusa se abbiamo abbandonato la nave, compagno, ma questa notte non si poteva brindare solo con acqua. Non preoccuparti, è stata ancorata con ogni cura e abbiamo lasciato accesa la luce sotto il portico, anche se in realtà speriamo che venga catturata dai pirati, così lascerai che l'NBC ti compri una nuova barca. Scherzo, naturalmente. Non temere, Xavia ha acconsentito a rimanere a guardia del fortino. Preferisce restare sola che fare bisboccia con un gruppo di pescatori ubriachi. Incredibile, eh?»

Tolland scoppiò a ridere, sollevato nel sentire che qualcuno era rimasto a bordo. Xavia era una persona responsabile, certo non il tipo da festeggiamenti. Rispettata geologa marina, andava famosa per la caustica onestà con cui diceva ciò che pensava.

«Comunque, Mike, stasera è stato incredibile. Ti rende fiero di essere uno scienziato, no? Tutti non fanno che ripetere che è molto importante per la NASA, ma vaffanculo la NASA, dico io. Secondo me, è anche meglio per noi! Gli ascolti delle *Meraviglie del mare* devono essere aumentati di qualche milione di punti, stasera. Sei una star, amico. Una vera star. Congratulazioni! Ottimo lavoro.»

Qualche bisbiglio sulla linea, e poi la voce riprese: «Ah, a proposito di Xavia, tanto perché non ti monti troppo la testa, vuole riprenderti per qualcosa. Te la passo».

Sul nastro, la voce tagliente di Xavia. «Mike, sono Xavia. Sei un dio, eccezionale. E visto che ti voglio tanto bene, ho acconsentito a fare da baby sitter a questo tuo relitto antidiluviano. Per la verità, mi fa piacere stare lontana per un po' da questi svitati che tu chiami scienziati. Comunque, oltre a fare da baby sitter alla nave, l'equipaggio mi ha chiesto che, nel mio ruolo di rompiballe di bordo, io faccia tutto quanto in mio potere per impedirti di trasformarti in un bastardo borioso, impresa che, dopo stasera, sarà molto difficile, ma comunque dovevo essere la prima a dirti che hai preso una cantonata nel documentario. Sì, mi hai sentito bene. Una rara scoreggia intellettuale di Michael Tolland. Non preoccuparti, soltanto due o tre persone al mondo l'avranno notato, i classici geologi marini maniacali, privi di senso dell'umorismo. Simili a me, insomma. Ma tu sai quello che si dice di noi geologi: sempre in cerca di *fratture*!» Una risata. «Comunque, niente di importante, soltanto un particolare riguardo alla petrologia del meteorite. Ne parlo solo per rovinarti la serata. Forse riceverai qualche telefonata in proposito e così ho pensato di avvisarti per evitare che tu appaia quell'imbecille che sei.» Un'altra risata. «In ogni modo, io non sono un animale da feste, e quindi resto a bordo. Non disturbarti a chiamarmi: ho dovuto inserire la segreteria perché i dannati giornalisti non hanno fatto che telefonare tutta la sera. Sei una vera star, ormai, malgrado lo svarione. Comunque, te ne parlerò al tuo ritorno. Ciao.»

La linea si interruppe.

Michael Tolland si accigliò. "Un errore nel documentario?"

Nella toilette del G4, Rachel Sexton si guardò allo specchio. Era più pallida e stravolta di quanto immaginasse. Lo spavento di quella sera aveva lasciato il segno. Si chiese quanto tempo sarebbe passato prima che smettesse di tremare, o prima di avvicinarsi di nuovo al mare. Tolse il berretto del *Charlotte* e sciolse i capelli. "Meglio" si disse, sentendosi più se stessa.

Guardando i suoi occhi, vi lesse una profonda stanchezza, che però velava appena una grande determinazione. Sapeva che quello era il dono di sua madre. "Nessuno può dirti cosa sei o non sei in grado di fare." Rachel si chiese se sua madre avesse visto che cos'era successo quella sera. "Qualcuno ha cercato di uccidermi, mamma. Qualcuno ha cercato di uccidere tutti noi..."

Con la mente scorse un elenco di nomi, come faceva da parecchie ore.

"Lawrence Ekstrom... Marjorie Tench... il presidente Zach Herney..." Tutti avevano un movente e, particolare più raggelante, i mezzi. "Il presidente non è coinvolto" si disse, aggrappandosi alla speranza che l'uomo che rispettava più del suo stesso padre fosse un innocente spettatore di quel misterioso incidente.

"Ancora non si sa nulla. Né chi... né se... né perché."

Rachel avrebbe voluto poter dare tutte le risposte a William Pickering ma, per il momento, era riuscita soltanto a sollevare nuovi interrogativi.

Quando uscì dalla toilette, notò con sorpresa che Michael Tolland non era più seduto al suo posto. Corky sonnecchiava. Mentre si guardava intorno, Michael emerse dalla cabina dei piloti con occhi dilatati dall'ansia.

«Che c'è?» chiese lei.

Con voce grave, Michael le raccontò del messaggio registrato.

"Un errore nella presentazione?" Rachel pensò che quella di Tolland fosse una reazione eccessiva. «Probabilmente non è nulla. Non ha specificato a cosa si riferiva?»

«Qualcosa in relazione alla petrologia del meteorite.»

«La struttura della roccia?»

«Già. Ha detto che solo qualche geologo avrebbe potuto notarlo. Sembra che l'errore che ho compiuto sia in relazione con la composizione del meteorite.»

Rachel prese un corto respiro. Aveva compreso. «I condri?»

«Non lo so, ma potrebbe essere.»

Rachel era d'accordo con lui. I condri rappresentavano l'ultimo brandello di prova a convalidare l'asserzione della NASA che quello fosse davvero un meteorite.

Si aggiunse Corky, sfregandosi gli occhi. «Che succede?»

Tolland lo aggiornò.

Corky scosse la testa. «I condri non c'entrano, Mike. Assolutamente. Tutti i tuoi dati sono arrivati dalla NASA e da *me*. Erano impeccabili.»

«Che altro errore petrologico avrei potuto commettere?»

«Chi diavolo lo sa? E poi, che ne sanno di condri i geologi marini?»

«Non ne ho idea ma, fidati, lei è molto in gamba.»

«Considerate le circostanze» intervenne Rachel «penso che dovremmo parlare con questa donna prima che con il direttore Pickering.»

Tolland si strinse nelle spalle. «L'ho chiamata quattro volte, ma ho sempre trovato la segreteria. Probabilmente è nell'idrolaboratorio e non sente un accidente. Ascolterà i miei messaggi domattina, al più presto.» Si interruppe per guardare l'orologio. «Però...»

«Però, cosa?»

Tolland fissò Rachel. «Pensi che sia davvero importante che parliamo a Xavia prima che al tuo capo?»

«Direi che è fondamentale, se ha qualcosa da dire sui condri. Al momento, possediamo ogni genere di dati contraddittori. William Pickering è abituato ad avere risposte chiare. Quando lo incontreremo, vorrei presentargli qualcosa di concreto su cui lui possa intervenire.»

«Allora dobbiamo fare una sosta.»

Rachel parve interdetta. «Sulla tua nave?»

«È al largo della costa del New Jersey, praticamente sulla nostra rotta per Washington. Potremmo sentire Xavia, scoprire quello che sa. Corky ha il campione del meteorite e, se Xavia vuole sottoporlo a qualche test geologico, a bordo c'è un laboratorio bene attrezzato. Non ci vorrà più di un'ora per avere risposte definitive.»

Rachel avvertì un brivido d'ansia. Era snervante il pensiero di affrontare di nuovo il mare dopo così poco tempo. "Risposte definitive" si disse, tentata da quella possibilità. "Pickering pretenderà di certo risposte definitive."

92

Delta-Uno era contento di essere di nuovo a terra.

Malgrado avesse volato solo a mezzo regime su una rotta oceanica meno diretta, l'Aurora aveva completato il viaggio in meno di due ore, dando alla Delta Force un margine di vantaggio per prendere posizione e prepararsi all'ulteriore esecuzione richiesta dal capo.

Su una pista a uso esclusivamente militare poco fuori Washington, la Delta Force lasciò l'Aurora per imbarcarsi su un altro velivolo, un elicottero OH-58D Kiowa Warrior.

"Ancora una volta, il capo ha organizzato tutto al meglio" pensò Delta-Uno.

Il Kiowa Warrior, progettato in origine come un elicottero leggero da ricognizione, era stato "ingrandito e migliorato" dando luogo all'ultima generazione di elicotteri militari da combattimento. Vantava una telecamera termica a raggi infrarossi che forniva al designatore laser capacità autonoma di puntamento per armi di precisione laser-guidate come missili Stinger aria-aria e AGM-1148 Hellfire. Un processore di segnali a controllo numerico ad alta velocità forniva la localizzazione simultanea di sei diversi bersagli. Pochi nemici avevano visto da vicino un Kiowa ed erano sopravvissuti abbastanza a lungo da raccontarlo.

Delta-Uno avvertì un noto senso di potenza mentre sedeva al posto del pilota e assicurava la cintura. Si era addestrato su quel velivolo e l'aveva già usato in tre missioni segrete, mai, però, per dare la caccia a un personaggio americano di tale livello. Doveva ammettere che il Kiowa era perfetto per quel lavoro. Il motore Rolls-Royce Allison e le pale semirigide erano silenziosi, il che significava che gli obiettivi al suolo non sentivano arrivare l'elicottero finché non era proprio sopra di loro. In grado di volare alla cieca senza luci e dipinto di nero opaco, privo di numeri rifrangenti sulla coda, risultava invisibile a meno che l'obiettivo non possedesse un radar.

"Elicotteri neri silenziosi."

Quei velivoli facevano impazzire i teorici della cospirazione. Alcuni sostenevano che l'invasione di elicotteri neri silenziosi era la prova dell'esistenza di "truppe d'assalto del Nuovo ordine mondiale" al comando delle Nazioni Unite. Altri proclamavano che fossero sonde aliene. Altri ancora, vedendo i Kiowa di notte in formazione serrata, si erano convinti che si trattasse di luci fisse di un mezzo aereo molto più grande: un'enorme astronave capace di volare verticalmente.

Un altro errore, ma ai militari la diversione faceva comodo.

Durante una recente missione, Delta-Uno aveva pilotato un Kiowa armato con la più segreta tecnologia militare, un'ingegnosa arma olografica soprannominata S&M. Malgrado l'ovvia associazione con il sadomasochismo, S&M stava per "*smoke and mirrors*", fumo e specchi: si trattava infatti di ologrammi proiettati in cielo sopra il territorio nemico. Il Kiowa aveva usato la tecnologia S&M per proiettare ologrammi di aerei statunitensi sopra un'installazione contraerea nemica. I serventi della contraerea, presi dal panico, avevano sparato all'impazzata ai fantasmi che volteggiavano in alto e, quando ebbero terminato le munizioni, gli Stati Uniti avevano mandato gli aerei veri.

Mentre con i suoi uomini si staccava dalla pista, Delta-Uno risentì le parole del capo. "Avete un altro obiettivo." Sembrava una definizione decisamente eufemistica, considerata l'identità del nuovo bersaglio. Ma non toccava a lui fare osservazioni. La sua squadra aveva ricevuto un ordine e istruzioni precise sul metodo da usare: metodo assai singolare, che comunque avrebbero adottato.

"Mi auguro che il capo sia certo che questa è la mossa giusta."

Lasciata la pista di decollo, Delta-Uno si diresse verso sudovest. Aveva visto in due occasioni il Franklin Delano Roosevelt Memorial, ma quella sera l'avrebbe osservato per la prima volta dall'alto.

93

«Il meteorite è stato in origine scoperto da un geologo canadese?» Gabrielle fissava sbalordita Chris Harper, il giovane programmatore. «E questo canadese è *morto*?»

Harper annuì con aria tetra.

«Da quanto lo sa?»

«Un paio di settimane. Il direttore e Marjorie Tench, dopo avermi costretto ad affermare il falso durante la conferenza stampa, mi dissero la verità su come era stato trovato il meteorite, sapendo che a quel punto non avrei potuto rimangiarmi la parola.»

"Non è stato il PODS a individuarlo!"

Gabrielle non aveva idea di dove l'avrebbe portata quell'annuncio, senz'altro sensazionale. Brutte notizie per la Tench. Ottime per il senatore.

«Come ho accennato» continuò Harper in tono grave «il meteorite è stato individuato in seguito all'intercettazione di una comunicazione radio. Conosce il programma INSPIRE, Interactive NASA Space Physics Ionosphere Radio Experiment?»

Gabrielle ne aveva sentito parlare vagamente: era un progetto di ricerca interattivo che mirava a studiare i segnali radio nella ionosfera.

«In sostanza, è costituito da una serie di ricevitori di onde radio a bassissima frequenza, le cosiddette VLF, situati vicino al polo Nord, che ascoltano i suoni della Terra: segnali emessi dalle onde di plasma nelle aurore boreali, impulsi di onde radio a banda larga prodotte dai fulmini, questo genere di cose.»

«Capisco.»

«Qualche settimana fa, un ricevitore di INSPIRE ha colto una trasmissione casuale dall'isola di Ellesmere. Un geologo canadese chiedeva aiuto a una frequenza estremamente bassa.» Harper fece una pausa. «In realtà, la frequenza era *talmente* bassa che nessuno, tranne gli apparecchi VLF della NASA avrebbe potuto captarla. Abbiamo pensato che il canadese mirasse alle onde lunghe.»

«Prego?»

«Che volesse trasmettere alla frequenza più bassa possibile per arrivare alla massima distanza. Tenga presente che si trovava in un posto desolato, e quindi una trasmissione a frequenza standard probabilmente non sarebbe andata abbastanza lontano da essere captata.»

«Cosa diceva il messaggio?»

«Il canadese comunicava solo che durante una serie di sondaggi della banchisa di Milne aveva individuato una zona ultradensa nel ghiaccio. Sospettava si trattasse di un meteorite gigantesco. Ma mentre faceva le misurazioni, era stato sorpreso da una bufera. Dava le sue coordinate e chiedeva aiuto. Il posto di ascolto della NASA inviò un aereo da Thule per soccorrerlo. Lo cercarono per ore e infine scoprirono il suo corpo ad alcuni chilometri dalla posizione comunicata, in fondo a un crepaccio insieme alla slitta e ai suoi cani. Evidentemente aveva cercato di fuggire ma, accecato dalla tormenta e finito fuori pista, era precipitato.»

Gabrielle rifletté sull'informazione. «Quindi la NASA è venuta a sapere di meteorite di cui nessun altro aveva sentito parlare?»

«Esatto. E, paradossalmente, se il mio software avesse funzionato a dovere, il satellite PODS avrebbe individuato lo stesso meteorite... una settimana prima del canadese.»

La coincidenza lasciò perplessa Gabrielle. «Come, un meteorite resta sepolto nel ghiaccio per trecento anni e per poco non viene scoperto *due volte* nella stessa settimana?»

«Lo so, è strano, ma la scienza è così. O si banchetta o si fa la fame. Il punto è che il direttore riteneva che il meteorite sarebbe stato comunque una nostra scoperta, se io avessi fatto bene il mio mestiere. Mi ha detto che, morto il canadese, nessuno avrebbe sospettato alcunché se io avessi riposizionato il PODS sulle coordinate comunicate dal canadese nel suo SOS. A quel punto avrei potuto fingere di avere scoperto il meteorite per caso, recuperando quindi un minimo di credibilità malgrado il mio increscioso errore.»

«E così ha fatto.»

«Non avevo scelta, lo ripeto. Ero stato io a mandare a monte la missione.» Fece una pausa. «Stasera, però, durante la conferenza stampa del presidente, quando ho sentito che il meteorite che ho preteso di aver scoperto contiene *fossili*...»

«È rimasto esterrefatto.»

«Più che altro sconvolto, direi!»

«Crede che il direttore sapesse già dei fossili quando le ha chiesto di sostenere che era stato il PODS a trovarlo?»

«Impossibile, direi. Il meteorite è rimasto sepolto e intatto finché non è arrivata la prima squadra della NASA. Immagino che la NASA non avesse idea di cosa avrebbe trovato finché non ha eseguito i carotaggi e fatto le analisi con i raggi X. Mi hanno chiesto di mentire sul PODS nella convinzione di riportare una mezza vittoria con un grosso meteorite. Poi, sul posto, hanno compreso la vera portata di quella scoperta.»

Gabrielle aveva ancora il fiato corto per l'emozione. «Dottor Harper, è disposto a testimoniare che la NASA e la Casa Bianca l'hanno costretta a mentire sul software del PODS?»

«Non saprei.» Pareva spaventato. «Non riesco a immaginare che danno potrebbe arrecare all'agenzia... e alla scoperta.»

«Sappiamo entrambi che questa resta una scoperta *straordinaria*, a prescindere da come è stata compiuta. Il punto, qui, è che lei ha mentito agli americani, che hanno il diritto di sapere che il PODS non è tutto quello che la NASA sostiene che sia.»

«Ma... certo, disprezzo il direttore, però i miei colleghi... sono persone perbene.»

«E meritano di sapere che sono state ingannate.»

«E quei documenti da cui risultano le mie sottrazioni di denaro?»

«Li dimentichi» disse Gabrielle, che quasi aveva scordato il suo imbroglio. «Dirò al senatore che lei non ne sa nulla, che il direttore ha cercato di incastrarla per assicurarsi il suo silenzio sul PODS.»

«Ma il senatore è in grado di proteggermi?»

«Certamente. Lei non ha fatto nulla di male, si è limitato a eseguire gli ordini. Inoltre, con le informazioni che mi ha appena dato su questo geologo canadese, suppongo che il senatore non abbia alcuna necessità di sollevare la questione della malversazione. Possiamo concentrarci esclusivamente sulle informazioni menzognere della NASA riguardo al PODS e al meteorite. Quando verrà fuori la storia del canadese, il direttore non vorrà rischiare di screditarla accampando altre bugie.»

Harper era ancora molto angosciato. In silenzio, con un'espressione cupa, considerò le varie possibilità. Gabrielle gli concesse un momento per riflettere. Aveva capito che quella vicenda presentava un'altra fastidiosa coincidenza, ma non voleva tirarla fuori lei per prima. Si rese conto che Harper aveva bisogno di un'ultima spinta.

«Lei ha un cane, dottor Harper?»

Lui alzò lo sguardo. «Prego?»

«Mi è venuta in mente una cosa strana. Lei mi ha detto che poco dopo aver mandato via radio le sue coordinate, il canadese e i suoi cani da slitta sono precipitati a capofitto in un crepaccio.»

«C'era una tormenta, sono finiti fuori pista.»

Gabrielle si strinse nelle spalle, manifestando il proprio scetticismo. «Ah... ecco.»

Harper percepì la sua esitazione. «Che cosa vuol dire?»

«Non so, ma questa scoperta è circondata da una serie di strane coincidenze. Un geologo canadese trasmette le sue coordinate su una frequenza che *soltanto* la NASA è in grado di captare? E i suoi cani da slitta corrono alla cieca per poi finire in un crepaccio?» Fece una pausa. «Lei si rende certamente conto che la morte del geologo ha aperto la strada a questa vittoria della NASA.»

Harper sbiancò vistosamente. «Crede che il direttore sia disposto a *uccidere* per questo meteorite?»

"Alta politica, grandi affari" si disse Gabrielle. «Mi faccia parlare con il senatore, poi mi rimetterò in contatto con lei. Come si esce di qui?»

Gabrielle Ashe salutò un pallido Chris Harper e scese giù per la scala antincendio in un vicolo deserto dietro la NASA. Richiamò con un cenno della mano un taxi da cui erano appena scese alcune persone dirette a festeggiare.

«Westbrooke Place Apartments» disse all'autista. Ben presto avrebbe reso il senatore Sexton molto più felice.

94

Chiedendosi se facesse bene, Rachel tirò il cavo del ricetrasmettitore fuori dalla porta della cabina dei piloti per poter
chiamare senza farsi sentire. Corky e Tolland sorvegliavano.
Anche se Rachel e William Pickering, il direttore dell'NRO, si
erano ripromessi di mantenere il silenzio radio fino all'arrivo
di lei alla base aerea di Bolling, subito fuori Washington, Rachel sapeva che Pickering avrebbe voluto ricevere subito
l'informazione in suo possesso. Lo aveva chiamato sul cellulare riservato che portava sempre con sé.

Quando rispose, fu subito pratico. «Stia attenta a come parla. Non posso garantire la segretezza di questo collegamento.»

Rachel comprese. Il cellulare di Pickering, come la maggior
parte dei telefoni da campo dell'NRO, disponeva di un indicatore che individuava le chiamate in entrata non sicure. Poiché
lei parlava da un radiotelefono, uno dei sistemi di comunicazione meno sicuri, il telefono di Pickering l'aveva messo in
guardia. La conversazione doveva restare sul vago. Niente
nomi, niente luoghi.

«Mi identifico con la voce» disse Rachel, usando il saluto
standard in quelle situazioni. Pensava che il direttore manife-
stasse contrarietà per il rischio che lei correva nel contattarlo,
e invece la reazione le parve positiva.

«Sì, stavo per chiamarla io. Dobbiamo farvi cambiare destinazione. Temo possiate avere un comitato d'accoglienza.»

Rachel avvertì un'improvvisa trepidazione. "Qualcuno ci
tiene d'occhio." Sentiva tensione nel tono di Pickering.

"Farvi cambiare destinazione." Avrebbe approvato che lei

avesse chiamato proprio per rivolgergli quella esatta richiesta anche se per tutt'altre ragioni.

«Abbiamo parlato della questione dell'autenticità» disse Rachel. «Forse c'è il modo per confermarla o negarla categoricamente.»

«Ottimo. Ci sono stati sviluppi, e almeno questo sarebbe un terreno solido su cui procedere.»

«Per avere la prova, è necessario che facciamo una breve sosta. Uno di noi ha accesso a un laboratorio e...»

«Niente nomi di località, per favore. Per la vostra sicurezza.»

Rachel non aveva intenzione di parlare dei suoi piani su quella linea telefonica. «Può darci il permesso di atterrare al GAS-AC?»

Pickering rimase un momento in silenzio. Rachel capì che stava cercando di interpretare la sigla. GAS-AC era un'oscura abbreviazione usata dai sintetizzatori dell'NRO e stava per Group Air Station-Atlantic City, una base aerea della guardia costiera. Sperava che il direttore la conoscesse.

«Sì» disse infine lui. «Posso organizzare. È la vostra destinazione finale?»

«No. Ci servirà un elicottero per il tratto successivo.»

«Avrete un velivolo a disposizione.»

«Grazie.»

«Raccomando estrema prudenza fino a che non saprete di più. Non parlate con nessuno. I vostri sospetti hanno destato preoccupazione in personaggi importanti.»

"La Tench" pensò Rachel, dispiaciuta di non aver potuto parlare direttamente al presidente.

«In questo momento sono in macchina, diretto a un incontro con la signora in questione. Mi ha chiesto un colloquio privato in località neutra. Rivelatore, direi.»

"Pickering sta andando a incontrare Marjorie Tench?" Evidentemente quella donna intendeva svelargli una cosa della massima importanza se non aveva voluto parlargliene al telefono.

«Non date a nessuno le vostre coordinate» insistette Pickering. «E basta contatti radio. Chiaro?»

«Sì, signore. Saremo a GAS-AC tra un'ora.»

«Penserò io al trasporto. Arrivati alla destinazione finale, mi chiami attraverso canali sicuri.» Una breve pausa. «Non esagero se insisto sull'importanza del riserbo per la vostra sicurezza. Si è fatta dei nemici potenti, stasera. Prenda tutte le precauzioni del caso.» Fine della conversazione.

Rachel si sentì molto tesa quando chiuse il collegamento e si volse verso Tolland e Corky.

«Cambiamento di destinazione?» chiese Tolland, ansioso.

Rachel annuì, con un certa riluttanza. «La *Goya*.»

Corky, con un sospiro, guardò il campione di meteorite che aveva in mano. «Ancora mi pare inconcepibile che la NASA possa...» Non terminò la frase, ma sembrava sempre più preoccupato con il passare dei minuti.

"Presto sapremo" pensò Rachel.

Andò nella cabina dei piloti per restituire il ricetrasmettitore. Guardando dal finestrino la distesa di nuvole illuminate dalla luna che correvano sotto di loro, avvertì l'inquietante presentimento che sulla nave di Tolland li attendesse una scoperta sgradevole.

95

William Pickering si sentiva insolitamente solo mentre, al volante della sua berlina, scendeva lungo Leesburg Pike. Erano quasi le due di notte e la strada era deserta. Da anni non girava in macchina a un'ora così tarda.

La voce rauca di Marjorie Tench gli gracchiava ancora nelle orecchie. "Vediamoci al Roosevelt Memorial."

Cercò di ricordare quando l'aveva incontrata di persona l'ultima volta: un paio di mesi prima alla Casa Bianca, come al solito un'esperienza tutt'altro che gradevole. La Tench era seduta di fronte a lui a un lungo tavolo di quercia attorno al quale erano riuniti i membri del Consiglio per la sicurezza nazionale, lo stato maggiore delle forze armate, il direttore della CIA, il presidente Herney e il direttore della NASA.

«Signori» aveva detto il capo della CIA, fissando Marjorie Tench. «Ancora una volta sono davanti a voi per esortare questa amministrazione a porre rimedio alla continua fuga di notizie da parte della NASA.»

La dichiarazione non aveva sorpreso nessuno. Nella comunità dell'intelligence, le proteste per le indiscrezioni della NASA erano all'ordine del giorno. Qualche ora prima, alcuni hacker avevano rubato dalla banca dati dell'agenzia spaziale oltre trecento fotografie ad alta definizione dei satelliti per l'osservazione della Terra. Le foto – che rivelavano un centro segretissimo per l'addestramento militare nell'Africa del Nord – erano comparse sul mercato nero, dove erano state acquistate da agenzie mediorientali di spionaggio ostili.

«Malgrado le migliori intenzioni» aveva detto il direttore

della CIA in tono stanco «la NASA continua a rappresentare una minaccia per la sicurezza nazionale. In poche parole, la nostra agenzia spaziale non è attrezzata per proteggere i dati e le tecnologie che mette a punto.»

«So che ci sono state indiscrezioni e pericolose fughe di notizie» aveva replicato il presidente «e la cosa mi preoccupa profondamente.» Aveva voltato la testa verso Lawrence Ekstrom, l'accigliato direttore della NASA. «Per questo siamo di nuovo qui a cercare il modo per rafforzare la sicurezza dell'agenzia.»

«Con il dovuto rispetto» era intervenuto il direttore della CIA «qualunque cambiamento in tal senso sarà inefficace fintanto che le operazioni della NASA resteranno al di fuori dell'ombrello della comunità dell'intelligence statunitense.»

La dichiarazione aveva suscitato un mormorio da parte dei presenti, consapevoli di dove voleva andare a parare quella premessa.

«Com'è noto» aveva continuato il direttore della CIA con maggiore durezza «tutti gli enti governativi che trattano dati sensibili sono vincolati al massimo riserbo: CIA, NSA, NRO sono tenuti al rispetto delle leggi per la protezione dei dati che raccolgono e delle tecnologie che mettono a punto. Ancora una volta, dunque, vi chiedo perché debba essere al di fuori di questo ombrello di segretezza proprio la NASA, l'ente attualmente responsabile della maggiore innovazione tecnologica in fatto di scienza aerospaziale, volo, software, ricognizione e telecomunicazioni usate dai militari e dalla comunità dell'intelligence.»

Il presidente aveva emesso un profondo sospiro. La proposta era chiara: ristrutturare la NASA e inserirla nella comunità dell'intelligence militare. Anche se analoghe ristrutturazioni avevano già avuto luogo in passato, Herney rifiutava di considerare l'ipotesi di porre la NASA sotto gli auspici del Pentagono, della CIA, dell'NRO o di qualche altra direzione militare. Il Consiglio per la sicurezza nazionale cominciava a spaccarsi sull'argomento, perché molti membri si schieravano con la comunità dell'intelligence.

Lawrence Ekstrom aveva sempre un'aria infastidita durante simili riunioni, e quella volta non aveva fatto eccezione.

Aveva lanciato un'occhiata ostile al direttore della CIA. «A rischio di ripetermi, signore, le tecnologie sviluppate dalla NASA hanno applicazioni accademiche, non militari. Se la vostra comunità vuole puntare in basso uno dei nostri telescopi spaziali per guardare la Cina, è una vostra scelta.»

Il direttore della CIA era parso sul punto di esplodere.

Pickering aveva catturato il suo sguardo e si era fatto avanti. «Larry» gli aveva detto sforzandosi di mantenere un tono pacato «ogni anno la NASA si inginocchia davanti al Congresso per chiedere soldi. Tu gestisci l'organizzazione con fondi insufficienti, e il prezzo lo paghi in missioni fallite. Se la incorporiamo alla comunità dell'intelligence, la NASA non avrà più bisogno di ricorrere agli aiuti del Congresso. Saresti finanziato con fondi neri a livelli significativamente più alti. Tutti avrebbero da guadagnarci. La NASA avrebbe i soldi sufficienti per funzionare adeguatamente e la comunità dell'intelligence avrebbe la garanzia che le tecnologie dell'ente spaziale siano protette come si deve.»

Ekstrom aveva scosso la testa. «In linea di principio, non posso approvare che la NASA sia dipinta in questo modo. L'agenzia si occupa di scienza spaziale, e non ha nulla a che vedere con la sicurezza nazionale.»

Il direttore della CIA era scattato in piedi, cosa assolutamente inconsueta quando il presidente era seduto. Nessuno l'aveva fermato. Aveva incenerito Ekstrom con un'occhiataccia. «Vorresti dirmi che la scienza non c'entra nulla con la sicurezza nazionale? Larry, sono sinonimi, per la miseria! È soltanto il vantaggio scientifico e tecnologico che garantisce la sicurezza di questo paese e, che ci piaccia o no, la NASA svolge un ruolo sempre maggiore nello sviluppo di tali tecnologie. Purtroppo, la tua agenzia perde come un colabrodo e ha dimostrato più volte che la discrezione non è il suo forte!»

Nella sala era calato il silenzio.

A quel punto, era stato il direttore della NASA ad alzarsi in piedi e fissare negli occhi il suo aggressivo interlocutore. «In sostanza suggerisci di chiudere i ventimila scienziati della NASA in laboratori militari sigillati per farli lavorare per te? Credi davvero che sarebbero stati creati gli ultimi telescopi se non fosse stato per il desiderio *personale* dei nostri scienziati di vedere più lontano nello spazio? La NASA compie scoperte sensazionali per una sola ragione: i nostri dipendenti vogliono capire meglio il cosmo. Sono una comunità di sognatori che da quando erano piccoli hanno fissato il cielo stellato chiedendosi che cosa ci fosse lassù. Sono la passione e la curiosità a guidare l'innovazione, non la promessa della superiorità militare.»

Pickering si era schiarito la voce e aveva parlato in tono tranquillo nel tentativo di placare gli animi. «Larry, sono certo che il direttore non vuole reclutare gli scienziati della NASA per la costruzione di satelliti militari. La missione dell'agenzia non cambierebbe. Tutto continuerebbe come al solito, tranne che tu disporresti di più fondi e di maggiore sicurezza.» Pickering si era rivolto quindi al presidente. «La sicurezza è costosa. Tutti i presenti si rendono certamente conto che le fughe di notizie della NASA sono dovute alla scarsità di fondi. L'agenzia deve darsi da fare, snellire le procedure, gestire progetti congiunti con altre nazioni per poter condividere i costi. Io propongo che rimanga l'ente prestigioso, scientifico e non militare che è oggi, ma con un bilancio più consistente e con una maggiore riservatezza.»

Parecchi membri del Consiglio di sicurezza avevano manifestato il loro assenso con un cenno del capo.

Il presidente Herney si era alzato lentamente, gli occhi fissi su William Pickering, niente affatto compiaciuto della sua presa di posizione. «Bill, lascia che ti chieda una cosa. La NASA spera di andare su Marte nei prossimi dieci anni. Come prenderà la comunità dell'intelligence l'idea di spendere una consistente parte del bilancio segreto per gestire una missione su Marte, una missione che non apporta immediati benefici alla sicurezza nazionale?»

«La NASA sarà in grado di fare come ritiene più opportuno.»

«Stronzate» era stata la secca replica di Herney.

Tutti avevano alzato gli occhi. Era molto raro che il presidente indulgesse al turpiloquio.

«Se c'è una cosa che ho imparato da presidente» aveva dichiarato Herney «è che chi controlla i soldi controlla anche la direzione. Mi rifiuto di mettere i cordoni della borsa della NASA in mano a coloro che non condividono gli obiettivi per i quali l'agenzia è stata fondata. Immagino quanta scienza pura si farebbe se fossero i militari a decidere le missioni della NASA.»

Herney aveva passato in rassegna i presenti. Lentamente, con decisione, era tornato a fissare William Pickering. «Bill» aveva sospirato infine «il tuo disappunto per il fatto che la NASA sia impegnata in progetti congiunti con enti spaziali stranieri è del tutto fuori luogo. Quanto meno c'è *qualcuno* che lavora in modo costruttivo con cinesi e russi. La pace su questo pianeta non sarà costruita con la forza militare, ma da coloro che si metteranno insieme *malgrado* le divergenze dei loro governi. Se vuoi la mia opinione, le missioni congiunte della NASA sono più efficaci per promuovere la sicurezza nazionale di qualsiasi satellite spia da svariati miliardi di dollari, e creano molte più speranze per il futuro.»

Pickering aveva sentito crescere dentro di sé la collera. "Come osa un politico parlarmi con tanta spocchia?" L'idealismo di Herney funzionava bene in una sala di consiglio, ma nel mondo reale faceva morire la gente.

A quel punto era intervenuta Marjorie Tench, come se avesse avvertito che Pickering era sul punto di esplodere. «Bill, sappiamo che ha perduto una figlia, e capiamo che questa, per lei, è una questione personale.»

Pickering non aveva colto altro che condiscendenza nel suo tono.

«Ma la prego di tener presente» aveva continuato la Tench «che in questo momento la Casa Bianca sta cercando di arginare una marea di investitori che vogliono che lo spazio sia aperto al settore privato. A mio parere, malgrado i suoi tanti errori, la NASA ha fatto un ottimo servizio alla comunità dell'intelligence. Sarebbe meglio che tutti voi ci rifletteste bene.»

La striscia sonora sull'asfalto che delimitava la corsia fece tornare al presente la mente di Pickering. Si stava avvicinando all'uscita. Sorpassando la carcassa insanguinata di un cervo sul ciglio, avvertì una strana esitazione... ma continuò ad avanzare.

Non doveva mancare all'appuntamento.

96

Il Franklin Delano Roosevelt Memorial è uno dei più grandi monumenti della nazione. Con un parco, cascate, statue, nicchie e fontane, è diviso in quattro gallerie a cielo aperto, una per ciascun mandato del presidente.

A un chilometro e mezzo da lì, un Kiowa Warrior solitario si avvicinava, alto nel cielo, a luci attenuate. In una città che vantava un numero straordinario di VIP e di emittenti televisive, gli elicotteri erano comuni come gli uccelli migratori. Delta-Uno sapeva che a condizione di tenersi al di fuori di quella che era nota come "la cupola" – una bolla di spazio aereo protetto intorno alla Casa Bianca – non avrebbe richiamato grande attenzione. E poi, sarebbe stata un'operazione rapida.

Il Kiowa si trovava a una quota di seicento metri quando rallentò accanto al buio Roosevelt Memorial, senza sorvolarlo. Delta-Uno si fermò in aria e controllò la posizione. Guardò a sinistra, dove Delta-Due era ai comandi del sistema telescopico di visione notturna. Sul monitor, l'immagine verdastra del viale d'ingresso al monumento. La zona era deserta.

Non restava che attendere.

L'omicidio avrebbe destato scalpore? Certe persone non si potevano proprio eliminare in modo discreto. A prescindere dal metodo, ci sarebbero state ripercussioni, indagini, interrogatori. In questi casi, la migliore copertura era fare molta scena. Esplosioni, fuoco e fumo conferivano all'operazione la firma di una dichiarazione e il primo pensiero sarebbe andato al terrorismo straniero. Tanto più quando il bersaglio era un personaggio di primo piano come in quel caso.

Delta-Uno osservò nel visore il monumento circondato dagli alberi sotto di sé. Il parcheggio e il viale d'accesso erano deserti. "Manca poco" si disse. Quell'incontro riservato avveniva in una zona urbana, peraltro sgombra a quell'ora. Delta-Uno distolse gli occhi dallo schermo per osservare i comandi delle armi.

Per quella notte era stato scelto il sistema Hellfire: un missile laser-guidato anticarro "lancia-e-dimentica" che poteva dirigersi su un punto segnalato da osservatori a terra, da altri aerei o dallo stesso veicolo di lancio. Quella sera, il missile sarebbe partito autonomamente grazie al sistema di puntamento montato sull'albero del rotore. Il designatore del Kiowa avrebbe "marcato" l'obiettivo con il raggio laser, quindi il missile Hellfire si sarebbe autodiretto sul bersaglio. Poiché l'Hellfire poteva essere lanciato sia dall'aria sia da terra, il suo impiego quella sera non implicava necessariamente il coinvolgimento di un mezzo aereo. Inoltre, l'Hellfire era un'arma molto diffusa sul mercato nero, per cui sarebbe stato facile attribuire all'azione una matrice terrorista.

«Auto» annunciò Delta-Due.

Delta-Uno osservò lo schermo radar. Una lussuosa berlina nera e anonima stava imboccando il viale d'accesso in perfetto orario. La tipica macchina degli alti funzionari dei grandi enti governativi. Il guidatore abbassò i fari nel dirigersi verso il monumento, poi vi girò intorno alcune volte prima di parcheggiare vicino a un boschetto. Delta-Uno controllò lo schermo mentre il compagno puntava il telescopio notturno sul finestrino del guidatore. Dopo un momento, mise a fuoco il viso della persona.

Delta-Uno prese un corto respiro.

«Obiettivo confermato» disse il compagno.

Delta-Uno guardò il mirino notturno, con la sua mortale ragnatela di righe, e si sentì come un cecchino che tenga sotto tiro un personaggio di sangue reale. "Obiettivo confermato."

Delta-Due si voltò verso il vano sinistro per attivare il designatore laser. Lo puntò e, seicento metri più in basso, un punto luminoso apparve sul tettuccio della macchina, invisibile per l'occupante. «Obiettivo marcato» annunciò.

Delta-Uno prese un profondo respiro, poi fece fuoco.

Un acuto sibilo sotto la fusoliera fu seguito da una scia stranamente poco luminosa diretta verso terra. Un secondo più tardi, l'auto parcheggiata esplose in un accecante bagliore di fiamme. Pezzi contorti di metallo volarono ovunque; pneumatici incendiati rotolarono verso il bosco.

«Obiettivo eliminato» disse Delta-Uno, dando motore per allontanarsi dalla zona. «Chiama il capo.»

A neanche tre chilometri di distanza, il presidente Zach Herney stava preparandosi per andare a letto. I vetri antiproiettile Lexan della "residenza" erano spessi tre centimetri. Herney non udì l'esplosione.

97

La base aerea della guardia costiera di Atlantic City è situata in una zona sicura del Centro direzione tecnica William J. Hughes dell'aviazione federale, presso l'aeroporto internazionale. La sua zona di competenza comprende il litorale da Asbury Park a Cape May.

Rachel Sexton si svegliò di soprassalto quando gli pneumatici dell'aereo stridettero nell'attrito con l'asfalto della pista isolata, nascosta tra due enormi magazzini. Sorpresa di essersi addormentata, controllò l'ora con gli occhi stanchi.

Le 2.13. Aveva l'impressione di aver dormito per giorni. Una calda coperta d'aereo la avvolgeva con cura. Accanto a lei, Michael Tolland si stava svegliando. Le rivolse un sorriso assonnato.

Corky avanzò barcollando lungo il corridoio e si accigliò nel vederli. «Oh, merda, siete ancora qui? Speravo che quello di stanotte fosse soltanto un brutto sogno.»

Rachel capiva bene ciò che provava Corky. "Devo ritornare in mare."

L'aereo rallentò fino a fermarsi. Rachel e gli altri scesero sulla pista deserta. Il cielo era coperto, ma l'aria della costa era umida e calda. In confronto a Ellesmere, il New Jersey appariva come i tropici.

«Qui!» gridò una voce.

Tutti e tre si voltarono verso un Dolphin HH-65 rosso fuoco, il tipico elicottero della guardia costiera, in attesa sulla pista. Incorniciato dalla striscia bianca brillante sulla coda, un pilota in divisa si sbracciò a salutarli.

Tolland, molto colpito, ammiccò a Rachel. «Non c'è che dire: il tuo boss non sbaglia un colpo.»

"Non sai quanto è vero" pensò lei.

Corky si ingobbì, deluso. «Subito? Niente sosta per la cena?»

Il pilota andò ad accoglierli, poi li aiutò a salire a bordo. Senza chiedere il loro nome, si limitò a rivolgere qualche convenevole e alcune istruzioni per la comune sicurezza. Evidentemente Pickering aveva messo in chiaro che quel volo non era una missione da pubblicizzare.

Ciononostante, malgrado quelle precauzioni, Rachel si rese conto che la loro identità era rimasta segreta solo per una manciata di secondi: il pilota, infatti, non era riuscito a nascondere la sua sorpresa nel riconoscere Michael Tolland, una celebrità televisiva.

Rachel prese posto accanto a Tolland e cominciò a sentir salire la tensione non appena allacciò la cintura. Sopra, il motore Aerospatiale entrò in azione con un sibilo e il rotore da dodici metri cominciò ad appiattirsi in un indistinto cerchio argentato. Il sibilo si trasformò in un rombo e l'apparecchio si sollevò dalla pista, avventurandosi nella notte.

«Mi è stato detto che sareste stati voi a informarmi sulla destinazione, una volta in quota» gridò il pilota, voltandosi.

Tolland gli diede le coordinate di un luogo in mare aperto, cinquanta chilometri a sudest della loro posizione.

"La sua nave è a dodici miglia dalla costa" pensò Rachel, rabbrividendo.

Il pilota digitò le coordinate sull'apparato di navigazione, poi lanciò i motori al massimo. Il velivolo si inclinò dirigendosi a sudest.

Quando le scure dune della costa del New Jersey scivolarono via sotto di loro, Rachel distolse gli occhi dall'oceano nero che si stendeva a perdita d'occhio. Malgrado l'ansia che provava trovandosi di nuovo sopra l'acqua, cercò di consolarsi pensando che era in compagnia dell'uomo che aveva fatto del mare il suo migliore amico. Tolland si stringeva a lei nella piccola cabina. Le spalle e le anche si sfioravano, ma nessuno dei due cercò di cambiare posizione.

«Non dovrei dirlo, lo so» sbottò all'improvviso il pilota, quasi sul punto di esplodere dalla gioia «ma non ci sono dubbi che lei è Michael Tolland e... be', ecco.. l'abbiamo seguita tutta la sera alla tivù! Il meteorite! Incredibile davvero! Lei dev'essere al settimo cielo!»

Tolland annuì, paziente. «Senza parole, in effetti.»

«Il documentario è stato fantastico! I vari canali televisivi non fanno che trasmetterlo in continuazione. Nessuno dei piloti di turno stanotte voleva fare questo servizio per continuare a guardare la televisione, ma io ho pescato la paglia più corta. Incredibile! La paglia più corta, ed eccomi qui! Se i colleghi avessero idea di chi sto portando...»

«Apprezziamo quello che sta facendo per noi» lo interruppe Rachel «ma è necessario che non riveli la nostra presenza. Nessuno deve sapere che siamo qui.»

«Assolutamente no, signora. Ho ricevuto ordini molto chiari.» Il pilota esitò un attimo, poi la sua espressione si rischiarò. «Ehi, non saremo per caso diretti sulla *Goya*, vero?»

Tolland annuì con una certa riluttanza. «Proprio così.»

«Cazzo!» esclamò. «Oh, chiedo scusa! Ma il fatto è che l'ho vista nella trasmissione. Doppio scafo, vero? Strano animale davvero! Non sono mai stato su una nave SWATH, e mai avrei immaginato che la prima sarebbe stata la *sua*!»

Rachel non lo ascoltava più, tutta presa dalla crescente ansia di essere diretta in mare aperto.

Tolland si voltò a guardarla. «Stai bene? Saresti potuta rimanere a terra come ti avevo detto.»

"Sarei dovuta rimanere a terra" pensò Rachel, consapevole che l'orgoglio non gliel'avrebbe mai permesso. «Non importa. Tutto a posto.»

Tolland sorrise. «Ti terrò d'occhio.»

«Grazie.» Si accorse con meraviglia che trovava rassicurante quella sua voce calda.

«Hai visto la *Goya* alla tivù, vero?»

Lei annuì. «È... ehm... una nave *interessante*.»

Tolland scoppiò a ridere. «Sì, ai suoi tempi era un progetto molto avanzato, ma non ha mai preso piede.»

«Chissà perché!» scherzò Rachel, raffigurandosi la bizzarra linea della nave.

«Ora la NBC insiste perché adotti una barca più nuova. Qualcosa... non so, di più elegante, più sexy. Ancora un paio di stagioni e mi costringeranno a separarmene.» L'idea parve rattristarlo.

«Non ti piacerebbe averne una nuova?»

«Non so... ho tanti ricordi legati alla *Goya*.»

Rachel sorrise dolcemente. «Be', come usava dire mia madre, prima o poi tutti dobbiamo lasciarci alle spalle il passato.»

Gli occhi di Tolland indugiarono a lungo su di lei. «Sì, lo so.»

98

«Merda» imprecò il taxista, voltandosi indietro, verso Gabrielle. «Dev'essere successo qualcosa più avanti. Siamo bloccati e ne avremo per un pezzo.»

Gabrielle guardò dal finestrino. Le luci dei veicoli di emergenza bucavano la notte, mentre parecchi poliziotti in mezzo alla strada fermavano le auto sul Mall.

«Un incidente grave, sembrerebbe.» Il taxista indicò le fiamme che si levavano in cielo.

Gabrielle strinse gli occhi, abbagliata dalla luce intensa. "Proprio ora, per la miseria." Aveva urgenza di comunicare al senatore Sexton le nuove informazioni sul PODS e sul geologo canadese. Si chiese se le menzogne della NASA sul ritrovamento del meteorite avrebbero fatto sensazione, tanto da dare nuovo respiro alla campagna di Sexton. "Forse non per la maggior parte dei politici" pensò, ma in quel caso si trattava di Sedgewick Sexton, un uomo che aveva costruito le proprie fortune sull'amplificazione dei fallimenti altrui.

Gabrielle non sempre apprezzava la capacità del senatore di imprimere una connotazione moralmente negativa alle disgrazie politiche dei suoi avversari, eppure doveva ammettere che la tattica era efficace. Le allusioni mirate e la finta indignazione probabilmente avrebbero potuto trasformare questa piccola panzana della NASA in una questione capace di investire l'intera agenzia spaziale e, di rimbalzo, il presidente.

Le fiamme sembravano ancora più alte nei pressi del Roosevelt Memorial. Alcuni alberi vicini avevano preso fuoco, ma erano entrate in azione le autopompe.

Il taxista accese la radio e cominciò a navigare tra i canali.

Gabrielle chiuse gli occhi con un sospiro e si sentì assalire da ondate di stanchezza. Appena arrivata a Washington aveva sognato di lavorare per sempre in politica; forse, un giorno, addirittura alla Casa Bianca. In quel momento, però, aveva la sensazione di averne abbastanza: il duello con Marjorie Tench, le fotografie oscene di lei con il senatore, le tante menzogne della NASA...

Alla radio, un cronista stava parlando di una bomba su un'auto e di un probabile attentato terroristico.

"Devo andarmene da questa città" pensò per la prima volta da quando era arrivata nella capitale della nazione.

99

Di rado si sentiva esausto, ma quella giornata gli era costata molto. Niente era andato come previsto: la tragica scoperta del pozzo di inserimento nel ghiaccio, le difficoltà di tenere segrete le informazioni e, a quel punto, l'elenco crescente di vittime.

"Non sarebbe dovuto morire nessuno... tranne il canadese" pensò.

Paradossale che la parte del piano che presentava le maggiori difficoltà tecniche si fosse rivelata la meno problematica. L'inserimento, completato mesi prima, era stato effettuato senza intoppi. Una volta sistemato il meteorite, non era rimasto che attendere il lancio del satellite con il Polar Orbiting Density Scanner. Il PODS era programmato per scansire enormi zone del Circolo artico, e presto o tardi il software di bordo avrebbe rilevato la densità anomala permettendo alla NASA di effettuare una scoperta di enorme rilievo.

Ma quel dannato software non aveva funzionato.

Quando aveva appreso che soltanto dopo le elezioni sarebbe stato possibile ripararlo, aveva capito che l'intero piano rischiava di fallire. Senza il PODS, il meteorite non sarebbe stato scoperto. Doveva escogitare qualcosa per avvisare qualcuno della NASA della sua esistenza. La soluzione aveva comportato orchestrare una comunicazione radio di emergenza da parte di un geologo canadese che si trovava nella zona dell'inserimento. Il geologo, per ovvie ragioni, doveva essere ucciso immediatamente e la sua morte apparire accidentale. Scaraventare giù da un elicottero un innocente scienziato era stato solo l'inizio. Poi le cose erano precipitate.

Wailee Ming. Norah Mangor. Entrambi morti.

L'audace omicidio appena perpetrato al Roosevelt Memorial.

Ben presto all'elenco si sarebbero aggiunti Rachel Sexton, Michael Tolland e il dottor Marlinson.

"Non c'è altro modo" pensò, cercando di reprimere il crescente senso di colpa. "La posta in gioco è troppo alta."

100

Il Dolphin della guardia costiera, a tre chilometri dalle coordinate della *Goya*, stava ancora volando a una quota di novecento metri quando Tolland gridò al pilota: «Ha il NightSight a bordo?».

«Certo. Siamo su un'unità di soccorso.»

Tolland l'aveva immaginato. Il NightSight era una termocamera marina della Raytheon capace di localizzare eventuali naufraghi di notte. Il calore rilasciato dalla testa di un uomo in acqua appariva come un punto rosso su una superficie nera.

«Lo accenda» disse Tolland.

Il pilota parve confuso. «Perché? Sta cercando qualcuno?»

«No, voglio mostrarvi una cosa.»

«Non possiamo rilevare il calore da così in alto, a meno che non si tratti di una chiazza di petrolio in fiamme.»

«Lei lo accenda, per piacere.»

Il pilota gli lanciò un'occhiata stupita e poi regolò alcuni comandi per azionare la lente termica sotto l'elicottero così da controllare un tratto di mare di tre miglia davanti a loro. Sul quadro comandi si accese uno schermo a cristalli liquidi. L'immagine andò a fuoco. «Porca merda!» L'elicottero sobbalzò quando il pilota fece un salto indietro, sorpreso, e poi si riprese, gli occhi fissi sul monitor.

Rachel e Corky si sporsero a osservare l'immagine con uguale stupore. Lo sfondo nero dell'oceano era illuminato da un'enorme spirale turbinante rosso acceso.

Rachel si rivolse a Tolland con grande trepidazione. «Sembra un ciclone.»

«Lo è. Un ciclone di correnti calde, largo quasi un chilometro.»

Il pilota rise sbalordito. «È enorme. Li vediamo, di tanto in tanto, ma di questo non mi era ancora giunta notizia.»

«È emerso la scorsa settimana, e forse durerà solo pochi giorni.»

«Cosa lo provoca?» chiese Rachel, comprensibilmente perplessa davanti al gigantesco vortice di acqua che mulinava in mezzo al mare.

«Una cupola di lava» rispose il pilota.

Rachel si rivolse a Tolland, sempre più ansiosa. «Un vulcano?»

«No. La costa orientale non ha vulcani attivi, ma di tanto in tanto presenta sacche di magma che sgorga da sotto il fondale marino generando punti caldi. Questi causano un gradiente termico invertito, nel senso che l'acqua calda sta sul fondo e quella fredda in alto, provocando gigantesche correnti ascensionali di acqua calda, che vengono chiamate "megapennacchi". Girano vorticosamente per un paio di settimane e poi svaniscono.»

Il pilota osservò la spirale pulsante sul monitor. «Questa pare ancora molto potente.» Fece una pausa, controllò le coordinate della nave e poi si voltò indietro stupito. «Signor Tolland, si direbbe che vi ci siate ancorati proprio nel mezzo.»

Tolland annuì. «La corrente è un po' più lenta vicino all'occhio. Diciotto nodi. Come ancorarsi in un fiume impetuoso. La catena è stata sottoposta a una dura prova questa settimana.»

«Gesù, una corrente di diciotto nodi! Meglio non cadere in mare!» esclamò il pilota, con una risata.

Ma Rachel non rideva. «Mike, non avevi accennato ai megapennacchi, alle cupole di lava e alle correnti calde.»

Lui le appoggiò una mano rassicurante sul ginocchio. «Non c'è alcun pericolo, fidati.»

Rachel corrugò la fronte. «Dunque il documentario che giravi qui trattava del fenomeno delle cupole di lava?»

«Pennacchi e *Sphyrna mokarran*.»

«Giusto. Come ho potuto dimenticarlo?»

Tolland le rivolse un sorriso timido. «Gli *Sphyrna mokarran* adorano l'acqua calda e proprio in questo momento tutti, fino all'ultimo in un raggio di centocinquanta chilometri, si stanno radunando in questo miglio di mare caldo.»

«Ottimo.» Rachel annuì, a disagio. «E che cosa sono gli *Sphyrna mokarran*, se non ti spiace?»

«I più brutti pesci del mare.»

«Scorfani?»

Tolland scoppiò a ridere. «Grandi squali martello.»

Rachel si irrigidì al suo fianco. «La tua barca è circondata da *squali* martello?»

Tolland ammiccò. «Rilassati, non sono pericolosi.»

«Non lo diresti se non lo fossero davvero.»

«Forse hai ragione.» Si rivolse al pilota con aria divertita. «Ehi, quando è stata l'ultima volta che avete salvato qualcuno aggredito da un pesce martello?»

«Santo cielo! Sono decenni che non ci capita.»

Tolland tornò a rivolgersi a Rachel. «Vedi? Decenni. Non c'è da preoccuparsi.»

«Proprio il mese scorso» aggiunse il pilota «c'è stato un cretino che si è immerso in apnea e...»

«Un momento!» lo interruppe Rachel. «Ha appena detto che da decenni non avete salvato nessuno!»

«Infatti, non l'abbiamo salvato. Di solito si arriva troppo tardi. Quei bastardi uccidono in un secondo.»

101

Dall'alto, il profilo tremulo della *Goya* si stagliava all'orizzonte. A meno di un chilometro di distanza, Tolland riuscì a distinguere le luci brillanti del ponte che Xavia aveva saggiamente lasciato accese. Nel vederle, si sentì come un viaggiatore stanco che finalmente imbocchi il viale di casa.

«Avevo capito che era rimasta una sola persona a bordo» disse Rachel, sorpresa dalla potente illuminazione.

«Tu non lasci una luce accesa quando resti a casa da sola?»

«Sì, *una*; non tutte.»

Tolland sorrise. Malgrado si sforzasse di apparire allegra, Rachel era chiaramente molto angosciata per il fatto di trovarsi lì. Avrebbe voluto cingerle le spalle e rassicurarla, ma sapeva di non poterle dire molto. «Le luci sono accese per ragioni di sicurezza. Fanno sembrare la nave in piena attività.»

Corky si mise a ridere. «Paura dei pirati, Mike?»

«No. Il pericolo maggiore, qui, è costituito dagli idioti incapaci di leggere il radar. La miglior difesa è rendersi molto visibili.»

Corky strinse gli occhi per guardare la *Goya*. «Accidenti! Pare una nave da crociera la notte di Capodanno! Evidentemente è la NBC a pagarti il conto della luce!»

L'elicottero della guardia costiera rallentò accostandosi all'enorme nave illuminata. Il pilota iniziò le manovre per dirigersi sul ponte di poppa. Anche dall'alto, Tolland riusciva a individuare la forte corrente che premeva contro il fasciame dello scafo. Ancorata di prua, la *Goya* strattonava la massiccia catena dell'ancora come una bestia legata.

«Un vero splendore» esclamò il pilota con una risata.

Tolland sapeva che il commento era ironico. La *Goya* non era una bella nave. "Culona", l'aveva definita un commentatore televisivo. Una delle diciassette imbarcazioni SWATH a due scafi mai costruite, aveva una linea tutt'altro che elegante.

In sostanza, era un massiccio pianale che fluttuava dieci metri sopra l'oceano su quattro enormi supporti poggiati su galleggianti. Da lontano, sembrava una bassa piattaforma petrolifera, mentre da vicino ricordava una chiatta sui trampoli. Gli alloggi dell'equipaggio, i laboratori di ricerca e il ponte di comando erano situati in una serie di strutture una sopra l'altra. A una prima impressione, pareva un gigantesco tavolo fluttuante che sosteneva un guazzabuglio di edifici a più piani.

Malgrado l'aspetto per niente aerodinamico, il design della *Goya* offriva un piano di galleggiamento inferiore e quindi maggiore stabilità. La piattaforma sospesa consentiva di effettuare riprese più accurate, facilitava il lavoro di laboratorio e causava meno mal di mare agli scienziati. Tolland aveva sempre resistito alle insistenze della NBC che voleva convincerlo a farsi comprare qualcosa di più nuovo. Certo, sul mercato esistevano navi migliori, ormai, anche più stabili, ma la *Goya* era la sua casa da quasi dieci anni, la nave su cui era riuscito a elaborare il lutto per la morte di Celia. Alcune notti udiva ancora la sua voce nel vento sul ponte. Se e quando fossero scomparsi i fantasmi, avrebbe preso in considerazione l'idea di un'altra nave.

Ma non era ancora il momento.

Quando l'elicottero si posò sulla poppa della *Goya*, Rachel Sexton si sentì solo parzialmente sollevata. La cosa positiva era che non stava più sorvolando l'oceano, quella negativa che ci si trovava direttamente sopra. Cercò di mantenere le gambe salde quando sbarcò sul ponte e si guardò intorno. La zona era ingombra, tanto più con l'elicottero. Volgendo lo sguardo verso prua, vide la sgraziata costruzione sopraelevata che formava il corpo più imponente della nave.

Tolland era al suo fianco. «Lo so» disse, parlando ad alta voce per sovrastare il rumore della corrente impetuosa. «Sembra più grande in televisione.»

Rachel annuì. «E anche più stabile.»

«Questa è una delle navi più sicure in mare. Te lo giuro.» Le poggiò una mano sulla spalla per guidarla attraverso il ponte.

Il calore di quella mano la placò più di qualsiasi parola. Ciononostante, guardò la parte posteriore della nave e vide l'acqua ribollire, come se stessero avanzando a tutta velocità. "Siamo seduti su un megapennacchio" pensò.

Al centro della parte anteriore del ponte di poppa, Rachel adocchiò la forma familiare di un sommergibile monoposto Triton appeso a un gigantesco verricello. Il Triton, così chiamato dal dio greco del mare, non assomigliava affatto al suo predecessore, l'Alvin, una scatola d'acciaio. Una cupola emisferica di perspex faceva sembrare il Triton più una gigantesca vasca per pesci rossi che un batiscafo. Poche cose terrorizzavano Rachel maggiormente dell'idea di immergersi centinaia di metri sotto la superficie del mare con solo un foglio di plastica trasparente tra il proprio viso e l'abisso. Secondo Tolland, invece, la sola parte sgradevole dell'immersione sul Triton era la fase iniziale, e cioè essere calati attraverso la botola sul ponte della *Goya*, appesi trenta piedi sopra il mare.

«Xavia sarà nell'idrolaboratorio» disse Tolland, attraversando il ponte. «Da questa parte.»

Rachel e Corky lo seguirono, mentre il pilota della guardia costiera restava a bordo dell'elicottero con il divieto assoluto di usare la radio.

«Date un'occhiata» disse Tolland, fermandosi alla battagliola di poppa.

Rachel si avvicinò, esitante. L'acqua era almeno dieci metri sotto di loro, eppure se ne percepiva il calore.

«Più o meno la temperatura di un bagno caldo» gridò Tolland, per sovrastare il rumore della corrente. Tese il braccio verso un quadro comandi. «Guardate!» Premette un interruttore.

Un ampio cerchio di luce si allargò sull'acqua dietro la barca, illuminandola dall'interno come una piscina. Rachel e Corky restarono a bocca aperta.

Nella zona intorno alla nave, videro decine di ombre spettrali. A pochi metri sotto la superficie rischiarata, fitte schiere di forme scure e snelle nuotavano controcorrente, con l'inconfondibile cranio a forma di martello che si sollevava e si abbassava, come a battere un ritmo preistorico.

«Cristo, Mike» balbettò Corky. «Sono proprio felice che tu abbia voluto mostrarcelo.»

Rachel si sentì irrigidire. Avrebbe voluto indietreggiare, ma non riusciva a muoversi. Era impietrita da quella visione terrificante.

«Incredibili, vero?» Tolland le aveva di nuovo posato la mano sulla spalla. «Si soffermano per settimane nelle zone calde. Questi personaggi hanno il naso più affinato di tutte le creature marine, lobi olfattivi del telencefalo molto sviluppati. Percepiscono l'odore del sangue a un chilometro di distanza.»

Corky pareva scettico. «Lobi olfattivi del telencefalo?»

«Non mi credi?» Tolland si mise a frugare in un contenitore di alluminio. Dopo un momento, ne estrasse un pesce morto che tagliò a pezzi. «Perfetto.» Il pesce cominciò a sanguinare.

«Mike, per l'amor del cielo. È disgustoso» commentò Corky.

Tolland lanciò il pesce in mare. Nell'istante in cui raggiunse l'acqua, sei o sette squali schizzarono in superficie e snudando i denti argentei azzannarono con furia il pesce insanguinato. Un attimo dopo, era sparito.

Atterrita, Rachel fissò Tolland, che aveva già un altro pesce in mano. Stesso tipo, stesse dimensioni.

«Questa volta, niente sangue» disse. Senza tagliarlo, lo gettò in acqua. Il pesce sprofondò, e non successe nulla. Gli squali non vi fecero alcun caso. L'esca fu trasportata via dalla corrente senza destare il loro interesse.

«Attaccano soltanto in base all'olfatto» spiegò Tolland, conducendoli via. «Infatti, si potrebbe nuotare in mezzo a loro senza correre alcun rischio, a patto di non avere ferite aperte.»

Corky indicò i punti di sutura sulla sua guancia.

Tolland annuì. «Già. Niente nuotata per te.»

102

Il taxi di Gabrielle Ashe non avanzava di un metro.

Bloccata nei pressi del Roosevelt Memorial, guardò i veicoli di emergenza lontani con l'impressione che un surrealistico banco di nebbia fosse calato sulla città. Alla radio, servizi speciali annunciavano la probabile presenza di un esponente governativo di primo piano sulla macchina esplosa.

Digitò il numero del senatore sul cellulare. Sicuramente si stava chiedendo perché lei ci impiegasse tanto.

La linea era occupata.

Lanciò un'occhiata al tassametro e corrugò la fronte. Alcune macchine salivano sul marciapiede e invertivano la marcia per trovare strade alternative. L'autista si voltò verso di lei. «Vuole aspettare? I soldi sono suoi.»

Gabrielle vide che stavano arrivando altre auto di soccorso. «No, torniamo indietro.»

Un grugnito affermativo, poi l'uomo iniziò la macchinosa inversione a U. Mentre sobbalzavano sul marciapiede, Gabrielle tentò di nuovo di chiamare Sexton.

Ancora occupato.

Parecchi minuti più tardi, dopo una lunga deviazione, il taxi procedeva per C Street. Gabrielle vide profilarsi il palazzo del Senato Philip A. Hart. Era partita intenzionata ad andare dritto a casa di Sexton, ma visto che l'ufficio era così vicino... «Accosti» ordinò all'autista. «Proprio lì, grazie.»

L'auto si fermò.

Gabrielle gli porse dieci dollari in più rispetto all'ammontare del tassametro. «Può aspettarmi dieci minuti?»

L'uomo guardò i soldi e poi l'orologio. «Non un minuto di più.»

Lei scese di corsa. "Sarò di ritorno tra cinque."

L'atmosfera dei corridoi di marmo del palazzo appariva quasi sepolcrale a quell'ora. Sentì i muscoli in tensione mentre procedeva veloce tra le coppie di statue austere allineate lungo l'ingresso del terzo piano. I loro occhi di pietra sembravano seguire i suoi movimenti come silenziose sentinelle.

Alla porta principale degli uffici del senatore Sexton, costituiti da cinque locali, usò la chiave elettronica per entrare. La segreteria era poco illuminata. Attraversò l'atrio e percorse il corridoio che portava al suo ufficio. Entrò, accese le luci al neon e puntò dritto verso gli schedari.

Aveva un intero dossier sul bilancio preventivo dell'Earth Observing System della NASA, comprese molte informazioni sul PODS. Sexton avrebbe sicuramente voluto tutti i dati disponibili non appena lei gli avesse raccontato di Harper.

"La NASA ha mentito sul PODS."

Mentre scartabellava tra i dossier, squillò il cellulare.

«Senatore?»

«No, Gabs. Sono Yolanda.» La voce dell'amica aveva un tono insolitamente spiccio. «Sei ancora alla NASA?»

«No, in ufficio.»

«Scoperto qualcosa là?»

"Non puoi immaginare." Ma sapeva di non poterle dire nulla prima di aver parlato con Sexton: il senatore avrebbe avuto idee precise su come gestire le informazioni. «Ti racconto tutto dopo che ho visto Sexton. Sto andando da lui.»

Yolanda fece una breve pausa. «Gabs, hai presente quello che sostenevi sui finanziamenti della campagna di Sexton e sulla Space Frontier Foundation?»

«Sì, sbagliavo e...»

«Ho appena scoperto che due nostri cronisti che si occupano dell'industria aerospaziale lavorano da qualche tempo a questa storia.»

Gabrielle era sconcertata. «E allora?»

«Non so, ma sono due tipi in gamba, e si dicono persuasi che Sexton prenda tangenti dalla SFF. Ho pensato di avvisarti. So di averti detto che l'idea era assurda. Marjorie Tench pareva poco affidabile come fonte, ma questi nostri collaboratori... non so, forse faresti bene a sentirli prima di incontrare il senatore.»

«Se sono tanto convinti, come mai non hanno pubblicato quello che sanno?» chiese Gabrielle in tono involontariamente difensivo.

«Non ci sono prove concrete. A quanto pare, il senatore è bravissimo a cancellare ogni traccia.»

"Come la maggior parte dei politici." «Il senatore è pulito, Yolanda. Ti ho detto che ha ammesso di ricevere donazioni dalla SFF, ma sono tutte al di sotto del tetto massimo consentito.»

«Certo, questo è ciò che ha raccontato a *te*, Gabs, e non pretendo di sapere se è vero o falso. Ho semplicemente sentito il dovere di chiamarti perché ti avevo detto di non fidarti di Marjorie Tench, e ora scopro che ci sono *altre* persone sicure che il senatore è sul libro paga della SFF. Tutto qui.»

«Chi sono questi giornalisti?» Gabrielle si sentì assalire da una rabbia crescente e inattesa.

«Niente nomi, però posso organizzarti un incontro. Persone in gamba, che conoscono bene la legge sui finanziamenti elettorali...» Yolanda esitò un momento. «Sai, credono che Sexton abbia un bisogno disperato di liquidi... che sia sull'orlo della bancarotta.»

Nel silenzio dell'ufficio, Gabrielle risentì echeggiare le rauche accuse della Tench. "Dopo la morte della moglie, il senatore ha dissipato la maggior parte dell'eredità in pessimi investimenti, lussi personali e per comprare quella che appare la sua vittoria certa alle primarie. Appena sei mesi fa, il suo candidato era sul lastrico."

«I miei colleghi sarebbero contenti di parlare con te.»

"Ci credo" si disse Gabrielle. «Bene, ti richiamo.»

«Sembri incazzata.»

«Mai con te, Yolanda. Mai, per nessun motivo. Grazie di tutto.»

Chiuse la comunicazione.

L'addetto alla sicurezza sonnecchiava su una sedia nel corridoio fuori dall'appartamento di Westbrooke del senatore Sexton quando fu svegliato di soprassalto dallo squillo del cellulare. Con un balzo sulla sedia, si fregò gli occhi ed estrasse il telefono dalla tasca della giacca.

«Sì?»

«Owen, sono Gabrielle.»

L'uomo riconobbe la voce. «Oh, salve.»

«Ho bisogno di parlare con il senatore. Le dispiace bussare alla porta? Il telefono è sempre occupato.»

«È molto tardi.»

«È sveglio, ne sono sicura.» Il tono era ansioso. «È un'emergenza.»

«*Un'altra?*»

«La stessa. Me lo passi al telefono, per favore. Ho davvero bisogno di chiedergli una cosa, Owen.»

La guardia si alzò con un sospiro. «Okay, okay. Vado a bussare.» Si stirò mentre si avviava verso la porta. «Ma lo faccio solo perché era contento che l'avessi fatta entrare, prima.» Con una certa riluttanza, alzò il pugno per bussare.

«Che ha detto?»

L'uomo si bloccò con la mano a mezz'aria. «Che il senatore era contento che l'avessi fatta entrare, prima. Aveva ragione, non c'era problema.»

«Ne ha parlato con il senatore?» Il tono di Gabrielle era sbalordito.

«Sì, e allora?»

«No, è che...»

«Per la verità, è stato strano, perché ha impiegato un paio di secondi per ricordare la sua visita. Probabilmente lui e gli amici avevano bevuto parecchio.»

«Quando ne avete parlato, Owen?»

«Subito dopo che lei è andata via. Perché, qualcosa non va?»

Un attimo di silenzio. «No... no, nulla. Senta, ora che ci ripenso, meglio non disturbarlo in questo momento. Continuerò a insistere al suo numero di casa, e se non ho fortuna la richiamo.»

La guardia alzò gli occhi al cielo. «Come preferisce, signora Ashe.»

«Grazie, Owen, e scusi tanto.»

«Ci mancherebbe.» L'uomo chiuse la comunicazione, crollò sulla sedia e riprese a dormire.

Sola in ufficio, Gabrielle rimase immobile parecchi secondi prima di posare la cornetta. "Sexton ha saputo che sono stata in casa sua... e non me ne ha fatto parola?"

Quella notte strana, irreale, stava diventando sempre più confusa. Ripensò alla telefonata che le aveva fatto il senatore mentre si trovava nella sede della ABC. L'aveva stupita ammettendo spontaneamente di avere incontrato esponenti delle compagnie spaziali e di accettarne il denaro. La sua franchezza l'aveva riconquistata alla sua causa, facendola addirittura vergognare di se stessa. Ma, a quel punto, la confessione di Sexton appariva decisamene meno nobile.

Quei soldi erano briciole, aveva affermato Sexton. Perfettamente legali.

D'un tratto, tutti i vaghi sospetti che aveva nutrito sul conto del senatore sembrarono riaffiorare contemporaneamente.

Fuori, il taxista strombazzava il clacson.

103

La plancia della *Goya* era un cubo di perspex situato due livelli sopra il ponte principale. Da lì Rachel aveva un panorama a trecentosessanta gradi del mare scuro che la circondava, una visione angosciante che guardò una sola volta prima di concentrarsi sulla questione più urgente.

Aveva mandato Tolland e Corky a cercare Xavia per poter parlare da sola con Pickering. Gli aveva promesso di chiamarlo subito dopo l'arrivo, e poi lei era ansiosa di sapere che cosa aveva appreso nel colloquio con Marjorie Tench.

Il SHINCOM 2100 a bordo della *Goya* era un sistema di comunicazione digitale con cui Rachel aveva una certa familiarità. Sapeva che la chiamata, se breve, non correva rischi di venire intercettata.

Digitò il numero privato di Pickering, appoggiò il ricevitore all'orecchio e attese. Si aspettava una risposta immediata e invece la linea continuò a squillare.

Sei, sette, otto volte...

Rachel guardò l'oceano nero, e l'impossibilità di raggiungere il direttore non fece che aumentare la sua inquietudine per il fatto di trovarsi in quel posto.

Nove, dieci squilli.

"Rispondi!"

Camminò nervosamente avanti e indietro, perplessa. Pickering portava sempre con sé il cellulare e, inoltre, le aveva espressamente raccomandato di chiamarlo subito.

Con crescente apprensione, rifece il numero.

Quattro squilli. Cinque.

"Ma dov'è?"

Infine, il *clic* del collegamento. Rachel avvertì un'ondata di sollievo, ma durò ben poco. Nessuno in linea, solo silenzio.

«Pronto, direttore?»

Tre *clic* in rapida successione.

«Pronto?»

Una scarica di elettricità statica le esplose nell'orecchio. Allontanò la cornetta dalla testa, assordata. Le scariche cessarono all'improvviso, poi udì una serie di rapidi toni oscillanti a distanza di mezzo secondo l'uno dall'altro. La sua perplessità cedette il passo alla consapevolezza, e poi alla paura.

«Merda!»

Si voltò verso il quadro comandi sul ponte, sbatté il ricevitore nell'alloggiamento e chiuse la comunicazione. Per parecchi secondi rimase immobile, terrorizzata, a chiedersi se fosse riuscita a interrompere la chiamata in tempo.

Al centro della nave, due ponti sotto di lei, l'idrolaboratorio della *Goya* era un ampio spazio di lavoro segmentato da lunghi banchi e postazioni stracolmi di apparecchiature elettroniche: strumenti per cartografare il fondale, analizzatori delle correnti, vasche, cappe per i vapori, un vano frigorifero per conservare i campioni, computer e una pila di raccoglitori per dati e cassette di pezzi di ricambio per le manutenzioni.

La geologa marina della *Goya*, Xavia, era sdraiata davanti a un televisore a tutto volume. Non si voltò neppure quando Corky e Tolland entrarono.

«Siete rimasti a secco di birra?» gridò, evidentemente convinta che fossero rientrati alcuni membri dell'equipaggio.

«Xavia, sono Mike.»

La geologa si voltò di scatto, inghiottendo un pezzo del panino preconfezionato che stava mangiando. «Mike?» farfugliò, sbalordita di vederlo. Si alzò in piedi, abbassò il volume del televisore e si avvicinò, sempre masticando. «Credevo che qualcuno dei nostri avesse finito il giro dei bar. Che ci fai qui?» Ben piantata, scura di pelle, aveva una voce acuta e l'aria scorbutica. Indicò il televisore, che continuava a trasmettere brani del documentario di Tolland sul meteorite. «Non ti sei trattenuto a lungo sulla banchisa, eh?»

"È emerso qualcosa" si disse Tolland. «Xavia, sono certo che riconoscerai Corky Marlinson.»

Xavia annuì. «È un onore, signore.»

Corky fissava il panino che lei aveva in mano. «Ha un'aria appetitosa.»

Xavia gli rivolse un'occhiata stupita.

«Ho ricevuto il tuo messaggio» le disse Tolland. «Accennavi a un errore nella mia presentazione, e vorrei saperne di più.»

La geologa scoppiò in una risata stridula. «Sei tornato per *questo*? Oh, Mike, per l'amor del cielo, ti ho detto che non era importante. Volevo solo stuzzicarti. È chiaro che la NASA ti ha fornito dati vecchi, ma è irrilevante. Sul serio, solo tre o quattro geologi marini al mondo possono avere notato la svista!»

Tolland trattenne il respiro. «Questa svista... ha per caso a che fare con i condri?»

Sul viso di Xavia si dipinse un'espressione di assoluto sconcerto. «Dio mio! Uno di questi geologi ti ha già chiamato?»

Tolland si sentì crollare. "I condri." Volse lo sguardo su Corky, poi di nuovo sulla geologa. «Xavia, ho bisogno che tu mi dica tutto quello che sai di questi condri. Qual è stato il mio errore?»

Xavia si accorse che il collega era terribilmente serio. «Mike, niente di importante, davvero. Si tratta di un trafiletto che ho letto su una rivista specialistica, qualche tempo fa, ma mi pare eccessiva tutta questa preoccupazione da parte tua.»

Tolland sospirò. «Xavia, per quanto possa apparire strano, meno conosci di questa storia, meglio è. Ti chiedo solo di dirci quello che sai dei condri, e poi dovresti esaminare un campione di roccia per noi.»

Xavia appariva sconcertata e al tempo stesso turbata di essere tagliata fuori. «Bene, lascia che trovi l'articolo. È nel mio ufficio.» Posò il sandwich e si diresse alla porta.

«Posso finirlo?» le gridò dietro Corky.

Xavia si fermò, incredula. «Vuole finire il *mio* panino?»

«Be', pensavo che se lei...»

«Ma se ne prenda uno, che cavolo!» esclamò Xavia prima di uscire.

Tolland, con una risata, indicò il refrigeratore per i campioni dall'altra parte del laboratorio. «Ripiano inferiore, Corky Tra la sambuca e i sacchi delle seppie.»

Fuori, sul ponte, Rachel scendeva la ripida scaletta per avvicinarsi all'elicottero. Il pilota della guardia costiera stava sonnecchiando ma sedette eretto quando lei bussò sul vetro dell'abitacolo.

«Già fatto? È stata rapida.»

Rachel scosse la testa, tesa. «Lei è in grado di azionare contemporaneamente il radar aereo e quello di superficie?»

«Certo. Per un raggio di quindici chilometri.»

«Li accenda, per favore.»

Perplesso, il pilota abbassò un paio di leve e lo schermo del radar si accese. La linea di scansione cominciò a ruotare pigramente.

«Vede qualcosa?» chiese Rachel.

Il pilota lasciò che l'indicatore compisse parecchie rotazioni complete, regolò alcuni comandi e osservò. Tutto libero. «Un paio di piccole navi nella zona periferica, che peraltro si stanno allontanando. Nient'altro. Miglia e miglia di mare aperto in tutte le direzioni.»

Rachel Sexton sospirò, malgrado non si sentisse particolarmente sollevata. «Mi faccia un favore. Se vede avvicinarsi qualcosa – barche, aerei, qualsiasi mezzo – mi avverta immediatamente.»

«Stia tranquilla. Tutto a posto?»

«Sì, solo vorrei sapere se abbiamo compagnia.»

Il pilota si strinse nelle spalle. «Tengo d'occhio il radar, signora. Al minimo segnale di ritorno, sarà la prima a essere informata.»

Rachel sentiva tutti i sensi allertati mentre si dirigeva verso l'idrolaboratorio. All'interno, trovò Corky e Tolland soli davanti allo schermo di un computer, intenti a sbocconcellare un panino.

Corky si rivolse a lei con la bocca piena. «Cosa preferisci? Pollo che sa di pesce, mortadella che sa di pesce o insalata che sa di pesce?»

Rachel quasi non udì la domanda. «Mike, ottenuta l'informazione che cerchi, dobbiamo allontanarci al più presto da questa nave.»

104

Tolland, insieme a Corky e a Rachel, si aggirava nervoso per l'idrolaboratorio in attesa del ritorno di Xavia. La storia dei condri era sconfortante quanto la notizia del mancato contatto di Rachel con Pickering.

"Il direttore non ha risposto... E qualcuno ha cercato di catturare elettronicamente la posizione della *Goya*."

«Rilassatevi» disse Tolland agli altri. «Siamo al sicuro. Il pilota della guardia costiera controlla il radar e ci avvertirà immediatamente se qualcuno si dirige da questa parte.»

Rachel annuì, ma sentiva i nervi a fior di pelle.

«Mike, che diavolo è *questo*?» Corky stava indicando sul monitor di un computer Sparc una minacciosa immagine psichedelica che pulsava e ondeggiava come se fosse viva.

«Un correntometro acustico a effetto Doppler» rispose Tolland. «Questa è una sezione trasversale delle correnti e dei gradienti termici del mare sotto la nave.»

Rachel lo fissò con attenzione. «È lì sopra che siamo ancorati?»

Tolland doveva ammettere che l'immagine incuteva paura. In superficie, l'acqua turbinante appariva verdeazzurra, però a mano a mano che si scendeva, con l'aumentare della temperatura, il colore cambiava gradualmente fino a diventare un minaccioso rosso arancio. Vicino al fondo, infuriava un vortice ciclonico rosso sangue.

«Quello è il megapennacchio» spiegò Tolland.

«Pare un tornado sottomarino» bofonchiò Corky.

«Il principio è il medesimo. Gli oceani sono in genere più

freddi e più densi vicino al fondo, ma qui la dinamica è l'opposto. L'acqua profonda è più calda e leggera, e quindi sale verso la superficie. Contemporaneamente, l'acqua in superficie è più pesante, quindi scende in un'ampia spirale per colmare il vuoto. Queste correnti di deflusso sono frequenti nei mari. Enormi gorghi.»

«Cos'è la grossa protuberanza?» Corky indicò la piatta distesa del fondale oceanico su cui si ergeva una montagnola a forma di cupola, proprio alla base del vortice.

«È la cupola di lava. Il punto in cui la lava preme sotto il fondale oceanico.»

Corky annuì. «Come un enorme foruncolo.»

«Per così dire.»

«E se esplode?»

Tolland aggrottò la fronte nel ricordare il famoso megapennacchio del 1986 al largo della dorsale di Juan de Fuca, nell'oceano Pacifico, quando migliaia di tonnellate di magma a una temperatura di milleduecento gradi centigradi si erano riversate in mare accrescendo quasi istantaneamente l'intensità del pennacchio. Le correnti superficiali si erano intensificate quando il vortice si era espanso rapidamente verso l'alto. Ciò che era accaduto dopo Tolland preferiva risparmiarlo a Rachel e Corky, quella sera.

«Le cupole di lava atlantiche non esplodono» affermò. «L'acqua fredda che circola sopra il tumulo non fa che raffreddare e consolidare la crosta superficiale, mantenendo il magma sotto uno spesso strato di roccia. La lava sottostante finisce per raffreddarsi e la spirale si dissolve. I megapennacchi non sono pericolosi, in genere.»

Corky indicò una rivista stropicciata accanto al computer. «Dunque sostieni che "Scientific American" pubblica fantascienza?»

Tolland fece una smorfia nel vedere la copertina. Evidentemente qualcuno aveva tirato fuori dall'archivio dei giornali scientifici della Goya quel numero del febbraio 1999. In copertina, il disegno di fantasia di una superpetroliera travolta da un gigantesco vortice. Il titolo recitava: I MEGAPENNACCHI, GIGANTESCHI ASSASSINI DEGLI ABISSI?

Tolland lo liquidò con una risata. «Assolutamente irrilevante. L'articolo parla di megapennacchi in zone sismiche. Alcuni anni fa andava per la maggiore l'ipotesi del Triangolo delle Bermuda per spiegare la sparizione di alcune navi. Tecnicamente parlando, se sul fondo dell'oceano si verifica un evento geologico cataclismatico, del tutto sconosciuto in questa zona, la cupola si spacca e il vortice può crescere abbastanza da... be', avete capito...»

«No, non abbiamo capito» dichiarò Corky.

Tolland si strinse nelle spalle. «.. Affiorare in superficie.»

«Splendido. Sono felice che tu ci abbia portato qui.»

Entrò Xavia con alcuni fogli. «State ammirando il megapennacchio?»

«Sì, certo» rispose Corky con ironia. «Mike ci ha appena raccontato che se quella piccola montagnola si spacca, finiamo tutti dentro un gigantesco scarico.»

«Scarico?» Xavia rise con freddezza. «Più che altro sarebbe come finire nello sciacquone del più grande gabinetto del mondo.»

Sul ponte della *Goya*, il pilota della guardia costiera teneva sotto controllo lo schermo del radar. Come membro di una squadra di salvataggio aveva visto spesso la paura negli occhi della gente, e Rachel Sexton gli era parsa decisamente terrorizzata quando gli aveva chiesto di controllare che non arrivassero visite inattese.

"Che genere di visite teme?" si chiese.

Da quel che poteva vedere, mare e cielo apparivano assolutamente sgombri in tutte le direzioni in un raggio di quindici chilometri, a parte un peschereccio a circa dieci chilometri e, di tanto in tanto, un aereo che rasentava il campo del radar e poi spariva verso una destinazione sconosciuta.

Con un sospiro, si volse a guardare l'oceano che turbinava veloce intorno all'imbarcazione. La sensazione era sinistra, quella di una nave che avanzava a tutta velocità malgrado fosse ancorata.

Tornò con gli occhi sul radar, attento.

105

A bordo della *Goya*, Tolland presentò Xavia a Rachel. La geologa di bordo pareva sempre più sconcertata dalla presenza di quegli eminenti personaggi. Inoltre, l'ansia di Rachel di fare i test per allontanarsi dalla nave il prima possibile stava chiaramente innervosendo Xavia.

"Fai con calma" le aveva detto Tolland. "Dobbiamo sapere tutto."

Xavia parlò in tono distaccato. «Nel documentario, hai sostenuto che quelle piccole inclusioni metalliche presenti nella roccia possono formarsi *soltanto* nello spazio.»

Tolland avvertì un brivido di apprensione. "I condri si formano solo nello spazio. È quello che mi ha detto la NASA."

«Ma secondo queste note» spiegò Xavia, sollevando i fogli «non è del tutto vero.»

Corky si inalberò. «Certo che è vero!»

Xavia, infastidita, sventolò gli appunti. «L'anno scorso, un giovane geologo di nome Lee Pollock, laureatosi alla Drew University, stava usando una nuova specie di robot marino per prelevare campioni di crosta sottomarina nel Pacifico, nella fossa delle Marianne, e tirò su una pietra non attaccata al fondale che conteneva formazioni geologiche mai viste prima. Assomigliavano molto a condri. Le chiamò "inclusioni plagioclasiche da pressione", piccole bolle metalliche che dovevano essersi riomogeneizzate durante episodi caratterizzati da elevate pressioni nelle profondità dell'oceano. Pollock rimase sbalordito nello scoprire bolle metalliche in una pietra oceanica, e formulò una teoria singolare per spiegarne la presenza.»

«Non stento a crederlo» borbottò Corky.

Xavia lo ignorò. «Secondo il dottor Pollock, la roccia si era formata in ambiente oceanico ultraprofondo dove la pressione estrema aveva modificato per metamorfismo una pietra preesistente, determinando la fusione di alcuni dei diversi metalli presenti.»

Tolland considerò l'ipotesi. La fossa delle Marianne aveva una profondità di più di undicimila metri, una delle ultime regioni inesplorate del pianeta. Soltanto pochissime sonde teleguidate si erano avventurate in quelle profondità, e per la maggior parte si erano distrutte prima di raggiungere il fondo. La pressione dell'acqua era enorme, addirittura milleduecento chili per centimetro quadrato, in confronto a un solo chilo per centimetro quadrato sulla superficie del mare. Gli oceanografi avevano ancora una conoscenza molto relativa delle forze geologiche attive sul fondo degli abissi oceanici. «Quindi questo Pollock ritiene che nella fossa delle Marianne possano esistere pietre con formazioni simili a condri?»

«È una teoria estremamente oscura. In effetti, non è mai stata pubblicata ufficialmente. Mi sono imbattuta per caso negli appunti personali di Pollock sul web il mese scorso, quando studiavo le interazioni rocce-fluidi per l'imminente show del nostro megapennacchio; altrimenti, non ne avrei mai sentito parlare.»

«La teoria non è mai stata pubblicata per il semplice motivo che è assurda» commentò Corky. «Per la formazione dei condri è necessario il *calore*. In nessun modo la pressione dell'acqua può modificare la struttura cristallina di una roccia.»

«La pressione» lo investì Xavia di rimando «è in assoluto la maggiore responsabile delle trasformazioni geologiche che avvengono sul nostro pianeta. Ha presente quella che si chiama roccia *metamorfica*? Il corso elementare di geologia?»

Corky aggrottò le sopracciglia.

Tolland comprese che Xavia meritava di essere ascoltata. Anche se il calore svolgeva effettivamente un ruolo fondamentale nella formazione di alcune rocce metamorfiche, la maggior parte di esse era creata da pressioni estremamente elevate. Per quanto potesse apparire incredibile, le rocce sepolte sotto la crosta terrestre subivano una pressione talmente forte che si comportavano più come melassa spessa che come roccia solida, visto che diventavano elastiche e subivano tutti quei cambiamenti chimici. Ciononostante, la teoria di Pollock sembrava alquanto azzardata.

«Xavia» disse Tolland «non ho mai saputo che la pressione dell'acqua da sola possa cambiare la struttura chimica di una pietra. Sei tu la geologa: che ne dici?»

Lei scartabellò tra gli appunti. «Be', pare che la pressione dell'acqua non sia l'unico fattore.» Trovò un passaggio di Pollock e lo lesse ad alta voce. «"La crosta oceanica nella fossa delle Marianne, normalmente soggetta a un'enorme pressione idrostatica, può trovarsi ulteriormente compressa dalle forze tettoniche delle zone di subduzione della regione."»

"Ovvio" pensò Tolland. La fossa delle Marianne, oltre a essere schiacciata sotto undicimila metri d'acqua, era una zona di subduzione, la linea di compressione in cui la placca del Pacifico e quella indiana si muovevano l'una verso l'altra e collidevano. Le pressioni combinate nella fossa potevano essere enormi e, poiché l'area era tanto remota e pericolosa da studiare, erano minime le probabilità che qualcuno fosse a conoscenza dell'eventuale presenza di condri.

Xavia continuò a leggere. «"La combinazione di pressioni idrostatiche e tettoniche potrebbe potenzialmente indurre nella crosta uno stato elastico o semiliquido, permettendo agli elementi più leggeri di fondersi in strutture simili a condri, che fino a oggi si ritenevano tipici solo delle rocce di origine spaziale."»

Corky alzò gli occhi al cielo. «Impossibile.»

Tolland lo guardò. «Hai una spiegazione alternativa per i condri della roccia di Pollock?»

«Certo. Pollock ha trovato un vero *meteorite*. Accade continuamente che i meteoriti cadano in mare. Probabilmente non gli è venuto in mente perché mancava la crosta di fusione, erosa dalla lunga permanenza sott'acqua, per cui l'aspetto era quello di una normale pietra.» Corky si rivolse a Xavia. «Immagino che Pollock non abbia avuto il buonsenso di misurare il contenuto di nichel, vero?»

«Per la verità l'ha fatto» replicò lei seccamente, tornando a sfogliare gli appunti. «Pollock scrive: "Mi ha sorpreso constatare che il contenuto di nichel del campione rientrava in un intervallo di valori medi che di solito non si riscontra nelle rocce terrestri".»

Tolland e Rachel si scambiarono un'occhiata stupita.

Xavia continuò a leggere. «"Malgrado la quantità di nichel non rientri nella finestra di valori normalmente accettata per le rocce di origine meteoritica, vi è sorprendentemente *vicina*."»

Rachel sembrava turbata. «Quanto vicina? È possibile scambiare per un meteorite questa roccia oceanica?»

Xavia scosse la testa. «Non sono una specialista della chimica delle rocce, ma da quel che capisco ci sono numerose differenze di natura chimica tra la pietra trovata da Pollock e i meteoriti.»

«In che cosa consistono queste differenze?» chiese Tolland.

Xavia rivolse l'attenzione a un diagramma. «Secondo questo grafico, una differenza è costituita dalla struttura chimica dei condri. Pare che i rapporti zirconio/titanio siano diversi: quello dei condri del campione oceanico ha mostrato zirconio ultraimpoverito.» Alzò lo sguardo. «Solo due parti per milione.»

«Due?» sbottò Corky. «I meteoriti ne hanno migliaia di volte tanto!»

«Esatto. Proprio per questo Pollock ha concluso che i condri del campione non potevano essere di origine spaziale.»

Tolland si chinò a sussurrare a Corky: «Per caso la NASA ha misurato il rapporto zirconio/titanio nella pietra di Milne?».

«Certo che no. Nessuno se l'è sognato. Sarebbe come guardare una macchina e misurare il contenuto di gomma negli pneumatici per confermare che si sta guardando una macchina!»

Tolland, con un sospiro, tornò a rivolgersi a Xavia. «Se ti diamo un campione di roccia contenente dei condri, puoi esaminarlo per determinare se queste inclusioni sono condri di meteorite o... un effetto della compressione subita negli abissi oceanici, secondo la teoria di Pollock?»

Xavia si strinse nelle spalle. «Penso di sì. Il microscopio elettronico dovrebbe essere abbastanza preciso. Ma cos'è tutta questa storia, comunque?»

Tolland si rivolse a Corky. «Daglielo.»

Con una certa riluttanza, Corky estrasse dalla tasca il campione di meteorite e lo porse a Xavia.

Lei osservò con aria grave la crosta di fusione e poi il fossile incastonato. «Dio mio!» Alzò la testa di scatto. «Ma non sarà per caso...»

«Sì» fece Tolland. «Purtroppo lo è.»

106

Sola davanti alla finestra del suo ufficio, Gabrielle Ashe si chiedeva che fare. Meno di un'ora prima era uscita dalla NASA entusiasta all'idea di rivelare al senatore la menzogna di Chris Harper sul PODS.

Ma non era più tanto sicura che fosse la mossa giusta.

Secondo Yolanda, due giornalisti indipendenti dell'ABC sospettavano che Sexton ricevesse soldi sottobanco dalla SFF; inoltre, Gabrielle aveva appena appreso che il senatore sapeva che lei era stata a casa sua durante l'incontro con la SFF, eppure non gliene aveva parlato.

Sospirò. Il taxi se ne'era andato da un pezzo e presto ne avrebbe chiamato un altro, ma prima doveva fare una cosa.

"Sono proprio decisa?"

Aggrottò la fronte, consapevole di non avere scelta. Non sapeva più di chi fidarsi.

Uscì dall'ufficio, tornò verso la segreteria e attraversò l'ampio salone sul lato opposto. In fondo vedeva le massicce porte di quercia dell'ufficio di Sexton, fiancheggiate da due bandiere: a destra la "Old Glory" a stelle e strisce, a sinistra quella del Delaware. Come in quasi tutti gli uffici del palazzo del Senato, le porte erano blindate e chiuse da chiavi normali e chiavi elettroniche e, inoltre, protette da un sistema di allarme.

Se fosse riuscita a entrare, anche per pochi minuti, avrebbe trovato tutte le risposte che cercava. Si avvicinò alle porte massicce senza illudersi di varcarle. Aveva altri progetti.

A tre metri dall'ufficio di Sexton, svoltò a destra per entrare nella toilette delle signore. I neon si accesero automaticamente, illuminando con un freddo riflesso le piastrelle bianche. Mentre gli occhi si adattavano, Gabrielle si fermò a guardarsi allo specchio. Come al solito, i suoi tratti le conferivano un aspetto più morbido di quanto sperasse, quasi delicato. Si sentiva sempre più forte di quanto non appariva.

"Sei sicura di volerlo fare?"

Sapeva che Sexton l'aspettava con ansia per essere esaurientemente aggiornato sulla situazione del PODS. Purtroppo, comprendeva anche che lui l'aveva abilmente strumentalizzata quella sera, e lei detestava sentirsi manovrare. Le aveva nascosto alcune cose, ma il problema era sapere *quanto* le avesse taciuto. Le risposte si trovavano nell'ufficio del senatore, appena oltre la parete del bagno.

«Cinque minuti» disse ad alta voce, per rinsaldare la propria determinazione.

Si diresse allo sgabuzzino delle scorte, alzò il braccio e passò la mano sulla cornice della porta. Una chiave cadde rumorosamente a terra. Il personale delle pulizie del palazzo Philip A. Hart era costituito da dipendenti statali che parevano evaporare ogni volta che c'era uno sciopero di qualunque genere, lasciando quel bagno senza carta igienica e assorbenti a volte per intere settimane. Le donne dell'ufficio di Sexton, stufe di accorgersene quando avevano già le mutande abbassate, avevano preso l'iniziativa di procurarsi la chiave per le "emergenze".

"Come quella di stasera, per esempio."

Aprì lo sgabuzzino.

Era pieno di scope, spazzoloni, e scaffali stipati di carta igienica. Il mese precedente, Gabrielle cercava delle salviette quando aveva fatto un'inaspettata scoperta. Non riuscendo ad arrivare allo scaffale più alto, aveva usato il manico di una scopa per far cadere un rotolo, ma inavvertitamente aveva urtato un pannello del soffitto. Quando si era arrampicata per risistemarlo, si era stupita nell'udire la voce del senatore Sexton.

Chiarissima.

A giudicare dall'eco, aveva capito che il senatore stava parlando da solo chiuso nel bagno privato dell'ufficio, che evidentemente era separato dallo sgabuzzino delle scorte soltanto da pannelli mobili di cartongesso.

A quel punto, tornata nel ripostiglio per questioni ben più

importanti della carta igienica, scalciò via le scarpe, si arrampicò sullo scaffale, spostò il pannello del soffitto e si sollevò sulle braccia. "Alla faccia della sicurezza nazionale" pensò, chiedendosi quante leggi statali e federali stesse per infrangere.

Calandosi dal soffitto del bagno di Sexton, appoggiò il piede sul freddo lavandino di ceramica e poi a terra. Trattenendo il fiato, entrò nell'ufficio privato del senatore.

I tappeti orientali erano morbidi e caldi.

107

A cinquanta chilometri di distanza, un nero elicottero d'attacco Kiowa sorvolava veloce le cime dei pini nani del Delaware. Delta-Uno controllò le coordinate inserite nel sistema di navigazione automatico.

Anche se il meccanismo di trasmissione di bordo usato da Rachel e il cellulare di Pickering erano criptati per proteggere il contenuto delle comunicazioni, la Delta Force aveva intercettato la telefonata, interessata non al *contenuto* ma alla *posizione* di chi chiamava. Il GPS e la triangolazione computerizzata rendevano molto più facile individuare le coordinate della trasmissione che decodificare il contenuto della comunicazione.

Delta-Uno era sempre molto divertito all'idea che quasi tutti gli utenti di cellulari ignoravano che ogni volta che facevano una telefonata un posto di ascolto governativo, se ne aveva voglia, poteva individuare la loro posizione in qualunque punto della Terra con uno scarto di tre metri: un piccolo problema che le aziende produttrici di cellulari omettevano di pubblicizzare. Quella sera, ottenuto l'accesso alle frequenze di ricezione del cellulare di William Pickering, la Delta Force non aveva avuto difficoltà a rintracciare le coordinate delle sue telefonate in arrivo.

Delta-Uno era ormai a trenta chilometri dall'obiettivo, sulla rotta più diretta. «Ombrello pronto?» chiese a Delta-Due, addetto al radar e al sistema di controllo dell'armamento.

«Affermativo. Aspettiamo di arrivare entro gli otto chilometri.»

"Otto chilometri." Delta-Uno doveva portare il velivolo dentro lo schermo radar del suo obiettivo per poter usare le armi del Kiowa. Di certo a bordo della *Goya* qualcuno scrutava nervosamente il cielo, e poiché il compito della Delta Force era eliminare l'obiettivo senza dargli la possibilità di chiedere soccorso via radio, occorreva avvicinarsi alla preda senza allarmarla.

A venticinque chilometri, ancora fuori dal raggio del radar, Delta-Uno virò bruscamente di trentacinque gradi a ovest. Salì a novecento metri – la quota di un piccolo aereo – e regolò la velocità sui centodieci nodi.

Sul ponte della *Goya*, lo schermo radar dell'elicottero emise un segnale sonoro quando un nuovo contatto entrò nel raggio di quindici chilometri. Il pilota si chinò a studiare il monitor: sembrava un piccolo aereo da carico che risaliva la costa verso ovest.

Forse diretto a Newark.

Quella traiettoria avrebbe portato l'aereo a sei chilometri dalla *Goya*, ma la rotta era evidentemente casuale. Ciononostante, essendo una persona attenta, il pilota della guardia costiera osservò il puntino pulsante tracciare una lenta linea a centodieci nodi nella parte destra del monitor. Nel punto più vicino, si trovava a circa sei chilometri a ovest. Come previsto, continuò a muoversi, ma si stava allontanando.

"Sei chilometri. Sei chilometri e mezzo."

Il pilota lasciò andare il respiro, rilassandosi.

A quel punto, successe una cosa stranissima.

«Ombrello inserito» gridò Delta-Due, alzando il pollice dal seggiolino del controllo armamento sul lato sinistro del Kiowa. «Sbarramento, modulazione del rumore e impulso di copertura tutti attivati e inseriti.»

Delta-Uno, ricevuta l'imbeccata, virò secco a destra, mettendo il velivolo sulla rotta diretta verso la *Goya*. La manovra sarebbe stata invisibile al radar della nave.

«È certo meglio delle balle di carta stagnola!» gridò Delta-Due.

Delta-Uno era pienamente d'accordo. L'accecamento dei radar era stato inventato nella Seconda guerra mondiale da un ingegnoso aviatore britannico che durante le incursioni lanciava dall'aereo balle di fieno rivestite di carta stagnola. I radar tedeschi individuavano tanti punti rifrangenti che non sapevano a cosa sparare. Da allora, la tecnica era stata perfezionata.

Sul Kiowa, il cosiddetto "ombrello", l'apparato di disturbo dei radar, era una delle più micidiali armi da combattimento elettronico. Trasmettendo una cortina di rumore di fondo nell'atmosfera, su una data serie di coordinate di superficie, il Kiowa poteva eliminare occhi, orecchie e voce dell'obiettivo. Pochi istanti prima, tutti gli schermi radar a bordo della *Goya* si erano sicuramente oscurati. Quando si fosse reso conto di avere bisogno di aiuto, l'equipaggio sarebbe stato impossibilitato a trasmettere. Sulle navi, tutte le comunicazioni avvenivano via radio o microonde, non certo su linee telefoniche. Se il Kiowa si fosse avvicinato abbastanza, tutti i sistemi di comunicazione della *Goya* avrebbero smesso di funzionare, i loro segnali portanti sovrastati dall'invisibile nube di rumori termici trasmessi davanti al Kiowa, abbaglianti come un faro.

"Isolamento perfetto. Non hanno difese."

I loro obiettivi erano riusciti a fuggire dalla banchisa di Milne in modo fortunoso e astuto, ma non avrebbero avuto una seconda possibilità. Rachel Sexton e Michael Tolland avevano commesso un errore madornale scegliendo di allontanarsi dalla costa. La peggiore decisione che avessero mai preso.

Alla Casa Bianca, Zach Herney, stordito dal sonno, sedeva sul letto con il telefono in mano. «Adesso? Ekstrom vuole parlarmi *adesso*?» Lanciò un'altra occhiata all'orologio sul comodino. "Le tre e diciassette."

«Sì, signor presidente» disse il responsabile delle comunicazioni. «Un'emergenza, dice.»

108

Corky e Xavia erano chini sullo strumento elettronico che misurava il contenuto di zirconio nei condri, quando Rachel seguì Tolland nella stanza adiacente al laboratorio. L'oceanografo accese un computer; evidentemente c'era qualcos'altro che voleva controllare. Mentre lanciava la procedura di avvio, Tolland si voltò verso Rachel come per dire qualcosa, ma poi si bloccò.

«Che c'è?» Rachel era sorpresa dell'attrazione fisica che provava per quell'uomo, anche in mezzo a una simile emergenza. Avrebbe voluto chiudere fuori tutto quanto e restare con lui, solo per un minuto.

«Ti devo le mie scuse» esordì Tolland, con un'espressione piena di rimorso.

«Per cosa?»

«Sul ponte, gli squali martello. Trascinato dall'entusiasmo, a volte dimentico che il mare può incutere paura agli altri.»

Sola con lui, Rachel si sentiva un'adolescente sulla porta di casa con un nuovo boyfriend. «Non c'è problema, sul serio. Grazie del pensiero, comunque.» Dentro di sé percepiva che Tolland desiderava baciarla.

Dopo un attimo, lui distolse gli occhi, intimidito. «So che vuoi tornare a terra, quindi dobbiamo metterci al lavoro.»

«Per il momento» rispose lei con un sorriso.

«Per il momento» ripeté Tolland, prendendo posto davanti al computer.

Rachel sospirò, alle sue spalle, assaporando l'intimità di quel piccolo laboratorio. Osservò Tolland consultare una serie di file. «Che fai?»

«Controllo la banca dati in cerca di grandi pidocchi oceanici. Voglio vedere se trovo fossili marini preistorici somiglianti a quelli rinvenuti nel meteorite della NASA.» Selezionò una pagina di ricerca sormontata da una scritta a lettere maiuscole: PROJECT DIVERSITAS.

Scorrendo i vari menu, Tolland spiegò il piano. «Diversitas è sostanzialmente un indice continuamente aggiornato di biodati oceanici. Quando un biologo marino individua una nuova specie o un fossile oceanico, può suonare il corno e condividere la sua scoperta caricando dati e foto in una banca dati centrale. Poiché ogni settimana si aggiungono tanti dati nuovi, questo è il solo modo per mantenere aggiornata la ricerca.»

«Quindi adesso vai sul web?»

«No. L'accesso a internet è difficoltoso in mare. Noi immagazziniamo a bordo tutti i dati su un gran numero di drive ottici interconnessi e situati nella stanza accanto. Ogni volta che siamo in porto, ci colleghiamo a Project Diversitas e aggiorniamo la banca dati. In questo modo, possiamo accedere alle informazioni in mare senza connetterci al web, e i dati sono al massimo arretrati di uno o due mesi.» Con una risata, Tolland digitò le parole chiave per la ricerca. «Mai sentito parlare del controverso programma Napster per scaricare musica dalla rete?»

Rachel annuì.

«Diversitas è considerato la versione biologica marina di Napster. Noi la chiamiamo LOBSTER, Liberi Oceanografi Biologi Soggiogati Totalmente da Eccentrica Ricerca.»

Rachel scoppiò a ridere. Anche in quella situazione di tensione, Michael Tolland sfoggiava un senso dell'umorismo capace di placare i suoi timori. Cominciava a rendersi conto che negli ultimi tempi aveva riso troppo poco.

«La nostra banca dati è enorme» spiegò Tolland, mentre finiva di digitare le parole chiave. «Oltre dieci terabyte di descrizioni e foto. Ci sono informazioni che nessuno ha mai visto, e mai vedrà. Le specie oceaniche sono troppo numerose.» Cliccò sull'icona CERCA. «Bene, vediamo se qualcuno ha mai trovato un fossile oceanico simile al nostro insetto spaziale.»

Dopo qualche secondo, la nuova pagina sullo schermo rivelò quattro elenchi di animali fossili. Tolland entrò in ogni elenco ed esaminò le foto. Niente di vagamente simile ai fossili del meteorite di Milne.

Si accigliò. «Proviamo qualcos'altro.» Tolse la parola "fossile" dalla stringa di ricerca e cliccò CERCA. «Controlliamo le specie *viventi*. Magari troviamo un discendente con qualche caratteristica fisica in comune con il nostro fossile.»

Lo schermo si aggiornò.

Tolland divenne di nuovo serio. Il computer mostrava centinaia di voci. Indugiò un momento, fregandosi il mento ombreggiato dalla barba incolta. «Okay, è troppo. Restringiamo la ricerca.»

Rachel lo vide entrare in un menu a tendina alla voce "habitat". L'elenco delle opzioni pareva interminabile: pozze formate dalle maree, acquitrini, lagune, reef, dorsali oceaniche, solfatare. Tolland scorse l'elenco e scelse un'opzione: ZONE ACCIDENTATE / FOSSE OCEANICHE.

"Bravo" pensò Rachel. Restringeva la ricerca alle specie che vivevano in ambienti vicini a dove si supponeva potessero crearsi le formazioni simili a condri.

Osservando la nuova schermata, Tolland sorrise. «Ottimo, solo tre voci.»

Rachel sbirciò il primo nome della lista. *Limulus poly...* qualcosa.

Tolland vi cliccò sopra. Apparve una foto che ritraeva una creatura simile a un enorme granchio a ferro di cavallo privo di coda. «No.» Tornò alla pagina precedente.

La seconda voce dell'elenco recitava *Gamberus Bruttus Infernalis*. «Ma è il nome vero?» chiese Rachel, perplessa.

Tolland rise. «No. È una nuova specie, non ancora classificata, e chi l'ha scoperta è dotato di senso dell'umorismo. Suggerisce *Gamberus Bruttus* per la classificazione tassonomica ufficiale.» Cliccò sulla foto, che rivelò una creatura simile a un gambero di eccezionale bruttezza con baffi e antenne rosa fluorescenti. «Nome azzeccato, ma non è il nostro insetto spaziale» commentò tornando all'indice. «L'ultima proposta è...» Cliccò sulla terza voce, e apparve la pagina.

«"*Bathynomous giganteus...*"» lesse Tolland a voce alta, mentre il testo veniva visualizzato. Caricò la fotografia, un primo piano a colori.

Rachel sobbalzò. «Mio Dio!» La creatura che la fissava dallo schermo le diede i brividi.

Tolland rimase a bocca aperta. «Per la miseria, questo tizio sembra alquanto familiare.»

Rachel annuì, senza parole. *Bathynomous giganteus*. Ricordava un gigantesco pidocchio nuotatore, molto simile alla specie fossilizzata nella roccia della NASA.

«Ci sono alcune lievi differenze» commentò Tolland, scorrendo la pagina per trovare diagrammi anatomici e schizzi. «Ma è molto simile, tanto più considerato che ha avuto centonovanta milioni di anni per evolvere.»

"Simile è la parola giusta" pensò Rachel. "Troppo simile."

Tolland lesse la descrizione sul monitor: «"Ritenuta una delle creature più antiche dell'oceano, il *Bathynomous giganteus*, una specie rara e classificata solo di recente, è un isopode saprofago abissale simile a un grande porcellino di terra. Lungo fino a sessanta centimetri, presenta un esoscheletro chitinoso segmentato in capo, torace e addome. Possiede arti appaiati, antenne e occhi compositi come quelli degli insetti terrestri. Non si conoscono i predatori di questa creatura degli abissi che vive in ambienti pelagici brulli, in passato ritenuti inabitabili"». Tolland alzò lo sguardo. «Il che spiegherebbe la mancanza di altri fossili nel campione!»

Rachel fissò la creatura sullo schermo, emozionata e al tempo stesso non sicura di comprendere appieno la portata di tutto ciò.

Tolland era visibilmente eccitato. «Immagina che centonovanta milioni di anni fa una nidiata di questi *Bathynomous* sia rimasta sepolta da una frana di fango sul fondo del mare. Quando il fango si solidifica diventando pietra, gli animali si fossilizzano. Contemporaneamente il pavimento oceanico, che si muove continuamente come un lento nastro trasportatore verso le fosse oceaniche, sposta i fossili nella zona di alta pressione dove la roccia forma i condri!» Parlava sempre più in fretta. «Se parte della crosta fossilizzata e piena di condri si è spaccata ed è finita sul cuneo di accrescimento, cosa per nulla insolita, sarebbe nella posizione perfetta per essere scoperta!»

«Ma se la NASA...» farfugliò Rachel. «Insomma, se è tutta una menzogna, la NASA doveva pur sapere che presto o tardi qualcuno avrebbe scoperto che i fossili assomigliano a creature marine, giusto? Insomma, come l'abbiamo scoperto *noi*!»

Tolland mandò in stampa la foto del *Bathynomous*. «Non saprei. Anche se qualcuno si facesse avanti per sottolineare le somiglianze tra i fossili e un pidocchio marino vivente, le fisiologie non sono identiche, il che, in un certo senso, non fa che rafforzare la posizione della NASA.»

All'improvviso, Rachel comprese. «Panspermia.» "I semi della vita sulla Terra impiantati dallo spazio."

«Esatto. Le similarità tra organismi spaziali e terrestri hanno un significato scientifico preciso. Questo pidocchio di mare in realtà rafforza la posizione della NASA.»

«A patto di non mettere in discussione l'autenticità del meteorite.»

Tolland annuì. «Se si mette in dubbio il meteorite, crolla tutto. Il nostro pidocchio marino da alleato della NASA si trasforma nel suo peggior nemico.»

Rachel rimase in silenzio mentre le pagine sul *Bathynomous* uscivano dalla stampante. Cercò di dirsi che poteva trattarsi di un errore in buona fede da parte dell'agenzia spaziale, ma sapeva che non era così. Chi è in buona fede non tenta di uccidere la gente.

La voce nasale di Corky echeggiò improvvisa dal laboratorio. «Impossibile!»

Tolland e Rachel si voltarono contemporaneamente.

«Misura di nuovo quel dannato rapporto! Non ha senso!»

Xavia arrivò di corsa con un foglio stampato in mano. Era pallida come un lenzuolo. «Mike, non so come dirtelo...» La voce si spezzò. «Il rapporto zirconio/titanio di questo campione...» Si schiarì la gola. «È ovvio che la NASA ha commesso un errore madornale. Il meteorite non è altro che una pietra oceanica.»

Tolland e Rachel si scambiarono un'occhiata ma non dissero nulla. Non ce n'era bisogno. Tutti i sospetti e i dubbi erano cresciuti come la cresta di un'onda, fino a frangersi.

Tolland annuì, gli occhi colmi di tristezza. «Sì, grazie, Xavia.»

«Ma... non capisco» disse Xavia. «La crosta di fusione... la collocazione nel ghiaccio...»

«Lo chiariremo mentre torniamo a terra. Ce ne andiamo.»

Rachel raccolse in fretta tutte le carte e le prove, che a quel punto erano definitive: la stampata dello scanner che mostrava il pozzo di inserimento nella banchisa di Milne, le foto di un isopode marino vivente somigliante al fossile della NASA; l'articolo di Pollock sui condri oceanici; i dati della microsonda che mostravano zirconio impoverito nel meteorite.

La conclusione era inevitabile. "Un inganno."

Tolland osservò la pila di fogli tra le mani di Rachel ed emise un sospiro malinconico. «Be', direi che William Pickering ha prove sufficienti.»

Rachel annuì, chiedendosi di nuovo come mai il suo capo non avesse risposto alla chiamata.

Tolland sollevò il ricevitore di un telefono vicino e glielo porse. «Vuoi riprovare da qui?»

«No, muoviamoci. Cercherò di contattarlo dall'elicottero.» Aveva già deciso che, se non ci fosse riuscita, avrebbe chiesto alla guardia costiera di portarli direttamente all'NRO, a soli trecento chilometri.

Tolland stava per posare la cornetta, ma si interruppe di colpo. Perplesso, l'accostò all'orecchio. «Strano. Non c'è linea.»

«Che vuoi dire?» chiese Rachel, agitata.

«Davvero strano, perché le linee dirette COMSAT non perdono mai il segnale portante...»

«Signor Tolland?» Il pilota della guardia costiera entrò di corsa nel laboratorio, pallido in volto.

«Che c'è?» chiese Rachel. «Arriva qualcuno?»

«È questo il problema. Non lo so. Il radar e tutti i sistemi di comunicazione di bordo sono fuori uso.»

Rachel infilò le carte dentro la camicia. «Forza, in elicottero. Partiamo IMMEDIATAMENTE!»

109

Gabrielle avvertì il batticuore mentre attraversava l'ufficio buio del senatore Sexton. La stanza era ampia ed elegante: muri rivestiti di pannelli di legno intarsiati, quadri a olio, tappeti persiani, poltrone di pelle trapuntate e una gigantesca scrivania di mogano. L'unica luce proveniva dallo schermo del computer di Sexton.

Gabrielle si avvicinò alla scrivania.

Il senatore Sexton aveva sposato in pieno il concetto di "ufficio elettronico", sostituendo i classici schedari stracolmi con un solo computer, compatto e facile da consultare, che alimentava con un'enorme quantità di informazioni: verbali di riunioni, scansioni di articoli, testi di discorsi e idee. Il computer era il suo sancta sanctorum, e per proteggerlo teneva l'ufficio chiuso a chiave a tutte le ore. Evitava persino di connettersi a internet, per paura che pirati informatici s'intrufolassero nel suo forziere elettronico.

Un anno prima, Gabrielle, non avrebbe mai creduto che una personalità politica potesse essere tanto stupida da conservare copie di documenti incriminanti, ma Washington le aveva insegnato parecchio. "L'informazione è potere." Gabrielle era rimasta esterrefatta nell'apprendere che i politici che accettavano finanziamenti discutibili nelle loro campagne elettorali avessero la consuetudine di conservare le prove di tali contributi: lettere, ricevute, estratti conto; il tutto nascosto in un posto sicuro. Questa tattica antiricatto, conosciuta a Washington come "polizza siamese", proteggeva i candidati dai loro benefattori nel caso questi avessero creduto che la propria generosità desse loro il diritto di esercitare un'eccessiva pressione politica. Se un finanziatore fosse diventato troppo esigente, il candidato avrebbe potuto semplicemente esibire le prove del versamento illecito e ricordare al donatore come entrambe le parti avessero violato la legge. In questo modo candidati e finanziatori erano uniti per sempre, come gemelli siamesi.

Gabrielle scivolò dietro la scrivania del senatore e si sedette. Fece un profondo respiro e guardò il monitor. "Se il senatore si è lasciato corrompere dalla SFF, le prove sono sicuramente qui dentro."

Il salvaschermo di Sexton era costituito da una sequenza continua di immagini della Casa Bianca e dei giardini circostanti, creata da uno dei suoi assistenti pieni di entusiasmo, convinto della necessità di "visualizzare" le mete da raggiungere e di mantenere un atteggiamento ottimista.

Intorno alle immagini, scorreva una scritta che diceva: "Il presidente degli Stati Uniti Sedgewick Sexton... Il presidente degli Stati Uniti Sedgewick Sexton... Il presidente degli...".

Gabrielle diede un colpetto al mouse e apparve una finestra di dialogo.

DIGITARE PASSWORD.

Se lo aspettava, ma non era un problema. Una settimana prima, Gabrielle era entrata nell'ufficio di Sexton proprio mentre lui si sedeva al computer. Lo aveva visto digitare tre caratteri in rapida successione e lei, dalla soglia, lo aveva provocato: «E quella sarebbe una password?».

Sexton aveva alzato lo sguardo. «Cosa?»

«E io che credevo che lei si preoccupasse per la sicurezza» lo aveva scherzosamente ripreso. «Una password di soli tre caratteri? Mi pareva che gli informatici ci avessero raccomandato di usarne almeno sei.»

«Sono giovani e non sanno com'è difficile tenere a mente sei caratteri casuali dopo i quarant'anni. E poi, la porta ha un allarme. Nessuno può entrare.»

Gabrielle gli si era avvicinata, sorridendo: «E se qualcuno sgattaiolasse dentro, mentre lei è in bagno?».

«Per provare ogni possibile combinazione?» Sexton aveva fatto una risatina scettica. «Sono lento, in bagno, ma non fino a questo punto.»

«Scommetto una cena da Davide che riesco a indovinare la password in dieci secondi.»

Sexton era parso divertito e interessato. «Non puoi permetterti Davide, Gabrielle.»

«Dunque ha paura!»

Sexton era sembrato quasi dispiaciuto per lei nel raccogliere la sfida. «Dieci secondi?» Aveva chiuso il programma e fatto segno a Gabrielle di accomodarsi e provare. «Lo sai che io ordino solo i saltimbocca, da Davide. E non te li regalano.»

Gabrielle aveva alzato le spalle. «Tanto paga lei.»

DIGITARE PASSWORD.

«Dieci secondi» le aveva ricordato.

Gabrielle si era messa a ridere. Gliene sarebbero occorsi solo due. Perfino dalla soglia aveva potuto notare che Sexton aveva digitato la password di tre caratteri in una successione molto rapida, usando solo l'indice. "Chiaramente, lo stesso tasto. Imprudente." Aveva anche notato che la mano si era trovata sulla sinistra della tastiera, riducendo le possibilità a un alfabeto di sole nove lettere circa. Era stato facile individuare quella giusta; Sexton era sempre stato affezionato alla tripla allitterazione del suo nome preceduto dalla sua carica.

Senatore Sedgewick Sexton.

"Mai sottovalutare l'ego di un politico."

Aveva digitato sss e le immagini del salvaschermo erano svanite.

Sexton era rimasto a bocca spalancata.

Tutto ciò era successo la settimana prima. Ora, nuovamente di fronte al computer del senatore, Gabrielle era certa che Sexton non si fosse ancora preso la briga di cambiare la parola d'ordine. "Perché dovrebbe? Si fida di me, ovviamente."

Digitò sss.

PASSWORD NON VALIDA – ACCESSO NEGATO.

Gabrielle guardò il monitor, sgomenta.

Aveva sopravvalutato il livello di fiducia del senatore.

110

Attaccarono senza preavviso. Arrivando basso da sudovest, il micidiale profilo di un elicottero d'assalto piombò sulla *Goya* come una gigantesca vespa. Rachel non aveva dubbi su cosa fosse e perché si trovasse lì.

Trapassando l'oscurità, una raffica in staccato scaricò una pioggia di proiettili sul ponte in fibra di vetro della *Goya*, come una sciabolata di traverso alla poppa della nave. Rachel si era buttata al coperto troppo tardi, e sentì la bruciante frustata di un proiettile scalfirle il braccio. Cadde pesantemente al suolo e rotolò per rifugiarsi dietro alla cupola trasparente del batiscafo Triton.

Il fragore del rotore esplose sopra la sua testa al passaggio dell'elicottero. Il rumore svanì in un sibilo sinistro mentre il velivolo saliva in candela sopra l'oceano e cominciava un'ampia virata per un secondo passaggio.

Tremante sul ponte, Rachel si voltò verso Tolland e Corky, stringendosi il braccio. I due uomini si erano tuffati dietro a un contenitore e in quel momento si stavano rialzando, incerti sulle gambe, e scrutavano il cielo terrorizzati. Rachel si inginocchiò. Il mondo intero sembrava muoversi al rallentatore.

Accovacciata dietro alla curvatura trasparente del Triton, in preda al panico, Rachel guardò la loro unica via di scampo: l'elicottero della guardia costiera. Xavia si stava già imbarcando e, con gesti frenetici, incitava tutti gli altri a salire a bordo. Rachel scorse il pilota che saltava nell'abitacolo e azionava furiosamente interruttori e leve.

Le pale del rotore cominciarono a ruotare... lentamente.

Troppo lentamente.

Muoviti!

Rachel si accorse di essere in piedi, pronta a correre. Si chiese se ce l'avrebbe fatta ad attraversare il ponte prima che gli aggressori tornassero all'attacco. Dietro di sé, sentì Corky e Tolland lanciarsi verso di lei e l'elicottero in attesa. "Sì! Correte!"

Ma poi lo vide.

Da un punto nella completa oscurità del cielo, a un centinaio di metri di distanza, si materializzò un raggio di luce rossa, sottile come una matita, che trafisse la notte esplorando il ponte della *Goya*.

Poi, individuato il bersaglio, il raggio si fermò sulla fiancata dell'elicottero della guardia costiera.

L'immagine impiegò solo un istante a scolpirsi nella sua mente. In quell'orribile momento, sembrò a Rachel che tutto si condensasse in un collage di forme e suoni: Tolland e Corky lanciati verso di lei; Xavia che gesticolava furiosamente dall'elicottero; l'intenso laser rosso che affettava il cielo notturno.

Troppo tardi.

Rachel si voltò indietro verso Corky e Tolland, che correvano da lei a tutta velocità. Balzò in avanti, a braccia aperte, cercando di fermarli. Le sembrò di venire investita da un treno mentre insieme a loro precipitava sul ponte in un groviglio di membra.

In lontananza, un lampo di luce bianca. Rachel rimase a guardare, con orrore e incredulità, mentre una scia di gas di scarico, perfettamente allineata, seguiva la traccia del raggio laser verso l'elicottero.

Quando il missile Hellfire colpì la fusoliera, l'elicottero esplose come un giocattolo. La calda e fragorosa onda d'urto spazzò il ponte tuonando, mentre frammenti infuocati piovevano tutt'intorno. La carcassa in fiamme dell'elicottero ruotò all'indietro, sulla coda fracassata, tentennò un attimo e poi precipitò dalla poppa della nave, schiantandosi in mare in una nuvola sibilante di vapore.

Rachel chiuse gli occhi. Non riusciva a respirare. Sentiva il relitto gorgogliare e crepitare mentre affondava, trascinato lontano dalla *Goya* dalla forte corrente. Michael Tolland urlava nella confusione. Rachel sentì le mani forti di lui che cercavano di farla alzare in piedi. Ma non poteva muoversi.

"Il pilota e Xavia sono morti. Adesso tocca a noi."

111

Il tempo sulla banchisa di Milne si era stabilizzato e la habisfera era tranquilla, ma Lawrence Ekstrom non aveva neanche cercato di dormire. Per ore e ore non aveva fatto che vagabondare per la cupola, guardare pensoso nel pozzo di estrazione, percorrere con le dita i solchi della gigantesca pietra annerita.

Alla fine, aveva preso una decisione.

In quel momento sedeva al videotelefono nella stanza delle comunicazioni e guardava gli occhi stanchi del presidente degli Stati Uniti. Zach Herney, in vestaglia, non sembrava per niente divertito. Ekstrom sapeva che lo sarebbe stato ancora meno quando avesse appreso ciò che aveva da riferirgli.

Quando Ekstrom ebbe finito, Herney sembrava a disagio, come se pensasse di essere ancora troppo insonnolito per aver capito bene. «Aspetta» disse. «Ci deve essere un disturbo sulla linea. Mi vuoi dire che la NASA ha intercettato le coordinate del meteorite da una chiamata radio d'emergenza, e poi *ha finto* che fosse stato il PODS a individuarlo?»

Ekstrom taceva, solo, al buio, cercando di ordinare al suo corpo di svegliarsi da quell'incubo.

Il silenzio, chiaramente, non andava a genio al presidente. «Per l'amor di Dio, Larry, dimmi che non è vero!»

Ekstrom sentì la bocca riarsa. «Abbiamo trovato il meteorite, presidente. Questo è l'importante.»

«Lo ripeto, dimmi che non è *vero*!»

Il silenzio si dilatò in un sordo boato nelle orecchie di Ekstrom. "Dovevo dirglielo prima" pensò. "E il peggio deve ancora venire." «Signor presidente, i problemi del PODS giocavano pesantemente a suo svantaggio, secondo i sondaggi d'opinione. Quando abbiamo captato una trasmissione radio che faceva menzione di un grande meteorite sepolto nel ghiaccio, abbiamo preso la palla al balzo, per riguadagnare terreno.»

Herney sembrava sbalordito. «Simulando una scoperta del PODS?»

«Il PODS sarebbe stato messo in funzione di lì a poco tempo. Ma non in tempo per le elezioni. I sondaggi la davano perdente, Sexton ci attaccava, perciò...»

«Tu sei pazzo! Mi hai mentito, Larry!»

«Era un'opportunità da non perdere, signore. Decisi di approfittarne. Captammo la trasmissione radio del canadese che aveva scoperto il meteorite. È morto in una tempesta. Nessun altro sapeva che la roccia fosse lì. Il PODS era in orbita sulla zona, e alla NASA serviva una vittoria. Avevamo le coordinate.»

«Perché me lo dici adesso?»

«Pensavo dovesse saperlo.»

«Ti rendi conto di cosa farebbe Sexton con questa informazione, se ne venisse a conoscenza?»

Ekstrom preferì non pensarci.

«Direbbe al mondo intero che la NASA e la Casa Bianca hanno mentito al popolo americano... e sai una cosa? Avrebbe ragione!»

«Lei non ha mentito, signore, sono stato io; e mi dimetterò se...»

«Larry, non capisci. Ho cercato di esercitare il mio mandato sulla base della sincerità e della correttezza! Per Dio! Ieri sera tutto sembrava onesto, nobile, e adesso vengo a sapere che ho ingannato il mondo intero?»

«Solo una piccola menzogna, signore.»

«Non esistono piccole menzogne, Larry» disse Herney, furente.

Ekstrom ebbe la sensazione che il piccolo cubicolo nel quale si trovava lo stesse per stritolare. C'era ancora così tanto da riferire, ma capì che avrebbe dovuto attendere fino al mattino.

«Mi dispiace d'averla svegliata, signore. Pensavo che lei dovesse esserne informato.»

Dall'altra parte di Washington, Sedgewick Sexton trangugiò un altro cognac e misurò il suo appartamento con crescente irritazione.

"Dove diavolo è finita Gabrielle?"

112

Gabrielle Ashe era seduta, nell'oscurità, al tavolo del senatore Sexton. Fissava il computer con aria depressa e allo stesso tempo minacciosa.

PASSWORD NON VALIDA – ACCESSO NEGATO.

Aveva provato altre parole d'ordine, che le erano sembrate promettenti, ma nessuna aveva funzionato. Dopo aver esplorato l'ufficio in cerca di cassetti aperti o di un qualunque indizio, Gabrielle si era quasi data per vinta. Stava per andarsene quando il suo sguardo cadde su qualcosa di strano che scintillava sul calendario da tavolo di Sexton. Qualcuno aveva tracciato un cerchio sulla data delle elezioni con un evidenziatore rosso, bianco e blu. Gabrielle avvicinò a sé l'oggetto. Una luccicante e ornata esclamazione blasonava il datario: POTUS!

Evidentemente l'effervescente segretaria di Sexton aveva tracciato con inchiostro luccicante un altro incoraggiamento all'ottimismo.

La sigla POTUS – *President of the United States* – era il nome in codice assegnato dai servizi segreti americani al presidente degli Stati Uniti. Il giorno delle elezioni, se tutto fosse andato come doveva, Sexton sarebbe diventato il nuovo POTUS.

Preparandosi a uscire, Gabrielle rimise a posto il calendario sulla scrivania e si alzò. Poi si bloccò di scatto per voltarsi verso lo schermo del computer.

DIGITARE PASSWORD.

Guardò di nuovo il calendario.

POTUS.

Sentì crescere la speranza. POTUS le sembrò la password perfetta: semplice, ottimista, autoreferenziale.

Batté velocemente sui tasti.

Trattenendo il fiato, premette INVIO. Il computer fece *bip*.

PASSWORD NON VALIDA – ACCESSO NEGATO.

Le cascarono le braccia e rinunciò. Era diretta verso la porta del bagno per uscire da dove era entrata quando squillò il cellulare. Aveva già i nervi a fior di pelle e quel suono la fece sobbalzare. Guardò il prezioso orologio a pendolo Jourdain del senatore. "Quasi le quattro del mattino." Sapeva che a quell'ora poteva trattarsi solo di Sexton. Stava chiaramente chiedendosi dove diavolo fosse finita. "Rispondo o lo lascio suonare?" Se avesse risposto avrebbe dovuto mentire, in caso contrario avrebbe destato sospetti.

Prese la chiamata. «Pronto?»

«Gabrielle?» Sexton sembrava nervoso. «Come mai ci impieghi tanto?»

«Al Roosevelt Memorial il taxi è rimasto bloccato e...»

«Non sembra che tu sia in taxi.»

«Infatti» disse lei, con il cuore che batteva forte. «Ho deciso di passare in ufficio a prendere alcuni documenti sulla NASA che potrebbero essere importanti per il PODS, però non riesco a trovarli.»

«Be', sbrigati. Voglio convocare una conferenza stampa domattina e dobbiamo discutere i particolari.»

«Sarò lì fra poco.»

Ci fu una pausa. «Sei nel tuo ufficio?» Sexton sembrava improvvisamente perplesso.

«Sì. Fra dieci minuti sarò lì.»

Un'altra pausa. «Okay. A presto.»

Gabrielle riappese, troppo preoccupata per notare il caratteristico triplo ticchettio del prezioso orologio a pendolo Jourdain, a pochi metri da lei.

113

Michael Tolland non si accorse che Rachel era ferita finché non vide il sangue sul braccio, mentre la trascinava al riparo del Triton. Capì dallo sguardo inespressivo che non provava alcun dolore.

Sostenendola, si voltò a cercare Corky. L'astrofisico si affannò attraverso il ponte per raggiungerli, gli occhi vacui per il terrore.

"Dobbiamo trovare un nascondiglio" pensò Tolland, senza ancora afferrare appieno l'orrore di quanto era appena successo. Istintivamente, i suoi occhi scalarono l'ordine di ponti sovrastanti. Le scalette che salivano al ponte di comando erano tutte all'aperto, e la plancia era una struttura a vetri: per l'elicottero, un bersaglio trasparente. Salire sarebbe stato un suicidio; non restava che una sola via di scampo.

Per un breve istante, Tolland contemplò l'idea di scappare sott'acqua con il Triton, al riparo dai proiettili. "Assurdo." Il batiscafo poteva ospitare soltanto una persona e il verricello impiegava dieci minuti buoni a calarlo attraverso la botola, nell'oceano, dieci metri più in basso. Inoltre, con le batterie e i compressori scarichi, il Triton avrebbe solo galleggiato nell'acqua, come un pezzo di sughero.

«Arrivano!» gridò Corky, indicando il cielo, con la voce stridula di paura.

Tolland non rivolse nemmeno lo sguardo verso l'alto. Indicò una vicina paratia, lungo la quale una rampa scendeva sottocoperta. Corky non ebbe bisogno d'incoraggiamento. A testa bassa, sgambettò verso l'apertura e scomparve al di sotto. Tolland cinse con fermezza la vita di Rachel e lo seguì. Ripararono sottocoperta, proprio mentre l'elicottero ritornava, sventagliando il ponte di proiettili.

Quando scesero giù per gli scalini a grata per raggiungere la piattaforma sottostante, Tolland sentì il corpo di Rachel irrigidirsi. Si voltò a guardarla, temendo che fosse stata colpita di rimbalzo da un proiettile, ma quando vide il suo volto si rese conto che si trattava di altro. Seguì il suo sguardo atterrito verso il basso e comprese.

Rachel era paralizzata, incapace di muovere le gambe. Fissava impietrita lo strano mondo sotto di lei.

Per via della sua configurazione SWATH, la *Goya* non aveva uno scafo vero e proprio ma, piuttosto, poggiava su piloni, come un gigantesco catamarano. Loro erano discesi, attraverso il ponte, su una passerella metallica sospesa sull'abisso, dieci metri sopra il mare infuriato. Il rumore assordante delle onde riecheggiava contro il ponte sovrastante. I fari sottomarini della nave, ancora accesi, proiettavano un bagliore verdastro sulle acque, nelle quali risaltavano i profili spettrali di sei o sette squali martello. I pesci dalle enormi ombre nuotavano controcorrente, senza avanzare, flettendo sinuosamente il corpo elastico.

La voce di Tolland le sussurrò all'orecchio: «Rachel, va tutto bene. Guarda avanti, sono qui vicino a te». La spingeva gentilmente da dietro, cercando di persuadere le sue mani, serrate sul parapetto, a mollare la presa.

Fu allora che Rachel vide una goccia cremisi del suo sangue scorrere lungo il braccio e precipitare attraverso la grata. La seguì mentre cadeva e, senza vederla, intuì il momento esatto del contatto: gli squali si voltarono all'unisono, spinti dalla loro potente coda, scontrandosi in una frenesia torbida di pinne e denti affilati.

"Lobi olfattivi del telencefalo molto sviluppati... Percepiscono l'odore del sangue a un chilometro di distanza."

«Non guardare giù» ripeté Tolland, con voce forte e rassicurante. «Sono qui con te.»

Rachel sentì le mani di lui sui fianchi. Cercando d'ignorare il vuoto sottostante, si avviò giù per la passerella. Udì di nuovo il rumore del rotore dell'elicottero. Corky li precedeva già di molto, barcollando da una sponda all'altra della passerella, come ubriaco.

«Scendi le scale, Corky» gli urlò Tolland «poi vai verso l'ultimo pilone!»

Rachel comprese allora dov'erano diretti. Un po' più avanti, una serie di scalette a zigzag scendeva verso il mare. A livello dell'acqua, per tutta la lunghezza della *Goya* si estendeva come una mensola uno stretto ponte dal quale si protendevano piccoli pontili che creavano una sorta di porticciolo in miniatura. Un grande cartello diceva:

ZONA D'IMMERSIONE
ATTENZIONE: IMPROVVISO AFFIORAMENTO DI SUBACQUEI
I NATANTI DEVONO PROCEDERE CON LA MASSIMA PRUDENZA

Rachel poteva solo sperare che Michael non intendesse farle fare una nuotata, ma la sua trepidazione aumentò quando lui aprì la porta di un armadietto metallico nel quale erano appese mute da immersione, tubi e boccagli, pinne, fucili da sub e giubbotti salvagente.

Prima che Rachel potesse aprire bocca, Michael afferrò una pistola da segnalazione. «Andiamo.»

Erano di nuovo in movimento.

Davanti a loro, Corky aveva raggiunto le scalette ed era già a metà strada. «Lo vedo!» Il suo grido, quasi gioioso, sovrastò il rumore delle onde.

"Cosa?" si chiese Rachel mentre Corky correva sulla stretta passerella. Lei scorgeva solo il minaccioso sciabordio del mare infestato di squali. Tolland la incalzò e, d'un tratto, Rachel notò ciò che tanto entusiasmava Corky. Un piccolo battello era ormeggiato all'altro capo del pontile sottostante e Corky lo stava raggiungendo di corsa.

Rachel sgranò gli occhi. "Scappare da un elicottero in motoscafo?"

«Ha una radio a bordo» disse Tolland «e se riuscissimo a uscire dall'area oscurata dall'elicottero...»

Rachel non sentì più niente. Ciò che aveva appena scorto le gelava il sangue nelle vene. «Troppo tardi» riuscì solo a gracchiare, indicando qualcosa con un dito tremante. «È la fine...»

Quando Tolland si voltò, pensò all'istante che non ci fosse più nulla da fare.

All'altra estremità della nave, come un drago che scruti dentro una caverna, il nero elicottero, disceso alla loro altezza, li fronteggiava. Per un istante, Tolland credette che li avrebbe attaccati volando sotto la grande arcata della nave. Invece, l'elicottero puntò semplicemente il muso contro di loro, prendendo la mira.

Tolland seguì con lo sguardo le canne delle mitragliatrici. "NO!"

Accovacciato vicino all'imbarcazione per mollare gli ormeggi, Corky lanciò un'occhiata verso il velivolo proprio nel momento in cui le armi eruttarono una fiammata tonante. Vacillò, come colpito, poi scavalcò la fiancata e si lanciò sul fondo della barca, appiattendosi per mettersi al riparo. Le mitraglie tacquero. Tolland vide Corky strisciare verso un punto più profondo dell'imbarcazione. Aveva la gamba destra insanguinata. Accucciato sotto il cruscotto, protese il braccio verso l'alto e tastò alla cieca tra i comandi finché le sue dita non trovarono la chiavetta d'accensione. Il fuoribordo Mercury da 250 cavalli si accese con un ruggito.

Un attimo dopo, un rosso raggio laser, alla ricerca di un bersaglio, si materializzò dal muso dell'elicottero.

Tolland reagì d'istinto, puntando l'unica arma in suo possesso.

Tirò il grilletto e la pistola da segnalazioni che impugnava sibilò. Sotto la nave, una scia accecante lacerò l'aria, descrivendo una traiettoria perfettamente orizzontale verso l'elicottero. Tuttavia intuì di avere agito troppo tardi: mentre il bengala fiammeggiante piombava sul parabrezza del velivolo, il lanciarazzi dell'elicottero emise un lampo. Nello stesso istante in cui il missile partì, il velivolo virò e cabrò violentemente, scansandosi.

«Attenti» urlò Tolland, tirando giù Rachel.

Il missile sbagliò traiettoria, mancando d'un soffio Corky. Percorse l'intera lunghezza della nave e colpì la base del pilone, dieci metri al di sotto di Rachel e Tolland.

Il rumore dell'esplosione fu apocalittico. Un'eruzione di acqua e fiamme lanciò pezzi di metallo contorto contro la base della passerella. Lo stridore del metallo fu assordante, mentre la *Goya* si inclinava, cercando un nuovo equilibrio.

Quando il fumo si diradò, Tolland si accorse che uno dei quattro principali supporti della nave era stato seriamente danneggiato. La forte corrente minacciava di strappare via il lungo galleggiante. Le scalette che portavano al ponte inferiore sembravano appese a un filo.

«Forza!» gridò Tolland sospingendo Rachel. «Dobbiamo scendere.»

Troppo tardi. Con uno schiocco, le scalette si arresero alla gravità e, staccandosi dal pilone, si schiantarono in mare.

Al di sopra della nave, Delta-Uno impugnava i comandi del Kiowa per tenerlo sotto controllo. Temporaneamente accecato dal bengala, aveva cabrato istintivamente e il missile Hellfire aveva mancato il bersaglio. Imprecando, si preparò a ridiscendere sulla prua per assestare il colpo di grazia.

"Eliminare chiunque sia a bordo della nave." Gli ordini del capo erano stati chiari.

«Merda! Guarda!» gridò Delta-Due dal seggiolino posteriore, indicando oltre il finestrino. «Un motoscafo!»

Delta-Uno ruotò l'elicottero e lo vide: un Crestliner, crivellato di proiettili, planava sull'acqua allontanandosi dalla *Goya* nell'oscurità.

Doveva prendere una decisione.

Le mani insanguinate di Corky stringevano il volante del Crestliner Phantom 2100 che rimbalzava sulla cresta delle onde. Spinse la manetta del gas tutta in avanti, cercando di guadagnare il massimo della velocità. Solo allora cominciò ad avvertire il dolore bruciante. Si guardò la gamba e vide il sangue uscire a fiotti; istantaneamente venne preso da un capogiro.

Aggrappato al volante, si voltò verso la *Goya*, pregando che l'elicottero decidesse di inseguirlo. Quando Rachel e Tolland erano rimasti intrappolati lassù, sulla passerella, Corky aveva dovuto prendere una decisione rapida, senza esitare.

"Dividi il nemico e vincerai."

Pensò che se avesse attirato l'elicottero abbastanza lontano dalla *Goya*, forse Tolland e Rachel avrebbero potuto chiedere aiuto via radio. Purtroppo, da sopra la sua spalla vide l'elicottero che ancora si librava sulla nave illuminata, come se il pilota fosse indeciso.

"Andiamo, bastardi! Inseguite me!"

Ma l'elicottero non lo inseguì. Invece, virò per allinearsi con la poppa della *Goya* e si posò sul ponte. "No!" Corky inorridì al pensiero di aver lasciato i due amici alla mercé degli assassini.

A quel punto era compito suo trasmettere un messaggio di soccorso. A tastoni, trovò la radiotrasmittente. Pigiò l'interruttore e non successe niente. Niente luci. Niente rumore di fondo. Girò il pomello del volume al massimo. Niente. "Dài!" Mollò il timone e si inginocchiò per vedere meglio. Sentì un dolore lancinante alla gamba. Si concentrò sulla radio. Non poteva crederci: il cruscotto era stato mitragliato e il quadrante della trasmittente era fracassato. Alcuni fili penzolavano sconnessi.

"Fra tutte le sfortune..."

Con le gambe tremanti, Corky si raddrizzò. Peggio di così non poteva andare. Uno sguardo alla *Goya* confermò i suoi timori: due soldati armati saltarono dall'elicottero sul ponte della nave; poi il velivolo decollò di nuovo, puntando verso di lui alla massima velocità.

Corky si sentì crollare. "Dividi il nemico e vincerai." Evidentemente, non era stato l'unico ad avere avuto la brillante idea, quella notte.

Delta-Tre stava facendosi strada sul ponte della nave. Mentre si avvicinava alla rampa che portava sottocoperta, udì le urla di una donna provenire da un punto indefinito sotto di lui. Si voltò e fece cenno a Delta-Due che sarebbe sceso a indagare. Il compagno annuì. Sarebbe rimasto sul ponte superiore, per coprirlo. I due uomini potevano tenersi in contatto via Cryp-Talk: l'ingegnoso sistema di disturbo elettronico del Kiowa lasciava infatti aperta un'oscura frequenza per le loro comunicazioni.

Imbracciando la mitraglietta, Delta-Tre si avvicinò silenziosamente alla rampa. Con la cautela del killer bene addestrato cominciò a discendere molto adagio, l'arma pronta al tiro.

L'inclinazione della rampa limitava la visibilità. Delta-Tre dovette accucciarsi per vedere meglio. Continuò a scendere; adesso poteva udire le grida più chiaramente. A metà strada, era in grado di scorgere il groviglio di passerelle contorte, attaccate al ventre della *Goya*. Le grida divennero più sonore.

Poi la vide. Al centro della passatoia, Rachel Sexton si sporgeva dal parapetto chiamando disperatamente Michael Tolland.

"Tolland è caduto in mare? Forse per via dell'esplosione?"

In quel caso tutto sarebbe stato ancora più facile del previsto. Un altro mezzo metro e spararle sarebbe stato facile come tirare ai pesci in un barile. Per un attimo, avvertì un vago timore per il fatto che la donna era vicina a un armadietto dell'equipaggiamento aperto. Forse era armata. Ma un arpione o un fucile da squali, la cosiddetta "lupara", non erano comunque all'altezza della sua mitraglietta. Sicuro d'avere la situazione in pugno, Delta-Tre spianò la sua arma e scese un altro gradino. Rachel Sexton era quasi completamente in vista. Portò il calcio della mitraglietta alla spalla.

"Ancora un passo."

Sotto di lui, qualcosa si agitò. Delta-Tre fu più confuso che spaventato nel vedere Michael Tolland, sotto la scaletta, che lanciava un'asta di alluminio verso i suoi piedi. Benché fosse stato ingannato, Delta-Tre quasi rise di fronte a quel tentativo maldestro di fargli lo sgambetto.

Poi sentì l'estremità dell'asta toccare il suo tallone.

Al contatto, una scossa di dolore fortissimo fece tremare ogni fibra del suo corpo quando il piede destro esplose sotto di lui.

Perdendo l'equilibrio, Delta-Tre ruzzolò giù. La mitraglietta rimbalzò sulla rampa e cadde fuoribordo mentre lui si accasciava sulla passerella. Si contorse nell'angoscia, cercando di afferrarsi il piede, ma il piede non c'era più.

Tolland torreggiava sul suo aggressore, brandendo la lupara antisqualo, un dispositivo a testa esplosiva. L'asta d'alluminio, lunga un metro e mezzo, era sormontata da una camera nella quale veniva posta una cartuccia a pallini, calibro dodici, attivata a pressione. Tolland aveva riarmato il congegno con un'altra cartuccia e ne puntava l'estremità seghettata, ancora fumante, al pomo d'Adamo dell'aggressore. L'uomo giaceva sulla schiena, come paralizzato, e fissava Tolland con rabbia incredula.

Rachel corse su per la passerella. Il piano prevedeva che lei s'impadronisse della mitraglietta del soldato ma, sfortunatamente, l'arma era caduta in mare.

La trasmittente alla cintura dell'uomo gracchiò. Una voce sintetica. «Delta-Tre, rispondi. Ho sentito uno sparo.»

Il soldato ferito non rispose.

L'apparecchio crepitò ancora. «Delta-Tre, rispondi. Hai bisogno di rinforzi?»

Subito dopo, un'altra voce sintetica, ma distinguibile dalla prima per il rumore di un elicottero in sottofondo, s'intromise nella comunicazione. «Qui Delta-Uno. Sto inseguendo il battello in fuga. Delta-Tre, rispondi. Sei stato colpito? Hai bisogno di rinforzi?»

Tolland premette l'asta contro la gola del soldato. «Di' all'elicottero di interrompere l'inseguimento. Se ammazzano il mio amico, sei morto.»

L'uomo sussultò per il dolore, mentre si portava il microfono alle labbra. Poi, fissando Tolland, pigiò il tasto e parlò. «Qui Delta-Tre. Tutto bene. Distruggete il battello.»

115

Gabrielle Ashe tornò nel bagno privato di Sexton per arrampicarsi e uscire da dov'era entrata. La telefonata del senatore l'aveva messa in ansia. C'era stata certamente una pausa quando Gabrielle gli aveva detto di essere nel proprio ufficio, come se Sexton sapesse che lei stava mentendo. In tutti i casi, non era riuscita ad accedere al computer e adesso era indecisa sul da farsi.

"Sexton sta aspettando."

Arrampicandosi sul lavandino, pronta a sollevarsi, sentì il rumore di qualcosa che rotolava sulle piastrelle del pavimento. Con irritazione, vide che aveva fatto cadere un paio di gemelli da polso, che evidentemente erano stati lasciati sul bordo del lavabo.

"Lasciare le cose esattamente come si sono trovate."

Scese, raccolse i gemelli e li rimise sul lavandino; poi, invece di risalire, si fermò a osservarli. Normalmente li avrebbe semplicemente ignorati, ma quella sera le cifre sui gioielli catturarono la sua attenzione. Due "esse" intrecciate, come su quasi tutti gli oggetti monogrammati di Sexton.

Gabrielle ricordò in un lampo la vecchia password del senatore: SSS. Ripensò al calendario da tavolo... POTUS... alle immagini della Casa Bianca sullo schermo del computer di Sexton; al nastro che sventolava all'infinito, con il suo messaggio speranzoso:

IL PRESIDENTE DEGLI STATI UNITI SEDGEWICK SEXTON... IL PRESIDENTE DEGLI STATI UNITI SEDGEWICK SEXTON... IL PRESIDENTE DEGLI...

"Possibile che sia così sicuro di sé?"

Ci sarebbe voluto poco per accertarsene. Ritornò in fretta nell'ufficio, si sedette al computer e digitò le sette lettere:

POTUSSS.

Incredula, vide svanire il salvaschermo.

"Mai sottovalutare la vanità di un politico."

116

Il Crestliner Phantom filava nella notte, ma Corky Marlinson non era ai comandi. Sapeva che la barca avrebbe continuato a muoversi in linea retta, lungo il percorso di minima resistenza, con o senza un timoniere.

Corky era a poppa del motoscafo che sobbalzava, cercando di valutare la gravità della ferita alla gamba. Un proiettile era penetrato nella parte anteriore del polpaccio, mancando d'un soffio la tibia. Non c'era un foro d'uscita, quindi il bossolo doveva essere ancora conficcato nel muscolo. Non riuscì a trovare nulla per fermare l'emorragia: c'erano solo pinne, un boccaglio, un paio di giubbotti salvagente, ma nessuna valigetta del pronto soccorso. Freneticamente Corky aprì una cassetta e trovò qualche utensile, straccetti, olio lubrificante e nastro adesivo. Guardò la gamba insanguinata e si chiese di lì a quanto sarebbe stato finalmente al sicuro dagli squali. "Dio! Devo allontanarmi molto di più..."

Delta-Uno manteneva l'elicottero Kiowa basso sull'oceano, mentre scrutava nell'oscurità, cercando il Crestliner in fuga. Dando per scontato che la barca stesse cercando di allontanarsi il più possibile dalla *Goya*, facendo rotta verso la costa, Delta-Uno aveva seguito la traiettoria iniziale del motoscafo.

"Dovrei averlo già superato."

In situazioni normali, sarebbe bastato il radar per seguire le tracce della barca in fuga, ma con il sistema di disturbo elettronico del Kiowa, che creava un ombrello di interferenze per un raggio di chilometri, il radar era inefficace. Disattivare il sistema di disturbo era impensabile, almeno finché non avesse avuto la certezza che tutti quelli a bordo della *Goya* erano morti. Quella notte nessuno, dalla nave, avrebbe trasmesso una richiesta di soccorso.

"Nessuno saprà mai la verità sul meteorite. Nessuno."

Per fortuna, aveva altri modi per rintracciare il motoscafo. Perfino sull'insolito sfondo di un tratto caldo di oceano, localizzare l'impronta termica di una barca a motore sarebbe stato facile. La temperatura dell'acqua in quella zona era di trentacinque gradi, ma i gas di scarico del fuoribordo da 250 cavalli erano decine di gradi più caldi.

Corky aveva perso sensibilità nel piede e nella gamba.

Non sapendo che altro fare, s'era pulito il polpaccio con uno straccio e lo aveva avvolto con strati e strati di nastro adesivo. Quando aveva finito il rotolo, l'intera gamba era fasciata in uno stretto involucro argentato. L'emorragia si era fermata, ma i vestiti e le mani erano coperti di sangue.

Seduto sul fondo del Crestliner, che filava senza nessuno al timone, Corky si chiedeva per quale ragione l'elicottero non l'avesse ancora localizzato. Sollevò la testa per scrutare l'orizzonte verso poppa, aspettandosi di scorgere la *Goya* o il suo inseguitore; ma, stranamente, non vide niente. Le luci della nave erano sparite. Di sicuro non s'era allontanato così tanto. O forse sì?

Si sentì d'un tratto rincuorato e gli tornò la speranza di riuscire a scappare. Forse l'avevano perso nel buio. Forse avrebbe raggiunto la costa!

Fu allora che notò che la scia lasciata dal motoscafo non era dritta. Si incurvava gradualmente, come se la barca avesse percorso un ampio arco, invece di navigare in linea retta. Confuso, seguì la scia con lo sguardo e individuò una larga curva sulla superficie del mare. Un istante dopo vide la nave.

La *Goya* era a meno di un chilometro, leggermente a sinistra della prua del motoscafo. Con sgomento, Corky capì il suo errore. Senza nessuno al timone, la barca sia era impercettibilmente allineata con la direzione della potente corrente, il vortice d'acqua del megapennacchio. "Sto girando in tondo..."

Era tornato al punto di partenza.

Conscio di essere ancora nelle acque infestate di squali della zona surriscaldata, ricordò le tetre parole di Tolland: "Lobi olfattivi del telencefalo molto sviluppati... Percepiscono l'odore di sangue a un chilometro di distanza". Si guardò le mani insanguinate e la gamba avvolta nel nastro adesivo.

L'elicottero sarebbe stato presto sopra di lui.

Strappandosi di dosso i vestiti intrisi di sangue, Corky s'affannò, nudo, verso la poppa del motoscafo. Conscio che nessun pesce era in grado di tenere il passo con la barca, si sciacquò come meglio poté, nella turbolenta scia dell'elica.

"Basta solo una goccia di sangue..."

Si alzò, nudo nella notte, consapevole che non gli restava che una cosa da tentare: la sola sostanza in grado di sovrastare l'odore del sangue era l'acido urico. Molti animali delimitano il territorio con l'urina, uno dei fluidi dall'odore più intenso prodotti dall'organismo.

"Più intenso del sangue" si augurò. Rammaricandosi di non avere bevuto qualche birra in più, la sera prima, Corky issò la gamba ferita sulla fiancata del motoscafo e cercò di urinare sul nastro adesivo.

"Forza!" Aspettò. "Niente di più difficile che pisciarsi addosso mentre un elicottero t'insegue."

Finalmente ci riuscì. Urinò su tutto il nastro adesivo, bagnandolo completamente. Con quel po' che gli era rimasto nella vescica, intrise uno straccetto col quale si strofinò tutto il corpo. "Che delizia."

Dal cielo scuro, un raggio laser rosso calò ad angolo su di lui, come la lama splendente di un'enorme ghigliottina. L'elicottero apparve su una traiettoria che intersecava la rotta della barca. Evidentemente il pilota non si capacitava che il motoscafo fosse tornato verso la nave.

Indossando velocemente un giubbotto salvagente, Corky si portò a poppa. Il raggio di luce andò a fermarsi sul fondo macchiato di sangue, a solo un metro e mezzo da lui. Era giunto il momento.

A bordo della *Goya*, Michael Tolland non vide il suo Crestliner Phantom 2100 esplodere e roteare per aria come una girandola in fiamme. Ma sentì il boato.

Di solito, l'ala Ovest della Casa Bianca era tranquilla a quell'ora, ma l'inaspettata apparizione del presidente, in vestaglia e pantofole, aveva buttato giù dal letto gli assistenti e il personale della residenza.

«Non riesco a trovarla, signore» disse un giovane assistente, seguendo il presidente nello Studio Ovale. L'aveva cercata ovunque. «La signora Tench non risponde al pager né al cellulare.»

«Avete provato nel...» Il presidente sembrava esasperato.

«Ha lasciato il palazzo, signore» disse un altro assistente, entrando di fretta. «Ha firmato il libro delle uscite circa un'ora fa. Crediamo sia andata all'NRO. Uno dei centralinisti dice che la signora ha parlato con Pickering, stasera.»

«*William* Pickering?» Il presidente era perplesso. La Tench e Pickering non andavano d'accordo. «Lo avete chiamato?»

«Neppure lui risponde. Il centralino dell'NRO non riesce a trovarlo. Dicono che il cellulare di Pickering è staccato. È come se fosse sparito dalla faccia della terra.»

Herney fissò gli assistenti per un attimo, poi andò al mobile bar per versarsi un bourbon. Mentre portava il bicchiere alle labbra, entrò trafelato un uomo dei servizi segreti.

«Signor presidente, non l'avrei svegliata, ma credo che debba essere informato che c'è stata un'esplosione al Roosevelt Memorial.»

«Cosa?» Herney quasi lasciò cadere il bicchiere. «Quando?»

«Un'ora fa.» L'agente era scuro in viso. «E l'FBI ha appena identificato la vittima...»

Il dolore era fortissimo. Delta-Tre si sentiva galleggiare in uno stato di semincoscienza. "È questa la morte?" Cercò di muoversi, ma era paralizzato. Riusciva a malapena a respirare e vedeva solo forme indefinite. Ritornò con la mente all'esplosione del Crestliner in mare; rivide la rabbia negli occhi di Michael Tolland, che lo sovrastava puntandogli l'asta micidiale alla gola.

"Di sicuro Tolland mi ha ucciso..."

Eppure, il dolore straziante al piede destro gli diceva che, sicuramente, era ancora vivo. Lentamente, gli ritornò la memoria. Nell'udire lo scoppio del motoscafo, Tolland aveva urlato di rabbia per la perdita dell'amico e poi, fissando Delta-Tre con occhi allucinati, si era inarcato, pronto a conficcargli l'asta in gola. Ma aveva esitato, come trattenuto da uno scrupolo. Poi, frustrato, con furia brutale aveva affondato lo stivale in ciò che restava del piede del soldato.

L'ultima cosa che Delta-Tre ricordava era d'aver vomitato, in preda al dolore, mentre il mondo spariva in una delirante oscurità. Adesso stava rinvenendo e non aveva la più pallida idea di quanto a lungo fosse rimasto incosciente. Sentì le braccia legate dietro la schiena, con un nodo così stretto che poteva essere stato fatto solo da un marinaio. Anche le gambe, legate e assicurate ai polsi, lo immobilizzavano in una posizione arcuata all'indietro. Cercò di urlare, ma non riuscì a produrre alcun suono. Qualcosa gli imbottiva la bocca.

Delta-Tre non si capacitava di che cosa stesse accadendo. Poi percepì il vento fresco, vide le luci e capì di essere sul ponte principale della *Goya*. Si contorse per guardarsi intorno in cerca d'aiuto e si spaventò alla vista della sua immagine distorta, riflessa dalla cupola tondeggiante di perspex del batiscafo. Il battello era sospeso proprio di fronte a lui. Capì di essere sdraiato su una grande botola.

Ma non era tanto questo a preoccuparlo, quanto un altro ovvio interrogativo.

"Se io sono sul ponte... dov'è Delta-Due?"

Delta-Due era diventato inquieto.

Nonostante il suo compagno avesse dichiarato via Cryp-Talk che era tutto a posto, lo sparo isolato che aveva udito non era quello di una mitraglietta. Chiaramente, era stato esploso con qualche arma da fuoco da Tolland o da Rachel Sexton. Delta-Due si era spostato in una posizione dalla quale poteva scrutare la rampa da cui era disceso il compagno. Proprio allora aveva visto il sangue.

Con l'arma spianata, era sceso sottocoperta e aveva seguito la scia lungo la passerella che portava a prua. Da lì, la traccia lo aveva condotto, su per un'altra rampa, di nuovo sul ponte principale della nave, completamente deserto. Con crescente cautela, Delta-Due aveva seguito la lunga macchia scarlatta attraverso il ponte laterale, ritornando verso poppa, dov'era passato vicino all'ingresso della prima rampa dalla quale era sceso.

"Che diavolo sta succedendo?" Sembrava che la striscia di sangue percorresse un gigantesco cerchio.

Avanzando con molta prudenza, l'arma spianata di fronte a sé, Delta-Due aveva superato l'ingresso della sezione della nave che alloggiava il laboratorio; la striscia continuava verso il ponte di poppa. Aveva svoltato l'angolo tenendosi largo, gli occhi sempre fissi sulla traccia.

Fu allora che lo vide. "Cristo!"

Delta-Tre, legato e imbavagliato, era stato scaricato senza tante cerimonie di fronte al piccolo batiscafo della *Goya*. Perfino da quella distanza, Delta-Due poteva vedere che al suo compagno mancava una grossa parte del piede destro.

Sospettando una trappola, sollevò la mitraglietta e avanzò. Ora Delta-Tre si stava dimenando, cercando di parlare. Paradossalmente, il modo in cui era stato legato, con le ginocchia piegate all'indietro, gli stava salvando la vita: l'emorragia dal piede, infatti, si era bloccata.

Delta-Due si avvicinò al sommergibile, apprezzando la rara opportunità di poter vedere tutto ciò che gli era alle spalle, praticamente l'intero ponte della nave, riflesso nella cupola semisferica del battello. Raggiunse il compagno che lottava per liberarsi, ma lesse troppo tardi l'allarme nei suoi occhi.

Il lampo argenteo apparve dal nulla.

Uno dei bracci meccanici del Triton balzò all'improvviso in avanti e si chiuse come una morsa attorno alla coscia sinistra del soldato. Delta-Due cercò di districarsi, ma la pinza meccanica non mollò. Urlò di dolore sentendo l'osso che si spezzava. Lanciò un'occhiata all'abitacolo del batiscafo. Scrutando attraverso il riflesso del ponte, vide Michael Tolland rannicchiato nel buio, ai comandi del Triton.

"Pessima idea." La rabbia di essere stato giocato gli ridiede energia. Dimenticò il dolore e portò la mitraglietta alla spalla. Mirando al torace di Tolland, che era a un solo metro di distanza, oltre la cupola di perspex, tenne il grilletto premuto finché l'ultimo dei bossoli esplosi non cadde sul ponte e non sentì lo scatto a vuoto dell'otturatore. Senza fiato, lasciò cadere l'arma e fissò con rabbia la cupola crivellata.

«Sei morto!» disse con un sibilo, cercando di liberarsi. La pinza meccanica gli lacerò la pelle. «Merda!» Afferrò la trasmittente del CrypTalk ma, all'atto di portarsela alle labbra, la pinza del secondo braccio meccanico si aprì di scatto e si lanciò in avanti, chiudendosi a morsa sul suo braccio destro. La radio cadde sul ponte.

Fu allora che Delta-Due vide il fantasma nel vetro davanti a lui. Un volto pallido si sporgeva a guardarlo attraverso una parte indenne della cupola. Sbalordito, esaminò il perspex. I proiettili l'avevano coperto di piccoli crateri, ma non erano penetrati attraverso lo spesso materiale.

Un attimo dopo, il portello sulla cima del sommergibile si aprì. Michael Tolland sembrava scosso ma incolume. Scese sul ponte e guardò la cupola del Triton.

«Resiste a più di sette milioni di chilogrammi di pressione al metro quadrato» disse. «Avresti avuto bisogno di un cannone.»

Nel laboratorio, Rachel sapeva che le era rimasto poco tempo. Aveva sentito gli spari sul ponte e pregava che tutto stesse andando secondo i piani di Tolland. Non le interessava più chi ci fosse dietro la messinscena del meteorite, il direttore della NASA, Marjorie Tench o addirittura il presidente in persona; non aveva più importanza.

"Non la faranno franca, chiunque sia il responsabile. La verità verrà a galla."

La ferita al braccio non sanguinava più e l'adrenalina che le scorreva in corpo aveva messo a tacere il dolore e acuito la sua concentrazione. Trovò carta e penna e scribacchiò un messaggio di due righe, diretto e spiccio: lo stile forbito era un lusso che non si poteva permettere in quel momento. Allegò la nota alla pila di fogli che aveva in mano: le stampate del GPR e del microscanner elettronico, le immagini del *Bathynomous giganteus*, foto e articoli sui condri. Il meteorite era un falso e quelle erano le prove.

Inserì l'intera pila nel fax del laboratorio. Aveva poca scelta perché conosceva a memoria solo alcuni numeri, ma aveva già deciso chi sarebbe stato il destinatario. Compose il numero trattenendo il fiato. Pigiò il tasto dell'invio, pregando di avere scelto la persona giusta.

La macchina fece: *Biiiip*.

ERRORE: NESSUN SEGNALE

Rachel se l'aspettava. Le trasmissioni dalla *Goya* erano ancora oggetto dei disturbi elettronici. Aspettò, sperando che l'apparecchio funzionasse come quello che aveva a casa. "Dài!"

Dopo dieci secondi, la macchina emise di nuovo un segnale.

NUOVA CHIAMATA

"Sì!" Rachel osservò la macchina procedere in un ciclo perpetuo.

ERRORE: NESSUN SEGNALE
NUOVA CHIAMATA
ERRORE: NESSUN SEGNALE
NUOVA CHIAMATA

Abbandonando la macchina a se stessa, Rachel si precipitò fuori dal laboratorio proprio mentre le pale di un rotore si annunciavano con un rombo.

A duecentocinquanta chilometri dalla *Goya*, Gabrielle fissava il computer del senatore Sexton ammutolita dallo stupore. I suoi sospetti erano fondati.

Oltre l'immaginabile.

Sotto i suoi occhi, le copie digitali di dozzine di assegni bancari intestati a Sexton, provenienti da società aerospaziali private e depositati in conti anonimi nelle isole Cayman. L'assegno più modesto era di quindicimila dollari. Alcuni ammontavano a oltre cinquecentomila.

"Briciole" a detta di Sexton. "Tutte le donazioni sono sotto il limite legale dei duemila dollari."

Sexton le aveva sempre mentito, dunque. Davanti a Gabrielle, ecco le prove di un finanziamento illecito di enormi proporzioni. Avvertì sul cuore il doloroso peso del tradimento e della delusione. "Bugiardo!"

Si sentì infangata, sciocca, ma soprattutto furibonda.

Sola, al buio, si rese conto di non sapere che cosa fare.

Una visione totalmente inattesa si presentò agli occhi di Delta-Uno mentre sorvolava in virata il ponte della *Goya*. Michael Tolland era in piedi vicino a un veicolo dotato di bracci meccanici, che sembrava un piccolo batiscafo; tra i suoi grandi artigli di metallo Delta-Due si dibatteva come la preda di un gigantesco insetto.

"Che cavolo...?"

Ad aggravare il suo sgomento, Rachel Sexton apparve sul ponte e si portò vicino a un uomo legato e sanguinante, ai piedi del batiscafo: non poteva essere che Delta-Tre. La donna gli puntò contro una delle mitragliette in dotazione alla Delta Force, poi alzò lo sguardo verso l'elicottero in atteggiamento di sfida.

Per un attimo, Delta-Uno si sentì disorientato, incapace di spiegarsi come tutto ciò fosse possibile. La Delta Force sbagliava raramente, com'era accaduto sulla banchisa, ma sempre per ragioni comprensibili; gli eventi di quella sera, invece, erano inimmaginabili.

L'umiliazione sarebbe stata terribile in qualunque circostanza, ma in quel momento era resa ancora più bruciante dalla presenza, assolutamente inusuale, di un'altra persona a bordo dell'elicottero.

Il capo.

Dopo l'assassinio al Roosevelt Memorial, il capo aveva ordinato a Delta-Uno di fare rotta verso un parco pubblico deserto poco distante dalla Casa Bianca. Seguendo le istruzioni del superiore, Delta-Uno era atterrato su un poggio erboso circondato da un boschetto. Il capo era emerso dall'oscurità per imbarcarsi sul Kiowa Warrior. Pochi secondi dopo erano di nuovo in volo.

Benché una diretta partecipazione del capo alle missioni fosse molto rara, Delta-Uno non avrebbe certo potuto protestare. Il suo superiore, preoccupato dal fallimento sulla banchisa di Milne e timoroso di destare sospetti e sollevare ulteriori questioni, lo aveva informato che avrebbe sovrinteso personalmente alle operazioni.

In quel momento, a bordo, era testimone di un altro clamoroso insuccesso.

"È ora di finirla. Subito."

Anche il capo, osservando la scena sul ponte della *Goya*, si stava arrovellando sugli ultimi eventi. Nulla era andato come previsto: i sospetti sul meteorite; le eliminazioni rimaste incompiute sulla banchisa. Addirittura l'assassinio di un personaggio d'alto profilo al Roosevelt Memorial.

«Capo» disse balbettando Delta-Uno, imbarazzato e sbalordito «non riesco a capire...»

"Nemmeno io..." pensò il capo. Avevano chiaramente sottovalutato i loro avversari. Osservò Rachel Sexton che, fissando l'elicottero, si portava il CrypTalk alle labbra. La voce sintetica gracchiò nelle cuffie. Si era aspettato che Rachel gli chiedesse di spegnere il disturbatore elettronico, così che Tolland potesse chiamare i soccorsi; ma le parole della donna lo gelarono.

«Siete in ritardo» disse Rachel Sexton. «Non siamo gli unici a sapere.»

Le parole riecheggiarono per un momento dentro il Kiowa. Il successo dell'intera operazione dipendeva dall'eliminazione di tutti i soggetti a conoscenza della verità e, per quanto sanguinosa, quell'opera di contenimento era l'unica soluzione possibile. L'asserzione di Rachel, benché difficile da credere, lo impensieriva non poco.

"Qualcun altro sa..."

Peraltro, Rachel Sexton era nota per la stretta osservanza del protocollo nel gestire informazioni segrete, e quindi il capo stentava a convincersi che avesse deciso di rivelare a qualcuno le sue scoperte.

Il CrypTalk trasmise di nuovo la voce di Rachel. «Ritiratevi e i vostri uomini avranno salva la vita. Venite più vicino, e sono spacciati. In ogni caso la verità salterà fuori. Evitate inutili spargimenti di sangue. Andatevene.»

«Lei sta bluffando» rispose il capo, conscio che il CrypTalk stava trasformando la sua voce in un sintetico suono androgino. «Non l'ha rivelato a nessuno.»

«Se la sente di rischiare? Non sono riuscita a contattare William Pickering, così ho preso le dovute precauzioni.»

Il capo aggrottò le sopracciglia. Era plausibile.

«Non se la bevono» concluse Rachel, guardando Tolland.

Il soldato preso negli artigli sogghignò. «Il tuo mitra è scarico e l'elicottero vi spedirà all'inferno. Siete spacciati. L'unica vostra speranza è lasciarci andare.»

"Scordatelo" pensò Rachel, cercando di formulare un nuovo piano d'azione. Guardò l'uomo legato e imbavagliato vicino al batiscafo. Sembrava delirare per l'emorragia. Gli si accovacciò accanto e lo fissò negli occhi gelidi. «Ti tolgo il bavaglio. Voglio che tu convinca l'elicottero a sparire. Sono stata chiara?»

L'uomo annuì.

Rachel strappò il bavaglio e il soldato le sputò in faccia un proiettile di saliva sanguinolenta.

«Troia» sibilò, tra colpi di tosse. «Voglio vedervi morire. Vi sgozzeranno come maiali e io mi godrò ogni secondo.»

Rachel si pulì il viso e sentì le mani di Michael Tolland che la sollevavano e la allontanavano. Michael le prese la mitraglietta e lei, dal lieve tremolio che avvertì nel suo tocco, capì che qualcosa era scattato in lui. Tolland si portò vicino a un pannello di controllo, afferrò una leva e guardò negli occhi l'uomo disteso sul ponte.

«Due punti a tuo sfavore» affermò. «E sulla mia nave è il massimo che ti è concesso.»

Con rabbia, risoluto, tirò la leva. Il grande portello del ponte vicino al Triton si aprì come la botola di un patibolo. Il soldato legato lanciò un urlo di paura e precipitò. Cadde nell'acqua da dieci metri d'altezza, sollevando uno spruzzo rossastro. Gli squali lo raggiunsero in un istante.

Il capo, sgomento, osservò dal Kiowa i resti di Delta-Tre alla deriva, trascinati dalla corrente. L'acqua, illuminata dai fari, era rosata. Alcuni squali si contendevano qualcosa che assomigliava a un braccio.

"Cristo!"

Poi tornò a rivolgere lo sguardo al ponte. Delta-Due pendeva ancora dagli artigli del Triton; ma adesso il batiscafo era sospeso su una grande apertura nel ponte e il soldato penzolava nel vuoto. Sarebbe bastato un semplice gesto di Tolland per fare di Delta-Due la vittima successiva.

«Okay, aspettate!» urlò il capo nella trasmittente. «Aspettate!»

«Crede ancora che stia bluffando?» chiese Rachel parlando nel CrypTalk. Perfino dall'abitacolo dell'elicottero, il capo poteva leggere la determinazione negli occhi della donna sul ponte. «Chiami il centralino dell'NRO e chieda di Jim Samiljan. Fa il turno di notte alla divisione Analisi e pianificazione. Gli ho detto tutto del meteorite. Ve lo confermerà.»

"Un nome preciso?" Il capo pensò che ciò non lasciava presagire niente di buono. Rachel Sexton non era una stupida: un bluff poteva essere smascherato nel giro di pochi secondi. Benché lui non conoscesse nessuno all'NRO di nome Jim Samiljan, l'organizzazione era gigantesca. Rachel, forse, diceva la verità. Doveva accertarsene, prima di ordinare l'ultimo assassinio.

«Vuole che disattivi l'ombrello elettronico per fare una telefonata di controllo?» gli chiese Delta-Uno, voltandosi.

Il capo osservò dall'alto Rachel e Tolland, in piena vista. Il rischio era minimo. Se uno dei due avesse cercato di usare un cellulare o una radio, il pilota avrebbe potuto riattivare il disturbatore e fermarli. «Chiudi l'ombrello» rispose, estraendo il suo telefono. «Mi accerto se Rachel sta mentendo, poi cercheremo un modo per liberare Delta-Due e la faremo finita.»

A Fairfax, la centralinista dell'NRO stava perdendo la pazienza. «Come le ho già detto, non trovo nessun Jim Samiljan nella divisione Analisi e pianificazione.»

L'interlocutore insistette. «Ha provato altri modi di scrivere il nome? Altri uffici?»

La centralinista aveva già provato, ma ritentò. «Non c'è un

dipendente con questo nome. Ho provato a scriverlo in tutti i modi» aggiunse dopo alcuni secondi.

La persona all'altro capo del telefono sembrò stranamente compiaciuta. «Quindi lei è certa che all'NRO non lavora nessun Jim...»

All'improvviso, nella linea ci fu una serie di scariche. Qualcuno urlò. La persona al telefono imprecò e, subito dopo, riappese.

A bordo del Kiowa, Delta-Uno urlava, furioso, cercando di riattivare il disturbatore elettronico. Aveva capito troppo tardi. Fra le tante spie del complesso pannello di fronte a lui, una piccola lucina aveva cercato di avvertirlo che, dalla *Goya*, era partita una trasmissione via satellite. "Ma com'è possibile? Nessuno si è mosso dal ponte!"

Prima che il pilota potesse inserire di nuovo l'ombrello elettronico, la trasmissione dalla nave s'interruppe da sola. Nel laboratorio, la macchina del fax lanciò un soddisfatto *biiip*.

IN COMUNICAZIONE... FAX INVIATO

121

"Uccidere o essere uccisi." Rachel aveva scoperto una parte di sé di cui ignorava l'esistenza. Adesso agiva in funzione della sopravvivenza, con una forza interiore alimentata dalla paura.

«Cosa c'era in quel fax?» chiese la voce sintetica del Cryp-Talk.

Rachel fu sollevata nel sentire la conferma che il fax era stato trasmesso come programmato. «Andatevene» intimò nel CrypTalk, guardando con odio l'elicottero che si librava sopra la sua testa. «È finita. Non ci sono più segreti.» Elencò ai suoi aggressori le informazioni appena trasmesse: una mezza dozzina di pagine di testo e foto, prove incontrovertibili dell'inganno del meteorite. «Ucciderci non farebbe che peggiorare la vostra situazione.»

Ci fu una lunga pausa. «A chi ha mandato il fax?»

Rachel non aveva alcuna intenzione di rispondere. Voleva guadagnare tempo. Lei e Michael Tolland si erano piazzati vicino all'apertura nel ponte, allineati con il Triton per impedire così al Kiowa di sparare senza colpire il soldato che ancora penzolava dai bracci meccanici del batiscafo.

«A William Pickering?» Il tono, stranamente, sembrava esprimere una speranza. «Ha mandato il fax a William Pickering?»

"Sbagliato" pensò Rachel. Pickering era stato il primo al quale aveva pensato, ma era stata costretta a scegliere qualcun altro, per timore che il direttore dell'NRO fosse già stato eliminato; una mossa che avrebbe solo confermato la fredda determinazione del nemico. Prendendo una decisione disperata,

Rachel aveva composto l'unico altro numero di fax che conosceva a memoria.

Quello dell'ufficio del padre.

Il numero di fax del senatore Sexton le era rimasto dolorosamente impresso dopo la morte della madre, quando il padre aveva preferito risolvere le questioni relative all'eredità senza incontrare Rachel di persona. Non avrebbe mai pensato di doversi rivolgere a lui in cerca d'aiuto, ma quella notte le era sembrato la persona ideale, dotata di due requisiti fondamentali: le motivazioni adeguate per rendere pubblici i dati riguardanti il meteorite e l'influenza sufficiente per ricattare la Casa Bianca e forzarla a richiamare la squadra assassina.

A quell'ora, peraltro, quasi certamente suo padre non sarebbe stato in ufficio, blindato come la camera di sicurezza di una banca. In effetti, Rachel aveva inviato i documenti in una cassaforte con apertura a tempo, che non si sarebbe dischiusa fino alla mattina seguente. Anche se il nemico avesse localizzato il destinatario, era praticamente impossibile che qualcuno filtrasse attraverso le maglie della sicurezza federale del palazzo del Senato Philip A. Hart per introdursi indisturbato nell'ufficio.

«La persona che riceverà quel fax è in grave pericolo. Chiunque essa sia» disse la voce dall'elicottero.

Rachel dovette soffocare la paura e ricordare a se stessa di essere in una posizione di vantaggio. Indicò il soldato ancora intrappolato nei bracci meccanici del Triton, sanguinante e sospeso dieci metri sopra l'oceano. «L'unica persona in pericolo è il vostro agente» sibilò nel CrypTalk. «È finita. Le informazioni sono state trasmesse. Avete perso. Andatevene o quest'uomo morirà.»

«Signora Sexton, lei non si rende conto della gravità...»

«Non mi rendo conto?» esplose Rachel. «Mi rendo conto che uccidete degli innocenti! Che il meteorite è un falso e che non la farete franca! Nemmeno se ci ammazzerete tutti! È finita!»

Ci fu una lunga pausa. Poi la voce annunciò: «Vengo giù».

Rachel avvertì i muscoli entrare in tensione. "Giù?"

«Sono disarmato» disse la voce. «Non faccia niente di avventato. Io e lei dobbiamo parlare a faccia a faccia.»

Prima che Rachel potesse reagire, l'elicottero si posò sul

ponte della *Goya*. Ne scese un uomo dall'aspetto sobrio, giacca nera e cravatta dello stesso colore. Per un attimo, Rachel rimase attonita.

William Pickering.

Il direttore dell'NRO mai avrebbe pensato di dover arrivare a tanto. Fissava Rachel con aria di rammarico e poteva leggerle negli occhi il pericoloso conflitto di emozioni: confusione, sgomento, rabbia, consapevolezza di essere stata tradita.

"È comprensibile" pensò. "Ci sono molte cose che lei ignora."

Per un attimo, rivide sua figlia, Diana. Si chiese quali emozioni avesse provato prima di morire. Rachel e Diana sarebbero cadute nella stessa spietata guerra, alla quale lui si era votato. E a volte le vittime potevano essere molto crudeli.

«Rachel» disse Pickering. «Possiamo ancora trovare un accordo. Lasci che le spieghi.»

Rachel, atterrita, avvertì un senso di nausea.

Tolland, che imbracciava la mitraglietta, la puntò al petto di Pickering. «Indietro!» urlò. Anche lui sembrava disorientato.

William Pickering si fermò a cinque metri da Rachel, concentrandosi su di lei. «Suo padre è corrotto, Rachel. Riceve contributi illegali da società aerospaziali private. Vuole smantellare la NASA e aprire l'esplorazione dello spazio ai privati. Deve essere fermato. È una questione di sicurezza nazionale.»

Rachel lo guardava con occhi inespressivi.

Pickering emise un sospiro prima di continuare. «La NASA, con tutti i suoi problemi, deve rimanere un ente governativo.» Sicuramente se ne rendeva conto anche lei. "La privatizzazione causerebbe una fuga di cervelli verso il settore privato. Le forze armate non potrebbero più accedere allo spazio. Le società aerospaziali, per finanziarsi, venderebbero i brevetti e le idee della NASA al miglior offerente."

La voce di Rachel tremava di collera. «Avete inscenato tutto e ucciso persone innocenti... nel nome della sicurezza nazionale?»

«Uccidere non era nei piani. Non sarebbe mai dovuto accadere. Il nostro scopo era proteggere un'importante agenzia governativa.»

Pickering sapeva che la messinscena del meteorite, come

473

gran parte delle operazioni segrete, era stata causata dalla paura. Tre anni prima, nel tentativo di estendere la rete di idrofoni sottomarini e portarla a profondità maggiori, fuori dal raggio d'azione di eventuali sabotatori, Pickering aveva diretto un progetto che si proponeva di costruire un robustissimo batiscafo, capace di condurre un equipaggio nelle regioni più profonde del fondale oceanico, inclusa la fossa delle Marianne.

Fabbricato con una ceramica rivoluzionaria, quel batiscafo biposto era stato progettato sulla base di disegni trafugati elettronicamente dal computer di un geniale ingegnere californiano, Graham Hawkes. Il sogno di Hawkes di costruire un prototipo del suo batiscafo, che aveva chiamato *Deep Flight II*, si era infranto contro la mancanza di fondi, mentre Pickering poteva disporre di un bilancio praticamente illimitato.

Usando il batiscafo segreto, Pickering aveva inviato una squadra di tecnici a installare segretamente i nuovi idrofoni lungo le pareti della fossa delle Marianne, a una profondità che li nascondeva agli occhi di ogni potenziale nemico. Nel corso delle trivellazioni, i tecnici si erano imbattuti in formazioni geologiche mai viste. Avevano rinvenuto condri e fossili di specie sconosciute. Le scoperte, però, non erano mai state divulgate a causa della necessità di mantenere segreta la capacità dell'NRO di raggiungere tali profondità.

Solo negli ultimi tempi Pickering e il suo gruppo di consiglieri scientifici, sempre motivati dalla paura, avevano deciso di usare le loro preziose conoscenze della straordinaria geologia delle Marianne per intervenire in aiuto alla NASA. Trasformare una roccia sottomarina in un meteorite si era dimostrato un compito sorprendentemente facile. Usando un motore ECE, a miscela d'idrogeno, il gruppo dell'NRO aveva fuso la superficie della roccia fino a riprodurre una crosta di fusione convincente. Poi, con un piccolo batiscafo, si erano immersi sotto la banchisa di Milne e avevano inserito dal basso il masso carbonizzato nel ghiaccio. Una volta che il pozzo scavato si fosse ricongelato, sarebbe sembrato che la roccia fosse rimasta sepolta là per trecento anni.

Sfortunatamente, come spesso accade nelle operazioni segrete, quel piano accurato e ambizioso era stato rovinato da un trascurabile imprevisto. Il giorno prima, pochi microrganismi luminescenti avevano svelato il loro trucco da illusionisti...

Dall'abitacolo del Kiowa, Delta-Uno osservava il dramma che si svolgeva davanti ai suoi occhi. Rachel e Tolland sembravano avere il controllo della situazione ma, agli occhi di un esperto, la scena era quasi comica. La mitraglietta nelle mani di Tolland era inoffensiva; anche da quella distanza Delta-Uno poteva vedere il congegno d'armamento completamente arretrato. Il caricatore dell'arma era vuoto.

Osservando il compagno che si dibatteva nella morsa del Triton, Delta-Uno capì di non avere tempo da perdere. Era giunto il momento d'agire, ora che l'attenzione sul ponte era rivolta completamente verso Pickering. Con il rotore che girava al minimo, uscì furtivamente dalla parte posteriore della fusoliera e, usando l'elicottero come copertura, si fece strada verso la passerella di dritta senza essere visto. Imbracciò la mitraglietta e si diresse a prua. Aveva ricevuto ordini precisi da Pickering e non aveva intenzione di fallire.

"Nel giro di pochi minuti, sarà tutto finito" pensò.

122

Ancora in vestaglia, Zach Herney sedeva alla scrivania nello Studio Ovale. La testa gli martellava, concentrata sull'ultima tessera del mosaico.

"Marjorie Tench è morta."

Secondo le informazioni ricevute dai suoi assistenti, la Tench si era recata in auto a un appuntamento con William Pickering vicino al Roosevelt Memorial. Visto che Pickering mancava all'appello, si temeva che anche lui fosse stato ucciso.

Il presidente e Pickering avevano avuto qualche scontro, negli ultimi tempi. Qualche mese prima Pickering si era reso colpevole di azioni illecite, cercando di venire in aiuto alla campagna elettorale di Herney, in declino.

Sfruttando i mezzi dell'NRO era riuscito, di nascosto, a raccogliere abbastanza immondizia sul conto di Sexton da compromettere seriamente la corsa del senatore alla presidenza: foto scandalose di una relazione sessuale con la sua assistente Gabrielle Ashe e le prove che accettava sottobanco finanziamenti da varie società aerospaziali private. Anonimamente, Pickering aveva spedito tutto il materiale a Marjorie Tench, confidando che la Casa Bianca ne facesse buon uso; ma Herney non ne aveva voluto sapere. Gli scandali sessuali e la corruzione erano il cancro di Washington e, secondo il presidente, mostrarne le prove all'opinione pubblica avrebbe solo aumentato la sfiducia del popolo nelle sue istituzioni.

"Il cinismo sta uccidendo il nostro paese."

Lo scandalo avrebbe insozzato l'immagine del Senato degli Stati Uniti, un prezzo che Herney non era disposto a pagare neppure per distruggere la carriera politica dell'avversario.

"Basta con le campagne basate sugli attacchi personali." Herney voleva battere Sexton sul piano del programma.

Irritato dal rifiuto della Casa Bianca, Pickering aveva cercato di attizzare le fiamme lasciando trapelare voci della relazione sessuale fra Sexton e la sua assistente; ma il senatore aveva proclamato la sua innocenza con tanta indignata convinzione che il presidente aveva finito per scusarsi personalmente con Sexton per quel pettegolezzo infondato. In ultima analisi, Pickering aveva causato solo guai. Herney aveva minacciato di farlo incriminare se si fosse immischiato un'altra volta nella campagna elettorale. Il paradosso, naturalmente, era che Pickering non teneva in grande considerazione Herney; per il capo dell'NRO, il presidente rappresentava solo il male minore: una scelta obbligata, motivata dai timori sulla sorte della NASA.

"E adesso qualcuno potrebbe avere ucciso Pickering?"

Herney non riusciva a capacitarsene.

«Signor presidente?» lo chiamò un assistente. «Come da sua richiesta, ho parlato con Lawrence Ekstrom. Gli ho detto di Marjorie Tench.»

«Grazie.»

«Il signor Ekstrom desidera parlarle.»

Herney era ancora furioso con il direttore della NASA per la menzogna riguardo al PODS. «Gli dica che lo richiamerò domattina.»

«Il direttore vuole parlarle immediatamente, signore.» L'assistente pareva a disagio. «Sembra molto contrariato.»

"Lui è contrariato?" Herney si sentì sul punto di perdere le staffe. Mentre si avvicinava a grandi passi al telefono, si chiese che diavolo potesse ancora succedere, quella notte.

123

A bordo della *Goya*, Rachel si sentiva girare la testa. La fitta nebbia dell'inganno dalla quale era stata circondata fino a quel momento si stava diradando e la realtà che i suoi occhi mettevano a fuoco la disgustava e la riempiva di vergogna. Guardò l'estraneo davanti a lei senza quasi udire la sua voce. «Dovevamo ricostruire la reputazione della NASA» stava dicendo Pickering. «La sua popolarità era in declino e i tagli al bilancio erano arrivati a livelli allarmanti.» Pickering fece una pausa, fissandola con i suoi occhi grigi. «Rachel, la NASA aveva disperatamente bisogno di un successo.»

"Dovevamo fare qualcosa!" pensò Pickering. L'operazione meteorite era stata dettata dalla disperazione. Lui e altri avevano fatto pressioni affinché la NASA venisse incorporata nei servizi di intelligence, dove avrebbe goduto di maggior salvaguardia e finanziamenti più generosi; ma la Casa Bianca, per "miope idealismo", aveva ripetutamente respinto l'idea come un attacco alla scienza pura. Sotto il fuoco delle bordate retoriche di Sexton contro la NASA, Pickering e i suoi potenti alleati nelle forze armate avevano capito di avere poco tempo a disposizione. Bisognava risvegliare lo spirito d'avventura del popolo americano e del Congresso, se si voleva riscattare l'immagine ormai compromessa della NASA e salvare l'ente spaziale dalla messa all'asta. Ci voleva, pensavano, una trasfusione di *grandeur*, qualcosa di spettacolare, che riportasse alla memoria l'era gloriosa delle missioni Apollo; e Zach Herney avrebbe avuto bisogno di tutto l'aiuto possibile per sconfiggere Sedgewick Sexton.

"Ho cercato di aiutarlo!" si disse Pickering come per rassicurarsi, e pensò a tutte le informazioni che aveva passato a Marjorie Tench e che Herney si era rifiutato di utilizzare. Non gli avevano lasciato altra scelta che ricorrere a misure più drastiche.

«Rachel» disse «le informazioni che ha trasmesso via fax sono pericolose. Deve capire che, se fossero divulgate, la Casa Bianca e la NASA sembrerebbero in combutta. Il danno sarebbe incommensurabile. Il presidente ed Ekstrom non ne sanno niente, Rachel! Sono innocenti. Credono che il meteorite sia autentico.» Pickering non aveva neanche cercato di coinvolgere i due nella cospirazione. Ekstrom e Herney erano degli idealisti e non avrebbero mai acconsentito a prestarsi all'inganno, neanche per salvare la presidenza di Herney o l'ente spaziale. L'unico peccato di Ekstrom era quello di avere persuaso un capoprogetto a mentire sull'errore nel software del PODS. Un atto del quale indubbiamente Ekstrom si era immediatamente pentito, una volta compreso a quanti esami sarebbe stato sottoposto il meteorite.

Marjorie Tench, frustrata dall'insistenza del presidente nel voler condurre una campagna elettorale all'insegna della correttezza, aveva complottato con Ekstrom, sperando che un piccolo ma significativo successo del PODS avrebbe aiutato Herney ad arginare l'avanzata di Sexton.

"Se la Tench avesse usato le foto e le informazioni sulla corruzione di Sexton, tutto questo non sarebbe successo!"

La sorte del consigliere del presidente era stata presto segnata: la decisione di eliminare Marjorie Tench, benché molto sofferta, era stata presa quando Rachel Sexton l'aveva contattata, lanciando le sue esplicite accuse di frode. Pickering sapeva che la Tench non si sarebbe fermata davanti a nulla, avrebbe indagato a fondo sulle asserzioni di Rachel; ovviamente, lui non poteva permetterlo. Marjorie Tench sarebbe stata più utile al presidente da morta: la sua fine violenta avrebbe suscitato un sentimento di solidarietà verso la Casa Bianca e avrebbe gettato qualche ombra sul partito di Sexton, ormai in difficoltà, che era stato pubblicamente umiliato dalla Tench in televisione.

Rachel, irremovibile, fissava il suo capo con odio.

«Cerchi di capire» disse Pickering. «Se si venisse a sapere la verità sul meteorite, lei si renderebbe responsabile del crollo di un presidente innocente e della distruzione della NASA; non solo, ma insedierebbe un uomo molto pericoloso nello Studio Ovale. Mi dica a chi ha mandato quel fax.»

Mentre lui parlava, il viso di Rachel assunse l'espressione sofferente e inorridita di chi teme di aver commesso un gravissimo errore.

Delta-Uno aveva aggirato la prua ed era tornato indietro lungo la fiancata di sinistra. Adesso si trovava nel laboratorio dal quale aveva visto uscire Rachel Sexton mentre atterrava con l'elicottero. Sullo schermo di un computer, un'immagine inquietante: una rappresentazione policroma del pulsante vortice sottomarino, che sembrava sospeso nel nulla, nell'oceano sotto la *Goya*.

"Un'altra buona ragione per andarsene da qui" pensò, dirigendosi verso il suo obiettivo. L'apparecchio del fax era su un bancone all'altra estremità della parete. Nel contenitore, una pila di fogli, esattamente come previsto da Pickering. Sul primo foglio, una nota di Rachel, due sole righe. Delta-Uno le lesse.

"Molto diretta" pensò.

Sfogliando i documenti, rimase stupito e al contempo costernato: Rachel e Tolland avevano scoperto tutto. Chiunque avesse visto le stampate non avrebbe avuto dubbi sul loro significato. Per sua fortuna, Delta-Uno non ebbe neanche bisogno di premere il tasto di ripetizione della chiamata. Il piccolo display a cristalli liquidi mostrava ancora l'ultimo numero contattato.

"Un prefisso di Washington, DC."

Trascrisse con cura il numero, afferrò tutte le carte e uscì dal laboratorio.

Le mani di Tolland sudavano, la mitraglietta puntata al petto di Pickering. Il direttore dell'NRO stava ancora tentando di convincere Rachel a rivelargli il nome del destinatario del fax, e Tolland cominciò ad avere la brutta sensazione che stesse solo cercando di guadagnare tempo. "Perché?"

«La Casa Bianca e la NASA sono innocenti» ripeté Pickering. «Collabori con me. Non lasci che i miei errori distruggano quel po' di credibilità che resta alla NASA. Possiamo metterci d'accordo. Se tutto questo venisse alla luce, l'agenzia spaziale sembrerebbe colpevole. Il paese ha bisogno del meteorite! Mi dica a chi ha spedito il fax, prima che sia troppo tardi.»

«Così ammazza anche lui?» chiese Rachel. «Mi fa schifo!»

Tolland era sbalordito dalla fermezza di Rachel. Sapeva quanto disprezzasse il padre ma, chiaramente, non aveva intenzione di metterlo in pericolo. Purtroppo per lei, il piano di chiedere aiuto al padre le si era ritorto contro. Anche se il senatore fosse andato in ufficio a quell'ora e, letto il fax, avesse chiamato il presidente per denunciare la frode e chiedergli di interrompere l'attacco, nessuno alla Casa Bianca avrebbe capito di che cosa stesse parlando; nessuno, tra l'altro, sapeva dove fossero Rachel e gli altri.

«Lasci che glielo ripeta ancora una volta» tentò Pickering, fissando Rachel con aria minacciosa. «La situazione è troppo complessa perché lei possa comprenderla appieno. Ha commesso un gravissimo errore a mandare quel fax. Ha compromesso la sicurezza del paese.»

Tolland si convinse che William Pickering stesse solo cercando di guadagnare tempo. La ragione stava marciando lentamente verso di loro, quasi passeggiando, lungo il lato sinistro della nave. Una fitta di terrore lo assalì nel vedere il soldato con le stampate e il mitra.

Tolland reagì con una determinazione che sorprese anche lui. Si voltò, puntò la mitraglietta contro il soldato e premette il grilletto.

L'arma produsse un inoffensivo *clic*.

«Ho trovato il numero di telefono» disse il soldato, consegnando a Pickering un foglietto. «E il signor Tolland è senza munizioni.»

124

Sedgewick Sexton percorse in fretta il corridoio del palazzo Philip A. Hart, la sede degli uffici del Senato. Non aveva idea di come ci fosse riuscita, ma era certo che Gabrielle avesse violato il suo ufficio. Parlando con lei al telefono, Sexton aveva udito chiaramente, in sottofondo, il caratteristico triplo ticchettio della sua pendola Jourdain.

Perché lo avesse fatto, Sexton poteva solo cercare d'immaginarlo. Forse, averlo sorpreso in una riunione con i rappresentanti della SFF aveva minato la sua fiducia in lui; e adesso era alla ricerca di prove.

"Ma come diavolo ha fatto a entrare?"

Sexton era contento di avere cambiato la password del computer. Arrivò davanti al suo ufficio privato e inserì il codice per disattivare l'allarme. Poi trafficò con le chiavi, aprì le pesanti porte e le spalancò nell'intento di sorprendere Gabrielle con le mani nel sacco. Ma l'ufficio era vuoto e buio, illuminato solo dal bagliore del salvaschermo del computer. Accese la luce e si guardò intorno. Sembrava tutto a posto. Silenzio totale, a parte il triplo ticchettio della pendola.

"Dove diavolo s'è ficcata?"

Sentì un fruscio nel suo bagno privato e vi si diresse di corsa. Accese la luce. Vuoto. Guardò dietro la porta. Nessuno.

Perplesso, si osservò allo specchio, chiedendosi se non avesse bevuto troppo quella sera. "Eppure ho sentito qualcosa." Smarrito e confuso, ritornò nel suo ufficio.

«Gabrielle?» Percorse il corridoio, fino all'ufficio di lei. Non c'era. La stanza era buia.

Sentì lo scroscio di uno scarico nel bagno delle donne e si girò di scatto, partendo in quella direzione. Vi giunse proprio mentre Gabrielle ne usciva, con una salviettina di carta tra le mani.

Lei sussultò nel vederlo. «Dio mio! Mi ha spaventato!» Sembrava genuinamente sorpresa. «Cosa ci fa qui, a quest'ora?»

«Hai detto di essere andata nel tuo ufficio a prendere degli incartamenti sulla NASA» disse Sexton, vedendola a mani vuote. «Dove sono?»

«Non li ho trovati. Ho cercato dappertutto. Per questo ci ho impiegato tanto.»

Lui la guardò fisso negli occhi. «Sei stata nel mio ufficio?»

"Devo la vita alla macchina del fax" pensò Gabrielle.

Solo pochi minuti prima, seduta al computer di Sexton, aveva tentato di stampare le copie degli assegni illegali. I file erano protetti e quindi aveva bisogno di altro tempo per riuscire nel suo intento. Sarebbe stata ancora lì se lo squillo del fax non l'avesse riportata bruscamente alla realtà. Aveva interpretato quel segnale come un invito a uscire senza trattenersi a leggere il documento in arrivo. Spento il computer, aveva rimesso tutto a posto per andarsene da dov'era arrivata. Stava appunto arrampicandosi per uscire dal bagno del senatore quando lo aveva sentito entrare.

A quel punto, con Sexton davanti a lei che la fissava, sentì che lui cercava di leggerle negli occhi se aveva mentito. Sedgewick Sexton fiutava le bugie meglio di chiunque altro. Se avesse affermato il falso, lui l'avrebbe sicuramente capito.

«Ha bevuto» gli disse, voltandosi. "Come fa a sapere che sono stata nel suo ufficio?"

Sexton le posò le mani sulle spalle per costringerla a girarsi. «Sei entrata nel mio ufficio?»

Gabrielle cominciò ad avere paura. I modi di Sexton erano bruschi. Di sicuro aveva bevuto. «Nel suo ufficio?» chiese, sforzandosi di simulare una risatina sorpresa. «Come? E perché?»

«Ho sentito la mia pendola in sottofondo mentre parlavamo al telefono.»

Gabrielle si sentì sprofondare. La pendola? Non ci aveva pensato. «Si rende conto di quello che dice?»

«Ci passo le giornate in quell'ufficio. Conosco il ticchettio di quell'orologio.»

Gabrielle sentì di dover cambiare tattica. "La miglior difesa è l'attacco" ripeteva sempre Yolanda Cole. Con le mani sui fianchi, viso a viso, lo affrontò con determinazione. «Mettiamo in chiaro la situazione, senatore. Sono le quattro del mattino e lei è ubriaco; ha sentito un ticchettio al telefono e così è venuto qui?» Indignata, indicò la porta dell'ufficio di lui, in fondo al corridoio. «Dunque, mi sta accusando di avere disinserito un sistema d'allarme federale, forzato due serrature, essere entrata nel suo ufficio, avere risposto al telefono – come una scema – mentre stavo commettendo un reato, reinserito l'allarme e poi, con calma, essere andata al gabinetto prima di scappare a mani vuote? Sarebbe questa la sua versione dei fatti?»

Sexton batté le palpebre e sgranò gli occhi.

«Un'altra buona ragione per non bere da soli» disse Gabrielle. «E adesso, vuole parlare della NASA o no?»

Sexton tornò nel suo ufficio, sentendosi uno stupido. Andò al mobile bar e si versò una Pepsi. Di sicuro non si sentiva ubriaco. Possibile che si fosse sbagliato? Dalla parete opposta gli giungeva il ticchettio beffardo della pendola. Finì la Pepsi e se ne versò un'altra. Poi, ne offrì una a Gabrielle. «Hai sete?»

Lei non lo aveva seguito nell'ufficio. Era rimasta sulla soglia con aria di rimprovero.

«Oh, per l'amor del cielo, entra! Parliamo della NASA.»

«Ne ho abbastanza per stanotte» disse lei con calcolata indifferenza. «Ne parleremo domani.»

Sexton non aveva voglia di giocare a rimpiattino. Voleva le informazioni e le voleva immediatamente. Sospirò esausto. "Consolida il rapporto di fiducia. È sempre una questione di fiducia." «Ho preso una cantonata» disse. «Abbi pazienza, ma è stata una giornataccia. Non so cosa mi è saltato in mente.»

Gabrielle rimase sulla porta.

Sexton andò alla scrivania e posò la bibita di Gabrielle su un tampone di carta assorbente. Le indicò la poltrona di pelle, il simbolo del potere. «Accomodati. Bevi. Io vado a ficcare la testa sotto il rubinetto.» E si avviò verso il bagno.

Gabrielle non sembrava intenzionata a muoversi.

«Mi sembra di avere visto un fax, nella macchina» le disse,

entrando nel bagno. "Falle vedere che ti fidi di lei." «Dai un'occhiata, per favore.»

Sexton chiuse la porta del bagno e riempì d'acqua fredda il lavandino. Si sciacquò la faccia ma ciò non lo fece sentire più lucido. Non gli era mai successo prima di sbagliarsi quando era così certo di qualcosa. Si fidava del suo istinto, e l'istinto gli diceva che Gabrielle Ashe era stata nel suo ufficio.

Ma com'era possibile?

Si impose di lasciar perdere e di pensare alla questione più importante: la NASA. Aveva bisogno di Gabrielle. Quello non era il momento di inimicarsela. Voleva sapere ciò che lei aveva scoperto. "Lascia perdere l'istinto. Ti sei sbagliato."

Asciugandosi il viso, fece un respiro profondo. "Rilassati" disse a se stesso. "Ma non ti addormentare." Chiuse gli occhi inspirando di nuovo e si sentì meglio.

Quando uscì dal bagno, fu contento di vedere che Gabrielle, addolcita, era nel suo ufficio. "Bene" pensò. "Adesso possiamo lavorare." Vicina alla macchina del fax, lei sfogliava le pagine dell'ultimo documento ricevuto; ma quando la guardò in viso rimase sconcertato nel vedere una maschera di paura e sgomento. «Cosa c'è?» chiese, avvicinandosi a lei.

Gabrielle vacillò, come se stesse per svenire.

«Cosa?»

«Il meteorite...» La voce le si strozzò in gola. Con mano tremante gli porse le stampate. «E sua figlia... è in pericolo.»

Perplesso, Sexton prese i fogli. La prima pagina era una nota scritta a mano. Sexton riconobbe subito la calligrafia. Il testo era brutale e di una semplicità sconcertante.

IL METEORITE È UN FALSO.
QUESTE LE PROVE.
LA NASA E LA CASA BIANCA CERCANO DI UCCIDERMI.
AIUTAMI!!! RS

Di solito, il senatore coglieva al volo le situazioni ma, per quanto rileggesse le parole di Rachel, non riusciva a dar loro un senso.

"Il meteorite è un falso? La NASA e la Casa Bianca stanno cercando di ucciderla?"

In un crescente stato di confusione mentale, passò in rassegna la mezza dozzina di fogli. La prima pagina era un'immagine computerizzata con la seguente intestazione: "Ground Penetrating Radar (GPR)". L'immagine sembrava riferirsi alla scansione elettronica della banchisa. Si vedeva il pozzo di estrazione di cui avevano parlato in televisione. La sua attenzione fu attratta dal profilo di un corpo umano che galleggiava nella colonna d'acqua. Poi, vide una cosa ancora più sconvolgente: l'ovvio profilo di un secondo pozzo, direttamente sotto il punto dov'era stato rinvenuto il meteorite; come se la roccia fosse stata inserita dal basso.

"Ma cosa diavolo...?"

Passando alla pagina successiva, Sexton si trovò a faccia a faccia con la foto di una specie di organismo marino vivente, chiamato *Bathynomous giganteus*. Lo fissò sconcertato. "È l'animale fossilizzato nel meteorite!"

Passò in fretta alla pagina successiva, sulla quale era riportata la rappresentazione grafica del contenuto di idrogeno ionizzato nella crosta di fusione del meteorite. Sul foglio, una nota scarabocchiata a mano: "Combustione di un motore a idrogeno liquido? Motore a espansione ciclica della NASA?".

Sexton non credeva ai suoi occhi. Mentre la stanza sembrava ruotargli intorno, voltò pagina. La foto di una roccia contenente bollicine metalliche, esattamente uguali a quelle del meteorite.

Sorprendentemente, la didascalia della foto la descriveva come il prodotto di attività vulcanica sottomarina. "Una roccia dal fondale marino? Ma la NASA ha detto che i condri si formano solo nello spazio!"

Sexton buttò i fogli sulla scrivania e crollò nella poltrona. Impiegò solo quindici secondi per collegare tutto quello che aveva visto. Ciò che le immagini implicavano era chiarissimo: chiunque avesse un po' di cervello lo avrebbe capito.

"Il meteorite della NASA è un falso!"

Nella carriera di Sexton, quella era stata una giornata senza precedenti: un vero e proprio giro in ottovolante, fra alti e bassi di speranza e sconforto. Lo stupore che qualcuno avesse mai potuto pensare di farla franca con una tale messinscena svanì quando si rese conto di cosa avrebbe significato per lui, politicamente, ciò che aveva appena appreso.

"Quando rivelerò queste informazioni, la presidenza sarà mia."

Traboccante di felicità, aveva completamente rimosso dalla mente le grida d'aiuto della figlia.

«Rachel è in pericolo. Il suo messaggio dice che la NASA e la Casa Bianca la vogliono...»

Lo squillo del fax interruppe Gabrielle, che si voltò di scatto a fissarlo. Anche il senatore si sorprese a guardarlo. "Cosa potrebbero mandarmi ancora? Altre prove? Ce n'è già una tonnellata!"

Ma quando l'apparecchio agganciò la linea, non uscirono fogli. Non avendo captato nessun segnale fax, si era inserita la segreteria telefonica: «Salve. Questo è l'ufficio del senatore Sedgewick Sexton. Se volete inviare un fax, potete cominciare la trasmissione immediatamente; altrimenti, lasciate un messaggio dopo il segnale acustico. Grazie».

Prima che il senatore potesse alzare il ricevitore, la macchina emise un *bip*.

«Senatore Sexton?» La voce aveva una certa limpida crudezza. «Sono William Pickering, direttore dell'NRO. Probabilmente non è in ufficio a quest'ora, ma le devo parlare immediatamente.» Fece una pausa, come in attesa che qualcuno rispondesse.

Gabrielle stava per alzare la cornetta, ma Sexton le afferrò bruscamente la mano per fermarla.

Lei rimase interdetta. «Ma è il direttore del...»

«Senatore» continuò Pickering, sembrando quasi sollevato che nessuno avesse risposto. «Temo di doverle dare brutte notizie. Mi hanno appena riferito che sua figlia Rachel è in grave pericolo. Una mia squadra sta cercando di aiutarla, in questo momento. Non posso scendere nei dettagli al telefono, ma mi è stato detto che potrebbe averle trasmesso via fax informazioni riguardanti il meteorite trovato dalla NASA. Non ho visto la documentazione, per cui non so di che cosa si tratti, ma le persone che stanno minacciando sua figlia mi hanno avvertito che se lei, o chiunque altro, rendesse note le informazioni, sua figlia verrebbe uccisa. Mi dispiace dover essere tanto brutale: lo faccio per chiarezza. È a rischio la vita di sua figlia. Se è vero che le ha mandato un fax, non lo faccia sapere a nessuno.

Non ancora. Ripeto, ne va della vita di sua figlia.» Fece una breve pausa. «Con un po' di fortuna, senatore, tutto sarà risolto prima che lei si svegli. Se dovesse ricevere questo messaggio prima che io arrivi nel suo ufficio, rimanga dov'è e non contatti nessuno. Sto facendo tutto il possibile perché sua figlia sia rilasciata sana e salva.» Pickering chiuse la comunicazione.

Gabrielle era tutta un tremito. «Rachel è stata rapita?»

Sexton avvertì che Gabrielle, pur disillusa da lui, non poteva nascondere la sensazione di dolorosa empatia al pensiero di un'altra giovane donna in pericolo. Lui, invece, non provava la stessa emozione: si sentiva come un bambino che abbia ricevuto il regalo di Natale più desiderato e pretenda che nessuno lo tocchi.

"Pickering vuole che io tenga la bocca chiusa?"

Rimase immobile un momento a riflettere sulle implicazioni di quell'inaspettato sviluppo. Sentì gli ingranaggi mettersi in moto nella parte del suo cervello più fredda e calcolatrice. Come un computer, cominciò a ipotizzare ogni possibile scenario e a esaminarne ogni possibile conseguenza politica. Guardò i fogli che aveva in mano e avvertì la forza dirompente di quelle immagini. Il meteorite della NASA aveva distrutto il suo sogno di diventare presidente, ma era un falso, solo una messinscena. Gliel'avrebbe fatta pagare. Per merito di sua figlia, il meteorite, creato per distruggerlo, lo aveva reso potentissimo.

"C'è un'unica soluzione possibile. Un vero leader può fare una sola cosa."

Ipnotizzato dalla fulgida immagine della sua risurrezione, Sexton attraversò la stanza come se camminasse sulle nuvole. Si avvicinò alla fotocopiatrice e la accese.

«Cosa sta facendo?» chiese Gabrielle, stupita.

«Non uccideranno Rachel» dichiarò Sexton. In ogni caso, anche se qualcosa fosse andato storto, se la figlia fosse caduta per mano del nemico, lui sarebbe diventato politicamente ancora più forte.

Era un rischio accettabile. Avrebbe vinto comunque.

«Per chi sono quelle copie?» domandò Gabrielle. «William Pickering ha detto di non divulgare le informazioni!»

Sexton la guardò, sorpreso di trovarla all'improvviso tanto poco attraente. Il senatore era diventato una fortezza inespugnabile. Tutto quello che gli serviva per realizzare il suo sogno era ora a sua disposizione. Niente avrebbe potuto fermarlo. Nessuna accusa di corruzione o di relazioni sessuali compromettenti. Assolutamente niente.

«Vai a casa, Gabrielle. Non ho più bisogno di te.»

125

"È finita" pensò Rachel.

Lei e Tolland, seduti fianco a fianco sul ponte della nave, guardavano la canna del mitra che il soldato puntava loro in faccia. Purtroppo Pickering aveva scoperto il destinatario del suo fax: l'ufficio del senatore Sedgewick Sexton.

Rachel dubitava che il padre potesse mai ricevere il messaggio telefonico che Pickering gli aveva appena lasciato. Il direttore dell'NRO probabilmente avrebbe raggiunto l'ufficio del senatore prima di chiunque altro. Se Pickering fosse riuscito a entrare, recuperando il fax e cancellando il messaggio sulla segreteria telefonica prima dell'arrivo di suo padre, forse avrebbe evitato di fargli del male. William Pickering era, con ogni probabilità, una delle poche persone in grado di intrufolarsi negli uffici di un senatore degli Stati Uniti senza nessuna conseguenza. Rachel era sempre rimasta sbalordita da quanto si poteva fare "in nome della sicurezza nazionale".

"Naturalmente, se non riuscisse a entrare, Pickering potrebbe semplicemente lanciare un missile Hellfire contro le finestre dell'ufficio di mio padre e far saltare in aria tutto." Ma qualcosa le diceva che non sarebbe stato necessario.

La sorprese sentire la mano di Tolland che cercava la sua. Il suo tocco era forte ma tenero, e le loro dita si intrecciarono con una tale naturalezza che a Rachel sembrò l'avessero fatto da sempre. In quel momento desiderava solo rifugiarsi tra le sue braccia e non sentire più l'assordante rombo del mare che aveva formato un gorgo intorno a loro.

"Purtroppo non accadrà" pensò. "Non era destino."

Michael Tolland si sentiva come un uomo che abbia ritrovato la speranza solo sulla via del patibolo.

"La vita mi sta prendendo in giro."

Per anni, dopo la scomparsa di Celia, aveva passato notti e notti ossessionato dal desiderio di scomparire per sempre, ore di dolore in cui la morte gli pareva l'unica possibile via d'uscita. Eppure aveva scelto di vivere, fiducioso che ce l'avrebbe fatta anche da solo, finché, quel giorno, per la prima volta non aveva cominciato a capire ciò che tanti suoi amici avevano cercato di dirgli.

"Mike, non devi necessariamente farcela da solo. Puoi trovare un altro amore."

La mano di Rachel nella sua rendeva ancora più difficile rassegnarsi al crudele tempismo del destino. Aveva la sensazione che la corazza che gli cingeva il cuore si stesse sgretolando. Per un attimo, sul vecchio ponte della *Goya*, avvertì lo spirito di Celia che vegliava su di lui. La sua voce era nel rumore del mare e ripeteva le ultime parole che gli aveva sussurrato prima di morire: "Sei un sopravvissuto. Promettimi che troverai un altro amore".

"Non desidererò mai un'altra" le aveva risposto.

Celia aveva sorriso con saggezza. "Dovrai imparare a farlo."

Ora, sul ponte della nave, Tolland capì che aveva cominciato a imparare. Un sentimento profondo sgorgò all'improvviso dal suo cuore. Felicità.

Accompagnata da un'irresistibile voglia di vivere.

Pickering, avvicinandosi ai due prigionieri, si sentiva stranamente distaccato. Si fermò davanti a Rachel, sorpreso che il suo ruolo non gli risultasse più gravoso. «A volte» disse «le circostanze costringono a scelte difficili.»

Rachel lo guardò, inflessibile. «Le ha create lei, queste circostanze.»

«In guerra ci sono sempre vittime» disse Pickering. La voce era diventata più risoluta. "Basta chiederlo a Diana Pickering, o a uno dei tanti che ogni anno muoiono per questo paese."

«Lei dovrebbe capirlo meglio di altri, Rachel.» La guardava fisso. «*Iactura paucorum servat multos.*»

Comprese che Rachel aveva riconosciuto il motto. Era quasi

un luogo comune, negli ambienti dei servizi di sicurezza: sacrificare pochi per salvarne molti.

Rachel lo osservava con palese disgusto. «E adesso Michael e io saremmo fra quei pochi?»

Pickering rifletté. Non c'era alternativa. Si rivolse a Delta-Uno. «Liberi il suo compagno e facciamola finita.»

Il soldato annuì.

Pickering lanciò un'ultima lunga occhiata a Rachel, poi si avviò verso il parapetto di sinistra. Non voleva vedere. Preferiva guardare il mare, che correva veloce lungo la fiancata.

Delta-Uno, conscio della propria superiorità mentre stringeva il mitra, guardò il suo compagno, penzolante dai bracci meccanici del Triton. Doveva solo chiudere la botola sotto i piedi di Delta-Due, liberarlo ed eliminare Rachel Sexton e Michael Tolland.

Era contrariato per la complessità del pannello di controllo vicino alla botola, una serie di leve e interruttori anonimi che comandavano l'apertura, il motore del verricello e altro. Non aveva alcuna intenzione di azionare la leva sbagliata e mettere in pericolo la vita del compagno, abbassando per errore il batiscafo. "Non rischiare. Mai agire precipitosamente."

Avrebbe costretto Tolland a eseguire l'operazione e, per assicurarsi che non gli giocasse qualche brutto tiro, si sarebbe cautelato con quella che era nota fra i suoi colleghi come la "polizza biologica".

"Usa i tuoi nemici uno contro l'altro."

Delta-Uno puntò la canna dell'arma direttamente in faccia a Rachel, a pochi centimetri dalla fronte. Rachel chiuse gli occhi e il soldato notò il pugno di Tolland stringersi con rabbia.

«Signora Sexton, si alzi.»

Lei si alzò in piedi.

Delta-Uno le piantò il mitra contro la schiena e la spinse verso una scaletta d'alluminio che conduceva, dal retro, alla sommità del batiscafo Triton.

«Salga in cima allo scafo.»

Rachel lo fissò, spaventata e confusa.

«Si muova» ordinò Delta-Uno.

Rachel ebbe la sensazione di vivere in un incubo. Quando raggiunse l'ultimo gradino della scaletta, si fermò. Il vuoto sul quale era sospeso il batiscafo la terrorizzava.

«Salga sul batiscafo» ripeté Delta-Uno, avvicinandosi a Tolland e puntandogli il mitra alla testa.

Il soldato intrappolato nei bracci meccanici fissava Rachel con aria sofferente: evidentemente non vedeva l'ora di essere liberato.

Rachel guardò Michael. Aveva una mitraglietta puntata alla testa.

"Sul batiscafo." Non aveva scelta.

Con la sensazione di fare un passo nel vuoto dal bordo di un precipizio, Rachel salì sulla cofanatura del motore del Triton, che offriva una piccola superficie piatta dietro l'oblò a cupola. Il batiscafo era sospeso sopra la botola aperta come un enorme filo a piombo, ma le nove tonnellate della sua massa si spostarono di appena pochi millimetri sotto i piedi della donna che cercava di mantenere l'equilibrio.

«Okay, si muova» disse Delta-Uno a Tolland. «Vada ai comandi e chiuda il portellone.»

Sempre sotto tiro, Tolland si avviò verso la console, seguito dal soldato. Rachel sentì gli occhi di Michael su di sé, come se cercasse di comunicarle qualcosa. La fissò, poi abbassò lo sguardo a indicare il boccaporto d'accesso al batiscafo, in cima al Triton.

Rachel lanciò un'occhiata in basso. Il boccaporto era aperto e il pesante portello rotondo era puntellato da un sostegno. Era in grado di vedere l'interno dell'abitacolo monoposto. "Vuole che io salti nel batiscafo?" Sicura di sbagliarsi, Rachel tornò a guardare Tolland, che aveva quasi raggiunto il pannello di controllo. Gli occhi di lui la fissarono. Questa volta fu più esplicito; le sue labbra formarono chiaramente le parole: "Dentro! Subito!".

Delta-Uno captò il movimento di Rachel con la coda dell'occhio e si girò istintivamente, aprendo il fuoco. Rachel precipitò nel boccaporto sotto una sventagliata di pallottole. Quando i proiettili lo colpirono, rimbalzando in una pioggia di scintille, il portello risuonò come una campana e si chiuse sull'abitacolo. Tolland, appena sentì di non avere più la canna del mitra puntata alla schiena, fece la sua mossa. Si tuffò a sinistra, evitando la grande botola aperta. Atterrò sul ponte e smorzò la caduta rotolando, mentre il soldato girava su se stesso con il mitra fiammeggiante. I proiettili esplosero alle spalle di Tolland, che correva al riparo dietro l'argano dell'ancora: un enorme cilindro motorizzato, intorno al quale era avvolto il lungo cavo d'acciaio collegato all'ancora di poppa.

Tolland aveva un piano e doveva agire velocemente. Mentre il soldato gli si avventava contro, afferrò la leva dell'argano con tutte e due le mani e la abbassò. Istantaneamente, l'enorme verricello cominciò a srotolare metri di cavo e la *Goya* rollò nella forte corrente. L'improvviso movimento fece ruzzolare ogni cosa sul ponte. Il cavo dell'ancora continuò a srotolarsi sempre più velocemente, mentre la corrente trasportava la nave all'indietro.

"Dài, dài bellezza" la esortava Tolland.

Riacquistato l'equilibrio, il soldato si lanciò di nuovo verso di lui. All'ultimo momento, l'oceanografo si puntellò per spingere con forza la leva dell'argano verso l'alto, bloccando il verricello. La catena dell'ancora si tese, facendo tremare l'intero scafo della *Goya*, che si bloccò immediatamente. Ogni cosa sul ponte prese il volo. Delta-Uno si ritrovò in ginocchio vicino a Tolland e Pickering cadde pesantemente sulla coperta, mentre il Triton prese a ondeggiare violentemente, sospeso al cavo.

Con un cigolio stridente la struttura metallica danneggiata del pilone di supporto cedette, sussultando come in un terremoto. L'angolo di destra del ponte della *Goya* cominciò a crollare sotto il suo stesso peso. La nave vacillò, inclinandosi come un grosso tavolo privato di una gamba. Il metallo che si contorceva cigolando sotto i colpi violenti delle onde mandava un lamento assordante.

A pugni stretti, nell'abitacolo del Triton, Rachel cercava di reggersi, mentre le nove tonnellate del batiscafo ondeggiavano paurosamente sopra l'apertura del ponte, ormai molto inclinato. Attraverso quel poco di perspex trasparente che rimaneva dell'oblò, vide il mare agitarsi furioso, dieci metri più in basso. Alzando gli occhi, cercò Tolland con lo sguardo e si ritrovò a osservare una scena drammatica.

A un metro di distanza, intrappolato tra gli artigli del Triton, il membro della Delta Force urlava di dolore mentre veniva sballottato su e giù come un burattino. William Pickering, barcollante, andava ad aggrapparsi a una galloccia sul ponte. Vicino all'argano, anche Tolland cercava di non cadere in mare sostenendosi alla leva del verricello. Rachel vide che Delta-Uno, ancora armato di mitra, si era rimesso in piedi. «Mike, attento!» urlò da dentro il batiscafo.

Ma l'attenzione del soldato non era rivolta a Tolland: a bocca aperta, guardava il suo elicottero con un'espressione d'orrore. Rachel si voltò per seguire il suo sguardo. Il Kiowa, con il suo ampio rotore che ancora girava al minimo, aveva cominciato a slittare sui lunghi pattini, che agivano come sci sulla superficie inclinata del ponte. Fu allora che si accorse che l'elicottero stava puntando dritto verso il Triton.

Scalando il ponte inclinato verso l'elicottero che scivolava, Delta-Uno si arrampicò nell'abitacolo del velivolo. Non aveva alcuna intenzione di lasciare cadere nell'oceano il loro unico mezzo di fuga. Si impadronì dei comandi e tirò la leva di controllo. "Decolla!" Le pale del rotore accelerarono con un rombo assordante nello sforzo di sollevare il pesante mezzo d'assalto. "Su, per Dio!" L'elicottero continuò a scivolare verso il Triton e Delta-Due, ancora intrappolato. A causa della posizione del Kiowa, anche il rotore era inclinato e, quando il velivolo decollò, invece di sollevarsi balzò in avanti, verso il batiscafo, come una gigantesca sega rotante.

"Su!" Delta-Uno tirò la leva, rimpiangendo di non potersi liberare di quella mezza tonnellata di missili Hellfire che ancora lo appesantivano. Le pale del rotore mancarono d'un soffio la testa del suo compagno e la cupola del Triton, ma l'elicottero era troppo veloce: non avrebbe mai potuto evitare il cavo al quale era sospeso il batiscafo.

Quando le pale del rotore, che ruotava a trecento giri al minuto, toccarono il cavo d'acciaio intrecciato, tarato per quindici tonnellate, il suono lacerante del metallo che veniva a contatto esplose nella notte, evocando lo stridore di un'epica battaglia. Dall'abitacolo dell'elicottero, Delta-Uno vide il rotore toccare il cavo come la lama di una gigantesca falciatrice che investa una catena d'acciaio. Ci fu un'eruzione accecante di scintille e le pale del Kiowa si disintegrarono. Il pilota sentì l'elicottero precipitare di sotto e i pattini colpire il ponte con violenza. Cercò di mantenere il Kiowa sotto controllo, ma non aveva più portanza. Rimbalzò due volte sulla superficie inclinata, poi slittò andando a fracassarsi contro il parapetto del ponte.

Per un momento, Delta-Uno si illuse che la battagliola avrebbe resistito.

Poi sentì che si spezzava. Il pesante elicottero sbandò fuoribordo e precipitò in mare.

Rachel sedeva paralizzata nel Triton. Con il corpo premuto contro il seggiolino, era riuscita a puntellarsi nel momento della violenta collisione tra il minisommergibile e il rotore dell'elicottero. Le pale, che si erano letteralmente avvolte attorno al cavo, avevano risparmiato lo scafo, ma Rachel sapeva che la treccia metallica era stata gravemente danneggiata.

Doveva uscire dal Triton al più presto. Il soldato sanguinante, intrappolato nei bracci meccanici e ustionato dalle schegge, pareva delirare. Appena oltre, Rachel poteva vedere Pickering ancora aggrappato alla galloccia, sul ponte inclinato.

"Ma dov'è Michael?" Ebbe solo un istante di panico, prima che un nuovo orrore la investisse. Sopra la sua testa, il cavo sfilacciato al quale era appeso il Triton sibilò minaccioso come una frusta, mentre la treccia d'acciaio si dipanava; poi, con un sonoro schiocco, cedette.

Rachel galleggiò per un attimo senza peso nell'abitacolo del batiscafo in caduta. Il ponte sparì e le passerelle sottocoperta sfilarono veloci davanti all'oblò. Il soldato intrappolato impallidì di paura mentre il batiscafo accelerava verso l'acqua.

La caduta sembrò interminabile.

Quando il Triton si schiantò in mare e affondò sotto le onde, Rachel si sentì spingere con forza contro il seggiolino. La sua spina dorsale fu compressa, mentre l'acqua illuminata artificialmente si richiudeva sopra la cupola. Si sentì soffocare quando il batiscafo si fermò sott'acqua e poi riaffiorò velocemente, come un grande pezzo di sughero.

Gli squali attaccarono istantaneamente. Rachel sedette immobile nel suo posto in prima fila a osservare lo spettacolo raccapricciante davanti ai suoi occhi.

Delta-Due sentì la testa bislunga del pesce colpirlo con immane violenza. Una tenaglia, affilata come un rasoio, gli serrò l'omero. Un dolore devastante esplose nel suo corpo quando lo squalo si contorse e scosse la testa con violenza, strappandogli il braccio. Altri squali lo azzannarono alle gambe, al torso e al collo. Senza avere nemmeno la possibilità di urlare mentre i pesci gli martoriavano il corpo, l'ultima cosa che vide fu una chiostra di denti che si chiudevano sul suo volto. Poi, il buio.

Dentro il Triton, il tambureggiare delle teste cartilaginee degli squali contro lo scafo si acquietò. Rachel aprì gli occhi. L'uomo non c'era più e l'acqua era rossa.

Sconvolta, si rannicchiò sul sedile, le ginocchia contro il petto. Sentiva che il batiscafo si stava muovendo e sfregava contro il ponte inferiore della nave alla deriva nella corrente, ma anche verso il basso.

All'esterno, il caratteristico gorgoglio dell'acqua nei serbatoi di zavorra aumentò di intensità. Il livello dell'oceano, fuori dall'oblò, saliva.

"Sto affondando!"

In preda al panico, balzò in piedi. Afferrò la maniglia del portello sopra la sua testa. Se ce l'avesse fatta a uscire dal batiscafo, avrebbe potuto ancora saltare sul ponte della *Goya*, a un metro di distanza.

"Devo uscire da qui!"

Il meccanismo del portello indicava chiaramente la direzione verso la quale bisognava ruotare la maniglia. Rachel tirò. Il portello non si smosse. Provò di nuovo. Niente. Era incastrato, forse deformato. La paura crebbe nel suo sangue come l'acqua intorno a lei. Fece un ultimo sforzo.

Il portello non si mosse.

Il Triton affondò ancora di qualche centimetro, rimbalzando contro la *Goya* per l'ultima volta, prima di sgusciare da sotto il grande catamarano verso il mare aperto.

126

«No! La prego!» supplicò Gabrielle. Sexton stava finendo di fotocopiare. «Così condanna a morte sua figlia!»

Il senatore fece finta di non averla sentita e andò alla scrivania con dieci pile identiche di fogli. Erano le riproduzioni delle pagine che Rachel gli aveva mandato per fax, compreso il messaggio scritto a mano che dichiarava che il meteorite era un falso e accusava la NASA e la Casa Bianca di attentare alla sua vita.

"Il più devastante comunicato stampa che sia mai stato redatto" pensò Sexton, mentre si apprestava a infilare ogni serie di copie in una busta bianca telata con il suo nome, l'indirizzo dell'ufficio e il sigillo senatoriale. Non ci sarebbero stati dubbi sulla provenienza di quelle incredibili informazioni. "Lo scandalo politico del secolo... e sarò io a rivelarlo!"

Gabrielle lo esortò ancora a pensare al bene di Rachel, ma lui nemmeno la sentì. Mentre assemblava il materiale, aveva la sensazione di trovarsi su un altro pianeta. "Ogni carriera politica ha il suo momento chiave. Questo è il mio, senza dubbio."

Il messaggio telefonico di William Pickering era stato chiaro: se il senatore avesse rivelato qualcosa, la vita di sua figlia sarebbe stata in pericolo. Sfortunatamente per Rachel, Sexton sapeva anche che smascherare il falso della NASA gli avrebbe dato la certezza di insediarsi alla Casa Bianca con un colpo di scena senza precedenti nella storia degli Stati Uniti.

"La vita è piena di decisioni difficili" pensò. "E ha successo solo chi è capace di prenderle."

Gabrielle Ashe aveva già visto quell'espressione di cieca

ambizione negli occhi di Sedgewick Sexton. Le faceva paura, e adesso capiva perché: pur di essere il primo ad annunciare la scoperta dell'inganno, il senatore era disposto a mettere a repentaglio la vita della figlia. «Non capisce che ormai ha vinto?» gli disse. «Zach Herney e la NASA non potranno sopravvivere allo scandalo. Non ha importanza chi li avrà smascherati, o quando! Aspetti fino a che non saprà che Rachel è al sicuro. Aspetti di parlare con Pickering!»

Sexton non le diede ascolto. Aprì il cassetto della scrivania e ne estrasse un foglio argentato, sul quale erano affisse decine di sigilli di cera autoadesivi, del diametro di due centimetri, con le sue iniziali. Normalmente li usava per gli inviti formali, ma Gabrielle capì che il senatore, col suo rosso sigillo di cera, voleva rendere il tutto ancora più plateale. Sexton staccò i sigilli e trasformò ogni busta in un'epistola con tanto di monogramma.

Una nuova ondata di collera assalì Gabrielle. Pensò alle riproduzioni digitali degli assegni illegali archiviate nel computer. Se lei vi avesse accennato, Sexton le avrebbe cancellate per togliere di mezzo ogni prova. «Si fermi» intimò «o dico a tutti della nostra relazione.»

Lui le rise in faccia, continuando ad attaccare i sigilli. «Oh, davvero? E tu pensi che crederanno a un'ambiziosa assistente che si vuole vendicare perché non le è stato offerto un posto nella nuova amministrazione? Ho già negato di avere avuto una relazione con te. Lo negherò di nuovo.»

«La Casa Bianca ha le foto.»

Sexton neppure la guardò. «Non hanno nessuna foto e, anche se l'avessero, non varrebbe niente. Ho l'immunità.» Sigillò l'ultima lettera. «Le foto in queste buste battono qualunque arma possa essere usata contro di me.»

Aveva ragione, e Gabrielle lo sapeva. Si sentì completamente impotente mentre Sexton ammirava la sua opera. Sul tavolo, dieci buste bianche telate, con il suo nome e l'indirizzo stampati in rilievo, chiuse da un sigillo di cera rossa con le sue iniziali. Sembravano le lettere di un re e, certamente, tanti erano assurti al trono con legittimazioni molto meno decisive.

Sexton prese le buste e fece per andarsene. Gabrielle si spostò per sbarrargli il passo. «Sta commettendo un errore. Non agisca precipitosamente.»

Gli occhi di lui erano come lame. «Io ti ho creato, Gabrielle; e adesso ti ho distrutto.»

«Il fax di Rachel le darà la presidenza. Deve molto a sua figlia.»

«Le ho dato anche troppo.»

«E se le succede qualcosa?»

«Nel caso, potrò contare anche sul voto di solidarietà.»

Gabrielle era disgustata. Non poteva credere che una cosa del genere gli fosse passata per la testa, meno ancora che gli fosse uscita dalle labbra. «Telefono alla Casa...»

Sexton si voltò di scatto e la colpì con uno schiaffo in pieno viso.

Gabrielle sentì il labbro che si spaccava. Aggrappata alla scrivania, fissava sbalordita l'uomo che una volta aveva venerato.

Sexton la guardò a lungo, severamente. «Se solo ti azzardi a pensare di ostacolarmi, te ne farò pentire per il resto dei tuoi giorni.» Era in piedi, risoluto, le dieci buste strette sotto il braccio. Un'espressione minacciosa ardeva nei suoi occhi.

Gabrielle Ashe uscì nella gelida aria notturna con il labbro ancora sanguinante e fermò un taxi. Poi, per la prima volta da quando si trovava a Washington, scoppiò in lacrime.

127

"Il Triton è precipitato in mare..."

Sul ponte inclinato della nave, Michael Tolland si rialzò barcollando. Fece capolino da dietro il verricello e guardò il cavo sfilacciato al quale fino a un minuto prima era appeso il batiscafo.

Voltandosi verso poppa scrutò la superficie del mare. Il Triton stava spuntando proprio in quel momento da sotto la *Goya*, trasportato dalla corrente. Tolland si sentì sollevato nel vedere che appariva intatto. Guardò il portello d'accesso. Desiderava solo che si aprisse e che Rachel ne uscisse illesa. Ma il portello non si aprì, e Tolland pensò che, forse, era rimasta tramortita nell'impatto con l'acqua.

Perfino da quella distanza era in grado di vedere il Triton immerso ben oltre la sua normale linea di galleggiamento. "Sta affondando." Non riusciva a capirne il motivo, ma non aveva importanza, in quel momento.

"Devo tirare fuori Rachel. Immediatamente."

Stava cercando di alzarsi per guadagnare il bordo del ponte, quando una raffica di fuoco a ripetizione esplose sopra la sua testa, rimbalzando contro l'argano in una pioggia di scintille. Ricascò sulle ginocchia. "Merda!" Sbirciò da dietro il verricello: dal ponte superiore, Pickering prendeva la mira come un cecchino. Evidentemente si era impadronito del mitra che il soldato della Delta Force aveva lasciato cadere mentre saliva sull'elicottero ormai perduto. Poi aveva raggiunto una posizione dalla quale poteva tenere Michael sotto tiro.

Intrappolato dietro l'argano, Tolland si voltò a guardare il

Triton che affondava lentamente. "Forza, Rachel! Esci!" Pregò che il portello si aprisse. Inutilmente.

Guardando il ponte, misurò a occhio la distanza fra sé e il parapetto. All'incirca sei metri. Troppi da percorrere senza copertura.

Trasse un profondo respiro e prese una decisione. Si strappò di dosso la camicia e la lanciò sul ponte alla sua destra. Mentre Pickering la crivellava di proiettili, balzò a sinistra, giù per il ponte inclinato. Con un salto disperato superò il parapetto e si tuffò oltre la poppa della nave descrivendo un arco per aria. I proiettili sibilarono vicini. Sapeva che anche una sola scalfittura lo avrebbe trasformato, in un istante, in un banchetto per gli squali.

Rachel Sexton si sentiva un animale in gabbia. Aveva provato e riprovato ad aprire il portello, ma senza fortuna. Poteva percepire l'appesantimento del batiscafo, mentre, sotto di lei, un serbatoio si stava riempiendo d'acqua. L'oscurità dell'oceano avanzava centimetro dopo centimetro, fuori dalla cupola, come un sipario nero capovolto.

Al di là della parte inferiore della cupola scorgeva il vuoto dell'oceano, un sepolcro buio che minacciava di inghiottirla viva. Afferrò la maniglia del portello e cercò ancora una volta di smuoverla. Niente. I suoi polmoni erano in affanno. L'acre puzzo di anidride carbonica le penetrò nelle narici. Un solo pensiero ossessivo.

"Morirò soffocata, da sola."

Esaminò il pannello di controllo e i comandi del Triton in cerca di qualcosa che potesse aiutarla, ma tutte le spie erano spente. Niente elettricità. Era chiusa in un'inerte bara d'acciaio che sprofondava verso il fondo dell'oceano.

Il gorgoglio nelle casse di bilanciamento adesso sembrava più forte, e il livello dell'acqua salì verso il bordo superiore della cupola di perspex. In lontananza, oltre la piatta distesa senza fine, una striscia rossa si allargava lentamente sull'orizzonte. L'alba. Rachel tremò al pensiero che quella potesse essere l'ultima luce che vedeva. Chiuse gli occhi cercando di arrestare il destino e sentì riaffiorare alla mente le immagini terrificanti della sua infanzia.

Il ghiaccio cedeva. Lei scivolava sott'acqua.

Senza fiato. Incapace di tornare in superficie, affondava.

Le urla di sua madre: «Rachel! Rachel!».

Dei colpi sul batiscafo la scossero dal delirio. Aprì gli occhi.

«Rachel!» La voce era attutita. Nel buio, un volto spettrale apparve al finestrino a testa in giù in un turbinio di capelli scuri.

Rachel riuscì a malapena a riconoscerlo. «Michael!»

Tolland affiorò, espirando con sollievo nel vedere che Rachel si muoveva dentro il battello. "È viva." Con poche energiche bracciate nella corrente calda e greve raggiunse il retro del batiscafo e si sollevò sulla piattaforma del motore, ormai sommersa. Afferrò la maniglia rotonda del portello, stando basso per tenersi fuori dalla portata del mitra di Pickering.

Lo scafo del Triton era ormai quasi interamente sommerso. Tolland sapeva che avrebbe dovuto agire alla svelta. Gli rimaneva un margine di una trentina di centimetri, che stava riducendosi rapidamente. Aprire il boccaporto sott'acqua avrebbe significato far allagare l'abitacolo, intrappolando Rachel e mandando il Triton in caduta libera verso il fondale.

«Ora o mai più» ansimò, afferrando l'anello e cercando di ruotarlo in senso antiorario. Niente. Provò di nuovo, con tutte le sue forze, ma il portello rifiutò di cedere.

Sentì Rachel, dall'altra parte del vetro. La sua voce era soffocata, ma vi si avvertiva il terrore. «Ho provato!» gridava. «Non riesco a girarlo!»

L'acqua lambiva ormai il coperchio. «Proviamo a girarlo insieme! Per te è in senso orario!» le urlò, benché sapesse che il senso era chiaramente indicato. «Okay, gira!»

Tolland si puntellò contro le bombole d'aria di bilanciamento e lottò con tutte le sue forze. Sentiva Rachel, sotto di lui, fare altrettanto. Il meccanismo ruotò di poco più di un centimetro, poi si bloccò con uno scricchiolio.

Tolland capì: il portello non si era assestato nell'alloggiamento e si era bloccato, come il coperchio di un barattolo male avvitato. Benché la guarnizione di gomma fosse a posto, le cerniere erano piegate. Ci sarebbe voluta una fiamma ossidrica.

Quando la cupola del batiscafo affondò sotto la superficie, Tolland fu sopraffatto dalla paura. Rachel Sexton non ce l'avrebbe fatta a uscire dal Triton.

Seicento metri più in basso, la fusoliera accartocciata e ancora carica di munizioni del Kiowa affondava rapidamente, prigioniera della gravità e del risucchio dell'impetuoso vortice sottomarino. Nell'abitacolo, il corpo inerte di Delta-Uno era sfigurato dalla pressione schiacciante.

L'elicottero, con i missili Hellfire ancora al loro posto, scendeva a spirale verso la cupola di magma che lo aspettava come una strana e incandescente piattaforma d'atterraggio. Sotto una crosta spessa solo tre metri, un globo di lava sobbolliva a mille gradi centigradi: un vulcano pronto a esplodere.

128

"Non lasciare che il batiscafo affondi!"

L'acqua ormai gli arrivava alle ginocchia. In piedi sulla cofanatura del motore, Tolland si scervellava per trovare il modo di liberare Rachel. Si voltò verso la *Goya*, chiedendosi se non ci fosse un modo per collegare un verricello al Triton, così da mantenerlo in superficie. Impossibile. La nave era a quasi cinquanta metri, ormai, e Pickering li guardava dall'alto del ponte, come un imperatore romano che dal suo posto privilegiato al Colosseo assista a uno spettacolo sanguinario.

"Prova a riflettere!" si impose Tolland. "Perché sta affondando?"

La fisica del galleggiamento, purtroppo, era spietatamente chiara: i serbatoi della zavorra venivano riempiti alternativamente di acqua o di aria, a seconda che si volesse fare immergere o emergere il batiscafo. Evidentemente, le casse si stavano allagando.

"Ma non dovrebbero!"

I serbatoi di bilanciamento dei sommergibili sono dotati di due serie di valvole, in alto e in basso. Le valvole inferiori, sempre aperte, sono chiamate "di allagamento", mentre quelle superiori, dette "di sfiato", vengono aperte solo per scaricare l'aria e permettere all'acqua di entrare.

Forse, per qualche ragione, gli sfiatatoi erano aperti. Tolland non riusciva a spiegarsene il perché. In precario equilibrio sulla piattaforma del motore tastò uno dei più piccoli serbatoi di zavorra, ormai sommersi. Le valvole di sfiato erano chiuse, ma le sue dita trovarono dell'altro.

Fori di proiettile.

"Merda!" Il Triton era stato crivellato di pallottole quando Rachel vi era saltata dentro. Tolland si tuffò immediatamente e nuotò sotto il batiscafo, passando le dita sulla superficie della più importante cassa di zavorra, quella di immersione rapida. Gli inglesi la chiamavano "il rapido per il Sud" e i tedeschi "le scarpe di piombo". In entrambi i casi, il significato era lampante: quando era piena, la cassa faceva inabissare il batiscafo.

Sul fianco della cassa, le sue dita trovarono decine di buchi. Sentiva l'acqua entrare a fiotti. Senza che lui potesse impedirlo, il Triton era in procinto di affondare.

Il batiscafo era, adesso, a un metro di profondità. Verso prua, Tolland accostò il volto alla cupola e scrutò all'interno. Rachel gridava disperata, picchiando sul perspex. La sua paura lo fece sentire impotente. Si ritrovò per un istante in un freddo ospedale, al capezzale della donna che amava, conscio di non poter fare niente per aiutarla. Sospeso nell'acqua, vicino al batiscafo che affondava, Tolland pensò che non lo avrebbe sopportato. Non una seconda volta. "Sei un sopravvissuto" gli aveva detto Celia, poco prima di morire. Ma lui non voleva sopravvivere da solo... di nuovo.

I polmoni gli dolevano per la mancanza d'aria, ma rimase con lei. Ogni volta che il pugno di Rachel colpiva il perspex, Tolland sentiva l'aria salire gorgogliando in superficie, e il battello sembrava affondare di più. Rachel gridò qualcosa a proposito dell'acqua che entrava dalla montatura della cupola.

La finestra d'osservazione perdeva.

"Un foro di proiettile nel perspex?" Molto improbabile.

Tolland doveva riemergere, sentiva i polmoni sul punto di scoppiare. Risalì tastando la grande cupola di plastica trasparente con le palme delle mani e le sue dita sfiorarono un pezzetto di gomma. Evidentemente, la guarnizione attorno all'oblò si era danneggiata nella caduta. Per questo l'abitacolo faceva acqua. Un'altra cattiva notizia.

Arrivato in superficie, Tolland prese tre respiri profondi, cercando di schiarirsi le idee. L'acqua che stava entrando avrebbe solo accelerato la discesa del Triton. Il batiscafo era già più di un metro e mezzo sotto la superficie. Tolland riusciva a malapena a sfiorarlo con i piedi. Sentiva Rachel battere disperatamente i pugni sulla parete dello scafo.

Gli venne un'idea: raggiungere il vano del motore e localizzare la bombola di aria compressa; forse avrebbe potuto usarla per svuotare dall'acqua la cassa di immersione rapida. Probabilmente si sarebbe rivelato un tentativo inutile, ma almeno avrebbe mantenuto il Triton vicino alla superficie per qualche minuto, prima che il cassone bucato riprendesse a riempirsi.

E poi?

Al momento quella gli parve la sua unica possibilità. Per prepararsi all'immersione, inspirò molto profondamente, espandendo i polmoni fino al limite. "Più capacità polmonare, più ossigeno, immersione più lunga" pensò. Ma, gonfiandosi e sentendo la pressione crescere nel torace, concepì una strana idea: e se avesse aumentato la pressione *dentro* l'abitacolo? Forse avrebbe potuto far saltare l'intera cupola, che già non era più chiusa ermeticamente, ed estrarre Rachel.

Espirò e rimase in superficie, cercando di valutare la fattibilità dell'idea. Sembrava perfettamente logica. Dopotutto, i sottomarini sono progettati per resistere alla pressione solo in un senso. Devono sopportare un'enorme forza dall'esterno, ma pochissima dall'interno.

Inoltre, le valvole installate sul batiscafo erano tutte uguali: un accorgimento per semplificare la manutenzione. Tolland avrebbe potuto staccare il tubo che serviva a riempire la bombola di aria compressa e collegarlo a una delle valvole di aerazione di sinistra. Rachel avrebbe avvertito un forte dolore, ma la pressurizzazione della cabina forse le avrebbe aperto una via di scampo.

Michael si riempì i polmoni e si tuffò.

Il batiscafo era adesso a un paio di metri. L'oscurità e la corrente rendevano difficile orientarsi.

Tolland trovò il serbatoio d'aria compressa e ridiresse il tubo, collegandolo alla valvola nella cupola. Strinse la valvola, preparandosi a pompare aria nell'abitacolo. Un segnale di pericolo, scritto a lettere gialle catarifrangenti sulla grossa bombola, gli ricordò quanto fosse rischiosa la manovra che stava per compiere: PERICOLO: ARIA COMPRESSA A 200 ATMOSFERE.

"Duecento atmosfere. Più di duecento chili per centimetro quadrato" pensò. Se la cupola del Triton non fosse stata soffiata via dalla pressione, i polmoni di Rachel si sarebbero schiantati. Praticamente, era come pompare con un idrante acqua ad altissima pressione in un palloncino nella speranza che questo scoppiasse presto.

Decise di agire. Sospeso sulla groppa del Triton, aprì la valvola. Il tubo si irrigidì e Tolland sentì l'aria che, con enorme forza, invadeva il batiscafo.

Nell'abitacolo, Rachel avvertì una fitta lancinante alla testa. Spalancò la bocca per urlare, ma l'aria si aprì la strada nei suoi polmoni con tanta pressione che le parve di scoppiare. Le sembrò che gli occhi le venissero spinti dentro il cranio. Un rombo assordante le risuonò nei timpani, portandola sull'orlo dello svenimento. Istintivamente sollevò le mani alle orecchie. Il dolore aumentava.

Udì un colpo provenire direttamente da un punto davanti a lei. Sforzandosi di tenere gli occhi aperti, scorse la confusa sagoma di Michael Tolland nel buio. Con il volto contro il vetro, le stava segnalando qualcosa.

"Ma cosa?"

Nell'oscurità, riusciva a malapena a distinguerlo. Aveva la vista annebbiata per via della deformazione delle cornee dovuta alla pressione; ciononostante si rendeva conto che il Triton era affondato sotto le ultime tremolanti dita di luce dei fari sottomarini della *Goya*. Intorno a lei, solo un abisso senza fine, nero come l'inchiostro.

Tolland si distese sulla cupola del Triton e continuò a battere i pugni sul perspex. Il petto gli bruciava per il bisogno d'aria, e presto sarebbe dovuto ritornare in superficie.

"Spingi sul vetro!" le ordinò. Sentiva l'aria compressa sfuggire attraverso il bordo del finestrino, dove la guarnizione si era deteriorata, e risalire sotto forma di bollicine. A tastoni andò in cerca di un appiglio, una fessura sotto cui insinuare le dita. Niente.

Mentre esauriva l'ossigeno, perse la visione periferica. Colpì il perspex un'ultima volta. Non riusciva neanche più a vederla. Troppo buio. Con quel poco di aria che gli rimaneva nei polmoni urlò sott'acqua.

«Rachel... spingi... sul... vetro!»

Le sue parole si tramutarono in un sordo e incomprensibile balbettio.

129

Dentro il Triton, Rachel aveva l'impressione di avere la testa imprigionata in uno strumento di tortura medievale. In piedi, china sul sedile dell'abitacolo, sentiva la morte aleggiare su di lei. Dall'oblò semisferico d'osservazione non si vedeva più nulla. Buio. I colpi erano cessati. Tolland era andato via. L'aveva abbandonata.

Il sibilo dell'aria pressurizzata che entrava a getto dall'alto le ricordò l'assordante vento catabatico di Milne. Sul fondo del batiscafo c'erano ormai trenta centimetri d'acqua. "Fatemi uscire!" Migliaia di ricordi e pensieri iniziarono ad affollarsi nella sua mente come lampi di luce violetta.

Il battello cominciò a inclinarsi e Rachel perse l'equilibrio. Inciampò nel seggiolino, cadde in avanti e urtò con violenza l'interno del cupolotto. Un dolore lancinante le trafisse la spalla. Atterrò a corpo morto contro il finestrino e, al contatto, percepì un'improvvisa diminuzione della pressione all'interno del batiscafo. Sentì i timpani rilassarsi in misura percettibile, mentre gorgoglianti bolle d'aria uscivano dal Triton.

Impiegò solo un attimo a capire. Nell'impatto contro la cupola, con il suo peso aveva in qualche modo spinto verso l'esterno la bolla di plastica trasparente, rilasciando un po' della pressione interna. Evidentemente la cupola di perspex aveva perso aderenza in qualche punto! Improvvisamente si rese conto del perché Tolland avesse tentato di aumentare la pressione all'interno del battello.

"Sta cercando di far esplodere l'oblò!"

Da qualche punto sopra la sua testa, la bombola di aria compressa continuava a pompare. Perfino da sdraiata, sentiva la pressione aumentare di nuovo. Questa volta l'accolse quasi con gioia, benché sentisse che quella morsa asfissiante la stava spingendo pericolosamente fino al punto di perdere coscienza. Rachel si affrettò a rialzarsi per spingere con tutte le sue forze la superficie interna della cupola trasparente.

Questa volta non ci fu nessun gorgoglio. Il perspex quasi non si mosse.

Si scagliò di nuovo con tutto il suo peso contro la finestra. Niente. La ferita alla spalla le doleva e la guardò. Il sangue s'era coagulato. Si preparò a tentare ancora, ma non ne ebbe il tempo. Senza preavviso, il batiscafo danneggiato cominciò a inclinarsi all'indietro. Quando il peso del vano motore, ormai allagato, superò quello della cassa di controllo dell'assetto, il Triton si coricò sul dorso, cominciando ad affondare.

Rachel cadde sulla schiena contro la parete posteriore dell'abitacolo. Mezzo sommersa dall'acqua sguazzante, guardò in su, verso la cupola non più stagna, che la sovrastava come un grande lucernario.

Al di sopra, solo la notte... e migliaia di tonnellate di oceano che la spingevano verso il fondo.

Si impose di alzarsi, ma sentiva il corpo inerte e pesante. La sua mente andò nuovamente indietro nel tempo, alla morsa gelida di un fiume coperto di ghiaccio.

"Rachel devi lottare!" le urlava la madre, tendendole la mano. "Aggrappati a me!"

Rachel aveva chiuso gli occhi. "Sto affondando." I pattini, pesanti come il piombo, la tiravano a fondo. Vedeva la madre, sdraiata a gambe aperte sul ghiaccio per distribuire meglio il peso, che si protendeva verso di lei.

"Scalcia, Rachel! Batti i piedi!"

Rachel aveva battuto i piedi come meglio aveva potuto ed era risalita leggermente, nel buco gelato. Una scintilla di speranza. Sua madre l'afferrava.

"Sì" gridava la mamma. "Aiutami! Scalcia! Usa i piedi!"

Mentre la madre la sollevava, Rachel aveva usato quella poca energia che le era rimasta per scalciare con i suoi pattini. Era bastata perché la madre la tirasse in salvo. L'aveva trascinata, fradicia, per tutto il tragitto fino alla sponda innevata prima di scoppiare in lacrime.

Ora, immersa nel calore e nell'umidità del batiscafo, Rachel aprì gli occhi nell'oscurità che la circondava. Sentì la voce della madre che, dalla tomba, le sussurrava qualcosa.

La voce era limpida, perfino lì, nel Triton che affondava.

"Usa i piedi."

Rachel sollevò lo sguardo verso la cupola. Prendendo a due mani quel poco coraggio che le rimaneva, si arrampicò su, verso il sedile, ormai disposto orizzontalmente come la poltrona di un dentista.

Sdraiata sulla schiena, piegò le ginocchia, tirò a sé le gambe più che poté, quindi sferrò un calcio verso l'alto. Con un selvaggio urlo di disperazione, piantò i piedi nel centro della cupola. Fitte di dolore le trapassarono le tibie, facendole girare la testa. Le sue orecchie rimbombarono improvvisamente, mentre avvertiva la pressione che si equalizzava, con un impeto violento. La commessura lungo il bordo a sinistra della cupola cedette e la grande lente si distaccò parzialmente, spalancandosi come la porta di un granaio.

Un fiume d'acqua si riversò nel batiscafo e spinse Rachel all'indietro, contro il sedile. L'oceano entrò ruggendo, la circondò, sollevandola e rivoltandola come un calzino nel cestello di una lavatrice.

Tastò alla cieca in cerca di un appiglio, ma senza fortuna. Mentre l'abitacolo si allagava, sentiva il batiscafo in caduta libera verso il fondo. Urtò con violenza contro la sommità dello scafo e si sentì inchiodata alla cupola. Un flusso violento di bolle d'aria irruppe intorno a lei, trascinandola verso l'alto. Urtò con l'anca contro un lembo di materiale plastico duro.

D'un tratto, fu libera.

Contorcendosi e roteando nel gorgo caldo e oscuro, sentì i polmoni dolere per la mancanza d'aria. "Sali in superficie!" Cercò la luce ma non vide nulla. Il mondo appariva uguale in ogni direzione. Oscurità. Niente gravità. Nessuna percezione di alto e basso.

In quell'istante terrificante, Rachel si rese conto di non avere idea della direzione verso la quale avrebbe dovuto nuotare.

Centinaia di metri sotto di lei, il Kiowa affondava accartocciandosi sotto la pressione che aumentava inesorabilmente. I quindici missili anticarro Hellfire, ad alto potenziale esplosivo, lottavano contro la forza che li comprimeva. Le ogive, rivestite internamente di rame, e le testate dei detonatori si muovevano pericolosamente verso l'interno.

Trenta metri sopra il fondo dell'oceano, la possente colonna del megapennacchio afferrò i resti dell'elicottero e li risucchiò in profondità, lanciandoli verso la crosta incandescente della cupola magmatica. Come una scatola di fiammiferi che si accendano uno dopo l'altro, i missili Hellfire esplosero aprendo un largo squarcio sulla sommità della bolla di magma.

Dopo essere riaffiorato per respirare ed essersi subito rituffato, Michael Tolland, sospeso a cinque metri sotto il livello dell'acqua, stava scrutando nell'oscurità quando i missili Hellfire esplosero. Il lampo bianco fluttuò verso l'alto, illuminando un'immagine sbalorditiva. Un fotogramma che avrebbe ricordato per sempre.

Rachel Sexton era sospesa nell'acqua, tre metri più in basso, come una marionetta dai fili intrecciati. Sotto di lei, il sommergibile Triton affondava velocemente, con la cupola squarciata. Captando il disastro imminente, gli squali si sparpagliarono verso il mare aperto.

La gioia di Tolland alla vista di Rachel fuori dal batiscafo svanì istantaneamente quando percepì quello che stava per succedere. Mentre la luce spariva, si lanciò con decisione verso di lei, artigliando l'acqua.

Centinaia di metri più in basso, la crosta frantumata della cupola magmatica esplose e il vulcano sottomarino cominciò a eruttare in mare magma a milleduecento gradi centigradi. La lava incandescente fece evaporare tutta l'acqua con la quale veniva a contatto, lanciando un'enorme colonna di vapore verso la superficie, lungo l'asse centrale del megapennacchio. Poiché la colonna era mossa dalle stesse proprietà cinetiche che governano la dinamica dei fluidi all'interno di un tornado, lo spostamento verticale di energia veniva controbilanciato da una spirale anticiclonica che ruotava attorno all'asse centrale, imprimendo energia nella direzione opposta. Intorno a quella colonna di gas che saliva alla superficie vorticavano correnti oceaniche sempre più violente, rivolte verso il basso. Il vapore in fuoriuscita creava un enorme vuoto che risucchiava milioni di litri di acqua marina verso il fondale, a contatto con il magma. Quando l'acqua raggiungeva il fondo, veniva anch'essa trasformata in vapore, che aveva bisogno di una via di sfiato, aggiungendosi alla colonna di vapori che cresceva e saliva alla superficie, risucchiando altra acqua sotto di sé. Altra acqua fluiva verso il centro per rimpiazzare quella vaporizzata, e il vortice si intensificava.

Il pennacchio idrotermico si allungò e il gorgo torreggiante crebbe di forza di secondo in secondo, spingendo senza sosta la sua estremità superiore verso la superficie.

Nell'oceano si era appena creato un buco nero.

Avviluppata da un'oscurità calda e liquida, Rachel si sentiva come un feto nel grembo materno. I suoi pensieri erano confusi, in quel tepore nero come l'inchiostro. "Respira." Dovette costringersi a reprimere l'istinto. Il lampo di luce che aveva visto doveva essere giunto dall'alto, eppure le era sembrato così distante. "Un'illusione ottica. Vai verso la superficie." Debolmente, cominciò a nuotare nella direzione della luce. Adesso la vedeva meglio... un sinistro e distante bagliore rosso. "La luce del giorno?" Nuotò con maggior vigore.

Una mano la afferrò per la caviglia.

Rachel lanciò un mezzo grido sott'acqua, esalando quasi tutta l'aria che le era rimasta nei polmoni.

La mano la tirò indietro, costringendola a piegarsi per puntare nella direzione opposta. Poi, la mano amica afferrò la sua. Michael Tolland la stava guidando in un'altra direzione. Il cervello le diceva che la stava portando verso il fondo, ma il cuore le suggeriva di fidarsi di lui.

"Usa i piedi" le sussurrò la voce della madre.

Rachel scalciò con tutte le sue forze.

130

Ancora prima di riemergere insieme a Rachel, Michael comprese che era finita. "La cupola magmatica è esplosa." Appena la sommità del gorgo avesse raggiunto la superficie, il gigantesco ciclone sottomarino avrebbe cominciato a risucchiare tutto verso il fondo. Stranamente, il mondo in superficie non era tranquillo come l'aveva lasciato solo qualche momento prima. Il rumore era assordante. Fu investito da un vento impetuoso, come se si fosse abbattuta una violenta tempesta mentre loro si trovavano sott'acqua.

Tolland si sentiva sul punto di perdere conoscenza per mancanza di ossigeno. Cercò di sostenere Rachel nell'acqua, ma qualcosa gliela stava strappando dalle braccia. "La corrente!" Si sforzò di resistere, ma la forza invisibile aumentava di intensità. All'improvviso, perse la presa e il corpo di Rachel gli scivolò tra le mani, verso l'alto.

Sconcertato, rimase a guardare Rachel che si sollevava dall'acqua.

Sulle loro teste, un Osprey della guardia costiera, un convertiplano a rotori basculanti, stava issando Rachel a bordo con un verricello. Venti minuti prima, i guardacoste avevano ricevuto la notizia di un'esplosione al largo. Avendo perso le tracce del Dolphin, che doveva trovarsi sulla zona, avevano temuto una disgrazia. Inserite nel loro sistema di navigazione le ultime coordinate note dell'elicottero, si erano diretti sul luogo guidati da una vaga speranza.

A circa un chilometro dalla *Goya* illuminata, avevano avvistato alcuni rottami in fiamme, alla deriva nella corrente, che sembravano appartenere a un motoscafo. In mare, vicino al relitto, un uomo agitava le braccia freneticamente. Lo avevano issato a bordo. Era completamente nudo, a parte la fasciatura di nastro adesivo che gli copriva una gamba.

Esausto, Tolland rivolse lo sguardo al ventre del rombante velivolo. Dall'alto, raffiche di vento assordanti, create dalle grandi eliche orizzontali, investivano ogni cosa. Quando Rachel salì appesa al cavo, numerose paia di mani la sollevarono nella fusoliera per trarla in salvo. Accanto al portello, Tolland scorse la figura familiare di un uomo mezzo nudo accovacciato.

"Corky?" Si sentì riempire di entusiasmo. "È vivo!"

Immediatamente, l'imbracatura calò di nuovo dal cielo e atterrò a tre metri di distanza. Tolland avrebbe voluto raggiungerla a nuoto, ma avvertiva già la sensazione di risucchio del pennacchio. L'implacabile stretta del mare lo aveva agguantato, rifiutando di mollarlo.

La corrente lo trascinava sott'acqua. Lottò per rimanere in superficie, fino allo stremo. "Sei un sopravvissuto" gli sussurrava una voce. Scalciò con le gambe, annaspando per risalire.

Quando riaffiorò nel vento battente, l'imbracatura era ancora fuori portata. La corrente lo stava trascinando lontano. Guardò in alto, nel vortice turbinoso di vento e rumore, e vide Rachel che lo fissava, esortandolo con gli occhi a raggiungerla.

Con quattro potenti bracciate riuscì ad arrivare all'imbracatura. Con l'ultimo briciolo di forze, infilò il braccio e la testa nell'anello, poi crollò.

Di colpo, l'oceano sembrò sprofondare.

Tolland vide sotto di sé il vasto gorgo spalancarsi. Il megapennacchio aveva infine raggiunto la superficie.

William Pickering, in piedi sul ponte della Goya, guardava con stupore lo spettacolo che si svolgeva tutt'intorno a lui. A dritta della nave, verso poppa, un'enorme depressione, come un bacino, si stava formando sulla superficie dell'oceano. Il gorgo, in rapida espansione, era già largo centinaia di metri. Il mare vi si avvitava dentro, scorrendo lungo l'orlo con sinistra condiscendenza. Tutt'intorno, un gemito gutturale echeggiava dall'abisso. Con la mente svuotata, Pickering fissava la voragine che si espandeva verso di lui come la bocca spalancata di qualche mitica divinità affamata di sacrifici.

"Sto sognando" pensò.

Improvvisamente, con un sibilo esplosivo che frantumò i finestrini della plancia della nave, un imponente pennacchio di vapore si levò verso il cielo. Un geyser colossale salì in alto, con un cupo boato, e la sua sommità si perse nel cielo rannuvolato.

Istantaneamente, le pareti del gorgo divennero più ripide e il perimetro cominciò a espandersi con crescente velocità, divorando la superficie dell'oceano. La poppa della *Goya* ruotò bruscamente verso la voragine in espansione. Pickering perse l'equilibrio e cadde in ginocchio. Come un bambino di fronte a Dio, guardò dentro l'abisso.

I suoi ultimi pensieri li rivolse alla figlia, Diana. Pregò che al momento della morte non avesse conosciuto una paura così sconvolgente.

L'onda d'urto provocata dalla fuga di vapore spinse l'Osprey su un fianco. Tolland e Rachel si sostennero a vicenda, mentre il pilota ristabiliva l'assetto, virando basso sopra la *Goya*, ormai condannata.

Guardando fuori, riuscivano ancora a vedere Pickering – il Quacchero – inginocchiato, in giacca e cravatta nere, vicino al parapetto superiore della nave.

La poppa ondeggiò sull'orlo del gigantesco vortice, poi la catena dell'ancora finalmente cedette. Con la prua fieramente lanciata nell'aria, la *Goya* sparì all'indietro, oltre il bordo liquido, risucchiata dal ripido gorgo vorticante. Aveva le luci ancora accese quando sparì.

131

L'aria del mattino era limpida e frizzante.

Una lieve brezza creava mulinelli di foglie alla base del Washington Monument, nella capitale. Il più grande obelisco del mondo di solito si risvegliava con la sua immagine serena rispecchiata nella Reflecting Pool, invece quel giorno ai suoi piedi sgomitavano molti giornalisti in ansiosa attesa.

Il senatore Sedgewick Sexton scese dalla limousine. Si sentiva più grande della stessa Washington mentre come un leone si avviava a grandi passi verso l'area riservata alla stampa, alla base del monumento. Aveva invitato le dieci maggiori reti radiotelevisive del paese, preannunciando il più grande scandalo dell'ultimo decennio.

"Niente attira gli avvoltoi come la puzza di carogna" si disse.

Stringeva la pila di buste di carta telata bianca, ciascuna con le sue cifre in rilievo sull'elegante sigillo di cera.

Se è vero che l'informazione può essere un'arma, Sexton aveva tra le mani un ordigno nucleare.

Si sentì inebriato, compiaciuto del fatto che il suo palcoscenico improvvisato disponesse di due "quinte", grandi pannelli eretti ai lati del podio come due tende blu: un vecchio trucco di Ronald Reagan per assicurarsi che la sua figura risaltasse contro qualunque sfondo.

Sexton salì sul palco da destra e si presentò a passo deciso da dietro il séparé, come un attore all'ingresso in scena. I cronisti presero velocemente posto nelle file di sedie pieghevoli rivolte verso il podio. A est, il sole che sorgeva sopra la cupola del Campidoglio proiettava una luce dorata sul senatore, conferendogli un'aura celestiale.

"Un giorno perfetto per diventare l'uomo più potente del mondo."

«Buongiorno, signore e signori» esordì, posando le buste sul leggio di fronte a sé. «Cercherò di essere rapido e indolore. Ciò che sto per rivelarvi è, francamente, molto inquietante. Queste buste contengono le prove di un inganno concepito ai più alti livelli del governo. Mi spiace dover dire che il presidente mi ha telefonato, mezz'ora fa, supplicandomi – sì, supplicandomi – di non rendere di dominio pubblico queste informazioni.» Scosse la testa, costernato. «Ma io sono un uomo che crede nella verità, per quanto dolorosa possa essere.»

Fece una pausa e, per accendere la curiosità degli intervenuti, sollevò in alto le buste. I cronisti le seguirono con gli occhi, come cani che sbavano pregustando qualche leccornia sconosciuta.

Il presidente aveva telefonato a Sexton mezz'ora prima per spiegargli ogni cosa. Rachel era al sicuro a bordo di un aereo, e le aveva parlato; inoltre, per quanto incredibile, la Casa Bianca e la NASA erano state solo figure marginali nell'affare del meteorite, una messinscena architettata da William Pickering.

"Non che abbia importanza" pensò Sexton. "Zach Herney cadrà lo stesso. E si farà molto male."

Avrebbe voluto essere una mosca sul muro della Casa Bianca per vedere la faccia del presidente, quando si fosse reso conto che lui stava per rivelare tutto. Secondo gli accordi, il senatore avrebbe dovuto incontrare il presidente Herney in quel preciso istante alla Casa Bianca per discutere come comunicare alla gente la verità sul meteorite. Invece, in quel preciso istante Herney era probabilmente incollato al televisore, profondamente sconvolto nell'apprendere che la Casa Bianca non avrebbe potuto fare nulla per fermare la mano del destino.

«Amici miei» disse Sexton, lasciando che i suoi occhi stabilissero un contatto con la folla. «Ho soppesato attentamente la questione e valutato la possibilità di onorare il desiderio del presidente di mantenere segreti questi dati; ma devo fare ciò che mi comanda il cuore.» Sospirò, chinando la testa come

519

un uomo che si pieghi al volere della Storia. «La verità è la verità. Non voglio influenzare in alcun modo la vostra interpretazione dei fatti, per cui mi limiterò a fornirvi i dati puri e semplici.»

Sexton sentì in distanza il rumore dei grandi rotori di un elicottero. Per un attimo si chiese se fosse il presidente che, in preda al panico, accorreva dalla Casa Bianca per tentare di bloccare la conferenza stampa. "Sarebbe proprio la ciliegina sulla torta" pensò Sexton allegramente. "Nel caso, darebbe l'impressione di essere veramente colpevole."

«Il compito mi risulta assai sgradito» continuò Sexton, compiaciuto del proprio perfetto tempismo «ma ritengo mio dovere informarvi che sono state fornite notizie false al popolo americano.»

Il velivolo si abbassò rombando per posarsi sulla spianata a destra. Sexton notò con sorpresa che non si trattava dell'elicottero presidenziale, ma di un grosso convertiplano Osprey. Sulla fusoliera c'era una scritta: GUARDIA COSTIERA DEGLI STATI UNITI.

Sconcertato, vide aprirsi il portello del velivolo e uscirne una donna. Indossava un giaccone della guardia costiera e sembrava stravolta, come se fosse sopravvissuta a una prova molto dura. Per un attimo non la riconobbe. Poi, qualcosa lo colpì. "Rachel?" Spalancò la bocca sbalordito. "Che diavolo ci fa qui?"

Un mormorio stupito serpeggiò tra la folla.

Stampandosi un ampio sorriso sulla faccia, Sexton si voltò verso i cronisti e alzò un dito per richiamare l'attenzione. «Vi prego di scusarmi. Tornerò da voi tra un secondo.» Sospirò con aria rassegnata e al tempo stesso allegra. «Prima di tutto la famiglia.» Qualcuno dei cronisti rise.

Vedendo Rachel puntare veloce verso di lui, Sexton capì con certezza che era preferibile che l'incontro fra padre e figlia si svolgesse in privato. Sfortunatamente, in quel momento la privacy scarseggiava. Gli occhi del senatore lanciarono uno sguardo al pannello divisorio alla sua destra.

Sempre sorridendo con calma, Sexton salutò la figlia con la mano e si allontanò dal microfono. Dirigendosi verso di lei, manovrò in maniera che Rachel, per raggiungerlo, passasse dietro il séparé, e l'aspettò a metà strada, nascosto agli occhi delle telecamere e della stampa.

«Tesoro, che sorpresa!» Le spalancò le braccia.

Quando gli fu accanto, Rachel lo schiaffeggiò.

Al riparo del divisorio, Rachel fissava il padre con visibile ripugnanza. Lo aveva schiaffeggiato violentemente, ma lui non aveva battuto ciglio. Con raggelante autocontrollo, il falso sorriso si era sciolto in una minacciosa espressione d'ammonimento.

La voce di lui divenne un bisbiglio demoniaco. «Non dovresti essere qui.»

Rachel vide l'ira nei suoi occhi, ma per la prima volta in vita sua non ne ebbe paura. «Mi sono rivolta a te in cerca d'aiuto, e tu mi hai venduto! Per poco non mi hanno ammazzata!»

«Mi sembra che tu stia bene.» Il tono era quasi dispiaciuto.

«La NASA è innocente!» affermò lei. «Il presidente te l'ha detto! Cos'hai intenzione di fare?» Il breve volo verso Washington a bordo dell'Osprey della guardia costiera era stato punteggiato da una raffica di telefonate fra lei, la Casa Bianca, suo padre e perfino una turbata Gabrielle Ashe. «Hai promesso a Zach Herney di andare alla Casa Bianca!»

«Infatti ci andrò» ghignò lui. «Il giorno delle elezioni.»

Rachel provò un senso di disgusto al pensiero che quell'uomo fosse suo padre. «Ciò che stai per fare è una follia.»

«Davvero?» Sexton ridacchiò. Si voltò per indicare il podio, visibile dietro il divisorio, su cui lo attendeva una pila di buste bianche. «Quelle buste contengono le informazioni che *tu* mi hai mandato. *Tu*. Sei tu ad avere assestato la mazzata finale al presidente.»

«Ti ho mandato quelle informazioni quando avevo bisogno del tuo aiuto, quando credevo che il presidente e la NASA fossero colpevoli!»

«Viste le prove, la NASA sembra certamente colpevole.»

«Ma non lo è, e merita la possibilità di riconoscere i suoi errori. In pratica, hai già vinto queste elezioni. Zach Herney è rovinato, e tu lo sai. Lascia che conservi almeno un po' di dignità.»

Sexton sbuffò. «Come sei ingenua. Non si tratta di vincere

le elezioni, Rachel, si tratta di *potere*. Si tratta di vittorie decisive, atti grandiosi. Si tratta di schiacciare gli avversari e assumere il controllo delle forze in campo a Washington così da poter realizzare qualcosa.»

«A che costo?»

«Non fare la virtuosa. Io mi limito a presentare le prove. Sarà la gente a giudicare chi è colpevole.»

«Sai bene che impressione ne trarrà.»

Il senatore Sexton si strinse nelle spalle. «Forse è giunta l'ora della fine per la NASA.» Sentì che, dall'altra parte del divisorio, i giornalisti si spazientivano, inoltre non aveva alcuna intenzione di passare la mattinata a farsi fare la predica dalla figlia. Il suo momento di gloria lo attendeva. «Basta così» disse. «Devo tenere una conferenza stampa.»

«Te lo chiedo da figlia» lo supplicò Rachel. «Non farlo. Pensaci bene. C'è un modo migliore di agire.»

«Non per me.»

Una scarica elettrica echeggiò dagli altoparlanti alle sue spalle e Sexton, voltandosi, vide una cronista televisiva ritardataria che, china sul podio, cercava di infilare il microfono su un supporto a collo d'oca.

"Chissà perché questi idioti non sono mai puntuali" pensò Sexton irritato. Nella fretta, la cronista fece cadere a terra la pila di buste.

"Dannazione!" Sexton marciò verso il podio, maledicendo la figlia per averlo distratto. Quando arrivò, la donna, in ginocchio, era intenta a raccogliere le carte. Sexton non riuscì a vederla in viso, ma ritenne che lavorasse per una delle reti televisive. Indossava un lungo cappotto di cachemire con sciarpa intonata e un basco di mohair con attaccato un pass della ABC.

"Che troia imbranata" pensò Sexton. «Dia a me» l'apostrofò, tendendo la mano.

La donna racimolò le ultime buste e gliele porse senza sollevare lo sguardo. «Mi scusi...» mormorò, con evidente imbarazzo. Avvilita e piena di vergogna, si affrettò a raggiungere il resto dei giornalisti.

Sexton contò rapidamente le buste. "Dieci. Bene." Nessuno gli avrebbe rovinato la festa. Ripreso il controllo, aggiustò i microfoni e rivolse un sorriso divertito ai presenti. «Meglio che le distribuisca subito, prima che qualcuno si faccia male!»

Il pubblico rise, impaziente.

Sexton avvertì la vicinanza della figlia, dietro il divisorio.

«Non farlo» gli disse Rachel. «Te ne pentirai.»

La ignorò.

«Ti chiedo solo di fidarti di me» continuò lei, a voce più alta. «È un errore.»

Sexton raccolse le buste, spianandone i bordi.

«Papà» lo supplicò Rachel con maggiore intensità. «Questa è la tua ultima possibilità di fare ciò che è giusto.»

"Ciò che è giusto?" Sexton coprì il microfono e si voltò, come a schiarirsi la gola. Sbirciò di nascosto la figlia. «Sei proprio come tua madre, idealista e limitata. Le donne non comprendono la vera natura del potere.»

Sedgewick Sexton aveva già dimenticato la figlia, quando si voltò verso il suo pubblico. A testa alta, aggirò il podio e consegnò la pila di buste nelle mani dei giornalisti trepidanti. Guardò le buste che rapidamente venivano distribuite. Sentì rompere i sigilli, e le buste che venivano stracciate come la carta dei regali di Natale.

Un improvviso silenzio scese sui presenti.

Sexton percepì che quello era il momento cruciale della sua carriera.

"Il meteorite è un falso. E sono io a rivelarlo."

Il senatore sapeva che ai membri della stampa sarebbe occorso un momento per comprendere la reale portata di ciò che stavano osservando: l'immagine di un pozzo di inserzione al di sotto della banchisa; un organismo marino vivente, quasi identico al fossile della NASA; le prove dell'esistenza di condri che si erano formati sulla Terra. Tutto portava a una sola sconvolgente conclusione.

«Signore?» balbettò un giornalista sbalordito, guardando nella busta. «È tutto vero?»

Sexton sospirò tristemente. «Sì, purtroppo.»

Mormorii confusi cominciarono a serpeggiare tra la folla.

«Vi lascerò un minuto per esaminare il materiale» disse Sexton «poi risponderò alle vostre domande cercando di fare luce su ciò che vedete.»

«Senatore?» fece un altro cronista, palesemente interdetto. «Queste immagini sono... autentiche? Non ritoccate?»

«Al cento per cento» fu la ferma risposta di Sexton. «Altrimenti non ve le avrei mostrate.»

La perplessità dei presenti sembrò aumentare e Sexton ebbe l'impressione di udire anche qualche risata. Non era affatto la reazione immaginata. Temette di avere sopravvalutato la capacità dei media di trarre le ovvie conclusioni.

«Ehm, senatore?» fece qualcuno, stranamente divertito. «Lei garantisce ufficialmente l'autenticità di queste immagini?»

Sexton cominciò a irritarsi. «Amici miei, ve lo ripeto per l'ultima volta: le prove in mano vostra sono attendibili al cento per cento. E, se qualcuno dimostrerà il contrario, mi mangerò il cappello!»

Sexton aspettò la risata, che non arrivò.

Silenzio assoluto. Sguardi disorientati.

Il cronista che aveva appena parlato si avvicinò a Sexton, sfogliando le sue copie. «Ha ragione, senatore. Questi sono documenti sensazionali.» Fece una pausa, grattandosi la testa. «Solo che non ci è chiaro il motivo che l'ha spinta a condividerli con noi, in questo modo, specialmente dopo avere negato con tanta decisione, in passato.»

Sexton non capiva di che parlasse. Il reporter gli porse le fotocopie. Sexton guardò i fogli e, per un attimo, la sua mente si svuotò.

Rimase senza parole.

Stava fissando fotografie mai viste. Immagini in bianco e nero. Due persone nude. Gambe e braccia intrecciate. Per un istante non ebbe idea di cosa stesse osservando. Poi, l'evidenza lo colpì come una palla di cannone nello stomaco.

Con orrore, Sexton alzò di scatto la testa verso il pubblico. Molti ridevano e stavano già telefonando in redazione per riferire la storia.

Sexton sentì un colpetto sulla spalla.

Si voltò, intontito.

Era Rachel. «Abbiamo cercato di fermarti» disse. «Ti abbiamo offerto ogni possibilità.» Vicino a lei, c'era una donna.

Sexton, tremante, rivolse lo sguardo verso di lei. Era la cronista in cappotto di cachemire e basco di mohair, quella che

524

aveva fatto cadere le buste. Nel vederla in faccia, sentì ghiacciare il sangue nelle vene.

Gabrielle sembrò trafiggerlo con i suoi occhi scuri, poi sbottonò il cappotto per mostrargli un fascio di buste bianche accuratamente infilate sotto il braccio.

132

Lo Studio Ovale era buio, illuminato solo dal fioco bagliore della lampada d'ottone sulla scrivania del presidente Herney. Davanti a lui, Gabrielle Ashe, a testa alta.

Fuori dalla finestra, il crepuscolo stava scendendo sul prato di ponente.

«Ho sentito che ci lascerà» disse Herney, in tono accorato.

Gabrielle annuì. Benché il presidente le avesse generosamente offerto ospitalità alla Casa Bianca, lontano dalla stampa, Gabrielle aveva preferito non rifugiarsi proprio nell'occhio del ciclone, in attesa di tempi migliori. Voleva andare il più lontano possibile, almeno per un po'.

Herney la scrutò con ammirazione. «Gabrielle, il suo gesto, stamattina...» Si interruppe, come se non trovasse le parole. I suoi occhi erano diretti e limpidi, completamente diversi dai due profondi ed enigmatici specchi d'acqua che l'avevano una volta attratta verso Sedgewick Sexton.

Eppure, perfino contro lo sfondo di quella sede del potere, Gabrielle notò nel suo sguardo una genuina gentilezza, un'onestà e una dignità che non avrebbe dimenticato. «L'ho fatto anche per me stessa» disse infine.

Herney annuì. «In ogni caso, le devo i miei ringraziamenti.» Si alzò, facendole cenno di seguirla nel corridoio. «Veramente avrei voluto che rimanesse per poterle offrire un posto nella divisione Bilancio e programmazione.»

Gabrielle lo guardò dubbiosa. «Stop alla spesa, cominciamo la ripresa?»

Herney ridacchiò. «Qualcosa del genere.»

«Presidente, sappiamo tutti e due che, al momento, io costituirei più che altro un intralcio.»

Herney alzò le spalle. «Lasci passare qualche mese e tutto sarà dimenticato. Tanti grandi uomini, e grandi donne, hanno sofferto momenti difficili sulla via della gloria.» Le strizzò l'occhio. «Alcuni sono diventati addirittura presidenti degli Stati Uniti.»

Gabrielle sapeva che aveva ragione. Disoccupata solo da poche ore, quel giorno aveva già respinto due offerte di lavoro: una di Yolanda Cole della ABC, un'altra della casa editrice St Martin's Press, che le aveva offerto uno scandaloso anticipo per scrivere un'autobiografia molto esplicita. "No grazie."

Mentre si avviava con il presidente lungo il corridoio, Gabrielle pensò alle sue foto, che in quel momento venivano sbattute su tutti gli schermi televisivi.

"Il danno sarebbe stato peggiore per il paese" si disse. "Molto peggiore."

Gabrielle, dopo essere andata alla ABC per recuperare le foto e prendere in prestito il lasciapassare della stampa, si era intrufolata di nuovo nell'ufficio di Sexton per assemblare i duplicati delle buste e stampare copie degli assegni che attestavano i finanziamenti illeciti. Poi, dopo l'incontro al Washington Monument, aveva consegnato le copie degli assegni allo sbalordito senatore insieme alle sue richieste. "Dia al presidente la possibilità di spiegare i suoi errori sul meteorite, altrimenti verrà divulgato anche il resto." Sexton aveva dato un'occhiata al fascio di prove, poi si era chiuso nella sua limousine per allontanarsi in fretta. Da quel momento, era scomparso dalla circolazione.

Ora, mentre giungeva con il presidente alla porta sul retro della sala stampa, Gabrielle sentì il mormorio della folla in attesa. Per la seconda volta in ventiquattr'ore, il mondo si riuniva per ascoltare un messaggio speciale del presidente.

«Cosa dirà?» chiese Gabrielle.

Herney sospirò. La sua espressione era straordinariamente calma. «Col passare degli anni, ho notato più volte che...» Le mise una mano sulla spalla e sorrise. «... La verità è sempre la cosa migliore.»

Inaspettatamente, Gabrielle si sentì riempire d'orgoglio

mentre lo guardava avanzare a grandi passi verso il podio. Zach Herney stava per ammettere il più grande errore della sua vita, eppure, stranamente, non era mai apparso tanto autorevole.

133

Quando Rachel si svegliò, la stanza era buia.

Le ventidue e quattordici, segnalava la scritta luminosa dell'orologio. Non era nel suo letto. Rimase immobile per alcuni momenti, chiedendosi dove si trovasse. Lentamente, tutto cominciò a tornarle alla memoria. Il megapennacchio... la mattinata al Washington Monument... l'invito del presidente di rimanere alla Casa Bianca.

"Sono alla Casa Bianca" si disse. "Ho dormito qui tutto il giorno."

L'elicottero della guardia costiera, su ordine del presidente, aveva trasportato gli esausti Michael Tolland, Corky Marlinson e Rachel Sexton dal Washington Monument alla Casa Bianca, dov'erano stati rifocillati con una sontuosa colazione, sottoposti a visita medica e avevano potuto scegliere di riposare in una delle quattordici camere da letto a disposizione degli ospiti.

Tutti e tre avevano accettato.

Rachel stentava a credere di avere dormito tanto. Accese la televisione e rimase sbalordita nel constatare che il presidente Herney aveva già concluso la conferenza stampa. Rachel e gli altri gli avevano offerto di stare al suo fianco mentre annunciava al mondo la deludente vicenda del meteorite. "Abbiamo commesso questo errore tutti insieme." Ma Herney aveva insistito per caricare l'intero fardello sulle proprie spalle.

«È triste» stava dicendo un analista politico alla televisione «ma purtroppo sembra confermato che la NASA non ha scoperto tracce di vita proveniente dallo spazio. Questa è la seconda volta, in dieci anni, che l'agenzia spaziale proclama erroneamente di avere identificato tracce di vita extraterrestre in un meteorite. In questa occasione, peraltro, sono incorsi nell'equivoco anche parecchi autorevoli scienziati civili.»

«In circostanze normali» intervenne un altro analista «un inganno delle dimensioni che il presidente ha qui descritto questa sera avrebbe un effetto devastante per la sua carriera... tuttavia, considerando gli avvenimenti di questa mattina al Washington Monument, devo dire che le probabilità di Zach Herney di assicurarsi la presidenza non sono mai apparse migliori.»

Il primo analista annuì. «Non c'è vita nello spazio, ma non c'è più vita neanche nella campagna elettorale del senatore Sexton. Infatti, continuano a emergere nuove informazioni sui finanziamenti al senatore, che fanno ipotizzare guai seri...»

Qualche colpetto alla porta attirò l'attenzione di Rachel.

"Michael" pensò speranzosa, spegnendo velocemente il televisore. Non lo vedeva dalla colazione. Fin dal loro arrivo alla Casa Bianca, Rachel non aveva desiderato altro che addormentarsi tra le sue braccia. Benché fosse chiaro che Michael desiderava la stessa cosa, si era intromesso Corky, che si era piazzato sul letto di Tolland per ripetere all'infinito la storia di come fosse riuscito a salvarsi la vita urinandosi addosso. Alla fine, completamente esausti, Rachel e Tolland avevano gettato la spugna e si erano diretti in stanze separate.

Mentre si avvicinava alla porta, Rachel si guardò allo specchio, divertita dall'abbigliamento improbabile. Tutto quello che era riuscita a trovare, in un cassetto, era un'enorme maglia sportiva dell'università della Pennsylvania, che le arrivava fino alle ginocchia come una camicia da notte.

I colpi alla porta ripresero.

Rachel aprì e restò delusa nel vedere una donna, un'agente dei servizi segreti degli Stati Uniti. Era carina, in forma, e indossava una giacca azzurra. «Signora Sexton, il signore nella Camera di Lincoln ha sentito che lei ha acceso il televisore e mi manda a dirle che, visto che è sveglia...» Fece una pausa, inarcando le sopracciglia. Chiaramente non era nuova agli intrallazzi notturni ai piani superiori della Casa Bianca.

Rachel arrossì, avvertendo un fremito sulla pelle. «Grazie.»

L'agente scortò Rachel lungo il corridoio dall'arredo impeccabile fino a una porta dall'aspetto disadorno.

«La Camera di Lincoln» annunciò l'agente. «E, come è mio compito dire sempre davanti a questa porta: buon riposo e attenzione agli spettri.»

Rachel annuì. Le leggende degli spettri nella Camera di Lincoln erano vecchie come la Casa Bianca. Si diceva che vi avessero visto il fantasma di Lincoln innumerevoli ospiti, tra cui Winston Churchill, Eleanor Roosevelt, Amy Carter, l'attore Richard Dreyfuss, nonché decine di maggiordomi e cameriere. Si racconta che il cane del presidente Reagan abbaiasse per ore davanti a quella porta.

Al pensiero di quegli spettri storici, Rachel si rese conto, improvvisamente, della sacralità di quella stanza. D'un tratto si sentì imbarazzata di trovarsi lì, nella sua lunga maglia da football, a gambe nude, come una studentessa universitaria intenta a sgattaiolare nella stanza di un ragazzo. «Siamo sicuri che sia concesso?» bisbigliò all'agente. «Voglio dire, insomma, questa è la Camera di Lincoln.»

L'agente ammiccò. «A questo piano la regola è: "Non chiedere e non parlare".»

Rachel sorrise. «Grazie.» Fece per impugnare la maniglia della porta, avvertendo un fremito per quello che l'aspettava dall'altra parte.

«Rachel!» La voce nasale tagliò il corridoio come una sega circolare.

Rachel e l'agente si voltarono. Corky Marlinson avanzava verso di loro saltellando sulle stampelle. Sulla sua gamba, una fasciatura professionale. «Neanch'io riuscivo a dormire!»

Rachel si afflosciò, sentendo sfumare il suo appuntamento romantico.

Corky squadrò con attenzione la bella agente dei servizi segreti, quindi le rivolse uno smagliante sorriso. «Adoro le donne in uniforme.»

Lei aprì la giacca e rivelò sotto l'ascella un'arma micidiale.

Corky arretrò. «Capito.» Si rivolse a Rachel. «Mike è sveglio? Stavi andando da lui?» Sembrava impaziente di unirsi alla festa.

«Veramente, Corky...»

«Dottor Marlinson» intervenne l'agente dei servizi segreti, estraendo un foglietto dalla giacca. «Secondo questo appunto, che mi è stato consegnato dal signor Tolland, ho ordini precisi di scortarla in cucina, chiedere al cuoco di prepararle il suo piatto preferito e di farmi spiegare, molto dettagliatamente, come si è salvato da morte certa...» L'agente esitò, con una smorfia mentre rileggeva la nota. «... Urinandosi addosso?»

Evidentemente, quelle erano le paroline magiche. Corky lasciò cadere a terra le stampelle, mise un braccio attorno alle spalle della donna per sostenersi e disse: «Amore, andiamo in cucina!».

Quando lo vide allontanarsi zoppicando nel corridoio, sorretto dalla povera agente, Rachel non ebbe alcun dubbio che Corky Marlinson si sentisse in paradiso.

«L'urina è la chiave di tutto» lo sentì dire «perché quei maledetti lobi olfattivi del telencefalo possono fiutare tutto!»

La Camera di Lincoln era buia quando Rachel vi entrò. La sorprese vedere il letto vuoto e intatto. Nessuna traccia di Michael Tolland.

Un antico lume a olio bruciava vicino al letto e, nel fioco bagliore, riuscì a malapena a distinguere il tappeto Bruxelles, il famoso letto di palissandro intagliato, il ritratto di Mary Todd, la moglie di Lincoln... e perfino lo scrittoio al quale il presidente aveva firmato il Proclama di emancipazione degli schiavi.

Chiudendosi la porta alle spalle, Rachel sentì uno spiffero umido e freddo sulle gambe nude. "Dove sarà?" Sulla parete di fronte, una finestra era aperta e le bianche tende di organza ondeggiavano. Si avvicinò per chiuderla, quando un sussurro sinistro le giunse dall'armadio a muro.

«Maaaryyy...»

Rachel si voltò di scatto.

«Maaaryyy?» sussurrò di nuovo la voce. «Sei tu... Mary Todd Liiincoln?»

Rachel chiuse velocemente la finestra e si voltò verso l armadio. Il cuore le batteva forte, benché sapesse che era uno scherzo. «Mike, so che sei tu.»

«Nooo...» continuò la voce «non sono Mike... sono... Abraaamooo.»

Rachel appoggiò le mani sui fianchi. «Ah, veramente? Abramo l'onesto?»

Una risata soffocata. «Sì... Abramo l'abbastanza onesto.»

Anche Rachel rideva adesso.

«Abbiate pauuura» gemette la voce dall'armadio. «Abbiate taaanta pauuuraaa.»

«Io non ho paura.»

«Per piacere, cerca di avere paura...» implorò la voce lamentosa. «Nella specie umana, i sentimenti di paura e di eccitazione sessuale sono strettamente collegati.»

Rachel scoppiò a ridere. «È in questo modo che pretenderesti di sedurmi?»

«Perdooonamiii... Sono passati aaannniii dall'ultima volta che sono stato con una donna.»

«Questo è evidente» disse Rachel, spalancando la porta dell'armadio. Si trovò di fronte Michael Tolland, con il suo sorriso sghembo da furfante. Era irresistibile nel pigiama blu scuro di raso. Per un attimo, Rachel non credette ai suoi occhi quando vide l'emblema sul petto. «Il pigiama del presidente?»

Lui si strinse nelle spalle. «Era nel cassetto.»

«E per me solo questa maglia da football?»

«Avresti dovuto scegliere la Camera di Lincoln.»

«E tu avresti dovuto offrirmela!»

«Mi avevano detto che il materasso non era granché. Crine d'antiquariato.» Tolland ammiccò indicandole un pacchetto avvolto in carta da regalo, sul tavolino di marmo. «Quello è per farmi perdonare.»

Rachel si commosse. «Per me?»

«Ho chiesto a un assistente del presidente di uscire a comprarlo. Non capovolgerlo.»

Lei aprì il pacchetto con grande cura, estraendone il pesante contenuto: una grossa boccia di cristallo nella quale nuotavano due brutti pesci rossi. Li fissò con perplessità e disappunto. «Stai scherzando, vero?»

«*Helostoma temmincki*» annunciò Tolland con orgoglio.

«Mi hai comprato dei pesci?»

«Rari pesci sbaciucchioni asiatici. Molto romantici.»

«I pesci non sono romantici, Mike.»

«Dillo a loro. Si baciano per ore.»

«Questo, nelle tue intenzioni, sarebbe un altro espediente per sedurmi?»

«Sono fuori allenamento nei corteggiamenti. Non potresti promuovermi per l'impegno?»

«Chiariamo una cosa, Mike. I pesci non mi smuovono per niente. Prova con i fiori.»

Tolland estrasse un mazzo di gigli bianchi da dietro la schiena. «Ho cercato le rose rosse, ma nel Giardino delle Rose per poco non mi sparavano.»

Mentre Tolland attirava a sé Rachel e inspirava la dolce fragranza dei suoi capelli, sentì svanire, dentro di sé, il gelo di anni di isolamento. La baciò con passione e sentì il corpo di lei aderire al suo. I gigli bianchi caddero ai loro piedi e le barriere che Tolland non aveva mai saputo di aver costruito si sciolsero.

"I fantasmi non ci sono più."

Sentì Rachel che lo spingeva, a poco a poco, verso il letto, bisbigliandogli dolcemente in un orecchio: «Tu non pensi sul serio che i pesci siano romantici, vero?».

«Sì» disse lui, baciandola di nuovo. «Dovresti vedere il rituale d'accoppiamento delle meduse. Incredibilmente erotico.»

Rachel lo fece adagiare di schiena sul materasso di crine per poi stendere su di lui il corpo snello.

«E i cavallucci marini...» aggiunse Tolland, senza fiato, assaporando il tocco di Rachel attraverso il sottile tessuto di raso del pigiama. «I cavallucci marini... compiono una danza di corteggiamento straordinariamente sensuale.»

«Basta parlare di pesci» sussurrò lei, sbottonandogli il pigiama. «Che mi dici dei rituali d'accoppiamento dei primati superiori?»

Tolland sospirò. «Temo che i primati non rientrino nel mio campo di competenza.»

Rachel si sfilò la maglia da football. «Be', Giovane Marmotta, ti suggerisco di aggiornarti alla svelta.»

L'aereo da trasporto della NASA virò alto sopra l'Atlantico.

A bordo, il direttore Lawrence Ekstrom lanciò un'ultima occhiata all'enorme roccia annerita nel compartimento di carico dell'aereo.

"Tornatene in mare" pensò. "Dove ti hanno trovato."

Quando Ekstrom diede l'ordine, il pilota aprì i portelloni del carico e lasciò cadere il macigno. Guardarono tutti la roccia mastodontica precipitare dietro l'aeroplano. Descrisse un arco nel cielo soleggiato prima di scomparire sotto le onde in una colonna di spruzzi argentei.

Il gigantesco masso affondò alla svelta.

A cento metri sott'acqua, restava poca luce per rivelarne i contorni. Quando superò i centocinquanta metri, fu inghiottito dalla totale oscurità.

Correva verso il fondo.

Sempre più in profondità.

Precipitò per quasi dodici minuti.

Poi, come un meteorite che colpisca la faccia nascosta della Luna, la roccia si schiantò in una vasta pianura di fango, sul fondo dell'oceano, sollevando una nuvola di melma. Mentre la fanghiglia tornava a depositarsi, un esemplare di una delle migliaia di specie oceaniche ancora sconosciute si avvicinò per ispezionare la strana novità.

Poi, con la massima indifferenza, si allontanò.

RINGRAZIAMENTI

Ringrazio di cuore Jason Kaufman, fantastico editor, per i suoi ottimi consigli e la sua guida; Blythe Brown per l'instancabile lavoro di ricerca e i suggerimenti creativi; il mio buon amico Jake Elwell di Wieser & Wieser; il National Security Archive; il Public Affairs Office della NASA; Stan Planton, inesauribile fonte di informazioni per ogni genere di argomenti; la National Security Agency; il glaciologo Martin O. Jeffries; le superbe menti di Brett Trotter, Thomas D. Nadeau e Jim Barrington.

Grazie inoltre a: Connie e Dick Brown, US Intelligence Policy Documentation Project, Suzanne O'Neill, Margie Wachtel, Morey Stettner, Owen King, Alison McKinnell, Mary e Stephen Gorman, dottor Karl Singer, dottor Michael I. Latz dello Scripps Institute of Oceanography, April di Micron Electronics, Esther Sung, National Air and Space Museum, dottor Gene Allmendinger, l'incomparabile Heide Lange di Sanford J. Greenburger Associates, John Pike della Federation of American Scientists.

QUESTO VOLUME È STATO IMPRESSO
NEL MESE DI NOVEMBRE DELL'ANNO 2005
PRESSO MONDADORI PRINTING S.P.A.
STABILIMENTO NSM – CLES (TN)

STAMPATO IN ITALIA – PRINTED IN ITALY